Ruth Becker, Eveline Linke

Mehr als schöner wohnen!

Frauenwohnprojekte zwischen Euphorie und Ernüchterung

RUTH BECKER, EVELINE LINKE

Mehr als schöner wohnen!

Frauenwohnprojekte zwischen Euphorie und Ernüchterung

ULRIKE **HELMER** VERLAG

www.ulrike-helmer-verlag.de

ISBN 978-3-89741-379-5

Covergestaltung: Atelier KatarinaS / NL
unter Verwendung des Fotos »lachen hält jung« © contrastwerkstatt – fotolia
Gedruckt auf säurefreiem, alterungsbeständigem Werkdruckpapier
Printed in Germany

Ulrike Helmer Verlag
Neugartenstraße 36c, D-65843 Sulzbach/Taunus
E-Mail: info@ulrike-helmer-verlag.de

Inhalt

I Vorbemerkungen

Gemeinschaftliches Wohnen ist in ...

Enthusiastische Medienberichte der letzten Jahre, Flyer von Bauträgern und Altgenossenschaften, die sich auf die Fahnen schreiben, alternative Wohnmodelle zu unterstützen, und die Statements von PolitikerInnen und Behörden, die es den Projektinitiativen heute deutlich leichter machen, sie alle lassen Projekte gemeinschaftlichen Wohnens geradezu als Rettungspaket für den niedergehenden Sozialverbund erscheinen.

Hier in multikulturellen, multisozialen Mehrgenerationengemeinschaften wird, so ist zu lesen, die wachsende Zahl der Alten zu liebevoll integrierten Menschen, die noch eine Aufgabe finden, statt zu abgeschobenen, mies versorgten Pflegefällen (dass das eine nach dem anderen doch kommen kann, wird gern vergessen und selten eingeplant). Hier sorgen solidarische Besserverdienende (mit oder ohne linke Vergangenheit) für bezahlbare Wohnungen, die sich auch die VerliererInnen der Gesellschaft leisten können. Hier können Kinder zu sozialfähigen, freien Persönlichkeiten heranreifen, ihre Mütter sich von der Rolle der einzigen Ansprechperson emanzipieren, während Männer sich um Zurückhaltung bemühen, die starken Mitbewohnerinnen bewundern und sich auch mehr um die Kinder kümmern.

Wohnprojekte – der Gegenpol zu engherzigem Individualismus und Bindungslosigkeit, ein (reales) soziales Netz für geteilte Freuden und geteilte Leiden in der Kälte des versagenden Sozialstaats und der verunsichernden Globalisierungsfolgen, ein Ort, wo niemand mehr durch die Maschen fällt. Das Ideal wahlverwandtschaftlicher Beziehungssysteme ist eine reizvolle Alternative zu nicht mehr zeitgemäßen und längst in Auflösung begriffenen Strukturen, für immer mehr Menschen: für die neue, »geschlechtergerecht« organisierte Kleinfamilie wie für die »unvollständige« Familie (inzwischen auch mal mit alleinerziehendem Vater), für die gleichgeschlechtliche und die Patchwork-Familie, die betagte Rest-Familie, sprich die fitten alten Ehepaare oder die »übrig gebliebenen« Frauen. Menschen mit Migrationshintergrund sind zumindest willkommen (aber wohl noch eher selten dabei) – und auch unverbesserliche EinzelgängerInnen hoffen hier auf freiheitlich-verwandtschaftliches Eingebundensein.

Das also ist aus den einst rigide bekämpften Wohnutopien der HausbesetzerInnen, linker Chaoten, jugendlicher Wirrköpfe und Radikalfeministinnen der 1970er und 80er geworden: realistische, von Politik und Wohnungswirtschaft unterstützte Alternativen zum Wohnen in anonymen Großsiedlungen oder als piefig empfundenen Einfamilienhausgebieten. Wohldesignte und selbstverständlich barrierefreie Wohn-Orte für politisch wache, kritische (und auch nicht so kritische) MittelstandsbürgerInnen mit sozialem und ökologischem Bewusstsein – nach Möglichkeit auch wirtschaftlich solvent, um einen Anteil von Menschen in prekären Lebenslagen mittragen zu können. Eine Erfolgsstory!?

Ja und nein oder: so erfolgreich eben wie die einst radikal-innovative, inzwischen gesellschaftsfähige Ökobewegung oder die in der Gendergerechtigkeit aufgelöste Frauenbewegung. Mit beiden eng verflochten, hat die Wohnprojekte-Bewegung auf die gesellschaftlichen Wandlungen reagiert, die aus diesen politischen Neuorientierungen sprossen wie das Kraut im Guerilla-Beet.

Die Programme und Zielsetzungen lassen ins Schwärmen geraten ob all der Selbstreflektiertheit und der weltumarmenden Großherzigkeit, die alle willkommen heißt. Und auch die Befürchtungen von Feministinnen, Frauen würden hier wieder die Zu- und Hintergrundarbeit leisten, während die Männer repräsentieren und das letzte und große Wort haben, lassen die toughen Frauen der neueren Projekte hinter sich. Und doch gibt es noch und immer wieder reine Frauenwohnprojekte. Ein Ausdruck des Noch-nicht-Erreichten oder einfach ein Bedürfnis? Als Konsequenz der Frauenbewegung damals waren sie eine Zeitlang notwendig, das ist verständlich. Aber heute? In der Wohnprojekteszene stoßen sie jedenfalls (immer noch oder schon wieder?) auf ein gewisses Unverständnis. Hier wie in der Wohnungspolitik ist Diversity angesagt und trifft sich mit der unausrottbaren (Politiker)Furcht vor »Ghettobildung«.[1] Dazu passt natürlich dieser überholte Separatismus der Frauen nicht. Doch wann hat der je gepasst?

[1] Dabei wird im Allgemeinen nicht beachtet, wann eine homogene Gemeinschaft zu einem Ghetto wird – kaum je werden die Wohngebiete der »Reichen und Schönen« als »Villen-Ghetto« in Frage gestellt.

… aber über die Projektrealität ist wenig bekannt – deshalb dieses Buch

Wir hatten uns im Rahmen unseren beruflichen Tätigkeiten lange mit Frauenwohnprojekten beschäftigt, hatten gesammelt und sortiert: Wo gibt es Projekte, welche gibt es, welche Ziele verfolgen sie, wer initiiert, wer finanziert sie und wie? Fakten und Pläne, zusammengestellt in einem umfänglichen Werk (Ruth Becker 2009) und einer regelmäßig aktualisierten Internetdokumentation (Eveline Linke 2009).

Wir haben Freundinnen und Bekannte, die in solchen Projekten wohnen, und hörten in ihren Erzählungen aus dem Projektleben manche Untertöne, die auf ein gewisses Auseinandergehen von Wünschen und Wirklichkeiten hindeuteten, Töne, für die wir ein Sensorium haben, da wir selbst lange Jahre in einem Frauenprojekt gearbeitet und gelebt haben. So nahm allmählich die Idee Gestalt an, die Projektrealitäten genauer anzuschauen und eine (qualitative) Erhebung durchzuführen.

Vorsichtig tasteten wir uns heran, fragten zunächst uns bekannte Bewohnerinnen, was sie von unserer Idee einer Befragung hielten. Die Reaktion war zunächst ebenso vorsichtig. Was waren unsere Absichten, wie würden wir mit dem Wissen umgehen? Aber es schien auch ein Bedürfnis nach einer Diskussion zu geben, wie uns die Reaktionen aus den Projekten bestätigten, die wir für unsere Studie ansprachen. Alle neun letztlich ausgewählten Projekte waren – manchmal nach kleinen Verständnis- oder Anlaufschwierigkeiten – bereit, ihre Erfahrungen mit uns zu teilen, nachdem wir unsere Ziele deutlich gemacht und größtmögliche Anonymität sowohl bezüglich der Interviewpartnerinnen als auch der Projekte zugesagt hatten.[2]

Was waren unsere Ziele? Wir kannten überzeugte Projektbewohnerinnen und wir witterten Konfliktstoff. Feministisch »problemfokussiert« haben wir zuerst den Finger in die Wunden gelegt, die uns, ebenso problembewusst und selbstkritisch, entgegengehalten wurden (oder wurden sie uns entgegengetragen, weil wir uns darauf stürzten?). Dass es mitunter schon Selbstheilungskräfte mobilisieren kann, wenn frau den konfliktgetrübten Blick auf das richtet, was sie im Projekt bekommt, wurde beiden Seiten oft erst im Gespräch so richtig deutlich. Und die alte feministische Erkenntnis

[2] Wir müssen uns deshalb darauf beschränken, das Projekt-Sample insgesamt zu beschreiben, und auf allzu »verräterische« Spezifika der Projekte verzichten. Wir hoffen, trotz dieser Beschränkungen die jeweiligen Besonderheiten der Projekte (soweit sie für unsere Fragestellungen wichtig sind) deutlich machen zu können.

»Wir sind nicht die einzigen – es hat System« erwies sich wieder mal als wirkungsvoll. Damit ist es natürlich nicht getan, wenn Strukturen hinter Verletzungen und Enttäuschungen wirken, die die Einzelne bei aller (Selbst)Erkenntnis nicht alleine ändern kann.

Die vierzig sehr unterschiedlichen Frauen in neun sehr unterschiedlichen Projekten aus dem autonomen Spektrum,[3] mit denen wir im Laufe eines guten Jahres (2012/13) gesprochen haben – weniger in Interviews als in offenen Gesprächen an Hand eines Leitfadens –, teilten Einschätzungen und Gefühle mit uns, die sie in der Projekt-Gemeinschaft teilweise nicht oder nicht mehr oder nicht in dieser Deutlichkeit sagen oder die dort untergehen – wobei uns überraschte, wie sehr die Sichtweisen innerhalb desselben Projekts auseinandergehen können, aber auch, wie widersprüchlich manche Bewohnerinnen sind in ihrer Haltung zu Frauen wie zu Männern, und aus manchen Gesprächen gingen wir mit der Frage hinaus: Was führte sie denn her, was wollen sie denn mit Frauen?

Ergänzend haben wir erste Ergebnisse unserer Befragungen in mehreren Gesprächsrunden mit Bewohnerinnen weiterer Frauenwohnprojekte und Interessierten vor- und zur Diskussion gestellt und darüber hinaus mit BewohnerInnen von zwei geschlechtsgemischten und einem schwul-lesbischen Projekt gesprochen. Außerdem konnten wir in (standardisierte) Befragungen Einblick nehmen, die Frauenwohnprojekte bei ihren Bewohnerinnen durchgeführt haben. (Weiteres zu den empirischen Grundlagen und unserem methodischen Vorgehen im Anhang).

So kommt es, dass wir gewissermaßen einiges »besser wissen« als die Gemeinschaft. Diese »Botschaften« wollen wir, quasi als »Medium«, in die Runde tragen und so Unge- und Unerhörtes zur Diskussion stellen. Wir werden die Projekte mit ihren Erfolgen, und natürlich auch ein paar Misserfolgen, durch einige ihrer Bewohnerinnen sprechen lassen, werden uns aber auch ganz unneutrale Assoziationen, (provokante) Thesen, Kommentare und Schlussfolgerungen erlauben und auch unsere Visionen nicht verschweigen. Wir hoffen, die Leserin hier und da zum Lächeln zu bringen und vielleicht für diese schöne Idee Frauenwohnprojekt (wieder neu) zu begeistern.

---

[3] Als »autonome« Frauenwohnprojekte bezeichnen wir alle Projekte, die von einzelnen Frauen oder einer Frauengruppe ohne institutionellen Hintergrund initiiert wurden, um eine alternative Wohnform für Frauen zu schaffen.

Als (kritische) Beobachterinnen der neueren Entwicklungen der Frauen- und Geschlechterforschung insbesondere in den Gender Studies kennen wir selbstverständlich die Kritik an der unumwundenen Verwendung der Begriffe »Frau« und »Mann«, durch die die sozial konstruierte Zweigeschlechtlichkeit (mit ihren verheerenden Implikationen) immer wieder hergestellt werde. Wir benutzen sie trotzdem, weil diese Konstruktion gesellschaftlich noch immer wirkmächtig ist, was keinesfalls bedeutet, dass wir von einer wie auch immer naturgegebenen, eindeutigen Geschlechtszugehörigkeit ausgehen. Solange jedoch die zugewiesenen Identitäten von Frau-Sein und Weiblichkeiten die solchermaßen Identifizierten (weltweit) weiter einer minderwertigen Kategorie zuordnen, sie diskriminieren, bedrohen und in ökonomische Not drängen, solange halten wir es nicht nur für richtig, sondern auch für wichtig, diese Zuordnungen ernst zu nehmen und über deren Implikationen nachzudenken.

Wir verwenden diese Begriffe im übrigen auch, wie wir aus guten Gründen glauben annehmen zu können, in Übereinstimmung mit den von uns Befragten, denn das Gros der Projektbewohnerinnen definiert sich fraglos als »Frau«, alle diskursive Dekonstruktion von Identitäten schlicht ignorierend oder als (zumindest vorläufig noch) rein akademische Position zurückweisend. Vor allem gehen wir davon aus, dass die vielfach ähnlichen Prozesse, von denen wir in den von uns untersuchten Projekten erfahren haben, in erheblichem Maß mit den je spezifischen Erfahrungen der Bewohnerinnen als »Frau« und ihren Umgangsweisen mit den damit verbundenen gesellschaftlichen Zuschreibungen zusammenhängen, weshalb Frauenwohnprojekte eine ganz besondere Dynamik entwickeln.

Indem wir diese Dynamiken und andere bislang mitgeschleppte Problematiken sichtbar machen, wollen wir keineswegs, wie eine Initiatorin fürchtete, künftigen Gründerinnen die Unschuld nehmen, die naive Begeisterung der Bedenkenfreien, die Verve der Visionärinnen, die sich über Hürden trauen, weil sie ihre Höhe nicht kennen. Die Verliebtheit in die Idee und alle, die sie tragen, wird vielleicht durch unser Buch einen anderen Grund bekommen. Und möglicherweise erwachsen aus dieser Dynamik auch besondere Chancen – wenn die Bedingungen stimmen.

2 Ein kurzer Bericht über die lange Geschichte gemeinschaftlichen Wohnens

2.1 Gemeinschaftlich wohnen – das ist keine neue Idee

Die heutigen Wohnprojekte sind nicht die ersten Versuche, radikal anders zu wohnen bzw. zu leben: Sie haben Vorläuferinnen wie die von den FrühsozialistInnen im frühen 19. Jahrhundert erdachten Siedlungsexperimente mit kollektiven Lebensformen,[4] die Settlement-Bewegung, die Mitte des 19. Jahrhunderts in England und den USA maßgeblich von (bürgerlichen) Frauen initiiert worden war, um die Lebensbedingungen in den Elendsquartieren zu verbessern (Ulla Terlinden, Susanna von Oertzen 2006) oder die anarchischen jungen AussteigerInnen, die Anfang des 20. Jahrhunderts auf dem Land Kommunen gründeten und mit »freier Liebe« und esoterischen Praktiken die bürgerliche Moral ihrer Herkunftsfamilien provozierten (wie auf dem Monte Verità in der Schweiz). Sämtliche gesellschaftsreformerischen Konzepte, samt den folgenden realen Gesellschaftsexperimenten enthielten eine mehr oder weniger konkrete Vorstellung vom Seinsollen der Geschlechter und der (heterosexuellen) als gesellschaftstragend angesehenen Geschlechterordnung (Gabriele Kämper, Regine Othmer, Carola Sachse 2009), und nicht immer in einem für Frauen emanzipativen Sinn.

Eine Lösung in diesem Sinne suchten sozialistische Feministinnen der ersten Frauenbewegung (unter ihnen auch die ersten Architektinnen) mit ihren Ideen von Einküchenhäusern und -siedlungen, die über die Zentralisierung der Hauswirtschaft eine Entlastung der Frauen – gemeint waren zunächst die zunehmend zum Mitverdienen gezwungenen Familienfrauen –

---

[4] Neben (bekannten) Männern wie Charles Fourier, Robert Owen u.a. entwickelten im 19. Jahrhundert auch (weniger bekannte) Frauen wie Mary Stevens Howland und Alice Constance Austin maßgebliche Entwürfe utopischer Gesellschaften, die sie teilweise auch baulich bis ins Detail planten. All diese Gesellschaftsideen enthielten einen stark bildenden, um nicht zu sagen erzieherischen Aspekt und den fragwürdigen Gedanken, mit der Verbesserung der Wohn- und Lebensituation auch eine Art »Veredelung« der Menschen zu erreichen. Nur wenige dieser Utopias wurden realisiert – mit extrem kurzer Lebensdauer.

und damit ausdrücklich auch eine Veränderung der Geschlechterbeziehungen bewirken sollten, womit sie in konservativen Kreisen (bei Männern wie auch Frauen) heftige Abwehr hervorriefen. Sie lösten zwar eine ernsthafte Debatte aus, gerade auch in Fachkreisen, aus der jedoch nur wenige und oft kompromisslerische Projekte hervorgingen, die für die Frauen kaum die ersehnte Befreiung, ja manchmal sogar Erschwernisse mit sich brachten.[5] Dass solche Initiativen sozial engagierter Angehöriger des Bürgertums zur Verbesserung der Lebensbedingungen der ärmeren Bevölkerung die Komplexität dieser Verhältnisse nur unzureichend erfassten, erklärt, warum sie insbesondere von den so zu beglückenden Frauen nicht unbedingt begeistert angenommen wurden. So auch die Verlagerung der Wohnstätten in die gesünderen Vororte, wo die Arbeiterfrauen ihrer sozialen Kontakte wie auch der Zuverdienstmöglichkeiten verlustig gingen (Elizabeth Wilson 1993), die ihnen die Stadt bot.[6]

Aus Überzeugung gelebt von Angehörigen aller Schichten und nicht nur den Elenden auferlegt, wurden kollektive Lebensformen in den Kibbuzim des neugegründeten Israel und viel später in Europa und USA von AussteigerInnen der 1970er Jahre, die – wieder einmal mit einem tendenziell spiri-

---

[5] Die Idee einer professionalisierten zentralen Hauswirtschaft, mit der sie Frauen zugleich einträgliche Arbeitsmöglichkeiten zu erschließen dachte, brachte Melusina Fay Peirce auf – eine Idee, die im späten 19. Jahrhundert Charlotte Perkins Gillman aufgriff (Dolores Hayden 1981: 67ff). Ab Anfang des 20. Jahrhunderts bestimmte in Deutschland Lily Brown das Thema mit der Idee des Einküchenhauses, das sowohl eine zentrale Essensversorgung für die BewohnerInnen vorsah wie auch andere zentrale Einrichtungen, z.B. Waschküchen und Kinderhorte, alles mit Hilfe modernster Haushaltstechnik. Wenngleich für die meisten Frauen heute kaum mehr eine sehr reizvolle Lösung, unter den damaligen Bedingungen – endlos lange Arbeitszeiten, lange Arbeitswege, extrem mühsame Verrichtung von Hausarbeit und Einkäufen – hätte diese Idee für die Frauen revolutionäre Veränderungen erreichen können.

[6] Wilson bezweifelt die alleinigen Vorzüge der zwar komfortableren und gesünderen Wohnbedingungen in den (nicht in rein philanthropischer Absicht) von Fabrikbesitzern fabriknah errichteten Vorortsiedlungen gegenüber der städtischen Mietshaussituation, in der ein starker sozialer Zusammenhalt bestanden haben soll. Die Siedlungen der sozialdemokratisch bzw. kommunistisch gestützten und von sozialreformerisch denkenden ArchitektInnen vorangetriebenen Gartenstadtbewegung dagegen sollen laut Sigrid und Wolfgang Jacobeit (1995) maßgebliche Veränderungen bei den BewohnerInnen mit sich gebracht, gemeinschaftsbildend und Verantwortung fördernd gewirkt und gegenseitige Unterstützung vor allem unter den Frauen bewirkt haben. Genossenschaften wie die 1910 gegründete Falkenberger Baugenossenschaft in Berlin waren so konsequent demokratisch, dass Frauen bereits volles aktives Wahl- und Entscheidungsrecht genossen.

tuellen Impetus – nach ganz neuen Formen des Zusammenlebens und -wirtschaftens suchten. In der am weitesten gehenden Variante machten sie auch noch gemeinsame Kasse, ließen ihre Mitglieder nach deren Bedürfnissen daraus schöpfen, vertrauend auf deren Fähigkeit, ihre »wahren« Bedürfnisse zu erkennen (was eher selten so gut funktionierte wie offenbar in der heute noch bestehenden Kommune Niederkaufungen).

Die aktuelle Wohnprojekte-Bewegung bezieht sich nach allem, was uns zu Ohren kam, nur wenig auf diese Vorläuferinnen, sie scheinen nicht einmal sehr vielen bekannt. Die Wohnprojekte heute sind dennoch gewaltige gesellschaftliche Experimente, die fast organisch aus der gesellschaftlichen Entwicklung zu erwachsen scheinen. Entsprechend bieten sie auch die Chance (allerdings nicht den Automatismus), diese neuen Modelle so anzupassen, dass sie für die Beteiligten lebbar werden. Frau könnte sie als die erste breite Bewegung von unten bezeichnen, die im Einvernehmen und sogar mit Unterstützung von oben aus der Norm aussteigt und damit möglicherweise eine neue Norm(alität) etabliert, allerdings nicht ohne Gefahr zu laufen, von diesem Oben manipuliert zu werden.

In den Konzepten der neuen Wohnprojekte ist alles drin, eine Mixtur aus Sozialismus, Feminismus, christlicher Barmherzigkeit, Spirit, fernöstlichen Weisheiten und alternativen Therapien. Extreme und Dogmatismen sollen hier, so ist zumindest angestrebt, entfallen. Doch das allzu glatte Bild, das Reportagen und Selbstpräsentationen von Frauenprojekten genauso wie von gemischten Projekten nach außen präsentieren – die regelmäßig selbstkritisch auch gewisse Konflikte konzedieren –, macht die kritische Betrachterin zumindest nachdenklich. Was sind das für Konflikte, woran entzünden sie sich? Welche Lösungsstrategien werden mit welchem Erfolg probiert? Und welche Rolle spielt »Geschlecht« dabei? Ist in Frauenwohnprojekten – die sich durch ihre Entscheidung, ohne Männer zu leben, manchen Problems entheben – der Konfliktstoff womöglich geringer?

2.2 Auch reine Frauen-Wohn-Gemeinschaften sind nicht neu

In patriarchalen Strukturen sahen sich Frauen immer wieder veranlasst oder gezwungen sich zusammenzutun, um ihre Freiheit zu verteidigen. *»Die Geschichte des Wohnens (von Frauen) ist immer auch eine Geschichte der Emanzipation von Frauen« (Ruth Becker 2009:12)*. Diese war und ist immer auch eine Geschichte ihrer Möglichkeiten, selbständig ihre Existenz zu sichern und über Geld zu verfügen, die Geschichte ihrer Handlungsmöglichkeiten im (engen) Rahmen moralischer und gesetzlicher Einschränkungen und damit ihrer Wahlmöglichkeiten einschließlich der Wahl, mit oder ohne Mann und Familie zu leben, eine Wahl, die vom Mittelalter bis ins beginnende 20. Jahrhundert immer stärker beschnitten wurde. Aber »gemeinsam stark« konnten Frauen in Gemeinschaft manches erreichen, was ihnen sonst verwehrt oder zumindest sehr erschwert war.

Vom Mittelalter ...

Im Mittelalter gingen vermögende Frauen ins Kloster oder in ein Damenstift, um sich Ehemänner vom Leib zu halten und ungestört ihren geistigen und geistlichen Interessen zu widmen (soweit sie nicht durch Standesinteressen zum Eintritt gezwungen wurden, was vermutlich auch nicht aller Unglück war). Die zumeist adligen Stiftsfrauen genossen recht große Bewegungsfreiheit, ohne Gelübde, nur zur Keuschheit (wie immer diese zu interpretieren ist) und zum Gebet für ihre Stifterin verpflichtet. Aber auch das Klosterleben scheint anfangs weniger reguliert, die Nonnen weltlichen und fleischlichen Genüssen nicht abholt gewesen zu sein – bis Papst Innozenz III. mit seiner Neuordnung des Kirchenrechts dieser »Unmoral« einen Riegel vorschob. Die Beginen-Gemeinschaften, Vorbild vieler neuer Projekte (s. *Exkurs Beginenhof*), waren auch für (religiöse) Frauen ohne Geldvermögen zugänglich, so sie denn über Arbeitsvermögen und eine Fertigkeit verfügten, mit der sie das Ihre zum Unterhalt der Gemeinschaft beitragen konnten. Zwar gehen auch einige Beginenhöfe auf Stiftungen zurück, doch die meisten waren wohl finanziell relativ unabhängig. Weisungsgebunden waren sie allerdings auch, dem Klerus einerseits, der städtischen Obrigkeit andererseits verpflichtet.

Das Leben in diesen religiösen Gemeinschaften war vermutlich nicht die einzige Form für Frauen, ehe- und familienfrei zu leben, allerdings wohl eine der sichersten. Wie es heißt, genossen Frauen im beginnenden Spätmittelalter in den Städten relativ große Freiheiten[7] – ähnlich wie es Eliza-

---

[7] Gerade Köln, das eine besonders hohe Dichte an Beginenhöfen hatte, bot Frauen zur selben Zeit besonders viele Rechte und sehr viele Möglichkeiten, frei einem Gewerbe nachzugehen, Zünften beizutreten, ja sogar eigene Zünfte zu gründen. Es ist somit nicht recht klar, was Henne und was Ei ist, ob nicht gerade wegen dieser Freiheiten auch die Beginen solche

beth Wilson (1993) für die Städte des 19. Jahrhunderts vermutet –, sogar als Ledige mehr denn als Verheiratete. Frauen konnten Bürgerrechte erlangen und ihnen standen vielerlei Gewerbe und Handelsmöglichkeiten offen, denen sie zwar teils leichter in einer ehelichen Arbeitsgemeinschaft nachgehen konnten, aber keineswegs ausschließlich dort. Es heißt auch, Frauen wie Männer durften nur heiraten, wenn sie ökonomisch dazu in der Lage waren, was die These stützen würde, dass Frauen in der Lage waren, sich ein eigenes Einkommen zu schaffen. Andererseits waren allzu selbständige Frauen nicht gewünscht und es wird berichtet, unverheirateten Frauen sei teilweise sehr gewalttätig nahegelegt worden, sich doch mit einem männlichen Beschützer zusammenzutun.[8]

Nicht nur der reiche Adel gefiel sich in der Rolle der MäzenIn, wohlhabende BürgerInnen setzten sich in dieser Zeit gern in der Armenfürsorge ein Denkmal, etwa indem sie Wohnanlagen stifteten für die, die sich selbst nicht (mehr) versorgen konnten, in den meisten Fällen die alten Frauen. Beispiele dafür sind die Krameramtsstuben in Hamburg und die holländischen Hofjes. Die Hofjes, kleine Hofanlagen und stille Refugien inmitten der Städte, müssen einst sehr verbreitet gewesen sein. Erstaunlich viele haben sich trotz Kriegen und Zerstörungen bis heute erhalten und sind noch immer im ursprünglichen Sinne bewohnt, überwiegend von alten Frauen, die sich wie eh und je an die Hofje-Regeln halten (Abends das Tor abschließen, für längere Abwesenheit bei der Hausmeisterin abmelden, bis 10 Uhr die Vorhänge öffnen u.ä.). Sie leben eher zurückgezogen, ohne Anspruch auf Gemeinschaftsleben, schauen aber nacheinander und kümmern sich im Fall des Falles. Um Erhalt, Pflege und Organisation des Hofje und, wo nötig, seiner Bewohnerinnen trägt ehrenamtlich eine »Regentin« Sorge, früher oft die Stifterin oder ein Mitglied ihrer Familie, heute zum Teil Persönlichkeiten des öffentlichen Lebens (Ida Sabelis, 1993). In den heute noch erhaltenen Beginenhöfen (die ja auch eine Art Hofjes waren), sind unseres Wissens nur noch beim Amsterdamer Beginenhof vergleichbare traditionelle Prinzipien zu finden.

Möglichkeiten hatten. Siehe dazu auch Ursula Münch (1994) sowie weitere Artikel in dem Katalog des Frauenmuseums »Stadt der Frauen« (1994) sowie Opitz (1993).

[8] »Mittelalter« umfasst, das muss frau sich immer wieder vor Augen halten, eine Spanne von mehreren Jahrhunderten, die zwar nicht ganz so rasant wie heute, doch gewaltige Veränderungen durchmachte, und je nach Region unterschiedliche. Das mag manche scheinbaren Widersprüche erklären, lässt aber eben auch nur wenig allgemeingültige Aussagen zu.

… zum Industriezeitalter und der ersten Frauenbewegung[9]

Im säkularen, auf Expansion in Wirtschaft und Wissenschaft gerichteten 19. Jahrhundert bekam das Wohnen von Frauen, insbesondere das Alleinwohnen, einen ganz anderen Kontext. Es war die Zeit der Fabriken und der Erfindungen, aber auch die Zeit der Arbeitskämpfe und des Sozialismus, beginnender internationaler Verbindungen, der Wirtschaft wie der Revolutionäre. Und es war die Zeit, in der Frauen begannen, Rechte zu fordern.

Junge Frauen kamen allein in die Städte, um in Fabriken oder als Bedienstete in Bürgerhäusern ein Auskommen zu suchen. Arbeit fanden sie und im Chaos der Großstädte (Elizabeth Wilson 1993) auch manche nicht immer beglückende Freiheit, doch keine Bleibe. Während die großbürgerlichen Viertel rapide wuchsen, fehlte es an Wohnraum für die ärmere Bevölkerung und insbesondere an kleinen, billigen Wohnungen – die die alleinstehenden Frauen allerdings auch gar nicht bekommen hätten. Ledige Arbeiterinnen teilten sich, ebenso wie Arbeiter, Schlafstellen in den miesesten Vierteln, wo Familien ihr kümmerliches Einkommen durch Vermietung aufzubessern suchten, und Dienstmädchen schliefen im Hängeboden über dem Klo der bürgerlichen Wohnungen.

Die bürgerlichen Frauen wurden mehr und mehr aus dem öffentlichen Raum verbannt (nicht zuletzt in Abgrenzung zu den Straßenmädchen) nur mehr Repräsentantin des ehemännlich erwirtschafteten Wohlstands und sorgende Gattin und Mutter standesgemäß geformter Nachkommen.

Aus dem Bürgertum kamen aber auch andere Frauen: Bohèmiennes und Flaneurinnen, die sich unerhörte Freiheiten nahmen – Ausnahmen sicherlich –, sowie die Sozialistinnen und die ersten Feministinnen, die Wissen, Anerkennung und gesellschaftlich-politische Teilhabe forderten, erst geistige, dann physische und gesetzliche Korsetts herunterrissen.

Sie wollten Bildung und Beruf für Frauen, sahen jedoch auch die Konsequenzen, insbesondere die eklatante Wohnungsnot, die zwar alle Ärmeren, besonders aber Frauen traf, die ihren Lebensunterhalt allein bestritten oder studierten. Denn zu Beginn des neuen Jahrhunderts waren 34% der arbeitenden Bevölkerung weiblich und ca. 2/3 von ihnen unverheiratet (Viktoria Schmidt-Linsenhoff u.a. 1981: 37). Es waren nicht mehr nur die Arbeiterinnen, die einem Erwerb nachgingen, sondern gebildete Bürger-

[9] Die Informationen zu diesem und dem folgenden Abschnitt haben wir im wesentlichen dem grandiosen Buch von Ulla Terlinden und Susanna von Oertzen (2006) entnommen. Es sei jeder empfohlen, die sich näher mit der Materie befassen will.

töchter in Staatsdiensten und Kontoren, aber auch sie fanden keine ihrer ökonomisch gewonnenen Unabhängigkeit gemäße Unterkunft.

Wohlhabende Vertreterinnen der bürgerlichen Frauenbewegung gründeten Wohnhäuser für Studentinnen, teilweise exquisit ausgestattet mit Aufenthaltsraum, Bibliothek und Garten. In Großstädten, allen voran in Berlin, entstanden eine Reihe von Wohnheimen und bald auch erste Gebäude mit kleinen Wohnungen für alleinstehende berufstätige Frauen, häufig ergänzt durch zusätzliche Einrichtungen, wo Mahlzeiten, aber auch die Gelegenheit für Geselligkeit und Begegnung mit anderen geboten waren – letztlich die Umsetzung der heftig diskutierten Idee des Einküchenhauses für Alleinstehende. Für Frauen, deren geringer Verdienst nicht für das Essen im Gasthaus reichte (zumal sie dort häufig gar nicht bedient wurden) und die ohne männliche Begleitung kaum Zugang zu öffentlichen Räumen hatten, waren diese Begegnungsmöglichkeiten von unschätzbarem Wert, ebenso wie die sogenannten Abendheime, die für die Bewohnerinnen der einfacheren Wohnheime einen ähnlichen Zweck erfüllten und für Arbeiterinnen oft auch Bildungsmöglichkeiten boten und nicht zuletzt Versammlungsräume und Sicherheit für ihre Arbeitskämpfe.

Was den Arbeiterinnen und kleinen Angestellten ihre Gemeinschaftsräume, waren den frauenbewegten Damen der gehobenen Gesellschaft ihre Clubs, oft sehr schöne geräumige Häuser, in denen sie nicht nur Feste feierten, sondern vor allem auch ihre politischen Aktionen planten und feministische Netze webten.

... nach Weimar und zum Neuen Bauen

Mit dem Beginn des Ersten Weltkriegs war all das zu Ende, so wie auch der gesamte Wohnungsbau stagnierte. Und obwohl sich schon Anfang der 1920er Jahre die Zahl der berufstätigen Frauen gegenüber der Vorkriegszeit vervielfacht hatte, nach wie vor die Mehrheit unverheiratet – noch immer galten Berufs- und Familienarbeit für Frauen, vor allem für Höherqualifizierte, als unvereinbar –, wurde das wachsende Wohnungsproblem der alleinstehenden berufstätigen Frauen erst Mitte der 1920er Jahre wieder thematisiert. Einige Berufsverbände von Frauen begannen in verschiedenen Großstädten Wohnheime für ihre Mitglieder zu bauen und 1926 meldete sich endlich auch die Frauenbewegung mit einer Tagung wieder zum Thema und löste eine lebhafte Debatte aus. In der Folge wurde Leitlinien für Wohnungen von berufstätigen Frauen erstellt, die Diskussionen gingen um die Doppelbelastung, die berufstätigen Frauen (verheiratet oder unverheiratet) nach wie vor den Haushalt aufhalste, während Männer ihre freie Zeit für Weiterbildung und Erholung zur Verfügung hatten. Wieder wurden die Ideen um zentralisierte Haushaltsformen mobilisiert, die gerade für Einzelfrauen ökonomisch wie sozial sehr geeignet erschienen. Ein anderer Strang der Diskussionen ging um die Frage der Anordnung der Single-Wohnungen: zentral in einem Haus oder verstreut in Gebäuden mit Familienwohnungen, letzteres, um die angebliche Isolation der alleinstehenden Frauen in einem eigenen Gebäude zu vermeiden.

Gemeinschaftliche Wohnformen sollten gemeinsame Haushaltshilfen und Einrichtungen erschwinglich machen, wurden nun kaum noch in Form von Heimen gedacht, sondern unter dem Eindruck eines neuen Frauenbildes, in Form von abgeschlossenen Kleinwohnungen mit zentralen Versorgungs- und Serviceeinrichtungen. Andere plädierten für die technisch und baulich optimierte Ausstattung und Grundrissgestaltung der Wohnungen zur Erleichterung der Haushaltsführung, was insbesondere die ArchitektInnen des Neuen Bauens leitete, zunächst allerdings zur Behebung der Wohnungsnot von Familien. Viele dieser sozialreformerisch denkenden PlanerInnen nahmen das Thema »Wohnen für die berufstätige Frau« auf und erarbeiteten in regem Austausch mit der Frauenbewegung eine erstaunliche Vielfalt interessanter Lösungen, von denen gegen Ende der Weimarer Republik einige auf Bauausstellungen[10] realisiert wurden. Einige ArchitektInnen erweiterten die Aufgabe zur Schaffung von Ledigenwohnungen und orientierten sich mit ihren Entwürfen von Service-Apartmenthäusern für die berufstätigen, familienunabhängigen »Großstadtnomaden« (Frauen wie Männern und kinderlosen Paaren) u.a. an den US-amerikanischen Boarding-Houses[11] (Ulla Terlinden, Susanna von Oertzen 2006: 176).

Es ist absolut beeindruckend, wie viel Überzeugungsarbeit erfolgreich von engagierten Frauen geleistet wurde, wie viele Wohnhäuser für arbeitende Frauen und Studentinnen allein in Deutschland in dieser kurzen Zeit

---

[10] Zunehmend traten nun auch Frauen auf den Plan, wie z.B. Margarete Schütte-Lihotzky, die weitaus mehr zum sozialen Bauen beigetragen hat als die »Frankfurter Küche«, für die sie so bekannt geworden ist (s. Kerstin Dörhöfer 1998). Zu den Beiträgen von Architektinnen und Frauenverbänden zu internationalen Bauausstellungen siehe auch Kerstin Dörhöfer (2007).

[11] Männer wie der Architekt Hans Scharoun trieben das allerdings auf die Spitze, indem sie über die »Kasernierung« des »mobilen Arbeiter-Heeres« in optimierten Wohnzellen mit zentralen Serviceangeboten sinnierten.

zwischen etwa 1925 und 1930/31 konzipiert und wie viele realisiert wurden, nicht nur im Rahmen von Bauausstellungen, sondern auch auf Initiative von Frauenverbänden und -vereinen und von ihnen gegründeten Baugenossenschaften, und sogar von den Kommunen. Gemessen am Gesamtbedarf war das nur ein Tropfen auf den heißen Stein, aber gemessen an den damaligen ökonomischen und gesellschaftlichen Bedingungen eine gigantische Leistung. Die Nationalsozialisten haben wahrhaft ganze Arbeit getan, die Weimarer Frauenbewegung zu zerschlagen und die Erinnerung an ihre Projekte (und die ihrer Vorgängerinnen) auszulöschen – was leider bis heute nachwirkt, werden diese Aktivitäten doch von der jetzigen Frauenwohnprojekte-Bewegung immer noch (fast) nicht wahrgenommen, obwohl sie bei genauer Betrachtung weit eher zum Leitbild taugen würden als die unter völlig anderen gesellschaftlichen Bedingungen entstandenen Beginenhöfe.

Von der Nachkriegszeit …

Über die Wohnverhältnisse von Frauen nach dem Zweiten Weltkrieg, vor allem unmittelbar nach Kriegsende, sind die Informationen dünn. Bekanntlich wurden in den stark zerstörten Städten die wenigen brauchbaren Wohnungen administrativ verwaltet und belegt. Zwangseinquartierungen führten häufig einander völlig fremde Menschen zusammen. Teilweise fanden sich aber auch Wohnungssuchende zusammen und es entstanden, auch auf Grund des sogenannten Frauenüberschusses, Gemeinschaften von zwei oder mehreren Frauen, verheirateten wie unverheirateten, mit oder ohne Kinder, verwandte, befreundete und vermutlich auch (hier gut getarnte) frauenliebende, die sich eine Wohnung teilten, eine Art Familie bildeten und zeitweise sogar rechtlich anerkannt wurden (Kirsten Plötz 2007).[12] Einige Fraueninstitutionen, wie der Berliner Frauenbund, mieteten Großwohnungen für alleinstehende berufstätige Frauen (Gabi Bemm, Barbara Seifen 1983).

In den kleinfamilienfixierten 1950er und 60er Jahren wurde trotz der vielen »überzähligen« Frauen das selbständige Wohnen von Frauen wieder extrem schwierig. Alleinlebende waren wieder einmal auf Untermiete oder

---

[12] Nach Kirsten Plötz (2007) wurden sogar zur Lösung der Wohnungs- und Versorgungsengpässe sogenannte »Frauenfamilien« in Betracht gezogen, in denen eine Frau einer Erwerbsarbeit nachgehen, die andere Haushalt und Kinder versorgen sollte.

Mitwohnen in der Elternwohnung angewiesen. Da aber das Wirtschaftswunder auf die (Mit)Arbeit von Frauen angewiesen war und es inzwischen auch Frauen in qualifizierten Berufen mit einem regelmäßigen (aber zu geringen) Einkommen gab, die adäquat wohnen wollten, wurde das Thema angemessenen Wohnraums für ledige Frauen manchenorts von Politikerinnen und Frauenvereinen angegangen. So gelang es Frauen des *Überparteilichen Frauenarbeitskreises Ulm*, kurz aufeinanderfolgend zwei größere Wohnhäuser für alleinstehende Frauen mit Gemeinschaftseinrichtungen zu errichten (die bis heute von Frauen bewohnt werden) mit dem Ziel dort ein Gemeinschaftsleben zu realisieren, ganz im Sinne dessen, was viele heutige Wohnprojekte erstreben. Wie uns Gisela Notz berichtete, gab es ein ähnliches Projekt in Schweinfurt und wir sind ziemlich sicher, dass auch andernorts solche Projekte entstanden. Dass sowohl das Ulmer als auch das Schweinfurter Projekt vom Volksmund »Drachenburg« genannt wurde, lässt die gesellschaftliche Position von alleinstehenden Frauen in den 1950er Jahren erahnen.[13]

… zur neuen Frauenbewegung

Ganz neue Impulse für das Zusammenleben und Wohnen brachte die StudentInnenbewegung mit ihren Kommuneexperimenten. Die revolutionäre Idee frei gewählter Wohngemeinschaften von nicht miteinander verwandten Personen, diese zunächst skandalumwitterte Wohnform wurde in abgemilderten, »zivilisierten« Formen vor allem für Studierende schnell zur idealen Möglichkeit, unabhängig vom Elternhaus günstig zu wohnen, ohne auf die Enge und Einschränkungen möblierter Zimmer (und ZimmerwirtInnen) angewiesen zu sein. Insbesondere jungen Frauen bot sie unerhörte Freiheiten zu Kontakten, neuen Perspektiven und Erfahrungen mit anderen jungen Menschen. Lebten sie anfangs überwiegend in gemischten WGs, so entschieden sich im Kontext der zweiten Frauenbewegung immer mehr Frauen für reine Frauen-WGs – auf Grund der Erlebnisse mit ihren hausarbeitsscheuen männlichen Mitbewohnern, mehr und mehr aber auch aus der Freude heraus, mit Frauen zu sein und aus ihren reichen Erfahrungen in Frauengruppen und -projekten.

---

[13] Wenn heute ein brandneues Frauenwohnprojekt bei Stuttgart mit diesem Begriff belegt wird, ist das allerdings vierzig Jahre nach Beginn der neuen Frauenbewegung eine traurige Bilanz.

Die neue Frauenbewegung brachte nicht nur alternative Aussteigerinnen hervor, sondern – auch unter den Alternativen – kompetente Fachfrauen, auch in frauenuntypischen Feldern wie den Bauberufen, die nicht zuletzt das inzwischen wieder fast ausschließlich männerbestimmte Wohnungs(un)wesen kritisierten und ihre Beteiligung an sowie die Berücksichtigung von Fraueninteressen in der Planung einforderten (s. *Exkurs Feministische Architektinnen und Planerinnen*). Sie verschafften sich Gehör in Gremien, Verwaltungen und Hochschulen und nahmen Einfluss auf Normen und Entscheidungen, während andere ganz handfest die Welt zu verändern suchten, indem sie Frauen bei der Realisierung ihrer alternativen Wohnwünsche halfen. Beide Gruppen unterstützten, wenn auch auf unterschiedlichen Bahnen, das Entstehen von Wohnprojekten, die einen »autonom«, von unten, die anderen (deutlich später) top down, z.B. die von ihnen inspirierten Projekte des »frauenfreundlichen Wohnungsbaus«.

Exkurs: Alleine wohnen, alleine leben – Eine eigene Wohnform oder Übergangsstation zum Gemeinschaftlichen Wohnen?

Alleinleben, das war jahrhundertelang keine Option für Frauen in unseren Breiten – und in vielen Regionen der Welt ist es nach wie vor noch keine.[14] Selbst das eigene Zimmer, das »Frauenzimmer«, das Boudoir oder gar der separate Flügel, waren Privilegien der Damen höherer Stände. Für den neuen gehobenen Stand des Bürgertums war das, nicht nur aus finanziellen Gründen, schon keine Selbstverständlichkeit mehr, denn mit der Kreation Kleinfamilie wurden nicht nur den Räumen, sondern auch den darin waltenden (Ehe)Frauen eng begrenzte Funktionen zugeordnet, die einer eigenen Persönlichkeit keinen Raum mehr ließen und Frauen buchstäblich bis in den Schlaf unter Kontrolle hielten.

Das blieb so (mit kleinen Unterbrechungen in und nach den Weltkriegen), bis die StudentInnen und die bewegten Frauen in den 1960ern begannen, mit ihrer radikalen Infragestellung verstaubter Gesellschafts- und Beziehungsverhältnisse alte Gewissheiten zu erschüttern. Nun gingen Frauen nicht mehr so selbstverständlich vom Elternhaus in die Ehe, von einer Bevormundung in die andere, oder verharrten leidvoll in einer von Gewalt oder Missachtung geprägten Beziehung. Sie begannen zu experimentieren – mit Wohngemein-

[14] Dazu müssen wir nicht in islamistische Staaten gehen. Laut Viktoria Lomasko, einer Pussy-Riot-Aktivistin (Taz vom 10./11.08.2013, S. 32/33), ist es auch im heutigen Russland noch immer fast unmöglich, als Frau allein in einer eigenen Wohnung zu leben. Und die asiatischen Wirtschaftsgiganten sind in der Geschlechterfrage und damit verbunden der Frage des Alleinwohnens von Frauen ebenfalls noch sehr konservativ.

schaften, mit wechselnden Konstellationen oder eben auch mit dem Alleinwohnen, zumindest für begrenzte Phasen.

Viel hat sich verändert in den fünfzig Jahren seither. Mit der Normalisierung einst revolutionärer Ideen wird es für immer mehr Frauen normal, ein eigenes Zimmer in der partnerschaftlichen Wohnung zu beanspruchen, ohne fürchten zu müssen, andere zu verletzen oder zu verärgern oder gar die Beziehung zu gefährden. Immer mehr Frauen können sich eine eigene Wohnung leisten – und bekommen sie heute auch –, tun das sogar im Rahmen einer Liebesbeziehung und auch im gemeinschaftlichen Wohnen. Sie haben die so lange verwehrte Freiheit der eigenen vier Wände entdeckt, die sie mit dem erfüllen können, was sie interessiert, was ihr Beruf oder ihre Berufung ist, wo sie sich auf sich besinnen, sich entspannen oder dem süßen Nichtstun hingeben können, ohne sich ständig auf jemand beziehen, auf Ansprüche reagieren zu müssen, und die sie gestalten, mit ihrer Persönlichkeit füllen, ohne Absprachen und mehr oder weniger glückliche Kompromisse (Martina Löw 1993; Ingrid Strobl 2003).

Immer mehr Frauen entdecken die Vorzüge wenigstens zeitweiligen Alleinseinkönnens. Aber selbstverständlich ist dies nach wie vor nicht für alle – und das scheint nicht nur eine Generationenfrage oder eine der Bildung zu sein, nicht einmal unbedingt des feministischen Bewusstseins. Immer noch hängt dem Alleinwohnen von Frauen ein G'rüchle an, hat »allein« etwas Diskriminierendes. *»Es klingt nach übriggeblieben« (IP 37)*, wie eine unserer (linken) Wohnprojektfrauen sagte, die es eigentlich besser wissen müsste. Für andere klingt es nach Bindungsunfähigkeit – was Martina Löw schon in den 1990er Jahren mit dem Ergebnis einer Befragung widerlegt hat, wonach alleinlebende Frauen keinesfalls ohne Bindungen sind und Rückzugsmöglichkeiten der Qualität ihrer Beziehungen eher gut tun.

Es ist schon erstaunlich, wie hartnäckig sich das Negativimage der alleinlebenden Frau hält. Als Hexe war sie immerhin noch eine eigene, eine bedrohliche Persönlichkeit, die allein auf ihren beiden Beinen in der Welt steht und keine »bessere Hälfte« benötigt. Die »alte Jungfer« dagegen löst bestenfalls (noch) Bedauern aus und heute nicht einmal mehr Furcht, sie könne einer den Mann streitig machen. Wie unrecht wird ihr da getan, der Jungfrau, galt sie doch in der Geschichte vor allem als mannlos (oder richtiger mannfrei), aber gar nicht unbedingt als abstinent (wie die überlieferten »jungfräulich« Gebärenden nahe legen). Diese einst hoch geachtete Freiheit musste zunehmend gegen gesellschaftliche Widerstände erfochten werden.

Frauen, die sich der Last des Versorgens, der ständigen Verfügbarkeit für und der Manipulation durch andere räumlich und damit tendenziell auch energetisch entziehen, sind hier und heute nicht mehr unmittelbar physisch behindert oder gefährdet – werden aber noch immer tendenziell als unsozial gesehen. Von der Freundin vielleicht ungläubig bewundert, gilt eine, die auch noch glaubwürdig versichert, dass es ihr gut geht damit, zumindest als egozentrisch und – schlimmer noch – womöglich als komisch oder eigen. Die panische Ablehnung der Eigenheit aber verrät noch immer, was Frauen (auch in den Köpfen von Frauen) eigentlich sollten.

2.3 Die »autonomen« Frauenwohnprojekte von den 1970er Jahren bis heute

Selbst initiierte (autonome) Wohnprojekte waren mehr oder weniger eine logische Entwicklung aus der neuen Frauenbewegung mit ihren Bestrebungen nach selbstbestimmten Räumen. Das erste (uns bekannte) Frauenwohnprojekt, das Frauenkulturzentrum und Café Sarah in Stuttgart, 1978 gegründet, war eher ein Nebenprodukt des eigentlichen Ziels, eines feministischen Kulturprojektes. Eines der ersten reinen Wohnprojekte, das Hexenhaus in Berlin, entstand 1981 aus einer Hausbesetzung. Die Bewegung lief langsam an, beschleunigte sich in den 1990er Jahren und nahm in der ersten Dekade des neuen Jahrtausends richtig Fahrt auf. Wir wissen für die Anfangszeit nur von vier Projekten, für die 1990er kennen wir schon zehn und seit 2000 sind 29 Projekte entstanden, weitere in Planung oder kurz vor der Fertigstellung. In diesen drei Phasen lässt sich eine grundlegende Veränderung verfolgen, sowohl bei den Protagonistinnen als auch bei den Zielen und gesellschaftlichen Rahmenbedingungen. Die allermeisten der autonomen Frauenwohnprojekte, die in diesem Zeitraum entstanden, bestehen bis heute und auch an den Entwicklungen innerhalb der älteren Projekte lassen sich den genannten Phasen entsprechend charakteristische Merkmale ablesen.

Die 1980er Jahre

Die Hoch-Zeit der zweiten Frauenbewegung. Das Persönliche war politisch, die Feministinnen griffen Raum und schufen sich Räume, geistig wie materiell, stellten konsequent Frauen, ihre Geschichte, ihre Fähigkeiten und Potenziale ins Zentrum ihres Interesses und bezogen sich umfassend aufeinander. Sie lebten, liebten, arbeiteten mit Frauen, suchten nach eigenen, nichthierarchischen Wohn- und Arbeitsformen in Frauen-WGs, in kulturellen und politischen Frauenprojekten und -betrieben. Manche wurde zur Lesbe, weil es die Praxis zur Theorie war oder weil sie »es nur noch nicht gewusst« hatte. Irgendwie waren alle links, kapitalismuskritisch, antiautoritär und für manche Linke wandelte sich der Neben- allmählich zum Hauptwiderspruch. Die erhofften Arbeiterinnen blieben dennoch rar und Migrantinnen waren noch gar nicht im Blick. Und wenngleich die jungen Aktiven, begierig auf Vorbilder, um Ältere warben (die nicht waren wie ihre Mütter), blieben die Beauvoirs im durchschnittlichen Frauenzentrum ebenso selten wie die Älteren, die sich selbst emanzipieren wollten. Obwohl »alle

Frauen« gemeint waren, blieb die Bewegung überwiegend akademisch-jung.

So war sie zwar risiko- und experimentierfreudig, doch naturgemäß finanziell knapp. Und der Wunsch der Frauen nach neuen Wohn- und Lebensformen führte zwangsläufig zur Notwendigkeit, sich zahlbaren Wohnraum zu schaffen, ein Ziel, das sie in den Großstädten mit den zu dieser Zeit sehr aktiven HausbesetzerInnen verband.

Sie besetzten selber Häuser, wo es nicht gelang, ein heruntergekommenes oder zweckentfremdetes Gebäude gleich legal anzumieten – soweit sie sich nicht entschieden, eine radikal andere Lebens- und Wirtschaftsweise mit Frauen auf dem Land zu versuchen.[15] Die besetzten oder gemieteten Häuser setzten sie, oft unterstützt von feministischen Architektinnen und Baufachfrauen, mit viel Eigenarbeit und wenig finanzieller Förderung in Stand und experimentierten nebenbei als Pionierinnen des ökologischen Bauens mit mancher damals noch als kurios belächelten Maßnahme (wie einem Ökoklo im Geschossbau (realisiert und einige Zeit benutzt im Frauenwohn- und Stadtteilprojekt Schokofabrik in Berlin Kreuzberg).

Kritik der Frauen und gerade auch feministischer Fachfrauen am frauen-(und kinder-)unfreundlichen Wohnungsbau und das Entgegenkommen der Kommunen, die ihre radikalen Szenen zu befrieden trachteten, leiteten die nächste Phase ein.

Die 1990er Jahre

Neue Projekt-Initiativen erstritten mit ungeahntem Verhandlungsgeschick kommunale Grundstücke und Förderungen. Sie überzeugten Stadtplanung wie Investoren vom Nutzen selbstverwaltender, selbstverantwortlicher Bewohnerinnengruppen, wobei sie nun auch schon hier und da auf Unterstützung durch frauenbewusste Politikerinnen zurückgreifen konnten. Jetzt entstanden (meist) Neubauten nach den Bedürfnissen der Bewohnerinnen und den Erkenntnissen feministischer Architektinnen (s. *Exkurs Feministische*

[15] Es war auch die Zeit der »Ausstiege«, die (qualifizierte) Frauen veranlasste, ihre Berufsziele – zumindest vorübergehend, was sie da aber noch nicht wussten – aufzukündigen, da sie sich in der Berufswelt gezwungen sahen, sich den immer stärker empfundenen zerstörerischen patriarchal-kapitalistischen Regeln zu unterwerfen. Manche gründeten Frauenferien- und Bildungshäuser in damals noch entlegenen, also billigen Gegenden der Republik wie dem »Zonenrandgebiet«, andere wanderten aus, nach Südwestfrankreich oder Neuseeland.

Architektinnen und Planerinnen) – in eng gesteckten Grenzen freilich, den geringen finanziellen Mitteln der Frauen entsprechend und, soweit gefördert, räumlich durch die Förderrichtlinien stark eingeschränkt. Der Schwerpunkt der Projekte lag nun bei Einzelwohnungen. Die früher überwiegenden Wohngemeinschaften waren, unter Förderbedingungen, nur noch mit Auflagen realisierbar, aber sie waren auch viel seltener gewünscht.

Die Initiativen hatten sich differenziert. Nun gab es Frauen, die mit anderen Frauen und Kindern leben wollten. Es gab ältere Frauen, die gegen die Vereinzelung im Alter vorsorgen wollten. Die einen wollten mit anderen Alten anders alt werden, die anderen genau das vermeiden und deshalb generationenübergreifend leben. Lesben engagierten sich (leider vergeblich) für ein *LesBoVille*, andere gründeten *Sappho*, eine Stiftung für Lesbenwohnorte, um private Vermögen für die lesbische Community zu bündeln und sicherzustellen. Unabhängigkeit und die Sicherung von Frauen-räumen in Frauenhand waren die großen Ziele. In Tübingen wurde die *Beginenstiftung* gegründet, in Berlin das *BeginenWerk* mit dem (nicht realisierten) Ziel einer Stiftung zur Errichtung von Frauenwohnungen. Etliche Initiativen belebten die Tradition der Frauengenossenschaften neu, so in Frankfurt, Hamburg, Bremen und München, viele allerdings mussten auf dem damals noch sehr steinigen Weg zur Genossenschaft aufgeben.[16]
Mit wachsender Anerkennung verloren die Gruppen vielfach an Radikalität. Zwar waren die Initiatorinnen noch ganz überwiegend feministisch und die Ziele nach wie vor radikal formuliert – selbstbestimmt, partizipativ, emanzipatorisch –, doch für die hinzukommenden Mitstreiterinnen galt das nicht mehr durchgängig, was die Initiativen für Verhandlungspartner gewissermaßen »gefälliger« machte.

Anfang der 1990er entstanden parallel auch die ersten top down initiierten Projekte »frauen- (und kinder-)freundlichen« Wohnungsbaus, nicht zuletzt angestoßen durch die Aktivitäten feministischer Baufachfrauen, die u.a. Architektinnen-Wettbewerbe und Beispielbauten im Rahmen der Internationalen Bauausstellungen in Berlin und später der IBA Emscher Park im Ruhrgebiet durchsetzten (Ruth Becker, Ulla Greiwe 2007) und sogar zögerliche Modifizierungen von Normen und Förderbedingungen des Sozialen Wohnungsbaus erreichten.

---

[16] Inzwischen gibt es einige gesetzliche Erleichterungen, doch immer noch ist der Weg bis zur erfolgreichen Bildung einer Genossenschaft lang und aufwändig.

Das neue Jahrtausend

Erntezeit nach langem Ackern. Etablierte Vereine konnten Folgeprojekte realisieren und die langjährigen Bemühungen einer in den 1990ern neu gegründeten Frauengenossenschaft zeitigten endlich Erfolge. Erste Projekte wurden realisiert und nun schnell folgend weitere projektiert. Erste Projekte im Einzeleigentum, ebenfalls Ergebnisse langer Vorgeschichten, entstanden, eine zwiespältig aufgenommene Neuheit im Projektespektrum. Beide, die genossenschaftlichen wie die Einzeleigentümerinnen, folgten dem Anspruch »Wohnraum in Frauenhand«, dem Zusatz »sichern« jedoch nur die ersteren und der feine Unterschied macht sich leider bereits bemerkbar. Beide feministisch radikal begonnen, zermürbt von Langwierigkeit und genötigt durch die Kosten, haben eine neue Klientel: Die Älteren überwiegen und die Frauen mit etwas Geld haben nicht alle feministische Wurzeln.

Die Sensation des ersten Jahrzehnts sind die »Neuen Beginen« mit einem beständigen Zuwachs. Der Bremer Beginenhof – trotz seines (partiellen) Scheiterns[17] Vorbild und Pilgerstätte begeisterter Neubeginen – löste 2001 eine ganze Welle von Beginenhof-Gründungen aus. Fast im Jahresrhythmus entstanden bis zur Drucklegung zwölf Beginenhöfe (fast alle vernetzt im Dachverband der Beginen), weitere sind in Planung. Das Spektrum der Beginen-Projekte ist weit,[18] vom absolut weltlichen in Zielen und Lebensweisen über das feministisch-spirituelle bis hin zum (im Dachverband bisher einzigen) kirchlich-religiösen, und die Bezugnahme auf ihre Namensgeberinnen wird äußerst großzügig gehandhabt (s. *Exkurs Beginenhof*).

Schließlich entstehen in den 2000er Jahren neben reinen Frauenwohnprojekten nun auch Mischformen wie ein Lesbenprojekt, das mit einem eigenen Haus in ein gemischtes Projekt integriert ist, oder lesbisch-schwule

---

[17] Der Bremer Beginenhof, mit über 80 Wohneinheiten und einem großen Gewerbeanteil ein äußerst ehrgeiziges Projekt, scheiterte am gar zu gutgläubigen Vertrauen auf eine Finanzierungszusage des Bremer Senats (auf EU-Gelder) für den Gewerbeteil, die (leider erst nach Baubeginn) zurückgezogen wurde. Der Hof wurde zwar erstellt und bezogen, hat jedoch für die Mieterinnen der Genossenschaft und die Initiatorinnen erhebliche Verluste nach sich gezogen und entspricht nur noch teilweise seiner ursprünglichen Konzeption.

[18] Die Bezugnahme auf die Beginen ist innerhalb der Projekte keineswegs einhellig. Ein als Beginenhof errichtetes Projekt ist diesbezüglich gänzlich gespalten, was sich auch darin äußert, dass es nicht im Dachverband organisiert ist.

Projekte. Und gerade bei Lesben und Schwulen wird auch das Thema Pflege erstmals ernsthaft angegangen.

Mehrere der neueren Projekte wurden als Modellvorhaben gefördert, einige mit zum Teil mehreren (Bau)Preisen ausgezeichnet – eine wenn auch späte Anerkennung des richtungweisenden Beitrags der Projekte zur Innovation des Wohnungsbaus.

Exkurs: »Beginenhof«, eine Marketing-Strategie?

»Moderne Beginen heute verbinden den Wunsch nach einem eigenständigen Leben mit dem eines gemeinschaftlichen Miteinanders im Wohnen, teilweise auch im Arbeiten. Sie sind bezüglich Alter, Herkunft, Ausbildung und Lebensläufen sehr vielfältig: verwitwet, geschieden, ledig oder getrennt lebend, lesbisch oder heterosexuell, mit oder ohne Kinder.

Spiritualität und soziales wie auch politisches Engagement können in den verschiedenen Gemeinschaften moderner Beginen eine mehr oder minder große Rolle spielen. Für manche ist der Bezug zu den historischen Beginen ein selbstverständlicher, identitätsstiftender. Für alle ist der Versuch gemeinschaftlichen Lebens in einer individualistisch geprägten, auf persönlichen Erfolg und Konkurrenz ausgerichteten Welt alltägliche Herausforderung. Was sie dabei gewinnen, ist die Verbundenheit mit anderen Frauen zu erleben, gegenseitige Unterstützung zu erfahren und ein spannendes gesellschaftliches Experiment mit zu gestalten« (Webseite Dachverband der Beginen).

Diese Vorstellung hat so gar nichts mit dem Bild zu tun, das die verschiedenen Beschreibungen ihrer Vorbilder, richtiger ihrer Namensgeberinnen, der mittelalterlichen Beginen zeichnen. Beginen, heißt es, waren Angehörige einer Gemeinschaft frommer Frauen, die in apostolischer Armut und Keuschheit lebten, unabhängig von kirchlicher Organisation (aber nicht vom Klerus). Sie entwickelten ihre eigenen Vorstellungen eines evangeliengemäßen Lebens, brachten Mystikerinnen hervor und erdreisteten sich zu lehren, was sie der Häresie verdächtig machte und zunehmenden Verfolgungen aussetzte.

Die ersten Gemeinschaften entwickelten sich im 12. Jahrhundert. In ihrer Blütezeit, dem 13. und beginnenden 14. Jahrhundert, verbreiteten sie sich über ganz Westeuropa, mussten sich aber immer mehr unter die Oberhoheit von Klöstern und Orden stellen oder wurden zur Auflösung gezwungen, wobei vielen der Konvente in Deutschland die Reformation den Garaus machte – welche Ironie, sollen doch die Beginen auch mit Übersetzungen heiliger Schriften das »Wort Gottes« dem einfachen Volk nahegebracht haben. In einigen Regionen, insbesondere in Flandern,[19] wo wir noch heute diese schönen Anwesen bewundern können

[19] Hier sind viele der Höfe noch erhalten, ähnlich wie die weiter oben erwähnten »Hofjes«. Zumindest der Amsterdamer Beginenhof wird nach der Übertragung an eine Stiftung auch heute ausschließlich an Frauen vermietet. Nach den Hofregeln, die u.a. jegliche Aufnahme

(die es übrigens in dieser Form nur in Belgien und den Niederlanden gab, während in den anderen Regionen eher einzelne Häuser, je nach Vermögen sehr unterschiedlicher Größe, bewohnt wurden), hielten sich die Beginen bis ins 19. Jahrhundert.

Ihren Lebensunterhalt verdienten sie mit ihrer Hände Arbeit, waren in vielerlei Gewerben tätig, vor allem in der Tuchmacherei, sagen die einen, andere berichten auch von Geldverleih und Rentenhandel (was aus heutiger Sicht eher anrüchig und wenig christlich erscheint). Sie bildeten Mädchen aus und dienten unentgeltlich ihren Nächsten durch Krankenpflege oder Totendienst (im 12. Jahrhundert wurden sie geradezu zu »Spezialistinnen des Todes« gekürt (Uta C. Schmidt 1994: 126)). Der Arbeit sei für die Beginen »heilsgeschichtliche Bedeutung« zugekommen. Ihre persönliche Habe brachten sie in die Gemeinschaft ein, an die sie nur durch ein zeitlich begrenztes Gelübde gebunden waren. Sie konnten sie danach verlassen – ob unter Mitnahme oder Hinterlassen ihres Vermögens, wird unterschiedlich berichtet, wurde vielleicht auch unterschiedlich gehandhabt –, was jedoch nicht so häufig der Fall gewesen sein dürfte, da es oft ältere Frauen bzw. Witwen waren, die in Beginenkonvente einzogen. In manchen gab es sogar eine Altersuntergrenze, um Fluktuationen einzuschränken. Beginen lebten in kleineren oder größeren Gemeinschaften zusammen, es gab aber auch einzeln vagabundierende oder bei ihren Familien lebende Beginen (was nicht immer erwähnt wird). Gemeinschaftlich lebten sie unter einem strengen Reglement, standesgemäß hierarchisch (die Begüterten in eigenen Wohnungen, die Armen in Gemeinschaftsunterkünften) und einer Meisterin oder Vorsteherin unterstellt. Ob diese gewählt oder vorgesetzt war, auch das war nicht einheitlich. So in etwa die Quintessenz der Beschreibungen des mittelalterlichen Beginenwesens, nach denen ein wesentliches Merkmal ihre Uneinheitlichkeit zu sein scheint, was sie mit unseren neuen Beginen immerhin gemeinsam hätten.

Kirchen-Männer spekulier(t)en schon frühzeitig über die Frage wo, wie und warum die Beginen entstanden und sich solch großen Zuspruchs erfreuten.[20] (Ob die Begarden, ihr männliches Pendant, so selten erwähnt werden, weil vergleichsweise unbedeutend oder weil weniger spektakulär als aufmüpfige Frauen?)

Angesichts der Dominanz des Religiösen ist es phänomenal, dass dieses offenbar konstituierende Merkmal des Beginenwesens für die heutigen Beginen eine derart marginale Rolle spielt. War das Religiöse in Wahrheit gar nicht so bedeutend? Waren die Beginen, wie von den Feministinnen lieber gesehen, Gemeinschaften, die dem Zeitgeist entsprechend eben *auch* im christlichen Geiste lebten? Benutzten sie den Glauben als Tarnung, um nach eigenem Willen zu leben?[21] Oder wählten die Beginen bewusst, was viele Beschreibungen näher legen, von einem tiefen Glauben erfüllt dieses Leben in persönlicher Armut und Keuschheit? Wenn, wie es heißt, zum einen Frauen maßgeblich an der Durchsetzung des

---

von Männern untersagen, müssen Männer das Gelände verlassen wenn um 17 Uhr die Hoftore geschlossen werden.

[20] Rosel Oehmen-Vieregge (2006) hat die verschiedenen Erklärungsansätze sehr übersichtlich und verständlich zusammengetragen.

[21] So wie eine junge Witwe, die nach einer Überlieferung erfolgreich ihre Wiederverheiratung abwehrte, indem sie als »Braut Christi« den Platz neben sich als schon vergeben bezeichnete. Sie zog sich in eine Klause zurück, wo sie junge Frauen um sich scharte, die sie von einem unabhängigen Leben zu überzeugen suchte. (Ingrid Strobl 2003: 148ff)

Christentums in Mitteleuropa teilhatten (Opitz 1993 und Uta C. Schmidt 1994), ist die These von der Zwangsreligiosität nicht ganz überzeugend. Zumal etliche Quellen von einem allgemein starken Aufleben des Glaubens unter der breiten Bevölkerung sprechen, wonach der Glaube weniger aufgenötigt, als von den Laien für sich eingefordert worden sei.

Auch die Annahme, Frauen hätten keine Möglichkeit gehabt, ihren Lebensunterhalt ehelos zu bestreiten, wird durch vielfältige Quellen widerlegt. Dennoch könnten wir den Zusammenschluss zu Gemeinschaften als pragmatische Lösung betrachten, weil dies eine akzeptierte Form des Lebens für nichtverheiratete Frauen war und jedenfalls sicherer als das Leben als »Wanderbeginen«, die auch vom Klerus nicht gern gesehen waren.

Hinsichtlich der Alternativen für Frauen mit Wissens- und Freiheitsdrang unterscheiden sich die Beginen nicht wesentlich von Nonnen und Stiftsdamen, nur dass erstere sich auf ewig banden. Da drängt sich die Frage auf, ob das Zusammenleben mit Frauen in jedem Fall eine Entscheidung für Frauen war und wir mit Ulrike Janz »eine gewisse ›Frauenbezogenheit‹ (...) schon unterstellen (dürfen), da Beginen ja immerhin Frauen waren, die mit Frauen zusammen leben und arbeiten wollten oder es zumindest taten?«. Wenngleich wir ihr beipflichten, »dass Orte, an denen Frauen zusammenleb(t)en, auch (fast) immer ›lesbische‹ Orte waren und sind« (Janz 2014: 9).

Und die weltliche Organisation der Beginen? Auch sie entspricht nicht so recht den Idealen heutiger Projektefrauen. Wollen sie sich strikten Regeln und Zeitplänen unterwerfen? Wollen sie sich von einer Prima inter Pares beaufsichtigen und bevormunden lassen? Und »Keuschheit«[22] werden sie gewiss auch eher dem eigenen Bedürfnis gemäß leben … oder lassen. Wollen sie ihr Gespartes und ihr Verdientes zusammenwerfen – und womöglich zurücklassen, wenn sie im Ärger ausziehen (wo nicht einmal das Konstrukt der Stiftung heute sehr auf Gegenliebe stößt)? Eine gemeinsame Ökonomie scheint entweder nicht erstrebt oder nicht als realistisch eingeschätzt zu werden – die einzige uns bekannte Ausnahme wurde auf dem Land versucht –, und die beiden uns bekannten Projekte mit integrierten Gewerbeeinheiten trennen diese vom Wohnen.

Was kümmert uns die Geschichte, sagen also die modernen Beginen, uns gefällt die Vorstellung einer mittelalterlichen Bewegung widerständiger Frauen, die sich dem vorgeschriebenen Leben in Ehe und Familie und männlicher Dominanz entzogen, sich organisierten und finanziell unabhängig machten. Und damals ging halt nichts ohne Religion (was ja, wie gesagt, auch nicht so ganz sicher ist). Dass sie sich für ein Leben mit Frauen entschieden, mobilisiert alte feministische Ideale und lässt frauenliebende Frauen auf Orte für Lesben hoffen.

Bei so freier Interpretation muss frau freilich fragen, warum ausgerechnet die Beginen es zum Leitbild emanzipierter, überwiegend weltlich orientierter Frauen brachten, da nur ein relativ kleiner Teil der Bewohnerinnen neuer Beginenhöfe sich als spirituell bezeichnet oder sogar als religiös?[23] Warum also nicht die Amazonen[24] mit ihrer »Doppelspitze« oder,

---

[22] Vielleicht ist die damalige »Keuschheit« gar nicht als Entsagung körperlicher Lust zu verstehen, wie wir gewohnt sind zu denken, sondern eher im Sinne der mittelalterlich verstandenen »Jungfräulichkeit« als Ehelosigkeit/Unabhängigkeit?

[23] Die parallel im kirchlichen Rahmen entstandene »neue Beginenbewegung« beziehen wir in unsere Überlegungen nicht ein, da sie keinen Bezug zu den autonomen, aus der Frauenbewegung heraus entstandenen Beginenhöfen hat.

für die realer Orientierten, matrilineare Gesellschaften wie die indonesischen Minankabau oder die bis heute im Süden Chinas lebenden Mosuo?

»So gewisse Komplikationen habe ich damals gar nicht gesehen (...) dass es Leute gibt, die da irgendwas Mystisches draus entwickeln könnten [aus dem Namen Beginen]. Ich habe bloß gesehen, das waren tolle Frauen, eine tolle Frauenbewegung, die tolle Häuser und Wohnanlagen gebaut haben. Ich bin gar nicht auf die Idee gekommen (...) da könnte irgendjemand was ganz anderes draus machen« (IP 40), so eine Initiatorin eines Beginenprojekts. Wir mussten dem Kind einen Namen geben und mit Beginen konnten viele was verbinden, argumentieren manche. Ein griffiger Name, unter den sich ein Vorhaben fassen lässt, akzeptabel für Investoren und Interessentinnen. Ein Name, der an Tradition erinnert (die niemand wirklich kennt) und an schöne alte Gebäudeensemble – und der nichts Böses assoziieren lässt, schon gar nichts Feministisches. Ein Marketing-Konzept also?

Ob sich ein Projekt »Beginenhof« nennt, ist hinsichtlich der Strukturen und Umgangsformen in Frauenwohnprojekten nach unserem Eindruck ziemlich gleichgültig. Wir halten deshalb eine Bezugnahme zur ersten Frauenbewegung (s.o.) für weitaus näherliegend (allerdings weniger gefällig).

---

[24] »Die Amazonen galten als ein unverwaltetes Volk. Das konnte nur gut gehen, solange ein hohes Verantwortungsbewusstsein der Einzelnen gegenüber dem Gemeinwesen bestand und solange *alle* so dachten« (www.frauenwissen.at/amazonen.php, 10.01.2014). Das ist zwar auch nur eine von vielen widersprüchlichen Quellen, würde aber doch durchaus den Zielen heutiger (Frauen)Gemeinschaften entsprechen.

3 Eine (anonymisierte) Beschreibung der untersuchten Projekte

Für unsere Studie haben wir uns entschieden, ausschließlich selbstorganisierte Frauenwohnprojekte anzusehen. Als Feministinnen interessiert uns der emanzipative Aspekt von Wohnprojekten, den wir hier, wo Frauen sich in ihrem eigenen Interesse engagieren, zu finden hofften. All diese Projekte wurden mit dem Wunsch gegründet, Wohnorte für Frauen zu schaffen, die andere Lebensformen als die traditionell vorgegebenen bereits leben oder anstreben. Die Frauen selbst definieren hier, welche Bedingungen für ein gutes Leben, welche Räume sie brauchen, und nehmen Einfluss auf die Umsetzung ihrer Vorstellungen. Das allein ist schon ein Akt der Selbstermächtigung, auch wenn er schnell an Grenzen stößt: der finanziellen Möglichkeiten, der erreichbaren Immobilien und zum Teil auch beim Umgang der Verhandlungspartner mit Verordnungen und Gesetzen. Gerade in diesem Bereich hat sich in den letzten zwanzig Jahren aber enorm viel verändert. Werden auf der einen Seite Projekte gefördert, wo in den 1990ern Initiatorinnen mit einem *Frauen*projekt noch auf absolutes politisches Unverständnis stießen, kann es andererseits heute passieren, dass solche Projekte *wieder* Unverständnis hervorrufen und der Erklärung bedürfen, weil doch Frauen heute emanzipiert genug sind, dass sie »das nicht mehr brauchen«.

Von (zum Zeitpunkt unserer Befragung) 32 uns bekannten selbstorganisierten Frauenwohnprojekten mit mindestens fünfjähriger Wohndauer haben wir neun ausgewählt. Das ist nur ein Auszug aus dem Spektrum der Möglichkeiten. Jedes dieser Projekte ist in einigen Aspekten repräsentativ für viele andere, aber jedes ist auf seine Weise auch besonders.

Wie nun aber solchermaßen besondere Projekte beschreiben und dabei die (zugesagte) Anonymität wahren? Vor allem wenn das Besondere vielleicht das Wichtige ist, das, wovon andere profitieren könnten? In der Hoffnung, diesen Balanceakt zu meistern, beginnen wir mit einigen Charakteristika.

3.1 Die Projekttypen, ihre Protagonistinnen und deren Ziele

Da sind die Projekte der neuen Hausbesitzerinnen, der Verfechterinnen des »Wohnraums in Frauenhand« mit ihrem so unterschiedlichen Verhältnis zum Eigentum:

- Der Genossinnen, die einen langen Weg gegangen sind, um Wohnraum für Frauen mit größtmöglicher Entscheidungsfreiheit zu schaffen und ihren Erhalt abzusichern.
- Der Eigentümerinnen im Gewissenskonflikt, die schon von den kapitalistischen Realitäten eingeholt werden, noch bevor sie ihr Verhältnis zum Besitz klären können.
- Und der überzeugten Altsozialistinnen, die ernst machen mit der Vergesellschaftung.

Da sind die Projekte der Wohngemeinschafts-Affinen mit der Sehnsucht nach Familie:

- Der (Ex)Hausbesetzerinnen, die im sozialen Wohnungsbau den sozialistischen Traum des Einküchenhauses im Kleinformat leben, in »matrilokaler« Frauengemeinschaft mit Kindern und externen Männerbeziehungen, und sich von einer ideologischen zu einer eher locker verbundenen Gemeinschaft bewegen, pragmatisch wandlungsbereit.
- Und der solidarischen alt- und junglinken Lesben mit weitem Herzen für das Hin und Her des Lebens.

Es gibt die neuen Beginenprojekte mit ihrem so unterschiedlichen Bezug zur Historie:

- Die der feministisch Spirituellen, die mit gemeinsamer Arbeit nach außen zusammenwirken und dem Vorbild in neuer Interpretation recht nahe kommen.
- Die, die nur den vielversprechenden Namen tragen, ohne dass es für die Bewohnerinnen von Bedeutung ist.
- Und die mit großen feministischen Plänen, in denen die Kräfte der Unentwegten an der schwierigen Mischung der Bewohnerinnenschaft langsam vers(z)agen.

Und es gibt die Projekte für ein »anderes Altern«:

- Derer, die kein alternatives Altersheim wollen und sich fifty-fifty mit alleinerziehenden Frauen einen Ort schaffen – an dem sie doch nur nebeneinander leben, lange uneins, bis vielfältige Wechsel frischen Wind ins Haus bringen, der neben den bösen Geistern auch den Geist des Feminismus hinausbläst.

- Der Alten, die den Gedanken eines anderen Altwerdens von Frauen in die Welt tragen wollen und im täglichen Kleinkrieg Verbindung und Motivation verlieren.
- Der Alten, die das Wohnen im Projekt (wohlweislich?) von der politischen Ambition der Multiplikatorin trennen.
- Und derer, die zum Altsein stehen und, vergebliche Sehnsucht anderer Projekte, lauter Junge anziehen.

Manche Projekte bilden gleichzeitig oder im Laufe der Zeit mehrere dieser Charakteristika aus.

Mit welchen Zielen sind sie angetreten?

Hochfliegend sind die Pläne und Ideen – mitunter scheint es, als könnten sie gar nicht hoch genug sein, um sich selbst und Interessentinnen zu begeistern, GeldgeberInnen und FördererInnen zu überzeugen. In Flyern und Veröffentlichungen finden wir Begriffe wie Integration und Vielfalt, Toleranz, Wahlverwandtschaften, generationenübergreifend, Emanzipation, Selbstbestimmung, Unterstützung, demokratisches Miteinander, Ausgewogenheit von Nähe und Distanz, der Vereinzelung und Isolierung (alter, alleinerziehender, alleinlebender Frauen) entgegenwirken ... Vieles deckt sich mit Zielsetzungen, die auch gemischte Projekte proklamieren. Aber es gibt auch ganz eigene Ziele, die nur in Frauengemeinschaften zu verwirklichen sind.

Da sollen, ganz wichtig, möglichst viele unterschiedliche Frauen einbezogen werden.[25] *»Junge und alte Frauen, Frauen mit körperlichen oder seelischen Einschränkungen*[26]*, Frauen aus Deutschland und aus anderen Ländern, wohlhabende Frauen und Frauen in schwieriger wirtschaftlicher*

[25] Alle Zitate sind Flyern und sonstigen Projektdarstellungen entnommen. Da die in die Befragung einbezogenen Projekte anonym bleiben sollen, verzichten wir jedoch auf die Quellenangaben.

[26] Ein Projekt hat seine Leitlinien inzwischen aus den Erfahrungen mit solchen »seelischen Einschränkungen« geändert.

Lage, Frauen, die allein leben, mit Kindern, mit Partnerinnen oder Partnern, Frauen in Wohngemeinschaften«. Vielfalt ist bunt – Vielfalt ist gut. Jede soll mitmachen können, das heißt andersherum, keine wird ausgeschlossen, insbesondere keine irgendwie benachteiligte Frau. So ist vor allem wichtig, *»bezahlbaren Wohnraum für Frauen zu schaffen«.* So weit allerdings, dass *»durch solidarische Finanzierung der Kosten (...) Frauen ohne Rücksicht auf Einkommen und Vermögen der Einzug ins Projekt ermöglicht«* werden möge, geht nur ein Programm.

Da bei den alten Frauen die Benachteiligungen kumulieren (Altersarmut, gesundheitliche Einschränkungen etc.), streben einige an, *»die individuellen Folgen des Alleinwohnens, wie z.B. Vereinsamung, Ausgrenzung und Isolierung älterer Frauen aufzuheben und gesellschaftlich beispielhafte Modelle (...) zu entwickeln«.* Das Altersheim soll möglichst übersprungen und das Pflegeheim weit hinausgezögert (und möglicherweise auch vermieden?) werden, *»möglichst lange soll jede Frau selbständig in ihrer Wohnung leben können, aber auch ein Leben mit Pflegebedarf wird mit professioneller Hilfe einbezogen«.*

Für die alten Frauen, aber auch für die Alleinerziehenden, sind Unterstützung und Hilfe natürlich besonders wichtig. Ihnen soll *»Unterstützung in der Gemeinschaft mehr individuelle Bewegungsfreiheit ermöglichen«,* am besten in Gegenseitigkeit, denn, so die Vorstellung, *»die älteren Frauen freuen sich über Wahlenkel und bieten ihre Hilfe zur Entlastung der jüngeren an«.* Und wenn es heißt, *»die gegenseitige Unterstützung und Anerkennung fördern unsere Lebenslust und Lebensqualität«,* steckt darin ein noch größeres Versprechen als das der Alltagshilfe für besonders Bedürftige.

»Die Idee der Wahlverwandtschaften als Zusammengehörigkeit ohne familiäre Abhängigkeit und als Verantwortlichkeit ohne lebenslange Verpflichtung«, eigentlich keine frauenprojektspezifische Idee, ist für die Frauen aber mehr als Wahloma, ist vielmehr *»ein Schritt aus der Anonymität der Großstadt in die Geborgenheit einer Frauengemeinschaft«.* Sie verheißt eine *»Gemeinschaft gleichberechtigter Menschen, in der alle nach ihren jeweiligen Vorstellungen leben können, sofern die Interessen der MitbewohnerInnen nicht beeinträchtigt werden«*, eine Gemeinschaft, die *»die individuellen Wünsche und Bedürfnisse der Frauen berücksichtigt«*, hierarchiefrei, gleichberechtigt und mit dem richtigen Maß von Nähe und Distanz, in einem *»Wohnraum (...) für eine nachbarschaftliche Wohnform von Frauen mit zwangloser Kommunikation und zugleich geschützter Privatsphäre«*, wo *»gemeinsame Unternehmungen und Anregungen (...) er-*

wünscht, aber Gemeinschaft (...) kein Muss ist«. Will sagen, die Gemeinschaft gibt Anregungen, aber jeder Bewohnerin wird ausdrücklich freigestellt, ihre Bedürfnisse nach Gesellschaft oder Rückzug selbst zu definieren und entsprechend auszuleben. Etwas anders gerichtet ist die Forderung, die Bewohnerinnen *»bekennen sich zur Pflege gemeinsamer Interessen, positiver Neugier für einander«*, oder der Wunsch, *»eine auf Geben und Nehmen basierende Lebensform in einer (spirituellen) Gemeinschaft«* zu schaffen. Hier kommt nun auch der Aspekt der Verpflichtung gegenüber der »Verwandtschaft« zur Sprache, das *»gemeinsam Verantwortung tragen können, füreinander und für das Projekt«*. Die von allen Projektinitiativen erstrebte Selbstbestimmung funktioniert nicht von allein, *»bedeutet vor allem die gemeinsame Arbeit an, in und mit der Gemeinschaft«*. So deutlich wird es (leider) selten ausgesprochen.

Abgesehen davon, dass die Projekte als solche ein Politikum sind und auch die vorgenannten Aspekte sehr politisch, haben manche Projekte explizit emanzipatorische Zielsetzungen. *»Ziel ist die Schaffung von Wohnraum für die ›neue Frau‹: für die alleinlebende, autonome, emanzipierte Frau«*, also eine echte Alternative zu den üblichen Konstellationen und Zusammenlebensformen für Frauen, die Geschlechtergrenzen und Rollenstereotype überschreiten (wollen), so um auch *»frauenliebenden Frauen einen Ort zu bieten, an dem sie (...) gleichberechtigt und selbstbestimmt jenseits tradierter Paarbeziehungen zusammen leben«. »Für die Gruppe ist das Projekt ein erster Schritt zur selbständigen Organisation und Vernetzung von Frauen auf einem Weg in eine herrschaftsfreie Gesellschaft, gegen Männergewalt, Frauenverachtung und herrschende Rollenbilder«.* Männer spielen hier keine, jedenfalls keine bestimmende Rolle im Projekt. Gefragt sind *»Frauen, die akzeptieren, dass Männer Gäste sind«,* was auch so deutlich nicht immer gesagt wird.

Diese Ziele abzusichern und wirklich selbstbestimmt agieren zu können bedeutet für einige auch, *»das Grundrecht Wohnen für Frauen zu sichern, Wohneigentumsformen für Frauen«* nicht nur zu fördern, sondern *»Frauenwohnprojekte als solche dauerhaft zu sichern zur Förderung selbstbestimmter gemeinschaftsorientierter Wohn- und Lebensformen von Frauen«*, z.B. in Form einer Genossinnenschaft oder in Form einer Stiftung. Das können, obwohl viel diskutiert, nur wenige Projekte leisten und viele Bewohnerinnen sich nicht leisten.

Was aber (theoretisch) allen möglich wäre, ist gemeinsames Engagement für ein übergeordnetes Ziel, etwa *»über die Bewohnerinnen hinaus – Frauen Raum bieten (...) für politische Diskussionen und Veranstaltungen sowie für kulturellen Austausch«* oder *»Erhaltung und Aufbau sozialer und kultureller Lesben-Netzwerke«* oder *»in all diese Aktivitäten auch die Bewohnerinnen der Nachbarschaft einzubeziehen«*. Einige Projekte streben dies an, um sich lokal zu integrieren, aber auch um den Gedanken anderer Wohnformen für Frauen auch an Frauen heranzutragen, denen das bisher noch fremd ist, und schließlich feministische Kultur und Politik zu pflegen, auch und besonders in der Vernetzung der Frauen, die »normaler«weise rausfallen.

Ein *»ganzheitlicher Ansatz von gemeinsamem Leben, Wohnen und Arbeiten«* geht noch einen Schritt weiter, möchte gemäß dem feministischen Planungsansatz wohnungsnaher Arbeitsplätze auch gewerbliche Räume integrieren, ein Ziel, das nicht alle, die es proklamieren, bis zum Schluss beibehalten (können).

Dieses kleine Potpourri umfasst einige der wichtigsten Ziele, lauter ehrbare, ernsthafte Ziele – aber es lässt eins vermissen: Formulierungen wie »miteinander Spaß haben und kreativ sein« oder »Spaß an der Idee verlässlicher Nachbarschaft, gegenseitiger Hilfe und Unterstützung« (die wir bei zwei gemischten Projekten fanden) sind uns in den Programmen unserer Frauenwohnprojekte nicht untergekommen. Das freche Verlangen nach Spaß an der Sache und bei der Sache (nicht nur bei extra dafür vorgesehenen Gelegenheiten wie Festen) wird zumindest nicht allzu deutlich formuliert. Wo doch die Wegbereiterinnen, die Feministinnen der 1970er und 80er so lauthals ihren Spaß forderten und nach unseren Erfahrungen neben allen Querelen auch hatten ...

Und auf der Seite der »Materialisierung« der Wohnbedürfnisse finden wir zwar Forderungen nach Ökologie und Barrierefreiheit, doch die Frage der Gestaltung, der Ästhetik findet keine Erwähnung (was nicht heißt, dass die schließlich gebauten Häuser solche Qualitäten vermissen ließen). Ist das einfach erstmal nicht wichtig angesichts der großen Gesamtaufgabe?

Vor allem erhebt sich die Frage: Wie werden die Ziele realisiert? Ist die Realität vielleicht eine ganz andere? Schauen wir zunächst auf die materielle Seite der Projekte, bevor wir im nächsten Schritt das Miteinander in den Blick nehmen.

3.2 Wann, wo und wie sind die Projekte entstanden?

Die Projekte wurden zwischen 1994 und Ende 2007 bezogen, vier in den 1990er Jahren, die anderen fünf nach der Jahrtausendwende. Die Bewohnerinnen konnten also zum Zeitpunkt unseres Besuchs (2012/2013) schon auf eine gewisse Wohnerfahrung zurückblicken. Drei der ältesten Projekte haben im Laufe der Jahre besonders starke Veränderungsprozesse durchlebt, für die Projekte lebensnotwendig, für die Bewohnerinnen aber teilweise auch sehr schmerzhaft, weil mit Abschieden verbunden – Abschieden von Personen und von Idealen.

Um das Projekt zu realisieren, brauchten fast alle Projektgründerinnen einen langen Atem. Unter fünf Jahren ging nichts, die drei jüngsten Projekte und eines der älteren erforderten extrem viel Durchhaltevermögen. Von der Vereinsgründung bis das Haus dann endlich stand, vergingen zehn Jahre, für das erste Projekt einer neuen Genossenschaft inkl. deren Gründung noch mehr. Meist mussten mehrfach neue Standorte gesucht und Planungen erstellt werden, die im Papierkorb landeten, Investoren und Stadtverwaltungen machten Zusagen und brachen sie wieder, es gab Eifersüchte von anderen Interessengruppen bis hin zu Anfeindungen: *»Und dann hat sich die ganze Sanierungskommission unglaublich aufgeregt, dass Frauen dieses Grundstück haben wollten. Da kam so alle Frauenfeindlichkeit wieder raus« (IP 40).* Gruppen brachen auseinander und beim nächsten Anlauf fühlten sich nicht selten ganz andere angesprochen, *»das waren dann gar nicht mehr die Frauen aus der Szene« (IP 40)*, so eine Initiatorin. In einem Fall verlief der Prozess umgekehrt, wurde die Projektidee erst konkret, als ein Haus zum Kauf stand. Nach einem schnellen Start brauchte es dann aber noch zehn Jahre, bis das ganze Haus ein Haus allein für Frauen war, da die Wohnungen erst allmählich frei wurden.

Standort, Umfeld und Vernetzung

Die Projekte finden sich in sechs Großstädten, quer über die Republik verteilt, davon zwei sehr gegensätzliche in ein und derselben Stadt, und in einer anderen Stadt mit reger Projektekultur drei (davon zwei sehr kleine). Bis auf zwei liegen alle Projekte recht zentral, vier in beliebten Szene-Stadtteilen mit guter Infrastruktur, zwei in sozial benachteiligten Gebieten mit hohem MigrantInnenanteil und eines in gutbürgerlicher Umgebung – für die meisten recht optimale Standorte, für die ein und andere zwar vielleicht nicht der Ort, den sie sich unabhängig vom Projekt ausgesucht hätte, aber auch kein Hindernis. Nur eines der beiden benachteiligten Gebiete wurde zum wirklichen Prüfstein. Die Entscheidung für diesen Standort ließ etliche Frauen abspringen, wohingegen der andere offenbar genügend ausgleichende Qualitäten bietet.

Die Vororte, in denen die beiden anderen Projekte ihren Platz gefunden haben, könnten gegensätzlicher nicht sein: einer ein neu gegründeter, gut angebundener Stadtteil mit zufriedenstellender Infrastruktur (nur die Einkaufsmöglichkeiten könnten besser sein) und guter Anbindung zur City, der andere eine etwas muffige Mischung aus Einfamilienhausgebiet und 70er-Jahre-Siedlung, von dem ohne eigenes Auto schlecht wegzukommen ist, und mit einer für die Bedürfnisse der Wohnprojektbewohnerinnen absolut unzureichenden Infrastruktur. Beide Projektgruppen hatten diese Standorte wahrlich nicht gesucht, sondern nach langer Suche notgedrungen akzeptiert, um überhaupt zu Potte zu kommen – mit dem Unterschied, dass die einen inzwischen ganz froh sind und sich auch gar nicht so »draußen« fühlen, die anderen auch nach vielen Jahren eher fremd bleiben in ihrer Umgebung *(»Es gibt hier 'ne bestimmte Aufgeklärtheit gar nicht«, IP 39)* und manche Bewerberin für eine Wohnung wegen des Standortes Abstand nahm.

Das Wohnumfeld, dem die feministische Planung so große Bedeutung beimisst, konnten letztlich alle nicht aussuchen, so gern sie es gewollt hätten. Sie konnten nur akzeptieren, was ihnen angeboten wurde – und manche hatten halt Glück, *»weil wir wirklich in der Stadt sind, ist es so ein richtiges kulturelles Zentrum geworden« (IP 9)*. Einige versuchen in ihr Umfeld hineinzuwirken, was aber mit viel kontinuierlicher Arbeit verbunden ist und die Bereitschaft dieses Umfelds voraussetzt, auf sich einwirken zu lassen. Zwei unserer Projekte sind sowohl an der inneren wie der äußeren Bereitschaft gescheitert, wurden von den AnwohnerInnen zeitweise heftigst bekämpft,[27] jedoch war auch die Mehrheit der Bewohnerinnen nicht wirklich motiviert, die große soziale Distanz zu überwinden und hier längerfristig Kräfte zu investieren. Andere Projekte sind erfolgreicher da-

[27] Äußerer Grund war in beiden Fällen, dass vor allem die Jugendlichen sich durch die Bebauung um einen Spiel-Raum gebracht sahen. Wie unsere Interviewpartnerinnen andeuteten, mag auch eine Rolle gespielt haben, dass die soziale Kluft zwischen den Frauenprojekten und den ansässigen BewohnerInnen zu groß war und daraus (zunächst) eine gewisse Abneigung resultierte.

rin, sich in die Umgebung zu integrieren und diese auch für sich zu interessieren, haben dafür aber auch andere Voraussetzungen. In einer Umgebung, in der alle neu, viele auch ein bisschen alternativ sind und ein Stück weit aufeinander zugehen, ist es einfacher, den eigenen Platz zu finden, als bei alteingesessenen »Spießern« oder türkischen Nachbarinnen, die in ihrer familienorientierten Frauenkultur verharren (ob überzeugt oder erzwungen, ist dabei erst einmal sekundär). Wenn ein Projekt dagegen mit einem großen kulturellen Angebot nach außen geht, hat es, wie eines unserer Beispiele zeigt, sogar in einer konservativeren Umgebung Chancen auf Akzeptanz.

Manche Projekte haben aber auch gar kein Interesse an Vernetzungen oder Außenwirkung, selbst wenn die Gräben nicht sehr groß sind. So haben drei Projekte in Szene-Gebieten, in deren Umgebung es sogar weitere Frauenwohnprojekte gibt, überraschenderweise weder miteinander noch mit den (gemischten) Projekten ihrer Nachbarschaft offiziellen Kontakt. Anfangs war eines in einer Quartiersinitiative vertreten, die sich aber schon vor längerem aufgelöst hat, und nur einzelne Bewohnerinnen haben lose Bezüge zu Bewohnerinnen des ein und anderen Nachbar-Projekts, während manche andere gar nicht mal sicher weiß, welche Frauenwohnprojekte es in ihrer Nachbarschaft noch gibt. Eines der Projekte hat zwar über die gemeinsame Genossenschafts-Selbstverwaltung mit anderen (Frauen)Projekten zu tun, weiter aber keine Anknüpfungspunkte. Die Bewohnerinnen sind eher in eine linke Szene eingebunden. Einen recht regen Austausch hat dagegen eines der Vorortprojekte mit einem benachbarten gemischten Wohnprojekt und auch mit kulturellen und sozialen Einrichtungen, wie einer Pflegestation in unmittelbarer Nähe.

Nur die Beginen stehen, auch über die eigene Stadt hinaus, stärker in Kontakt, sind in einem Dachverband vernetzt, in dem sie übergeordnete Ziele verfolgen – allerdings ziehen nur in einem der von uns befragten Beginenprojekte nahezu alle Bewohnerinnen mit, während im anderen mehr oder weniger nur die sehr Aktiven hinter dem Beginengedanken stehen. Ein drittes Projekt, das sich zwar Beginenhof nennt, aber gar nicht über diese Tradition definiert, fällt aus dem Rahmen und die Bewohnerinnen sind schon über den Namen uneins.

Größe der Projekte

Die Projekte umfassen zwischen vier und ca. 50 Wohnungen, die meisten liegen mit 10 bis 30 Wohnungen dazwischen. Die Wohnungsanzahl sagt jedoch nicht viel über die tatsächliche Projektgröße, d.h. die Zahl der Bewohnerinnen aus, da nur zwei der kleinen Projekte ausschließlich aus Ein-Frau-Wohnungen bestehen (die im einen auch nur von *einer* Frau bewohnt werden *dürfen*). Die anderen Projekte, auch das kleinste, bieten eine unterschiedliche Mischung von größeren und kleinen Wohnungen für verschiedene Lebensformen, Paare oder Mütter mit Kind(ern) – wenngleich in den meisten Projekten die Wohnungen für eine einzelne Bewohnerin überwiegen. WG-Wohnungen sind selten. In drei Projekten gibt es ein, zwei kleinere WGs, meist nur mit drei Bewohnerinnen. Für ein Ausnahmeprojekt allerdings – nicht zufällig eines der Ältesten – steht das WG-Konzept im Zentrum. Es bestand ursprünglich aus einer einzigen Groß-WG, heute aus einer großen WG mit der Mehrheit der Bewohnerinnen (Frauen und Kinder) und zwei (vor Jahren abgespaltenen) Wohnungen für jeweils eine Mutter mit ihren Kindern.

Es dürfte auch kein Zufall sein, dass die ältesten Projekte zu den kleinsten zählen, während die beiden größten auch die beiden jüngsten und für Frauenwohnprojekte ungewöhnlich groß sind. Die beteiligten Frauen sind inzwischen erfahrener, trauen sich mehr zu und es wird ihnen auch mehr zugetraut. Sie sind wagemutiger und können auch mehr wagen, denn mittlerweile verfügen mehr Frauen über ein besseres Einkommen als die Studentinnen und Berufsanfängerinnen von damals und die Rentnerinnen der Kriegsgeneration, und manche können auch über eine kleine oder größere Erbschaft verfügen. Ein Projekt *musste* mehr wagen, da das angebotene Grundstück größer war als geplant.

Ob es eine optimale Projektgröße gibt, wurden wir verschiedentlich gefragt. Im Bereich von gut 20 und ca. 50 Bewohnerinnen fanden die befragten Bewohnerinnen die Größe gerade richtig.[28] Eine Initiatorin erzählte, sie hätten sich vorab erkundigt und gehört, zwischen 30 und 80 sei gut – ein noch weiteres Spektrum also. Kleinere Projekte sind zwar einerseits leichter zu handhaben, leiden aber tendenziell an zu wenig internen Ausgleichsmöglichkeiten. Die Chancen, Gleichgesinnte zu finden oder auch, wenn nötig, sich aus dem Weg zu gehen, genügend Frauen zur Unterstützung in

[28] Nach einer internen Befragung eines Projekts mit 50 Wohnungen finden 90% der teilnehmenden Bewohnerinnen die Projektgröße genau richtig, nur 10% halten das Projekt für zu groß (IB 2). In einem Projekt gleicher Größe wäre die Hälfte auch an einem Projekt mit max. 20 Wohnungen interessiert gewesen, immerhin jede fünfte teilnehmende Frau verneinte dies jedoch (IB 3).

Notfällen zu haben oder um weniger Integrierte zu »verkraften«, sind in größeren Projekten natürlich vielfältiger und Probleme wirken sich nicht so schnell auf das gesamte Projekt aus. Ein größeres Projekt ist zudem eine, wenn auch keine hinreichende Voraussetzung, um über das reine Wohnen hinausgehende Programme (Kulturarbeit, Schaffung weiterer Projekte, etc.) realisieren und durchhalten zu können.

In kleineren Projekten kann es dagegen leicht zu Engpässen bei notwendigen oder wünschenswerten Aktivitäten kommen, vor allem, wenn mehrere Bewohnerinnen gleichzeitig ausfallen, krank oder hilfsbedürftig oder über einen längeren Zeitraum nicht da sind, wie wir es aus einem Altenprojekt hörten. Andererseits kann in kleinen Projekten eine besonders enge Gemeinschaft entstehen, so bei zwei anderen unserer Projekte.

Organisation und Trägerschaft

Die Idee für ein Wohnprojekt kommt häufig von ein oder zwei Frauen, die in einen Frauenzusammenhang eingebunden sind, früher auch mal von einer kleinen Gruppe, die sich schon länger kannte (bei den untersuchten Projekten eine Frauengruppe, die sich schon länger im Frauenzentrum traf, und eine Gruppe von Frauen, die vorher in einem besetzten Haus zusammen wohnten). Eine Projektidee entstand im Rahmen einer feministischen Architektinnengruppe, wurde dann aber von einer Einzelfrau weiter vorangetrieben; eine Planerin war von der Besichtigung eines bestehenden Projektes so angetan, dass sie etwas ähnliches für ihre Stadt anstrebte, und zwei Frauen, die schon länger zum Teil gemeinsam in feministisch-spiritueller Bildungsarbeit aktiv waren, wollten ein Haus als Basis, um diese Arbeit weiter zu vertiefen und *»auszuprobieren was ist, wenn solche Donnerbesenfrauen unter einem Dach wohnen« (IP 2)*.

Zusammenschluss in einem Verein

Für die Realisierung, wenn es darum geht, einen größeren Interessentinnenkreis zu bewerben, GeldgeberInnen zu gewinnen und mit Behörden zu verhandeln, ist eine Form, ein Name nötig, und so haben die allermeisten Projektinitiativen ziemlich bald einen Verein gegründet. Zwei Projekte wurden von einem bereits bestehenden Verein initiiert, wobei sich die eine Gruppe im Gefühl, zu sehr bestimmt zu werden, abtrennte und einen eigenen Verein gründete. Ein Projekt sah erst lange nach Einzug die Notwendigkeit, einen Bewohnerinnenverein zu gründen, um die Selbstorganisation zu stützen, während bei allen anderen die Bedeutung des Vereins sich nach Einzug teilweise verlor oder verschoben hat. So wurde ein Verein mittlerweile sogar aufgelöst und einer »ruht«.

Der Vereinsbeitritt ist bei fast allen zunächst Voraussetzung, um eine Wohnung anmieten oder erwerben zu können.[29] Beim Eigentum hat sich das nach Erstbelegung erübrigt, bei den neuen GenossInnenschaften wurde der Verein in dieser Funktion durch die GenossInnenschaft abgelöst. Bei den Investoren-Mietprojekten ist und bleibt der Verein jedoch Mittler zur VermieterIn, bei einem wurde sogar der Mietvertrag für das Haus mit dem Verein abgeschlossen. Das hat zwar den Vorteil, dass der Verein größere Handlungsfreiheit z.B. bei Neuvermietungen hat, andererseits aber müssen auch alle Bewohnerinnen das Risiko von Mietausfällen tragen.

Wichtig ist und bleibt der Verein bei vielen Projekten für die Öffentlichkeitsarbeit, um die Idee weiterzutragen. So auch bei einem der GenossInnenschaftsprojekte, wo die Mitfrauschaft nicht mehr verpflichtend ist. Einer der Vereine agiert gänzlich unabhängig von den einzelnen unter seinem Dach entstandenen Projekten als Multiplikator. Dennoch müssen hier die Bewohnerinnen Vereinsfrauen sein, im Verein aktiv sind jedoch nur wenige.

Vereinsbeiträge, deren Höhe von Projekt zu Projekt mit Jahresbeiträgen zwischen 30 € und 60 € variiert, kommen der Gemeinschaft für Aktionen, Unternehmungen oder Anschaffungen zu Gute oder werden für Vereinsaktivitäten verwendet.

Die EigentümerInnen

Keines unserer Projekte ist im Eigentum eines Vereins. Die allermeisten Projekte sind Mietshäuser, die mit privaten EigentümerInnen oder einer Alt-Genossenschaft gebaut wurden. Ein Haus wurde von der privaten Eigentümerin inzwischen an ein (kommunales) Wohnungsbauunternehmen verkauft. Das ist zunächst eine Verbesserung, doch die Frauen überlegen,

---

[29] Eine Garantie, dass die Bewohnerin nach Einzug dem Verein treu bleibt, ist damit allerdings nicht gegeben. Ein Projekt schreibt die Mitgliedschaft zwar ausdrücklich für die Dauer des Wohnens vor, allerdings dürfte dies im Zweifelsfall mietrechtlich nicht durchsetzbar sein.

es langfristig selbst zu erwerben.[30] Zwei der GenossInnenschaften wurden neu gegründet. Die eine, konzipiert für eine begrenzte Anzahl von (Frauen)Wohnprojekten, wird von VertreterInnen der Projekte selbst verwaltet, d.h. jedes Projekt schickt VertreterInnen, die turnusmäßig wechseln. Die andere, eine reine Frauengenossenschaft, hat das Ziel, weitere Projekte zu schaffen (bei Drucklegung war bereits das dritte Projekt im Bau). Die Bewohnerinnen haben als Mitbesitzerinnen Einfluss und Verantwortung (was laut einer aktiven Bewohnerin vielen nicht bewusst zu sein scheint). Sie müssen aber nicht in der Genossinnenschaft aktiv sein, d.h. das Politische (die Funktion der Multiplikatorin) ist vom Wohnen mehr oder weniger losgelöst.

Den Gedanken an eine Genossinnenschaft verfolgten übrigens noch zwei andere Projektgruppen. Eine von ihnen kam damit sehr weit, gab das Vorhaben aber erschöpft auf, als der Erwerb eines Grundstücks daran scheiterte, dass nicht schnell genug das noch fehlende Geld für die Eintragung zusammenkam. Die Frauen konzentrierten daraufhin ihre Ambitionen mehr auf die Inhalte, die sie eigentlich umtrieben, statt weiter Energie in die mühevolle Genossenschaftsgründung zu investieren.

Die kleinen und ein mittelgroßes Mietprojekt sind vollständig als Sozialwohnungsbauten gefördert, die größeren haben alle einen Anteil von geförderten Wohnungen, der bei einem Projekt mit mehr als 3/4 sehr hoch ist, die beiden anderen haben Anteile von gut der Hälfte bzw. circa 1/4. Die Zurückhaltung einiger Projekte in punkto geförderter Wohnungen ist verständlich, denn die Genehmigungspraxis ist aufwändig – in ein Projekt konnten die Mieterinnen der geförderten Wohnungen erst ein Jahr nach allen anderen einziehen, was ihre Integration nicht gerade vereinfachte – und die Mischung hat zudem ihre Tücken. Für die Belegung geförderter Wohnungen müssen immer genau die passenden Mieterinnen gefunden werden, so dass einerseits Interessentinnen, die die Bedingungen nicht erfüllen, in die Röhre gucken, andererseits ein Projekt unter Druck geraten kann, Bewohnerinnen aufzunehmen, die dem Projektgedanken, wenn überhaupt, nur so lange hold sind, bis sie drin sind.

Zwei Projekte sind im Einzeleigentum der Bewohnerinnen bzw. eines Teils der Bewohnerinnen. Obwohl beides Wohnungseigentümerinnenge-

---

[30] Dies ist zumindest einem (nicht in unsere Studie einbezogenen) Projekt, der Schokofabrik in Berlin-Kreuzberg, mehrere Jahre nach dem Bezug über die Neugründung einer Frauenwohnungsgenossenschaft bereits gelungen.

meinschaften, unterscheiden sie sich grundlegend. Im kleineren der beiden wohnen bis auf die Gründerin alle Frauen zur Miete, da von Anfang an vorgesehen ist, die Wohnungen in eine vorhandene Stiftung zu überführen – was zu einem Teil auch schon geschehen ist. Die Initiatorinnen des anderen Eigentumsprojekts, eines der großen Projekte, hatten zwar in einer viel früheren Phase auch mal die Idee einer Stiftung für Frauen verfolgt, um Wohneigentum in Frauenhand sichern zu können. Doch mit der Notwendigkeit der Realisierung als Eigentum wurde das ad acta oder zumindest auf Eis gelegt. Eine Minderheit der Bewohnerinnen bemüht sich nachträglich, ebenfalls Wohnungen in die vorgenannte Stiftung zu bringen, sei es, dass sie für freiwerdende Wohnungen Stifterinnen suchen, die diese finanzieren – wie schon mit einer Wohnung geschehen –, oder dass sie ihre eigene Wohnung der Stiftung vererben wollen. Ob dieses Vorgehen allein ausreichen wird, um das Projekt als Frauenprojekt zu sichern, ist momentan eher zweifelhaft. Zwar wohnen die Eigentümerinnen noch überwiegend selbst im Haus, doch kündigt sich bereits ein großes Problem des Einzeleigentums an. Selbst sehr dem Projektgedanken verpflichtete Eigentümerinnen werden sich bei Vermietung oder mehr noch bei einem notwendigen Verkauf an den Marktpreisen orientieren (müssen), schon weil sie selbst wieder mit diesen konfrontiert sein werden. Von Frauen, die sich dem Gedanken entfernt oder ihm nie nahe gestanden haben, ist (wie erste Beispiele zeigen) noch viel weniger zu erwarten, dass sie sich den Verlockungen eines explodierenden Immobilienmarkts gegenüber standhaft erweisen.

Da hier rechtlich kaum ein hinreichender Riegel vorgeschoben werden kann, sollten Frauen, denen das politische Ziel der »Sicherung in Frauenhand« am Herzen liegt, von der Realisierung im Einzeleigentum absehen, es sei denn, alle Beteiligten wären sich einig und würden z.B. von vorne herein ihre Wohnung testamentarisch einer Stiftung überschreiben – was uns doch recht unrealistisch erscheint und, wenn überhaupt, höchstens in sehr kleinen Projekten denkbar (zumal etliche Bewohnerinnen Kinder haben *»und das macht selbst die dollste Feministin nicht, dass sie ihre Kinder nicht berücksichtigt«, IP 40*).

Beteiligung am Planungsprozess

Selbstverständlich streben alle Initiativen autonomer (Frauen)Projekte eine Beteiligung am Planungsprozess an. Wie weit dies tatsächlich möglich ist und für wen, hängt, neben den gesetzlichen Vorgaben, davon ab, ob und wie weitgehend die InvestorIn mitzieht, wie kooperativ und in solchen Gruppenprozessen erfahren und wie sensibel die ArchitektInnen für die Problematik, und ob sie in der Lage sind, Menschen, die es nicht gewohnt sind, Baupläne zu lesen, die »Räumlichkeit« einer Planung nahezubringen. Und für die einzelne Bewohnerin kommt es darauf an, wie viel Zeit sie investieren kann, aber auch, zu welchem Zeitpunkt sie zur Gruppe stößt. So berichten Bewohnerinnen unserer Projekte, die erst spät dazu kamen, dass sie wenig mehr beeinflussen konnten als vielleicht die Lage einer Steckdose oder eines Türanschlags. Allerdings, auch die Frauen, die früh beteiligt waren, konnten in den meisten Fällen nur über den Innenausbau entscheiden: aus einem Spektrum von Materialien wählen oder durch Zuzahlung etwas Edleres bekommen (z.B. Parkett statt Linoleum). Manche konnten, oft in sehr engen Grenzen, die Aufteilung der Wohnung bestimmen.

Der Einfluss der Initiativen auf Gebäudeentwurf und -konzeption war – soweit wir das in Erfahrung bringen konnten – sehr unterschiedlich. Den weitestgehenden Einfluss hatten vermutlich die drei Projektgruppen, deren Initiatorinnen selbst Fachfrauen sind und die zum Teil auch mit feministischen Architektinnen arbeiten konnten – wobei diese ihren Gestaltungsgedanken durchaus nachdrücklich (und nicht zur Freude aller) verteidigt haben. Eine Projektgruppe hat die räumliche Umsetzung ihrer sehr ungewöhnlichen Wohnkonzeption in engem Austausch mit der Architektin erarbeitet (was allerdings einige fragwürdige Ergebnisse nicht vermeiden konnte). Alle vier sind zumindest mit den konzeptionell-gestalterischen Ergebnissen im Großen und Ganzen zufrieden. Bei dem Umbau-Projekt waren die Initiatorinnen teilweise sogar besser über die baulichen Gegebenheiten im Bilde als der relativ unengagierte Architekt und konnten so manche Entscheidung nach ihren Interessen lenken.

Bei zwei Altgenossenschaftsprojekten war der konzeptionelle Spielraum schon auf Grund der knappen Flächen sehr gering und bei einem dritten kann der Einfluss der Bewohnerinnen auch nicht sehr groß gewesen sein (oder die Planung wurde den Laiinnen nicht verständlich vermittelt), da die Grundrissorganisation in Teilen so gar nicht dem entspricht, »was Frauen wünschen«.

Die meisten Projektgruppen wünschen sich eine Architekt*in,* früher auch als politisches Statement, um Frauen in Planungsberufen zu stärken (was heute wohl nicht mehr so für notwendig erachtet wird), vor allem aber in der Erwartung, dort mit ihrem Anliegen besser aufgehoben zu sein. Doch die Zusammenarbeit mit einer Architektin schützt nicht unbedingt vor Ärger mit Planungs- oder Ausführungsfehlern, wie zumindest zwei Projekte lernen mussten, die sich sogar gezwungen sahen, zu prozessieren. Und wenn, wie bei einem Projekt, die Architektin einen männlichen Jungbauleiter schickt (was nicht gerade für Sensibilität spricht), haben die künftigen Bewohnerinnen auch nicht viel zu melden, selbst wenn sie aufmerksam genug sind, um absehbare Mängel zu bemerken und deutlich zu machen.

Exkurs: Feministische Planerinnen und Architektinnen und die Ziele feministischer Planung

In den 1970er Jahren begannen frauenbewegte Architektinnen und Planerinnen ihre Situation als Frauen im männerbeherrschten Metier zu reflektieren und die Produkte einer selbstherrlichen Planermentalität zu problematisieren. Sie bemängelten das Fehlen von Frauen in der Planung, als Agierende in relevanten Positionen ebenso wie als Nutzerinnen, worauf sie u.a. die (Fehl)Entwicklungen im Wohnungs- und Städtebau mit ihren materialisierten Herrschaftsstrukturen zurückführten (s. dazu z.B. Myra Warhaftig 1978).

Die Baufrauen (zunehmend auch Frauen in bauhandwerklichen Berufen) organisierten und vernetzten sich, um sich über ihre Berufssituation auszutauschen und Strategien zu erarbeiten, um ihre Kritiken und Erkenntnisse in Planung und Politik zu bringen. In vielen Städten entstanden Architektinnen-Gruppen, überregional gab es Gruppen wie Baufachfrau und Frau-Steine-Erde, aus der 1981 die FOPA (Feministische Organisation von Planerinnen und Architektinnen) hervorging, gegründet von Architektinnen und Wissenschaftlerinnen, die bei der IBA Berlin ein rein männlich besetztes Experten-Hearing in seinen Selbstverständlichkeiten störten und die Beteiligung von Frauen an allen Planungsprozessen, die Berücksichtigung der Interessen und Lebenslagen von Frauen im Sanierungsprozess und die Auftragsvergabe an Fach*frauen* forderten (s. dazu Kerstin Dörhöfer, Ulla Terlinden 1998). Schnell bildeten sich regionale Untergruppen der FOPA und die Organisation gab regelmäßig eine Streitschrift, die »Frei-Räume« heraus, in der Frauen aus Praxis und Wissenschaft nach dem Motto »Platz nehmen und Raum greifen« (Titel der Europäischen Planerinnentagung in Berlin 1991) vielfältige planerische Aspekte aus der Sicht von Frauen reflektierten.

Verbesserungsvorschläge für den Wohnungs- und Städtebau richteten die Architektinnen und Planerinnen – selbst überwiegend anderen Lebensentwürfen folgend – zunächst auf Wohnung und Wohnumfeld als *den* Lebensraum und »Arbeitsplatz der Frauen« in ihrer Rolle als für die Reproduktion Zuständige, als (traditionelle) Familienfrau oder Alleinerziehende, Mütter jedenfalls, zum Teil mehrfach belastet, wohn»haft« in »Schlafstadt« oder Sanierungsgebiet und von einer von Männern auf die Bedürfnisse von (Vollzeit berufstätigen) Männern ausgerichteten Architektur und Planung in ihren spezifischen Bedarfen nicht wahrgenommen.

Diesen Forderungen nach Berücksichtigung des »weiblichen Lebenszusammenhangs« hielten schon bald radikalere Stimmen entgegen, sie dienten nur der Verbesserung der Bedingungen einer Lebensweise, die es überhaupt abzuschaffen gelte. Doch der legalistische

Ansatz einer »frauenfreundlichen Planung« war leichter in griffigen Kriterien formulierbar und gefälliger an die Politik zu bringen als die herrschafts- und geschlechterkritischen Aspekte – mit dem paradoxen Ergebnis, dass »mit ihrem Erfolg (...) diese feministische Position immer unschärfer und unsichtbarer wird« (Marianne Rodenstein 1998: 143) und das emanzipative Konzept zu simplen Reparatur- und Sicherheitsmaßnahmen banalisiert wurde. Männer waren in ihrem Selbstverständnis davon kaum tangiert, nicht als Emanzipations-Subjekte angesprochen (wie etwa im Konzept der »Angsträume« deutlich wird).[31]

Den sozialkritisch-wohnungspolitischen Ansatz teilten die Architektinnen mit ihren Schwestern aus der ersten Frauenbewegung – unseres Wissens, weitgehend ohne sich auf diese zu beziehen, denn lange herrschte über diese so buchstäblich nahe liegenden Vorbilder eine verblüffende Unkenntnis.[32] Unversehens wieder in der »weiblichen Domäne« im doppelten Sinne, verharrten sie dort auch mit den Schwerpunkten ihrer Tätigkeit als technisch-organisatorische Dienstleisterinnen der »Betroffenen«. Anders als die Vorläuferinnen, die schon während der ersten Frauenbewegung und im Neuen Bauen erfolgreich Entwürfe zu Papier brachten (Kerstin Dörhöfer 1998, 2004 und 2007), scheuten die feministischen Architektinnen der zweiten Frauenbewegung lange den Entwurf, die eigentliche Ausdrucksform ihrer Profession. Sei es, um die von ihnen kritisierte Planerarroganz nicht selbst zu perpetuieren, sei es aus Furcht vor allzu simplen Lösungen, die der Komplexität ihrer Analysen nicht gerecht würden, mehr aber wohl aus einer daraus erwachsenen »Sprachlosigkeit«, einer Unsicherheit über adäquate Ausdrucksformen einer »weiblichen Ästhetik«, zeichneten sie nicht und vergaben damit ein machtvolles Instrument, eigene Zeichen zu setzen.[33]

Diejenigen aber, die schließlich doch bauen wollten – erleichtert vielleicht ob der Erkenntnis, dass alle Suche nach der »frauenspezifischen« Ausdrucksform sich in Biologismen verirrte und angesichts der Dekonstruktion der Geschlechter auch keine weitere Relevanz beanspruchen konnte –, erlagen schnell den Notwendigkeiten und Zwängen der Berufspraxis im nach wie vor männerdominierten Metier – ähnlich wie ihre Kolleginnen in den Behörden und Ämtern den dortigen Strukturen. So ist in ihren Werken schwer auszumachen, wo sie sich der vorgegebenen Sprache der Zeichen angepasst und wo sie ihren eigenen künstlerischen Ausdruck gefunden haben.

---

[31] Angstraum, ein Begriff, der die Angst der Frauen vor Männergewalt betont, anstatt die Verursacher der Angst zu benennen und an dieser Ursache anzusetzen (s. Ruth Becker 2008).

[32] Selbst die Theoretikerinnen entdeckten die frühen Architektinnen und ihr vorbildliches Wirken in der unmittelbaren Vergangenheit erst relativ spät – zumindest wurden diese in den damaligen Aktivistinnenkreisen nicht in breitem Maße rezipiert.

[33] Während ihre männlichen Kollegen sich in postmodernen Applikationen und dekonstruktiven Ver-Rückungen verspielten, suchten die Architektinnen in Matriarchaten und vormodernen Gesellschaften nach Zeichen einer »frauenspezifischen« Formensprache und Symbolik, fanden Spiralen, Ei- und Höhlenartiges, allenfalls für Bildende Kunst geeignet (wie in einer Ausstellung des Bonner Frauenmuseums mit dem Titel »Frauen formen ihre Stadt« zu sehen war), kaum aber für die Kunst des Bauens, abgesehen davon, dass Frauen nicht die ersten und einzigen waren, die in dieser Zeit die organischen Formen »entdeckten«.

Die feministische Architektur- und Planungskritik, konzentriert auf den (nicht) verfügbaren Raum, den Raum beschränkter oder behinderter Aktion, den gefährlichen, den beengenden, den fehlfunktionalen Raum, eingeschrieben in die Körper der Frauen, ihren Aktionsraum und -radius bestimmend (ihr Gehen, ihre Haltung, ihr Schreiben am Küchentisch), hat schon lang ihre kritische Stimme gesenkt. Zur Frage der Gestaltung hat sie sich ohnehin nur leise geäußert, hat sich kaum mit den Wirkungen von Gestalt und Ästhetik[34] auf Körper und Psyche befasst, verlor sich in der Tabuisierung des Baukünstlerischen und wurde, verfolgen wir die feministischen Ansätze einer anderen Planungskultur, untrennbar verwoben mit der Frage nach dem Nutzen des Geplanten und der Art, wie zu Werke gegangen wird. So beschränkte sich feministische Planung auf den Prozess[35] des Planens – das Demokratische und den Dialog –, wie des Lebens im Gebauten. Ein ungemein wichtiger Aspekt zwar, ist es doch eine irgendwie unbefriedigende Antwort in einer Welt, die zunehmend von Bildern bestimmt wird. Und hier endet – vorläufig? – die Geschichte des Feminismus in Architektur und Planung ...

3.3 Wie sehen die Gebäude aus und welche Wohnungen bieten sie?

Wie sehen nun die Häuser aus, die die Frauen sich geschaffen haben? Was war wichtig dabei? Auf welche Ideale bezogen sie sich? Sind Kriterien der feministischen Planungskritik, wie sie die Architektinnen der neuen Frauenbewegung definiert hatten, in den Projekten berücksichtigt? Oder gar noch die älteren Planungsideen der von den Architektinnen der ersten Frauenbewegung entwickelten? Sind bzw. waren sie je für diese Art von Wohnprojekten relevant oder wurden sie mit diesen vielleicht obsolet?[36] Wurden neue Kriterien entwickelt? Und konnten die künftigen Bewohnerinnen das beeinflussen?

[34] Die Frage des Ästhetischen und der Wirkung von gebauten und räumlichen Symbolen wurde von Kerstin Dörhöfer und Ulla Terlinden 1998, soweit uns bekannt, als Letzte an die feministische Planerinnengemeinde gerichtet, von dieser aber nicht weiter verfolgt.

[35] Wohl nicht zufällig äußerten sich bildende Künstlerinnen in dieser Zeit vorzugsweise in Performances.

[36] Nach unserem Eindruck wurden beide Vorgängerinnengruppen nur von sehr wenigen Bewohnerinnen, auch von wenigen Initiatorinnen wahrgenommen. Wir wissen nur von zwei Initiatorinnen, die effektiv in die neue feministische Architektinnen-Bewegung eingebunden waren, und von zwei Bewohnerinnen, die mit den Ideen der ersten Frauenbewegung im Rahmen ihres politischen Engagements in Berührung gekommen waren.

Die Gebäude

Eine »frauenspezifische« Architektursprache, wie sie die Architektinnen der 1980er gesucht und nicht gefunden haben, finden wir natürlich auch bei den Projektbauten nicht. Nicht nur, weil in der Architektur inzwischen alles erlaubt ist (was einen Finanzier findet), auch rund und schräg und bunt, sondern weil eine solche Sprache immer fragwürdig war, da sich Geschlechterhierarchien nicht gar so platt in der Ästhetik des Gebauten und Räumlichen ausmachen lassen.[37] Wir finden hier gestalterisch und funktional herausragende Gebäude, sogar prämierte, und solche, deren Funktionalität bei genauem Hinsehen und Hineingehen hinter dem schönen Schein zurückbleibt, und wir finden durchschnittlich Ansehnliches, das aber gut funktioniert.

Für vier der sieben Neubauten war die Gebäudekonzeption stark vorgegeben, denn sie mussten in eine Blockbebauung integriert werden. Zu einem Bau gehören ein schöner großer Garten und private Gärten vor und hinter dem Haus für die Bewohnerinnen des Erdgeschosses. Zwei haben als gemeinsame Freiräume nur relativ kleine Gemeinschaftsterrassen, die in einen gemeinsamen Grünraum mehrerer Nachbargebäude eingebettet sind. Zwei der Gebäude haben zusätzlich große Dachterrassen, ein weiteres hat zwar keine ebenerdige Terrasse, dafür sogar mehrere Dachterrassen auf verschiedenen Niveaus. Drei Projektgruppen, die freiere Grundstücke bebauen konnten, wählten für ihr Gebäude eine der bei Wohnprojekten beliebten Bauformen, die einen Innenhof umschließen, eines in L-Form, eines als U und eines als Geviert. Als etwas ganz Besonderes steht einem der Projekte zusätzlich zum Innenhof ein großer Garten hinter dem Gebäude zur Verfügung. Zwei dieser Projekte bieten den Erdgeschoss-Bewohnerinnen zusätzliche private Gärten.

Zwei Projekte haben sich im Bestand eingerichtet. Ein sehr kleines konnte sich in einem bereits ökologisch sanierten Gründerzeitwohnhaus mit einem dieser typischen winzigen Hinterhöfe einrichten, das andere dagegen hatte bei der Umgestaltung eines ehemaligen Bürogebäudes erhebli-

[37] An Rundungen macht sich immer noch die Häme männlicher Architekturkritik an den Werken von Architektinnen fest, während sie solche ihrer Kollegen offenbar ganz anders wahrnimmt. So wurde die geschwungene Fassade eines Frauenwohnprojekts in einer der führenden Architekturzeitschriften als fehlgeleitete, gewollt weibliche Sprache geprügelt, ohne ein Wort zu einem der Nachbarbauten aus der Hand eines stadtbekannten Architekten zu verlieren, dessen filigrane Schwünge und blumig-zarten Geländer in diesem Sinne weitaus »weiblicher« anmuten.

che Umbauten zu bewältigen. Dieses zweiflügelige Gebäude umschließt einen großen abgeschirmten Innenhof, ein Teil der Parterrewohnungen hat einen sonnigen Vorgarten.

Diese unterschiedlichen Gebäudesituationen mit sehr unterschiedlichem, aber doch meist üppigem Freiraumangebot haben einen nicht unbedeutenden Einfluss auf das Zusammenleben. Es macht einen gewaltigen Unterschied, ob es Orte außerhalb der Wohnung gibt, wo etwas los ist, wo Frauen sich aufhalten, spontan oder geplant etwas zusammen machen, wo frau dazukommen oder von oben zugucken und wenigstens auf Distanz dabei sein kann oder ob solche Orte ganz fehlen. In den Höfen und Gärten ist im Sommer viel Leben, doch in ihrer Gestaltung und der Art der Nutzung spiegelt sich auch etwas vom Leben und den Beziehungen im Projekt. Da ist der schön gepflegte Garten mit Wiese und üppigen Blumenbeeten, da ist der kühl ästhetisch gestaltete, in dem das Aufstellen eines Kunstwerks oder eine Sandkiste zum längeren Diskussionsgegenstand wird. Da ist der Platz, auf dem Kinder spielen, aber auch der Hof, der, nur zum jährlichen Hoffest und gelegentlich vom Aufräumtrupp belebt, noch wenig liebevolle Zuwendung ausstrahlt. Auf jeden Fall aber verstärkt so ein Außenraum das gute Gefühl, beim Verlassen der Wohnung nicht gleich auf »fremdem Terrain« zu sein.

Die Dachterrassen sind ein Phänomen, werden in einem Projekt trotz Verkehrslärm intensiv, in einem wegen Verkehrslärms und weil öfter zugig gar nicht und im dritten trotz idealer Bedingungen verhältnismäßig wenig genutzt – obwohl doch alle von einer Dachterrasse träumen.

Dem Erschließungskonzept wird in der Planung allgemein eine große Bedeutung für die spontane Kommunikation beigemessen, was sich bei unseren Projekten weitgehend bestätigt. Bei drei unserer Projekte werden alle bzw. der größte Teil der Wohnungen über Laubengänge erreicht, die dem Hof bzw. Garten zugewandt, sehr geräumig und gut als zweiter halböffentlicher Balkon nutzbar sind. Wenn eine hier sitzt, hat sie die Chance (oder läuft Gefahr), dass sich eine dazusetzt. Sind, wie bei einem der Gebäude, immer nur wenige Wohnungen einem Laubengangabschnitt zugeordnet, ist der zwar intimer, was aber nur dann von Vorteil ist, wenn sich die Nachbarinnen zugetan sind, und das ist hier nicht durchgängig der Fall. Dass Laubengänge nicht in jedem Fall Kontakte fördern, zeigt ein Projekt, bei dem die Laubengänge, die hier nur einen Gebäudeteil erschließen, zur Straße gehen, schmal und düster. Die sehr breiten, leider innen liegenden Flure eines anderen Projekts (ein Bestandsrelikt) eignen sich zwar auch nicht unbedingt zum Plauschen, trotz des Versuchs, sie mit diversen *»Stellchen«* (wie eine Bewohnerin eher kritisch bemerkt) freundlicher zu gestalten. Für die Kinder zum Toben sind sie aber toll (was wiederum nicht jede Bewohnerin beglückt). Als Ausgleich gibt es hier zudem ein sehr großzügiges, lichtes Treppenhaus mit viel Platz zum Spielen und zum Verweilen, ein besonderer Glücksfall, da denkmalgeschützter Bestand – in einem Neubau wäre dergleichen sicher nicht möglich. In allen anderen Projekten sind die Treppenhäuser rein funktional. Hier hält sich niemand auf, was in zweien sehr sichtbar ist, die steriler und aufgeräumter sind als in manchem normalen Mietshaus (worauf wohl einige auch Wert legen, wie uns angedeutet wurde). Nur in einem dieser Funktions-Treppenhäuser zeugen Spielzeug, Schuhe und anderes Zwischengelagerte (aber kein Müll!) auf den Absätzen und vor den Wohnungstüren von Leben und uns wurde berichtet, dass sich trotz der Enge Begegnungen im Treppenhaus regelmäßig in die Länge ziehen und häufig durch Hinzukommende ausweiten. Wie sich an diesen drei Fällen schön zeigt, ist der Umgang mit dem Gebauten nicht nur eine Frage der Gestaltung, sondern auch Ausdruck der Mentalität der Bewohnerinnen und der Stimmung im Projekt.

Die Wohnungen

Der erste Grundsatz der feministischen Planung: jeder Frau und jedem Kind ein eigenes Zimmer, für die vielen einzeln lebenden Frauen auch zwei Zimmer, Küche, Bad, das ist in den Projekten selbstverständlich. Wie großzügig diese ausfallen können, ist bekanntlich bei geförderten Wohnungen ziemlich beschränkt und gleich große Räume lassen sich hier nach wie vor nur auf Kosten der Raumgrößen realisieren, was die Einzelräume als Individualräume wiederum schlechter nutzbar macht. So auch bei unseren Projekten. Und die fast immer geförderten Mutter-Kind-Wohnungen sind grundsätzlich tendenziell zu klein. Das liegt nicht im Ermessen der Projekte. Allerdings können sie den Effekt verstärken. So wurden in einem Projekt aus Wirtschaftlichkeitserwägungen und wegen der komplizierten Förderkonditionen nicht einmal die Obergrenzen des Sozialen Wohnungsbaus ausgeschöpft, um nicht zu viele unterschiedliche Wohnungen bauen und verwalten zu müssen. Da nutzt auch die minimal größere (Wohn)Küche für Mutter-Kind-Wohnungen nichts. So oder so, für Mütter wie Kinder sind zusätzliche Spielflächen im und um das Haus eine große Erleichterung.

Laubengänge, Flure, Garten- bzw. Hofflächen haben wir überall, wo Kinder wohnen, in zwei Projekten mit Kindern sogar richtig üppig.

Dass WG-Wohnungen gefördert werden und sogar, wie in einem Projekt, auf der Fläche entsprechend vieler Einzelwohnungen, ist ein Novum und sicher noch immer eine Ausnahme, die auch in den von uns betrachteten Fällen immer an die Bedingung der Rückbaubarkeit geknüpft war. In zwei Projekten entstanden sehr großzügige bzw. besondere Wohnungen, die den Wechselfällen des Lebens anpassbar sind – was in einem auch bereits ausgiebig genutzt wurde.

Die Grundrisse sind ansonsten nicht revolutionär, sondern entsprechen insgesamt weitgehend dem, was im qualitativ besseren Wohnungsbau inzwischen verwirklicht wird (nicht zuletzt das Verdienst früherer Interventionen feministischer Architektinnen). Feministische Forderungen nach gleichwertigen Räumen wären bei den überwiegend mit Einzelfrauen belegten Wohnungen eher kontraproduktiv. Eine alleinlebende Frau braucht eher ein größeres Wohn- bzw. Wohn-Arbeitszimmer und verzichtet dafür gern auf ein paar m² beim Schlafzimmer und der Küche, die nach unserem Eindruck eher von wenigen exzessiv genutzt wird. Bei den Mehrpersonen-Wohnungen sind die gleichwertigen Räume allerdings auch nicht durchgängig verwirklicht, sondern nach wie vor dominiert tendenziell der Wohnraum. Die größeren Projekte bieten zwar mehr Vielfalt an Wohnungslösungen für verschiedene Konstellationen, aber (die WGs ausgenommen) keine Möglichkeiten der Zusammenlegung oder Verkleinerung, z.B. Schalträume zwischen zwei Wohnungen, die je nach Bedarf der einen oder anderen Wohnung zugeschlagen werden können. In den 1980ern noch ein großes Thema, wurden sie aber unseres Wissens schon damals selten realisiert. In einem anonymen Mietshaus wenig praktikabel, könnten sie allerdings in einer guten Hausgemeinschaft vielleicht doch sinnvoll sein.

Bei den meisten Gebäudetypen konnten die Erstbewohnerinnen zwischen einer abgetrennten oder offenen Küche wählen, eine Wahl, die häufig zu Gunsten der räumlichen Großzügigkeit für die integrierte Küche getroffen wird, wengleich es nicht für alle optimal ist. Nur bei einem Haus mit sehr schmalen, tiefen Grundrissen waren ausschließlich in den Wohnraum integrierte Küchenzeilen möglich, womit hier aber nach Einschätzung unserer Interviewpartnerinnen alle ganz gut klar kommen. Insgesamt mehr Spielräume für Aufteilungsvarianten boten sich bei drei größeren Projekten, vor allem für die größeren Wohnungen, was sehr unterschiedlich genutzt wurde.

Die Laubenganghäuser sind (mit einer Ausnahme) so konzipiert, dass die Wohnräume mit privaten Balkonen nach außen, die Laubengänge dagegen zum halböffentlichen Innenhof oder Garten liegen, ein bei Wohnprojekten häufiges Prinzip (mit dem kleinen Schönheitsfehler, dass ein Teil der Wohnungen ungünstiger ausgerichtet ist). Wenn allerdings hohe Bäume die Wohnräume verschatten, wie bei drei Projekten bei einem Teil der Wohnungen, nutzt natürlich auch die Südlage nichts. Und wenn vor dem Wohnzimmer eine Kita lärmt, wie bei zwei Projekten (worunter nicht nur eine Bewohnerin leidet), ist möglicherweise der Innenhof mit den projekteigenen Kindern und chillenden Mitbewohnerinnen sogar ruhiger. Hier sei erwähnt, dass die Meinungen zur optimalen Anordnung der Gebäude, wie wir inzwischen hörten, keineswegs einhellig pro »zugewandt« sind. Wo die einen bei einer Blockbebauung die fehlende Kommunikation bemängeln, fehlt anderen die Privatheit bei einem zu direkten Gegenüber.

Unter unseren Projekten ist eigentlich nur eines, ein älteres, in dem Räume und ihre Anordnung in mehrfacher Hinsicht unbefriedigend gelöst sind (und wir schließen nicht aus, dass dem männlichen Architekten das nötige Feingefühl abging). Die Mutter-Kind-Wohnungen haben hier winzige Durchgangsküchen ohne ausreichende Arbeitsflächen und zum Teil innen liegende unbelichtete »Allräume«. *»Ich nenne es das Dunkelzimmer« (IP 13)* sagt eine Mutter, und das ist es, wenn die halbwüchsige Tochter ihre Zimmertüre schließt, um für sich zu sein. Der Balkon kommt nur einem Raum (dem größeren, wohl doch als Wohnzimmer gedachten Mutter-Zimmer) zu Gute, was einen Zimmertausch erschwert. Die eine Hälfte der Wohnungen ist gar nicht zum Garten orientiert, bei der anderen Hälfte nur die Küchen- und Kinderzimmerfenster. Damit fehlt die Möglichkeit, von der Wohnung aus ein Auge auf spielende Kinder zu haben. Älteren Kindern ist das zwar recht, die möchten aber auch nicht von den alten Frauen »kontrolliert« sein, deren Wohnzimmer und Balkone wiederum sämtlich zu diesem Zentrum des Kinderspiels (und zusätzlich zur benachbarten Kita) gerichtet sind.

Der Ausstattungsstandard der Wohnungen ist, vor allem bei den neueren Projekten, überwiegend gut. Im Vergleich zu dem, was sonst im sozialen Wohnungsbau geboten wird, ist er sogar überdurchschnittlich, bei den Projekten mit Mischfinanzierung unter anderem auch deshalb, weil sie Wert darauf legten, keine Unterschiede im Grundstandard zu machen. Dennoch musste gespart werden, und in drei Projekten wurde über die Folgen in einigen Bereichen besonders geklagt, seien es Fenster, die bereits verzogen und undicht sind, Schimmelbildung im Bad trotz Fenster, Trennwände ohne ausreichenden Schallschutz, fehlende Kellertürschlösser oder die Einsparung elektrischer Öffner bei den schweren Brandschutztüren (ein verbreitetes Übel, wie wir inzwischen vielfach hörten).

Barrierefreiheit

Da für alle Frauen, nicht nur die Älteren, Barrierefreiheit ein wichtiges Kriterium war, haben (mit Ausnahme von zwei kleineren Projekten) alle Gebäude Aufzüge. In einem haben die Frauen sogar aus eigener Tasche dazugezahlt, um den Aufzug konsequent bis in den Keller führen zu können, während in einem anderen von der Altgenossenschaft (angeblich um den Aufzug kostengünstiger zu machen) der Gemeinschaftsraum ins Souterrain und die Abstellräume nach oben gelegt wurden. Eine Projektgruppe hatte zwar auf Barrierefreiheit gedrungen, kam aber aus Kostengründen und wohl auch als Resultat falscher Beratung zu einem etwas absurden Ergebnis: Die extrabreiten Türen führen in Flure, die für Rollstuhlnutzerinnen zu eng sind, und ein Aufzug lässt sich mit dem besten Willen nicht nachrüsten. Wie das entstehen konnte, ließ sich nicht nachvollziehen. Ebensowenig nachvollziehbar ist eine Höhendifferenz zwischen zwei Gebäudeteilen eines Mehrgenerationen-Neubaus, wo der Aufzug aus unerfindlichen Gründen in dem für die Jüngeren gedachten Teil liegt und vom anderen Trakt nur über ein gläsernes Verbindungselement erreicht wird, dessen Rampen für bewegungseingeschränkte Frauen oder Rollstuhlfahrerinnen schlicht eine Zumutung sind, zumal da winters häufig vereist. Und die extrem schwergängigen Verbindungs- und Eingangstüren mit wenig Rangierfläche sind nicht nur mit Rollator, sondern auch mit Kind und Einkaufstaschen ein Problem.

Zwei Projekte für ältere Frauen, in denen die Barrierefreiheit Voraussetzung für die Förderung war, haben bodengleiche Duschen und niedrig angeordnete Türklinken, obwohl den Gebrechen des Alters nicht unbedingt mit Rollstuhlgerechtigkeit abzuhelfen ist. Ein Teil der überwiegend noch rüstigen Frauen badet zudem gern auch mal und auch nicht alle finden es komfortabel, wenn das Duschwasser über den ganzen Boden spritzt. Als Ausgleich für die fehlende eigene Wanne wurde in einem der Projekte die Gemeinschaftswohnung mit einem Pflegebad ausgestattet. Innen liegend und auch sonst nicht gerade als Wohlfühloase gestaltet, ist es ein reines Funktionsbad, zumal hier auch die Gemeinschaftswaschmaschinen stehen.

Für Mehrgenerationenprojekte sind reine Duschbäder noch weniger angebracht (zumindest wenn die Wohnungen flexibel von Vertreterinnen der einen oder anderen Generation genutzt werden sollen). Eine Mutter mit kleinen Kindern ließ sich eine Duschwanne einbauen, um ihre Kinder wenigstens so mal baden zu können. Diese Problematik lösten die Planerinnen eines größeren Projekts mit Anspruch auf Barrierefreiheit durch eine verhältnismäßig geringe Mehrinvestition, indem sie auch die mit Wannen ausgestatteten Bäder mit einem Bodeneinlauf für einen einfachen barrierefreien Umbau vorrüsteten.

Schwellenlose Ein- und Durchgänge zu den Balkonen konnten nicht in allen Projekten durchgängig realisiert werden. Bei Staffelgeschossen teilweise ein Problem, das sich aus dem notwendigen Wärmeschutz ergibt, ist dieser Mangel bei normalen Geschosswohnungen nicht ganz nachvollziehbar.

Dass Schiebetüren, in einem Projekt in rollstuhlgerechte Wohnungen eingebaut, wenig Schallschutz bieten und sich deshalb nicht für Mutter-Kind-Wohnungen eignen, wird wohl noch nicht immer bedacht, wie eine Mutter klagt, die mit ihrer halbwüchsigen Tochter eine solche Wohnung bewohnt.

Ökologie

Umweltfreundlichkeit ist vielen Projektfrauen eigentlich schon wichtig, war jedoch bei der Realisierung der Projekte nicht vordringlich, meist finanziell zu aufwändig und bei den geförderten waren viele Maßnahmen gar nicht durchsetzbar. Die meisten neueren Projekte haben zwar schon wegen der gesetzlichen Vorgaben eine relativ effiziente Dämmung, manche auch eine etwas bessere als gesetzlich gefordert. Aber viel mehr ging nicht. Die Begrünung eines Teils der Dachflächen ist bei zwei Projekten alles, was zusätzlich möglich war, eines nutzt das Regenwasser für die Bewässerung des sehr großen Gartens. Ein Projekt war bereits ökologisch saniert.

Ein konsequent ökologisches Gebäude zu erstellen schaffte nur ein Projekt. Neben einem hohen Dämmstandard und durchgängiger Dachbegrünung konnten hier sogar eine unterstützende Sonnenkollektoranlage und eine Solarstromanlage installiert werden, wobei letztere über eine ausgetüftelte Finanzierung den Hausbewohnerinnen noch Gewinne einbringt – vielleicht könnte dieses Beispiel andere Projektfrauen, die einzig aus finanziellen Gründen auf solche Maßnahmen verzichten, dazu anregen, über unkonventionelle Finanzierungsmodelle nachzudenken (auch wenn die Einspeisevergütungen immer weiter verringert werden).

3.4 Gemeinschafträume, Gästewohnungen und andere Flächen

Der Gemeinschaftsraum

Der Gemeinschaftsraum ist *das* zentrale bauliche Element des »Gemeinschaftlichen«. Größe und Qualität der Räume sind sehr unterschiedlich. Mit einer Ausnahme sind alle hell und freundlich, mit einer Teeküche, einige mit Terrasse, die neueren mit einem schönen Holzboden. Bis auf einen – der im Verhältnis zur Projektgröße eigentlich zu klein ist – sind sie so geräumig, dass mehr dort stattfinden kann als die Hausversammlung (s. Kapitel 6), in einigen wird er dennoch *»nicht so viel genutzt, wie er Potenzial hat« (IP 29)* und bei dem im Souterrain gelegenen Raum lässt sich die Auswirkung des Baulichen auf die Nutzung (bzw. Nichtnutzung) gut nachvollziehen. *»Ich glaube, wenn ein anderer Gemeinschaftsraum – da oben – wäre, das hätte ganz anders dazu beigetragen, hier mehr in Gang zu bringen« (IP 18)*. Unglücklicherweise hat dieses Projekt darüber hinaus weder kommunikationsfreundliche Verkehrsflächen noch einen brauchbaren Freibereich.

Einem Projekt steht noch ein zweiter, kleinerer Raum zur Verfügung, der momentan von einer Frau gewerblich genutzt wird. In dem ehemaligen Bürogebäude boten sich gleich mehrere ganz unterschiedliche Räume, sogar ein richtiger Veranstaltungssaal, den die Bewohnerinnen für vielfältige interne wie nach außen gerichtete Aktivitäten nutzen, und eine Initiatorin findet, *»dass wir die bewirtschaften müssen ist einfach großartig, weil so viele Leute ins Haus kommen. Zu den Kursen, zu den Veranstaltungen, die wir anbieten, es ist dauernd Leben im Haus« (IP 9)*.

In der WG ist der Gemeinschaftsraum zugleich Wohnzimmer und Wohnküche, wo frau täglich mehr oder weniger zwangsläufig auf andere trifft, kein gesonderter Raum für besondere Zwecke, *»mit einem separaten Gemeinschaftsraum könnte ich auch gar nichts anfangen« (IP 28)*, sondern ein Teil des Wohnbereichs, der hier um so wichtiger ist, da jede Bewohnerin nur ein relativ kleines Zimmer für sich hat. Auf den Etagen mit den Individualräumen gibt es noch zwei kleine Teeküchen, in denen die ein und andere frühstückt oder ungestört Gäste empfangen kann.

Obwohl auch die Wohnungen in den Hausgemeinschaften zum Teil ziemlich klein sind, nutzen dort nur wenige Bewohnerinnen den Gemeinschaftsraum als erweitertes Wohnzimmer. Das mag teils mit der Lage im Gebäude zusammenhängen und damit, dass die Räume meist nicht leicht einsehbar sind, frau also nicht im Vorbeigehen sieht, ob schon eine drin ist, der sie sich vielleicht zugesellen möchte. Andererseits würde eine »private« Nutzung auch nicht überall gern gesehen. In einem Projekt hieß es sogar, es herrsche ein gewisses Misstrauen, dass Sachen wegkommen, und so hat nicht einmal jede einen Schlüssel. Oder es wird missbilligt, wenn Frauen hier quasi für sich Energie verbrauchen, die von der Gemeinschaft finanziert wird, etwa wenn sie für einen Kindergeburtstag Kuchen backen. Aber gerade in den Projekten mit Kindern ist dieser erweiterte Wohn-Raum, wie schon erwähnt, ein Segen – wenn er denn einfach zugänglich ist.

Finanziert werden die Räume durch Umlagen, die in vier Mietprojekten in die Nebenkosten eingerechnet werden (was für die Hartz4-, Sozialhilfe- oder Wohngeldbezieherinnen den Vorteil hat, dass sie damit nicht zusätzlich belastet werden). Ein Projekt mit ziemlich hohen Kosten hatte diese zunächst umgelegt. Als sich herausstellte, dass nicht jeder der gleiche Betrag zumutbar war, wurde beschlossen jede nach Selbsteinschätzung (zwischen 0 und 50 € im Monat) zahlen zu lassen. Inzwischen werden hier die Kosten durch die Bewirtschaftung (Veranstaltungen, Vermietung usw.) weitgehend gedeckt. Beim Eigentumsprojekt wurde der Raum über den Kaufpreis anteilig mitfinanziert, die Betriebskosten werden über die Hausnebenkosten abgerechnet.

Zwar gibt es in allen Projekten Frauen, die von sich sagen, dass sie den Gemeinschaftsraum nie nutzen und eigentlich nicht bräuchten,[38] doch zumindest von unseren Gesprächspartnerinnen stellt keine den Nutzen für das Projekt in Frage und sie nehmen die Mitfinanzierung als einen Beitrag zum Wohnen im Projekt, der dazugehört *(»Ich finde, man bezahlt halt auch dafür, dass man die Option hätte«, IP 26)*. Von Unbehagen an der Mitfinanzierung wurde allerdings schon hier und da berichtet und in einem Projekt wurde bei einer saftigen Erhöhung für den Garten Unmut laut. Aber Ver-

---

[38] In einer projektinternen Befragung, sagten 20% der teilnehmenden Bewohnerinnen, dass sie den Gemeinschaftsraum »häufig«, weitere 70% »gelegentlich« und 10% »nie« nutzen. Deutlich mehr wird der Laubengang genutzt, aber es gibt auch wenige Frauen, für die der Laubengang nicht mehr ist als der Zugang zu ihrer Wohnung (IB 2).

weigerung, wie wir es schon aus anderen (auch gemischten) Projekten hörten, wurde in den untersuchten Projekten bislang erfolgreich unterbunden. Wahrscheinlich würde auch keine damit durchkommen, denn, so hieß es, das war ja vorher bekannt.

Die Gestaltung des Gemeinschaftsraums, ein spezielles Thema

Bei den einen ist es ein 15-jähriger Dauerbrenner, der, immer wieder angegangen, doch nicht wirklich gelöst werden will *»und wenn der Raum voll ist, sieht er auch schon gar nicht mehr so unpersönlich aus« (IP 13)*, bei den anderen ein schlichter, schön geschnittener Raum mit Sofaecke und viel flexibel möblierbarer Fläche, während die Dritten sich mit einer Spende (un)funktionaler Tische und Stühle quälen, deren Gewicht schnelles Umräumen so erschwert, dass es mancher die Lust an der Nutzung des Raumes vergällt. Und zu Anfang landet immer überzähliges Mobiliar von Bewohnerinnen im Gemeinschaftsraum, womit eine zwei Fliegen mit einer Klappe zu schlagen hofft, was generell nicht geduldet wird. Dass so ein Raum (wenn er nicht für Veranstaltungen genutzt wird) auch mit Möbelstücken eingerichtet werden könnte, die den einzelnen am Herzen liegen, aber beim Umzug in die kleinere Projektwohnung keinen Platz mehr finden, dass er damit vielleicht persönlicher und ein Stück weit Eigenes werden könnte, scheint nirgends eine Option.

So strahlen die Räume, die nicht durch die bauseitige Ausstattung (Holzböden, große Fensterflächen, günstiger Raumzuschnitt) schon eine gewisse Qualität haben, oft etwas konzeptionslos Neutrales aus. Um Farben und Mobiliar wird lange gestritten, und manchmal scheint es, *»als würde aus lauter Erschöpfung zugestimmt« (IP 27)* – tendenziell mit einem Ergebnis, das wirklich keine mehr aufregen kann. Dieser so wichtige »Raum für alle« bleibt »demokratisch« gesichtslos. Und hier sollen die Frauen konstruktiv zu stundenlangen Diskussionen zusammenkommen, hier sollen sie gemütlich zusammensitzen? Zum Essen mit Freundinnen trifft frau sich doch auch in einem Lokal mit Atmosphäre!

»Gestaltung von Gemeinschaftsflächen ist unglaublich zäh. Weil da so viele Geschmäcker aufeinandertreffen und dann auch die Finanzierung eine Rolle spielt (...) es hängt davon ab, wie gemeinschaftlich man gesinnt ist, ob man damit leben kann« (IP 29). Hier kommen vermutlich mehrere Problematiken zusammen. Die »frauenspezifischen«, dass Frauen, traditionell zuständig für die Wohnlichkeit des Heimes, sich entsprechend kompe-

tent fühlen, Innenräume zu gestalten – was einst auch von feministischen Architektinnen propagiert wurde und in den Debatten um Partizipation noch immer ein wenig der Tenor ist. *»Viele meinen, wenn jeder da was macht, wird's toll«* und eine, die *»da 'ne andere Meinung zu« (IP 27)* hat, kommt damit kaum durch. Es kommt nicht in Frage, hier eine Profifrau Vorschläge erarbeiten zu lassen, über die dann entschieden wird (wie das ja bei der Fassade des Hauses ganz selbstverständlich geschieht). Die überwiegende Finanzknappheit von Frauen führt überdies zu dem Fehlschluss, ästhetische Aspekte vernachlässigen zu müssen. Wenn eine für ihr Projekt sagen kann, *»bei uns herrscht die Diktatur der Ästhetik (...) immer wird das teuerste angeschafft« (IP 12)*, so ist das die absolute Ausnahme und sie transportiert in ihrer Aussage zugleich Kritik wie auch die (durch die Warenwelt genährte) Vorstellung, beides sei zwangsläufig verbunden. Ein anderes Problem ist – eher kein frauenspezifisches Phänomen –, dass diese nutzungsneutral gewünschten Räume von keiner wirklich angeeignet werden können und irgendwie auch nicht sollen, da sie ja für alle da sind. Keine Nutzung ohne Absprache und gestalterische Eingriffe schon gar nicht. Damit schließt sich der Kreis. Wenn sich eine mit so einem Ort nicht identifizieren kann und er nicht in irgendeiner Weise ihre ästhetischen Bedürfnisse befriedigt (was ein professionell gestalteter Raum ja durchaus für ein gewisses Spektrum von Personen zu leisten vermag), nutzt sie ihn auch nicht gern. Unter dem finanziellen Aspekt betrachtet ist es letztlich teurer, einen schlecht aus- oder ungern genutzten Raum zu finanzieren, anstatt ihn etwas anspruchsvoller auszustatten bzw. zu gestalten.

Und schließlich ist der Gemeinschaftsraum, offenbar ein so selbstverständliches Muss für jedes Projekt, unseres Erachtens keineswegs eine fraglose Notwendigkeit, zumindest für kleine Projekte. Wenn so ein Raum tatsächlich, wie in vielen Projekten, nur dazu genutzt wird, sich einmal im Monat zusammenzusetzen, um ein paar organisatorische Fragen zu besprechen, bestenfalls noch für ein jährliches Fest, so möchte frau ketzerisch fragen, ob es nicht gemütlicher und auch der Gemeinschaft und dem Kennenlernen dienlicher wäre, sich reihum in einer Wohnung zu treffen (wie das in unserem kleinsten Projekt auch geschieht und ganz gut funktioniert)? Jede Frau (die es will) würde in ihren vier Wänden in ihrer ganzen Persönlichkeit eher wahrgenommen – und wenn sich der Verzicht auf den separaten Raum zugunsten der Wohnungsgrößen auswirken würde, wären Treffen (in relativ kleiner Runde) hier auch eher möglich.

Die beschriebenen Mechanismen fehlender Identifikation gelten vermutlich für alle gemeinschaftlich genutzten Bereiche, auch für die häufig so wenig genutzten Dachterrassen. Neben dem Aufwand, sich überhaupt dort hinaufzubegeben, macht es wegen meist fehlender Ausstattung zusätzliche Mühe, dort mit Gästen Kaffee zu trinken oder zu arbeiten oder was sonst denkbar wäre. So eine Terrasse einladend und nutzbar zu machen verlangt eine gewisse Grundgestaltung, einen Fundus an Mobiliar (Liegestühle, Sonnenschirme, Stühle usw.) und einen Abstellraum, wo schnell was rein und rausgeräumt werden kann, sowie Teeküche und Toilette – dann würde hier auch manche Haussitzung bei schönem Wetter zu einem Ereignis. Und mit einem gewissen Gestaltungsspielraum für die, die sich besonders gern dort aufhalten, würden hier vielleicht sogar Ideen entstehen wie Urban Gardening u.a. Wenn *»Wohnprojekte sich so irgendwie entwickeln, dass die Menschen da drin zum Teil irgendwann dann doch territoriale Ansprüche entwickeln, also dass ihnen irgendwelche Flecken so zusagen, dass sie da mehr drüber bestimmen wollen wie die anderen« (IP 25),* warum dieses Bedürfnis nicht kreativ nutzen? Was spricht gegen eine solche »Aneignung«, solange keine einen exklusiven Anspruch auf einen Raum erhebt (wie in einem Projekt eine Bewohnerin auf den Werkraum, den tatsächlich auch andere nutzen wollen)? Allerdings hörten wir verschiedentlich von dem Phänomen, dass eine individuelle Aneignung selbst lange unbeachteter Flächen plötzlich auch bei anderen Begehrlichkeiten weckt.[39]

Gästewohnungen und andere gemeinschaftliche Flächen

Vier Projekte, die in besonders attraktiven Städten liegen, verfügen über gesonderte Gästeräume. Eines hat ein Ein-Zimmer-Apartment zu bieten und eine so rege Nachfrage, dass es gut noch ein zweites brauchen könnte. Die Nutzungsregeln sind klar, Gäste der Hausbewohnerinnen sowie Vereins- bzw. Genossenschaftsfrauen haben Vorrang bei der Vergabe. Alle zahlen einen festen Tagessatz und die Endreinigung, die eine Hausbewoh-

[39] Von einem gemischten Projekt mit einem wirklich außergewöhnlichen Angebot an unterschiedlichen Dachterrassen hörten wir, dass diese – außer von den unmittelbaren Anliegerinnen – so gut wie nicht genutzt werden, obwohl die wenigsten Wohnungen einen Balkon haben, dass sich aber sofort jemand findet, die/der Ansprüche anmeldet, sobald ein(e) Andere(r) beginnt, eine bislang unbeachtete Fläche zu besetzen...

nerin gegen Entgelt erledigt. Überschüsse wurden früher ausgezahlt und gehen jetzt in die Gemeinschaftskasse für Anschaffungen.

Die Zwei-Zimmer-Wohnung des zweiten Projekts können nur Gäste der Hausbewohnerinnen nutzen. Die Zimmer werden auch getrennt vergeben, nicht so optimal bei oft nicht mehr ganz jungen Gästen, die einander gänzlich fremd sind. Dass sie sich das Bad teilen müssen und auch keine Küche zur Verfügung steht, empfinden zwei unserer Gesprächspartnerinnen gelinde als Zumutung und die eine würde das ihrem Besuch *»nicht antun wollen« (IP 32)*. Für den Energieverbrauch ist ein kleiner Obulus zu zahlen und die Überschüsse, auch hier früher umgelegt, gehen heute, nach längerer Debatte, in die Gemeinschaftskasse. Geputzt wird von der jeweiligen Nutzerin im nachhinein und keineswegs zur Zufriedenheit jeder Nachfolgerin. Das bis heute nicht endgültig gelöste Hauptproblem besteht jedoch in den Nutzungsmodalitäten. Der Versuch mit einem Zeitkontingent pro Bewohnerin hat nicht recht funktioniert. Bewohnerinnen, die von außerhalb zugezogen sind (deren gibt es hier viele), brauchen die Gästezimmer eher als die einheimischen, manche brauchen sie überhaupt nie und andere haben dauernd Besuch. Bei Überschneidungen sind wohl auch nicht alle gleichermaßen kompromissbereit und so gehört das Thema zu den ewig diskutierten und die Gästewohnung wurde zum Hauptgegenstand einer kürzlich erstellten Hausordnung.

Ein Projekt hat ein Gästezimmer, in dem potenzielle neue Mitbewohnerinnen schon mal probewohnen, das aber auch temporär untervermietet wird an Frauen, die nur vorübergehend in der Stadt leben. Das schafft ihnen eine kleine Einnahmequelle für notwendige Anschaffungen *(»denn wir haben überhaupt keine Rücklagen«, IP 38)*.

Einem weiteren Projekt steht die Gästewohnung der (Alt)Genossenschaft zur Verfügung, die, im Haus untergebracht, auch von benachbarten Genossenschaftshäusern genutzt wird (offenbar kein Problem für die Bewohnerinnen). Dafür wird sie von der Genossenschaft verwaltet, ist also nicht mit zusätzlicher Arbeit verbunden.

In den anderen Projekten müssen sich die Frauen irgendwie arrangieren, um Gäste unterzubringen. Ein Projekt hat eine Übernachtungsmöglichkeit im Gemeinschaftsraum, zu dem neben der Kochgelegenheit auch ein Bad gehört. Sie kann gegen eine kleine Gebühr genutzt werden, der Raum muss aber morgens wieder vollständig geräumt werden. Diese Doppelnutzung wäre auch bei einem anderen Projekt gut möglich, wurde auch überlegt, aber noch nicht umgesetzt.

In einem größeren Projekt, das viele Übernachtungsanfragen hat, eine Gästewohnung aber nicht realisieren konnte, helfen sich die Frauen durch viele private Übernachtungsangebote. Im kleineren Umfang geschieht das übrigens auch in anderen Projekten, wo Frauen, die vorübergehend nicht da sind, ihre Wohnung für Übernachtungsgäste freigeben, allerdings eher an Freundinnen.

Wie gerade die Gästewohnungen zeigen, sind manche Gemeinschaftseinrichtungen Konfliktquellen, nicht zuletzt wegen des sehr unterschiedlichen Bedarfs an diesen Einrichtungen. Vielleicht ließe sich manche unersprießliche Debatte über Nutzung und Finanzen vermeiden und viele Impulse müssten nicht zerredet werden, wenn sie nicht von allen getragen werden müssten. So könnte eine Gruppe von Bewohnerinnen, die sehr an einer Gästewohnung (oder einer Sauna oder ...) interessiert sind, sie verantwortlich übernehmen und bei Bedarf auch an eine nicht beteiligte Bewohnerin vermieten, die sie nur ausnahmsweise mal braucht. Sie müssten sich vor allem eine verbindliche Form geben, die auch flexibel auf Wechsel und Veränderungen reagieren kann.

Wenige Projekte haben noch andere Räume zur gemeinschaftlichen Nutzung. In einem Projekt sind die vielen Kinder glücklich über das »Jugendzimmer« im Souterrain. In einem anderen haben die Frauen von einem großen, belichteten Flur ein »Wohnzimmer« mit einer kleinen Bibliothek abgetrennt, das früher gern zum Klönen genutzt wurde. Seit es (auch hier mit viel Diskussion) renoviert und neu möbliert wurde, ist es manchen zu ungemütlich, *»für mich ist es jetzt ein Wartezimmer, da würde ich mich nie reinsetzen« (IP 10)*. Die gute Absicht, es umfassender nutzbar zu machen, hat offenbar einige unbemerkt hinauskatapultiert.

Zusätzliche Nutzräume im Keller gibt es in drei Projekten, eine Werkstatt in zweien, in einem dazu noch einen Gymnastikraum, eine große Waschküche und ein Räumchen mit Trimmgeräten im Dritten. Ein Projekt hat, wie schon erwähnt, ein Pflegebad im Souterrain, wo auch die gemeinsame Waschmaschine steht. Da diese zusätzlichen Räume nur selten und nur am Rande erwähnt wurden, wissen wir (außer von den Waschküchen) nicht, inwieweit sie angenommen werden. Einige dieser Räume waren eher zufällige Resträume, die ihre dankbaren NutzerInnen fanden – und wenn nicht, ist es auch nicht schlimm, da sie keine zusätzlichen Kosten verursachen.

Öffentliche und gewerblich genutzte Flächen

Kommen wir als letztes zu Flächen, die nur wenige Projekte haben und auch die wenigsten anstreben, nämlich öffentlich zugängliche Räume im Haus. In zwei Projekten wird – im einen mehr, im anderen weniger – mit Veranstaltungen (Filmen, Konzerten, Diskussionen), die teils auch für Männer zugänglich sind, eine interessierte Öffentlichkeit angesprochen. Ein paar Projekte machen ihren Gemeinschaftsraum gelegentlich für Nichtbewohnerinnen zugänglich, z.B. für die Teilnahme an Workshops oder Kursen, die sich nicht nur an Hausbewohnerinnen wenden, und zwei überlassen den Gemeinschaftsraum gegen eine Nutzungsgebühr gelegentlich Frauen, die ein Kurs- oder Veranstaltungsangebot machen. In Anbetracht der teilweise relativ geringen Ausnutzung von Gemeinschaftsräumen scheint es naheliegend, sie häufiger an interessierte Frauen zu vermieten, um die Kosten zu verringern. Da aber die Räume in die Häuser integriert sind, Wohnungen daneben oder darüber angrenzen, kollidiert schon die hauseigene Nutzung oft mit den Ruhebedürfnissen der Bewohnerinnen, ein nicht zu unterschätzender Aspekt. Deshalb sollte gut überlegt werden, wo der Gemeinschaftsraum sinnvollerweise liegen soll: so zentral, dass alle möglichst zwangsläufig vorbeikommen, oder eher abgelegen, womöglich sogar außerhalb des Wohngebäudes (wenn das Grundstück es erlaubt).

Gewerbliche Flächen einzubeziehen war nur wenigen Projekten ein Ziel. Eines, das mit einem Frauenhotel mit die ehrgeizigsten Pläne verfolgte, gab die Idee schon lange vor Verwirklichung des Hauses auf, drei haben gewerbliche Flächen in sehr unterschiedlichem Umfang realisiert. Die ca. 60 m² Gewerbefläche in einem der Projekte, von einer Frau genutzt, sind nach Einschätzung von Bewohnerinnen für die Lage des Projekts ausreichend, da es hier keine Laufkundschaft gibt. Die gut 100 m² Büroflächen eines anderen Projekts, zum Teil fürs Projektbüro verwendet, werden als eher etwas zu wenig eingeschätzt. Früher bestand die Idee, bei Bedarf eine Pflegestation darin einzurichten, ein Gedanke, der momentan in weite Ferne gerückt ist (vielleicht auch, weil sie das Glück haben, auf eine Pflegeeinrichtung in unmittelbarer Nachbarschaft zurückgreifen zu können).

Im dritten Projekt sind dagegen sogar knapp 400 m² Gewerbefläche gut ausgelastet. Alle sind an Frauen im sozialen und Gesundheitsbereich vermietet, deren Angebote gut angenommen und gern auch von Hausbewohnerinnen genutzt werden. Die Mieterinnen pflegen einen guten Kontakt untereinander und tragen mit ihren vielen Kundinnen indirekt dazu bei,

Frauen aus der Umgebung und anderen Interessierten die Schwellenangst zu diesem Haus der Frauen zu nehmen. Einzig das Café/Restaurant kommt nicht so recht zum Laufen. Die Haus-Frauen haben nicht die Kapazitäten, es dauerhaft selbst zu betreiben, haben jedoch einen gewissen Anspruch an das Niveau. Leider hat keine der bisherigen Pächterinnen ein tragendes Konzept gefunden, obwohl die Lage recht gute Bedingungen bietet. Für den Mittagstisch reichte die Nachfrage zeitweilig, abends jedoch saßen höchstens mal Frauen aus dem Haus dort. Richtig problematisch wurde es, als wegen mangelnder Nachfrage die Öffnungszeiten reduziert bzw., schlimmer noch, unzuverlässig wurden. In solchen Fällen nimmt früher oder später das Verhängnis seinen Lauf.[40]

Die Forderung der feministischen Stadtplanung, wohnungsnahe Arbeitsplätze für Frauen mit Kindern zu schaffen, geht, jedenfalls bei unseren Alleinerziehenden, nicht auf. Es ist eine nette Idee, doch nur selten sind die richtigen Arbeitsplätze für die jeweiligen Bewohnerinnen und ihre Qualifikationen in der Nähe. Die Psychologin, die mit der Annahme von Pflegekindern sich selbst einen Arbeitsplatz im Projekt schuf, zählt in diesem Sinne wohl kaum.

Wohnen und arbeiten zu verbinden, im Sinne einer ganzheitlichen Lebensweise, wie es viele Feministinnen in den 1980ern erstrebten, ist allein durch das Angebot einiger Gewerbeflächen nicht realisierbar. In den untersuchten Projekten hat nur eine einzige Hausbewohnerin eine gewerbliche Fläche in ihrem Projekt angemietet. Andere können ihre Tätigkeit genauso gut in ihrer Wohnung ausüben, ihnen wäre ein gesonderter Raum zu aufwändig.[41]

Gewerbeflächen einzubeziehen scheint überdies nur in wenigen Fällen sinnvoll, etwa wenn ein Projekt im Altbau realisiert wird und Teilbereiche nicht zum Wohnen geeignet sind. Oder wenn es eine vorher abgeklärte stabile Nachfrage bei den Bewohnerinnen gibt, d.h. eigentlich nur, wenn eine Gruppe von Frauen, die konkret ihren Beruf in solch einem Rahmen ausüben wollen, von vorn herein das Projekt für sich so konzipiert (wie ein

[40] Ein ähnlicher Verlauf beim Betreiben des projektintegrierten Restaurants wurde uns auch aus einem anderen, nicht zu unserer Untersuchung gehörenden Wohn- und Arbeitsprojekt berichtet.

[41] In einem Projekt hat immerhin ein knappes Drittel einen Arbeitsplatz in der Wohnung (projektinterne Befragung (IB 2)).

kleines, nicht in unsere Befragung einbezogenes Projekt von Künstlerinnen und Handwerkerinnen).

Ansonsten sind Gewerbeflächen nach unserer Einschätzung vor allem ein Risiko, zumindest aber eine zusätzliche Belastung, finanziell und arbeitsmäßig. Die Bewohnerinnen können Leerstände schon für die Wohnungen oft nicht auffangen. Gegebenenfalls müssen unerwünschte Kompromisse geschlossen werden, wie die Vermietung an Männer oder für Zwecke, die ein ungewünschtes Publikum ins Haus bringen. Zusätzlich ist mit Lärm und anderen Störungen zu rechnen, eine unnötige Konfliktquelle, sind doch schon die Störungen durch (gut genutzte) Gemeinschaftsräume oft grenzwertig. Vermutlich hat deshalb so manches Projekt, das ursprünglich mit dem Gedanken an Gewerbeeinheiten liebäugelte, von der Realisierung Abstand genommen.

4 Wer wohnt in den Projekten und mit wem haben wir gesprochen?

Wohnraum wollen sie schaffen *»für die neue Frau: die alleinlebende, die autonome, die emanzipierte Frau«,* wie es eine Gruppe formuliert. Aber wie sieht sie aus, die »neue Frau« in den Projekten? Natürlich gibt es nicht *die* neue Frau, es gibt ein großes Spektrum neuer Frauen und die finden sich auch in den Projekten. Und darüber hinaus finden sich hier auch, offenbar unerwartet, »weniger neue« Frauen. Um einen Eindruck zu vermitteln, wer da in den Projekten zusammen kommt, stellen wir, bewusst etwas überzeichnet, einige der typischen Charaktere vor, die uns (mit vielerlei Überschneidungen) begegnet sind:

Die Altfeministin Sie steht kurz vor der Rente oder ist schon drin, war in der zweiten Frauenbewegung aktiv und setzt ihre ganze Kraft darein, sich einen Ort und eine Aufgabe für einen aktiven Lebensabend zu schaffen und sie möchte eigentlich mehr als nur wohnen. Sie ist studiert oder hochqualifiziert, mit Glück konnte sie sich im Beruf auf Frauen(themen) beziehen oder sie nutzt ihre fachliche Kompetenz, um diesen Ort für Frauen zu schaffen. Sie war immer irgendwie links oder hat einen Hang zum (feministisch) Spirituellen. Sie hat Gruppen-, häufig auch WG-Erfahrung. Sie liebt Frauen oder weiß jedenfalls, was sie nur von Frauen bekommen kann, und geht bewusst in ein *Frauen*wohnprojekt.

Die Spätbewegte Irgendwie oder doch nie ganz einverstanden mit dem »weiblichen« Geschlechtskonzept, hat sie irgendwann eigene Wünsche entdeckt, sich vielleicht auch in eine Frau verliebt. Nach dem Tod des Mannes, nachdem die Kinder aus dem Haus sind, da das Ende des Berufslebens naht, will sie noch einmal ganz Neues wagen und stürzt sich zum ersten Mal in eine größere Gemeinschaft, was ihr mit Frauen weniger heikel erscheint. Sie kommt mit aller Toleranz und Opferbereitschaft, die sie aus ihrem vorherigen Leben mitbringt, und mit der stillen Wut über das Versäumte.

Die Frauenaffine Sie hat ein Bewusstsein davon, dass es nicht so ganz gerecht zugeht für Frauen in dieser Welt, hat sich vielleicht sogar im Beruf für Frauen engagiert, aber als Feministin möchte sie nicht gesehen werden, das wäre ihr zu eng und zu verbohrt. Und schließlich hat sie nichts gegen Männer (auch als Lesbe). Bedienen möchte sie aber keinen, hat das vielleicht auch noch nie getan – sie hat ja einen guten Beruf. Von Frauen erwartet sie, dass es konkurrenzfrei zugeht und ohne Kämpfe. Sie sucht die Gemeinschaft der Frauen, aber nicht so sehr ihre Gesellschaft.

Die Alleinerziehende Sie sucht ein Projekt, weil ihr allein mit dem Kind die Decke auf den Kopf fällt, weil sie Ansprache anderer Erwachsener will, weil sie nach der Trennung eine Wohnung braucht oder als Lesbe mit Kinderwunsch eine passende Umgebung sucht. Gemeinschaft verspricht ihr Erleichterung, könnte auch oder sollte ursprünglich oder doch in Zukunft auch eine mit Männern sein. Kinder (oder sie selbst) brauchen doch auch den männlichen Part. Selbstbewusst ist sie, aber, mit Ausnahmen, nicht unbedingt frauenbewusst, war skeptisch gegen die reine Frauengesellschaft, findet sie nun aber ganz genau richtig (für den Moment zumindest).

Die getrennt Erziehende sieht sich nicht »allein«, weder »-erziehend« noch »-lebend«. Sie lebt gern und gute Beziehungen mit Männern, und teilt gern und bewusst den Alltag mit Frauen.

Die (latente) Antifeministin Sie hat noch nie Diskriminierung erlebt und ignoriert die Geschichte des Kampfes dagegen. Trotz großen Selbstbewusstseins ist ihr Frauenbild tendenziell kritisch. Dennoch (oder deshalb) erwartet sie es unter Umständen mit Frauen einfach(er) zu haben.

Die Bedürftige Sie kommt mit einem Problem, einem aktuellen Verlust oder einem chronischen Leid und setzt Hoffnung in die Frauen, will unausgesprochen aufgefangen sein und zieht sich oft schnell in sich selbst zurück – oder wird zur Querulantin.

Diese eher brisante Mischung unterschiedlichster Charaktere (und noch einige mehr) fanden wir mit unterschiedlichen Gewichtungen (als Gesprächspartnerin oder als uns geschilderte Bewohnerin) in nahezu allen doch so unterschiedlichen Projekten. Selbst dort, wo eine Gruppe sich nach einem bestimmten Kriterium (wie dem Alter) zusammensetzt, sind Hinter-

und Beweggründe teils extrem divergent und nur in einem einzigen Projekt kamen die Frauen aus demselben Milieu.

Wie das zusammengeht – oder auch nicht –, berichten wir im nächsten Kapitel. Hier zunächst einige Informationen über die Zusammensetzung der Bewohnerinnenschaft.

4.1 Sozialstrukturelle Aspekte

Die Altersstruktur

Es ist nicht zu übersehen: Es sind die älteren Frauen ab Mitte 50, die heute die Projekte prägen, mit ihren Erfahrungen und ihren Bedürfnissen. Und auch die Jüngeren sind hier und heute keine jungen Hupfer, sondern lebenserfahrene Frauen. *»Mit 25 mache ich mir noch keine Gedanken über meine Wohnform oder meine Zusammenlebform« (IP 9)*, begründet es eine der Älteren.[42] Was nicht heißt, dass alle beim Einzug in ein Projekt so ganz und gar wissen, was sie tun.

Die Initiatorinnen unseres ältesten Projekts wussten es schon. Damals, Anfang der 1990er, alle jung und feministisch (mit Ende 20 allerdings auch keine Teenies mehr), haben sie sich bewusst für das Wohnen mit Frauen entschieden. Die Bewohnerinnen sind mit dem Projekt älter geworden, sowohl die, die geblieben sind, als auch die neu Hinzugekommenen. Mit Mitte, Ende 40 können sie im *heutigen* Altersdurchschnitt der Projekte jedoch immer noch als »jünger« gelten.

Die ersten älteren Frauen, die in den 1990 Jahren daran gingen, für ihr Alter eine Alternative zu suchen, waren teils schon richtig älter, als sie endlich in ihr Projekt einziehen konnten. Eine dieser Gruppen – sie *»wollten kein Altersheim werden« (IP 34)* – suchte und fand damals noch ausreichend viele alleinerziehende Frauen, um ein zahlenmäßig ausgewogenes Drei-Generationen-Projekt zu realisieren – nicht ohne Verluste auf dem Weg dahin. Eine der Älteren starb, bevor das Projekt endlich Realität wurde, und viele Alleinerziehende sprangen ab unter dem Druck, schnell eine Wohnung finden zu müssen. Von den Ältesten, die damals einzogen, leben nur noch zwei im Haus, die anderen sind gestorben oder im Altersheim.

[42] Wobei sie wohl vergessen (oder nicht erlebt?) hat, wie intensiv die jungen 68erinnen über die Formen des Zusammenlebens diskutiert und diese auch revolutioniert haben.

Die Alleinerziehenden, die heute dazukommen, sind überwiegend auch nicht ganz jung. Ein erst kürzlich eingezogenes Lesbenpaar um die 30 mit Kinderwunsch ist eine echte Ausnahmeerscheinung, auch in den heutigen Frauenwohnprojekten generell.

Das erste reine Altenprojekt aus jener Zeit versucht immer wieder, bei Bewohnerinnenwechseln etwas »jüngere Ältere« zu finden, weil *»die beiden Jüngeren sich in den ersten Jahren sehr davor gefürchtet haben, dass wir älter, also alt, werden und ihnen zur Last fallen« (IP 18)* und weil sie, beim Einzug zwischen 50 und 70, heute zunehmend mit dem Problem konfrontiert sind, dass sich einige wenige, die selbst auch nicht mehr so belastbar sind, gleichzeitig um mehrere Hilfebedürftige kümmern müssen. Erfolgreich waren diese Versuche bisher nicht.

Zumindest ein Teil der Bewohnerinnen eines anderen Altenprojekts dieser Zeit hatte sich bewusst für das Wohnen mit Älteren entschieden. Hier lag das Altersspektrum zwischen 40 und 60, wobei die 40-jährige Tochter einer Bewohnerin, die dort in eigener Wohnung wohnt, mit Abstand die Jüngste im Haus ist. Diese Konstellation wurde im übrigen nicht von allen gern gesehen, eine sprach von *»verwandtschaftlichem Klüngel«,* der sich wohl ihrer Ansicht nach gegen das Projekt richten könnte. Eine Ausnahme der Entwicklung hin zu einem hohen Altersschnitt ist eines der ältesten Projekte, ein sehr kleines, für das die damals schon ältere Initiatorin überwiegend jüngere Mitbewohnerinnen fand, obwohl sie es eigentlich für Altersgenossinnen konzipiert hatte.

Die Projekte des neuen Jahrtausends sind durchweg von älteren Frauen initiiert und es fühlten sich auch überwiegend Ältere angesprochen, zumeist fitte Frauen, von denen einige noch viele Pläne haben. Sehr alte oder auch gebrechliche kamen nur vereinzelt und teilweise erst später hinzu. Diese Generation älterer Frauen ist überwiegend eine andere als noch 10, 15 Jahre zuvor,[43] auch die Konservativeren unter ihnen. Sie sind unternehmungsfreudiger und weltoffener und viele sprechen von einem großen Bekanntenkreis. Sie sind also nicht mehr durchweg hilflos der Vereinsamung ausgeliefert und kommen ganz gut allein zurecht. Die älteren Frauen in den Projekten sind nicht mehr ungebrochen »die reinsten Kümmerer« (Astrid Osterland 2000: 68), sie haben auch nicht unbedingt Sehnsucht nach Wahl-

[43] Astrid Osterland (2000) traf und interviewte in einem (von AltenpflegerInnen gegründeten) Alten-Frauen-Wohnprojekt in Göttingen noch ganz andere Frauen.

enkeln, denn *»wir (...) haben hier alle unsere Sorgearbeit geleistet« (IP 14)* – und wenn nicht, wollen sie das auch nicht nachholen. Sie müssen, wie eine unserer ältesten Gesprächspartnerinnen am eigenen Leibe und allmählich nachlassenden Körper spürt, schon wieder aufpassen, nicht der Ideologie der »fitten Alten« zum Opfer zu fallen, die dieser Generation gar keine Ruhe mehr gönnt, *»diese Ideologie, wenn du alt bist, musst du noch fit sein, die finde ich absolut gefährlich.«* Aber sie wehrt sich auch gegen die Sicht *»weil ich alt bin, bin ich pflegebedürftig (...) Ich finde, da müssen wir eine andere Kultur entwickeln« (IP 15).*

Die neueren Projekte haben alle ziemliche Schwierigkeiten, jüngere Interessentinnen zu finden. Jüngere Frauen ohne Kind oder Kinderwunsch sind die absolute Ausnahme. Die Mütter, überwiegend deutlich über 30, sind geschieden oder leben bewusst getrennt vom Partner, wollten ihr Kind alleine aufziehen oder haben bzw. wollen es in einer lesbischen Beziehung bekommen. Eines der jüngsten Projekte hatte regelrecht Mühe, den ohnehin sehr kleinen Anteil von Mutter-Kind-Wohnungen zu belegen. *»Und es war nicht so einfach, alleinerziehende Mütter zu finden, die das auch machen wollten, erstaunlicherweise« (IP 26).*

Wo bleiben die wirklich jungen Frauen? Die wenigen, die wir in den Projekten fanden, sind einige vor Jahren als Studentinnen Eingezogene, die mit dem Projekt wenig zu tun haben. In einem Projekt sind es kaum integrierte Mieterinnen von Eigentümerinnen (die eine Wohnung für später erworben haben oder schon wieder ausgezogen sind).
»Die haben kein Interesse, mit alten Frauen zusammen zu wohnen« (IP 36), sagt eine Bewohnerin knallhart auf unsere Frage nach jüngeren Frauen. Sie wollen oder können sich auch noch gar nicht so festlegen, meint eine andere. Jugendliche Töchter, die mit einziehen müssten, hielten ihre Mütter sogar vom Einzug ab, weil sie den (ja nicht so falschen) Eindruck hätten, unter lauter Alten zu landen. Und für die Alleinerziehenden schließlich ist der lange Vorlauf der Projekte eine absolute Zumutung.

»Manche sagen, ›ach eigentlich müssen hier auch nicht mehr Kinder sein – ich find' das gut so‹. Aber das wurde vorher nicht zugegeben« (IP 36). Angesichts der Altersverteilung wundert es nicht, dass es in den neueren Projekten nicht allzu viele Kinder gibt – und es scheint, dass in manchen Projekten der Anspruch, Kinder dabei zu haben, größer ist als der tatsächliche Wunsch. Entsprechend peripher ist die Situation der Alleinerziehenden in vielen Projekten. Nur zwei unserer Projekte, zwei der ältesten, sind explizit auf das Leben mit Kindern angelegt. Im Kleineren wohnen sechs Kinder, im anderen elf (früher 15), inzwischen Jugendliche zwischen 10 und 18 Jahren. Frauen mit kleinen Kindern kamen bisher nicht nach, was, so klang es, auch nicht alle bedauern. Weder die Mütter, die es »hinter sich« haben, noch die im Projekt lebenden Alten, die manchmal doch genervt sind. Vielleicht kommt aber doch demnächst eine neue Erdenbürgerin ins Haus, wenn das kürzlich eingezogene Lesbenpaar das Motiv seines Einzugs verwirklicht.

In einem neueren Projekt sehen sich die (vier) Mütter ziemlich am Rande stehend, *»die halten uns hier, damit sie sich besser fühlen«, IP 5)*,[44] wie eine es empfindet. Glücklicherweise passen hier die fünf Kinder altersmäßig einigermaßen und kommen gut miteinander klar, *»ein Dreamteam«*. Anders in einem der großen Projekte, wo die drei Kinder (ein viertes Kind lebt beim Vater und kommt nur besuchsweise) im Alter so weit auseinander sind, dass gar nichts zusammengeht, und die Mütter einander auch nicht viel abgewinnen können. Allerdings: auch die beiden altersmäßig nahen Kinder in einem weiteren Projekt haben offenbar nicht viel von einander. Das Kind zweier lesbischer Mütter in einem (sehr kleinen) Lesbenprojekt muss bislang als Einzelkind aufwachsen.

Unsere Gesprächspartnerinnen Der Anteil älterer Frauen ist auch bei unseren Gesprächspartnerinnen der deutlich größere. Von den 40 Frauen waren 26 zum Zeitpunkt der Befragung über 50 Jahre alt, davon gut die Hälfte zwischen 50 und Ende 60, die beiden Ältesten 80 und 82. 19 der Älteren sind bereits in Rente, wobei manche trotzdem in irgendeiner Form noch weiter in ihrem Beruf arbeiten, meist aus finanziellen Gründen. Die anderen sind, mit Ausnahme einer derzeit Berufsunfähigen, berufstätig.

Von den 14 »jüngeren« Bewohnerinnen waren gut die Hälfte zwischen 40 und 50 und die drei Jüngsten um die 30. Acht von ihnen sind Mütter, die mit Kindern im Projekt wohnen (eine war mit einer fast erwachsenen Tochter eingezogen, die sie inzwischen ins Leben entlassen hat). Eine der Mütter definiert sich ausdrücklich als nicht *»allein erziehend«*, da sie einen mitverantwortlichen Partner außerhalb des Projekts hat, und auch im Pro-

44 Wir halten es durchaus für denkbar, dass solche Gefühle mit dazu beitrugen, dass in einem Projekt mit einem marginalen Anteil an Alleinerziehenden über 70% der (an der projektinternen Befragung teilnehmenden) Bewohnerinnen es »sehr gut« oder zumindest »gut« finden, dass in dem Projekt auch Mütter mit Kindern leben (IB 2).

jekt nicht »allein« lebt, sondern in einer Gemeinschaft, die auch Einfluss auf die Kinder hat.

Diese jüngeren Frauen sind berufstätig, die Mehrzahl nach unserem Eindruck durchaus engagiert und nicht nur für den Lebensunterhalt. Zwei der Mütter sind arbeitslos, was bei den Mitbewohnerinnen der einen auf Verständnis stößt – sie hatte einen Burnout – bei denen der anderen dagegen, wie uns schien, eher missbilligend gesehen wird.

Nur fünf der von uns interviewten Bewohnerinnen – neben den aktuellen Müttern versteht sich – finden es nach ihren eigenen Worten gut oder genießen es sogar, dass Kinder im Projekt leben: eine alte Frau, die früher, als sie noch konnte, immer Kinder um sich hatte, zwei Lesben, die diese Umgebung suchten, um selbst ein Kind zu bekommen, und zwei jüngere Bewohnerinnen, die keine eigenen Kinder möchten. Für die anderen, so scheint es, gehören sie halt dazu, viele sind schon mal bereit, aufzupassen, suchen aber eher nicht ihre Nähe.

Berufe und Interessen

Ist es Zufall, dass es eine deutliche Tendenz zu im weitesten Sinne sozialen Berufen – Sozialwissenschaftlerinnen, -pädagoginnen und -arbeiterinnen, Lehrende, Therapeutinnen und Krankenschwestern – in den Projekten gibt? Entsprechen sie dem verbreiteten (Selbst)Bild, dass Frauen gern »nah am Menschen« sind? Oder sind sie, wie einige Gesprächspartnerinnen vermuten, für solche Projekte offener, suchen bzw. finden sie auch eher? In Auseinandersetzung geübter sind sie allemal, aber Auswirkungen für eine bessere Verständigung in den Projekten hat das nicht unbedingt, wie wir im nächsten Kapitel sehen werden.

So gern die Projektfrauen die soziale Mischung betonen, scheint es in den von uns besuchten Projekten im großen und ganzen eher kopflastig zuzugehen. Die Akademikerinnen überwiegen, wobei relativ viele im zweiten Bildungsweg studiert haben, meist aus den typischen Frauengründen, dass es ihnen von Haus aus nicht ermöglicht worden war oder dass zunächst die Familie vorging. In einem Projekt waren die jungen Bildungsbürgertöchter allerdings zunächst zu revolutionär drauf und haben sich erst später auf einen gehobenen Bildungsweg besonnen (was, mit der relativ kurzzeitigen Ausnahme zweier Handwerkerinnen, auch bei allen später ins Projekt Gekommenen der Fall sei). Handwerkerinnen und Arbeiterinnen sind in unseren Projekten ebenso selten wie berufslose ehemalige Familienfrauen. In einem Projekt ist beider Anteil etwas höher, was dort, vorsichtig gesagt, das Zusammenleben nicht unbedingt einfacher macht. Bildung sei bei ihnen ganz negativ konnotiert, wie eine Bewohnerin erfahren hat, die sich als *»verwöhntes Mittelstandskind« (IP 20)* bezeichnen lassen musste. Und auch Frauen aus dem kreativen Bereich (abgesehen von den Architektinnen) sind, vermutlich aus anderen Gründen, eher rar. Nur wenige Frauen bringen ihre beruflichen Qualifikationen in irgendeiner Form ins Projekt ein – wobei unklar ist, ob sie, wie es von einer Therapeutin hieß, bewusst die Arbeit von der Wohnsituation trennen wollen, oder ob ihr Wissen nicht abgefragt wird.

Unsere Gesprächspartnerinnen Auch bei ihnen überwiegen die im weitesten Sinne sozialen Berufe und zwar in beiden Generationen. Es folgen bei den Älteren gehobene Büroberufe, jedoch nicht in leitender Position, und, ebenfalls überwiegend bei den Älteren, wissenschaftliche Tätigkeiten, wieder zu einem Gutteil im Sozialen – da ist die Kunstwissenschaftlerin schon eine Exotin. Sechs Frauen in Planungs-, Ingenieur- und Technikberufen, doppelt so viele Jüngere wie Ältere, das sind wenige, zumal eine Ingenieurin inzwischen auf Lehrerin umgeschwenkt hat (für das Leben im Projekt, meint sie allerdings, sei ihr das *»strukturierte Denken des Ingenieurs« (IP 39)* durchaus nützlich). Zwei jüngere Frauen sind im Handel beschäftigt und nur eine der Ältesten war »Nur-Hausfrau«, eine Frau der Kriegsgeneration, die damals keine Gelegenheit zu höherer Schulbildung oder Berufsausbildung hatte. Dreizehn der Älteren und zwei Jüngere hatten oder haben beruflich bzw. im Studium mit Frauenthemen zu tun (als Wissenschaftlerin, als Frauenbeauftragte, im Frauenbuchladen u.a.). Nicht bei jeder ist das allerdings gleichbedeutend mit einem ausgeprägt feministischen Bewusstsein. Viele, nicht nur Frauen mit sozialen Berufen, bringen Teamerfahrungen aus dem Beruf mit, die ihnen helfen, sich im Projekt zu bewegen. Manch eine kennt von daher aber auch zur Genüge die Auseinandersetzungsformen in männergeprägten Strukturen.

Die beruflichen Kenntnisse einiger weniger Frauen kommen dem Projekt direkt zu Gute. So haben zwei Planerinnen ihre Qualifikation eingesetzt, um das Projekt zu realisieren, und nutzen diese weiterhin, um Kontakte zu InvestorInnen oder Quartiersmanagement zu pflegen. Eine ehemalige Krankenschwester steht für medizinische Erstversorgung oder Assistenz zur Verfügung und sieben Frauen nutzen ihr Wissen für kulturelle und politische Veranstaltungen im Projekt.

Die Berufstätigen sind mit ihrer Arbeit ziemlich ausgelastet, sei es weil der Beruf Freude macht und sie einen gewissen Ehrgeiz entwickeln, sei es, weil er stresst und dann noch die Kinder dazu kommen. Die Rentnerinnen sind teilweise auch außerhalb des Projekts engagiert in wiederum meist sozialen, also ehrenamtlichen Bereichen, was offenbar eher respektiert, ja als Entschuldigung für mangelndes Engagement im Projekt akzeptiert wird als berufliches Interesse der Jüngeren. Einige betätigen sich als Hausaufgabenbetreuerin oder als Tagesmutter, aber auch als Sterbebegleiterin, in der Hospizarbeit oder in Frauenfriedhofsinitiativen.[45] Zwei Frauen waren schon früher partei- oder stadtteilpolitisch unterwegs, eine ist es immer noch. Ganz wenige erzählen von musischen Aktivitäten: zwei spielen Theater, eine singt in einem Chor und zwei spielen ein Instrument.

Die wirtschaftliche Situation

Unter dem Aspekt der sozialen Mischung ist die oberste Frage: Wer kann es sich leisten, im Projekt zu wohnen? In dieser Hinsicht suchen nicht alle die Mischung *»wohlhabende Frauen und Frauen in schwieriger wirtschaftlicher Lage«*, wie es in einem Projektflyer heißt. Viele Initiatorinnen gehen mehr oder weniger davon aus, dass Frauen eh kein Geld haben. So sind viele Projekte entweder reine Sozialwohnungsprojekte oder haben wenigstens einen Anteil geförderter Wohnungen.

Bei den Eigentümerinnen lässt es sich nicht recht verbergen, dass hier *»die Reichen leben«, (IP 6)*, was natürlich so nicht stimmt, *»reich sind sie nicht, hat neulich mal eine gesagt, sondern wohlhabend« (IP 14)*, aber schon das scheint manche nicht so gern zu demonstrieren. Dabei ist schon dieses »Wohlhaben« durchaus unterschiedlich, was sich auch in Größe und Lage der Wohnungen bemerkbar macht.

Die Bewohnerinnen der Neugenossenschaften sind moralisch aus dem Schneider, obwohl sie Geld mitbringen sollten, da sie ziemlich tief in die Tasche greifen müssen – falls nicht solidarische Unterstützerinnen einspringen, was bei beiden untersuchten Projekten in einigen Fällen gesche-

[45] Es gibt inzwischen in drei Städten Friedhofsareale für Frauen, eines existiert schon länger, ist mehr eine Gedenkecke für berühmte Frauen auf einem Zentralfriedhof, ein Gräberfeld auf einem Stadtteilfriedhof hat vor wenigen Jahren eine Gruppe, von einem Wohnprojekt ausgehend, erstritten, nicht ausschließlich für Projektfrauen. Und seit Ende 2013 gibt es auch ein Lesbenfriedhofsareal, initiiert von der Sappho-Stiftung.

hen ist.[46] Andererseits gibt es hier Frauen, die ihre ganzen Rücklagen in eine relativ bescheidene Wohnung gesteckt haben, aber auch solche, die sich eine größere Wohnung erlauben konnten.

Unsere Gesprächspartnerinnen Die Eigentümerinnen unterstreichen durchweg, sich ihres Privilegs bewusst zu sein. Einige problematisieren das, hätten lieber eine kollektivere Form gehabt, denn »*Wohnungseigentum gehört vergemeinschaftet« (IP 14)*, während drei Frauen, die schon vorher im Eigentum gelebt hatten, dazu stehen.

Mieterinnen haben zur Vergemeinschaftung, konkret der Genossenschaftsfrage, recht unterschiedliche Einstellungen. Manchen ist es egal, wenige Mieterinnen aus Investorenprojekten wären auch in ein Genossenschaftsprojekt gezogen, haben das aber nicht gezielt gesucht. Manche finden es im Prinzip ganz gut, könnten es sich aber nicht leisten, würden sich mit den notwendigen Investitionen an den Rand ihrer Möglichkeiten bringen oder zumindest ihre ganzen Reserven aufbrauchen. *»Ich wüsste nicht, ab wann ich sagen würde, ich lass mich hier so dermaßen nieder, dass ich unglaublich viel Geld reinpulvere, was mich wirklich belasten würde (...) dafür müsste alles alles alles stimmen. Und ich glaub, an dem Punkt wär' ich nicht« (IP 16)*, wie eine Mutter eines noch relativ kleinen Kindes sagt. Die Mieterinnen der Neu-Genossenschaften, und ganz besonders die der Frauen-Genossenschaft, stehen trotz der hohen Kosten absolut hinter dem Konzept und seiner politischen Implikation, wobei einige es sich nur leisten können, weil das Sozialamt die notwendigen Genossenschaftsanteile vorfinanziert und ihnen ermöglicht, sie in Raten mit der Miete zurückzuzahlen (was auch bei einem der Altgenossenschaftsprojekte anfangs so gehandhabt wurde). Aber für eine Rentnerin, die über der Einkommensgrenze lag, gingen alle Ersparnisse drein, so ist sie nun auch nicht wesentlich flüssiger als die Sozialwohnungs-Bewohnerinnen – und wahrscheinlich ist sie damit nicht die einzige im Projekt.

---

[46] Die Genossenschaftsbeiträge sind bei Neugenossenschaften grundsätzlich recht hoch, da sie im Gegensatz zu den Altgenossenschaften nicht auf ein inzwischen erwirtschaftetes Eigenkapital und/oder ein für Darlehen belastbares Vermögen zurückgreifen können, sondern das notwendige Eigenkapital (das in der Regel mindestens 20% der Herstellkosten beträgt) von den zukünftigen Bewohnerinnen (oder von UnterstützerInnen) erheben müssen.

Das liebe Geld

»Immer wenn's um's Geld geht, wird's hakelig, wird's schwierig« (IP 38). Geld ist ein Tabuthema, so wurde uns gesagt, das untergründig zu Konflikten führt oder in solche einfließt, was den Umgang damit noch schwieriger macht. Es geht, so wurde deutlich, vor allem um Geld *haben*. Dennoch wird Geld in den Projekten offenbar nicht als Machtfaktor diskutiert (obwohl viel von Macht die Rede ist), als sei das irgendwie abgehakt mit der Entscheidung für die Träger- bzw. Finanzierungsform, also mit dem Einbeziehen von besitzarmen Frauen und Überlegungen, wie die Kosten für Gemeinschaftsflächen für diese möglichst verträglich gemacht werden können.

Finanzielle Ungleichheiten, die ja in vielen Projekten programmatisch mitgeliefert wurden, *»ob es ein Thema ist, ist die Frage für wen, für die Reichen ist es eher ein Thema (...) mehr wie für die, die wenig haben, dass die neidisch sind« (IP 1)*. Geld haben scheint mehr ein Problem der Wohlhabenden, während die Ärmeren, gewohnt keines zu haben, wohl eher einen realistischeren Umgang damit pflegen – nur eine unserer Gesprächspartnerinnen fühlte sich von Seiten der Ärmeren beargwöhnt *(»einige fragen sich wohl, wie ich mir ein Auto leisten kann«, IP 20)*. Nun, wer wenig Geld hat, steckt auch nicht in der moralischen Zwickmühle, die Geld haben für die Generation der Ex- und noch Alternativen und Feministinnen zu etwas irgendwie Unmoralischem macht. Wirklich beschämenden Reichtum finden wir nicht in einem Wohnprojekt, aber Frauen, die es beruflich geschafft und sich eine auskömmliche oder sogar gute Rente erarbeitet haben. Sie sind nicht reich und doch nicht recht in der Lage, sich ihrer *»Privilegien«* zu freuen. Frau fühlt sich fast an das christliche Motiv des/der Reichen erinnert, die nicht ins Himmelreich kommt – obwohl wir es hier eher mit linken Frauen zu tun haben. Sind die Wohlhabenden zurückhaltend, weil sie nicht nur als Geldeselinnen hofiert sein wollen, oder weil sie fürchten, mit Geld nicht mehr dazu zu gehören, weil die (Frauen)Szene, irgendwie doch ihre Heimat, arm und die Szene links ist? Sind die Linken denn heute arm?

Andererseits gibt es wenige, die aus ihren Skrupeln persönliche Konsequenzen ziehen würden, so wie etwa unsere linken Genossenschaftlerinnen, die immer auch Frauen mitgetragen haben, allerdings nicht nur aus politischem Anspruch, sondern weil es ihnen um diese Personen ging. Witzigerweise sind auch gerade sie diejenigen, die im Laufe der Jahre verstanden und akzeptiert haben, dass die Sache mit der Vergemeinschaftung nur begrenzt funktioniert. *»Es gab zwar immer wieder Ansätze, ›wollen wir nicht mal darüber reden‹, aber das wurde von den Pragmatikerinnen abgelehnt, das wäre zu schwierig geworden. Es ist heute noch so, dass wir sagen, ›haut nicht hin‹. Also wir haben welche, die viel verdienen, aber fürs Alter zurücklegen wollen, welche, die gar nichts verdienen, kaufen sich aber trotzdem immer teure Klamotten, die nächste, was weiß ich, verdient mittel viel und gibt alles für Urlaube aus. Also das muss so bleiben« (IP 38).* Und auch unsere radikalste Gemeinschaftsverfechterin (und keine von den Wohlhabenden) sieht *»beim Geld, das ist wirklich immer so der letzte Punkt, wo sich ganz viel entscheidet (...) aber ich finde, es kann auch ruhig der letzte Punkt sein, es muss gar keine gemeinsame Ökonomie sein« (IP 26).*

Das Verhältnis der Einzelnen zum Geld, Geld haben und Geld ausgeben beeinflusst die Diskussionen, vor allem natürlich die um gemeinsame Ausgaben und Anschaffungen. Dabei geht es, wenn's um Geld geht, immer auch um anderes.[47] Wenn überlegt wird, einen eh schon geringen Vereinsbeitrag in einer Situation großer Spannungen im Projekt noch einmal zu verringern, so geht es natürlich um Gefühle zueinander oder richtiger *gegen*einander. Wenn sogar um Ausgaben gerangelt wird, die gar nicht von den Frauen selbst zu tragen sind, wenn kritisiert wird, dass *»immer das Teuerste«* angeschafft wird, oder wenn Ausgaben, die (nur) bestimmten Personengruppen zu Gute kämen, abgewiegelt werden, dann hat das nicht nur einen Machtaspekt, sondern ist vor allem eine Frage der Wertigkeiten, wofür Frauen ihr (bisschen) Geld ausgeben wollen – und die werden kaum thematisiert, jedenfalls nicht ohne moralischen Unterton – das heißt auch, nicht unbedingt respektiert.

Der verbreiteten Sparsamkeit steht, wie eine Reihe von Beispielen (auch von gemischten Projekten) zeigt, eine verblüffende Vertrauensseligkeit mit

---

[47] So ist in Vorbereitungsgruppen offenbar die Überzeugung verbreitet, Verbindlichkeit könne (nur) über Geld hergestellt werden. Das erstaunt, sind doch die Beteiligten meist kapitalismuskritisch und erstreben einen anderen Umgang und Austausch miteinander. Selbst wenn erfahrungsgemäß die meisten (nicht nur Frauen) bei Geldfragen ernst werden, scheint der Umkehrschluss nicht ganz plausibel, Zahlungsbereitschaft wäre ein Beweis dafür, wie ernst es jemand mit einer Wohnprojektgruppe ist. Und auch wenn das (momentan) teilweise stimmt, fragt sich, ob es gewollt ist, dass die einzige Form Verbindlichkeit herzustellen übers Geld läuft? Schließlich ist auch zu fragen, wie lange es in der Wohngruppe »legitim« ist, unsicher zu sein, ob eine hier »richtig« ist, und wie viel sie bereit sein muss, unwiederbringlich zu riskieren?

fatalen Folgen gegenüber – insbesondere bei hohen Summen, die den Verfügungsrahmen der Einzelnen bei weitem übersteigen und so irgendwie zum »Abstraktum« werden.[48] Glücklicherweise hielten sich die Gründerinnen unserer Projekte durchweg an die Frauen bescheinigte Um- und Vorsicht in finanziellen Fragen.

4.2 Wie kamen unsere Gesprächspartnerinnen zum Projekt?

Schauen wir zunächst, woher die Bewohnerinnen kommen. Die überwiegende Mehrheit wohnte seit langem in der Stadt – alle Projektstädte liegen in den alten Bundesländern – und musste höchstens den Stadtteil wechseln, was allerdings nicht allen leicht fiel. Einige der älteren Frauen, die in einem ruhigen Vorort gelebt hatten, waren nicht unbedingt darauf aus, in die »Szene« zu ziehen – und für die, die vorher in eine Szene integriert waren, ist der Umzug in eine andere auch nicht emotionslos, denn die Szenen unterscheiden sich erheblich. Eines der Projekte, das sowohl in einer für viele attraktiven Stadt als auch in einem attraktiven Stadtteil liegt, zog relativ viele Frauen von weit her an. Zumindest zwei hätten diese Stadt zwar nicht von sich aus gewählt, und mindestens eine findet auch die Gegend eher unbehaglich, aber das Projekt war so attraktiv für ihre Bedürfnisse, dass sie sich doch dafür entschieden haben.

[48] Dass Gutgläubigkeit, z.B. bei Finanzierungszusagen, leider nicht nur gegenüber Institutionen fatal sein kann, zeigt das unglückliche Ende eines Projekts, in dem die Beteiligten sich den wirtschaftlichen Kompetenzen der Initiatorin überließen und des Ergebnisses ihrer Arbeit und ihrer Träume verlustig gingen, während die Initiatorin als Gewinnerin zurückblieb. Als geradezu projektgefährdend erweist sich solche Gutgläubigkeit bei Bewohnerinnen eines religiös orientierten Beginenprojekts, die sich von der Initiatorin die Anmietung einer eigenen Kirche einreden ließen, deren Kosten sie extrem belastet – während die Initiatorin gar nicht einzog. Dass solche Gutgläubigkeit keinesfalls »typisch frau« ist, zeigt sich am Beispiel eines ausgesprochen grandios geplanten gemischten Wohnprojekts einer neugegründeten Genossenschaft (mit männlichem Vorstand), das mit Zustimmung der Mehrheit der GenossInnen ohne gesicherte Kredite zu bauen begann und nun, da die Eigenmittel aufgebraucht sind, über vier (von 16 geplanten) Rohbauten verfügt, ohne auf der (zum Zeitpunkt der Drucklegung schon ein Jahr währenden) Suche nach den benötigten »Restmitteln« bisher fündig geworden zu sein. Ein Abschied von den ursprünglichen Projektideen scheint unvermeidlich, soll ein gänzliches Scheitern des Projekts vermieden werden (www.rbb-online.de/politik/beitrag/2015/08/Moeckernkierz-Genossen-hadern-Banken.html).

Ganz wenige Projektfrauen kommen aus den neuen Bundesländern, was ähnliche Gründe haben dürfte wie die Tatsache, dass es dort nur verschwindend wenige selbstorganisierte Frauenwohnprojekte gibt (wir kennen nur zwei). So hörten wir von der einen Interviewpartnerin, die aus »dem Osten« kommt, dass ihr vor ihrem politischen und kulturellen Hintergrund vieles sehr fremd war, als sie ins Projekt kam, insbesondere die Auseinandersetzungsformen und -themen der Westfrauen. Bekanntlich war im Osten das Geschlechterverhältnis ein anderes, Frauendiskriminierung weniger offensichtlich, und selbst ihre Assoziationen zu dem Stadtteil, in dem das Projekt liegt, sind völlig andere als die der Bewohnerinnen aus dem Westen.

Schwierigkeiten, sich in das vorherrschende Denken einzufinden, haben, wie wir hörten, auch die sehr vereinzelten Migrantinnen in den Projekten, so sie nicht schon lange in Deutschland leben und weitgehend integriert sind. Leider konnten wir von keiner persönlich etwas erfahren. Eine potenzielle Interviewpartnerin musste aus Termingründen absagen, eine andere, zu der wir Kontakt herstellen konnten, sprang ohne Angabe von Gründen im letzten Moment ab und wir können nur spekulieren, ob ihre nicht so gute Integration ins Projekt sie dazu bewogen hat.

Wohn- und andere Erfahrungen der Befragten

Die Projektbewohnerinnen haben sehr unterschiedliche Vorleben. Manche haben immer allein gelebt, andere sehr traditionell, viele haben WG-Erfahrungen, viele kennen sich anderweitig mit Gruppenstrukturen aus. Aber es gibt in vielen Projekten auch Bewohnerinnen ganz ohne Gruppenerfahrung, die, wenn sie darüber hinaus sehr traditionell gelebt haben, richtig Probleme kriegen, wenn gestritten oder auch nur kontrovers diskutiert wird.

In einem Projekt hatten alle Bewohnerinnen eine gemeinsame Vorerfahrung, hatten in ähnlicher Form schon zusammen gewohnt und Politik gemacht. Gemeinsam feministisch aktiv war auch die Initiativgruppe eines anderen Projekts, von denen allerdings nur ein Teil schließlich einzog. In zwei Projekten kannten sich vereinzelt Frauen mehr oder weniger gut über ihr feministisches Engagement, über politische, wissenschaftliche oder auch berufliche Arbeit, hatten teilweise dadurch auch von dem Projekt gehört. In allen anderen kamen, abgesehen von den Initiatorinnen, unseres Wissens einander gänzlich fremde Frauen in der Projektgruppe zusammen.

Unsere Gesprächspartnerinnen *»Ich hatte eigentlich eine gute Wohnung, aber ich wollte nicht allein wohnen«, (IP 18)* und *»ich habe immer in WGs gelebt, ich bin so aufgewachsen« (IP 11)* sind die beiden Pole der Erfahrungsskala.

Nicht viele unserer Interviewpartnerinnen haben zuvor so konsequent gemeinschaftlich gewohnt wie die junge Frau, die aus einer gemischten Acht-Personen-WG mit strenger Organisation ins Projekt kam (und dort für neue Impulse sorgte). Sie und ihre Partnerin zogen mit einem weinenden Auge aus ihrer Wohngemeinschaft aus, da sie ein Kind wollen und das ihrer Ansicht nach dort nicht gut möglich gewesen wäre. Eine jüngere Mutter verließ ihre WG aus ähnlichem Grund, als sie ihr Kind bekam, suchte ebenfalls nach einer kinderkompatiblen Gemeinschaft und hätte eine WG vorgezogen. Die Frauen unseres WG-Projekts dagegen wurden spätestens durch die Erfahrung gemeinsamen Wohnens mit (linken) Männern zu Feministinnen und wollten mit Kindern ihr eigenes Ding machen.

Drei der älteren Frauen brachten umfangreiche WG-Erfahrungen mit. Eine aus einer großen Frauen-WG, die sich in den letzten Jahren allmählich aufgelöst hatte, hätte sich auch wieder eine WG vorstellen können, eine Frauen-WG in einem gemischten Projekt beispielsweise. Die Zweite hatte die meiste Zeit ihres Erwachsenenlebens in Wohngemeinschaften gelebt und wollte das nicht mehr. Eine Dritte schwärmt von Erfahrungen im Zusammenwohnen mit Frauen, hat nur, obwohl selbst alleinerziehende Mutter (einer längst erwachsenen Tochter), *»komischerweise immer mit den Müttern Streit gekriegt« (IP 23).* Von unseren Gesprächspartnerinnen wohnen jetzt nur wenige in einer Wohngemeinschaft.

Irgendeine Form von Erfahrung nichtfamiliären Zusammenlebens bringt nahezu die Hälfte unserer Gesprächspartnerinnen mit, die meisten aus kleineren Frauen-WGs. Einige haben mal, andere fast immer in dieser Form gewohnt. Zwei nahmen zeitweise eine Frau oder auch mal einen Mann in ihre große ehemalige Familienwohnung. Im Großen und Ganzen berichten sie alle von guten Erfahrungen im Zusammenleben, insbesondere mit Frauen, wobei eine (die auch vielfach mit Frauen gearbeitet hat) einschränkt, *»bei diesen ganzen Frauenprojekten – es waren durchweg positive Erfahrungen – hat mir was gefehlt« (IP 13).* Die Erfahrungen mit UntermieterInnen waren wohl insgesamt auch gut, wenn auch auf Dauer unbefriedigend.

Eine mehr oder weniger traditionelle Familien- bzw. Ehephase haben vierzehn Frauen gelebt. Für die meisten war diese Zeit gut und richtig, vier von ihnen sind verwitwet (eine relativ jung), einige haben sich aber auch früh von ihrem Partner getrennt, weil es doch nicht so richtig war, und eine ging aus einer Gewaltsituation. Drei leben jetzt lesbisch.

Bis auf zwei Frauen, die nach der Trennung in WGs gezogen waren, haben alle zwischenzeitlich kürzer oder länger allein mit ihren Kindern oder ganz allein gewohnt. Acht Bewohnerinnen, darunter nur eine Jüngere, hatten (fast) immer allein gelebt, eine Ältere dagegen nie und drei Mütter lebten vor Einzug ins Projekt ohne PartnerIn mit ihren Kindern.

Von siebzehn ganz überwiegend älteren Frauen wissen wir, dass sie (einige intensiv) in feministischen Gruppen oder Zusammenhängen engagiert waren oder es noch sind. Viele hatten durch ihre sozialen Berufe vorwiegend mit Frauen zu tun, mit unterschiedlichen Erfahrungen, und von daher zumindest *»keine Berührungsängste«*. Zwölf Frauen haben (teils zusätzlich) durch linke Gruppen, Gewerkschaft, berufliche Teams und andere männerdominierte Zusammenhänge reichlich Erfahrung, um sich im Projekt bewegen zu können und auch um zu wissen, was sie nicht mehr wollen: z.B. leitende Männer. *»Die ›wissen‹ immer so viel (...) und ich bin nicht auf der Welt um nachzuvollziehen, was Männer denken, sondern ich will selber denken« (IP 9)* oder einfach *»diese lauten Stimmen von den Männern, die dann immer das Wort an sich reißen, das muss ich nicht mehr haben« (IP 14).*

Ihre Gründe für den Wechsel der Wohnsituation

»Ich glaub', es ist wichtig, noch mal zu sehen: wir waren nicht unzufrieden mit der Wohnsituation. Das war nicht das Primäre, sondern (...) es ging echt um anders leben, nicht um anders wohnen« (IP 2). Sehr viele der befragten Frauen kamen wie diese Initiatorin aus einer guten Wohnsituation, hatten eine schöne Wohnung, eine gute Wohngegend, zum Teil eine nette Hausgemeinschaft – was einige sehr betonten.[49] Druck, eine neue Wohnung zu finden, hatten nur einige Alleinerziehende *»ich hätte in meiner Mietwohnung allein mit dem Kind die Krise gekriegt« (IP 16)*. Die Motivation für einen Wechsel unterscheidet sich bei Älteren und Jüngeren so stark, dass wir das getrennt anschauen möchten.

---

[49] In einer projektinternen Befragungen gab immerhin mehr als die Hälfte der Antwortenden an, dass sie sich wohnungsmäßig durch den Umzug in ihr Wohnprojekt nicht verbessert haben (IB 2).

»Im Alter zusammenleben in einem Projekt mit Frauen war wichtig« (IP 12) bzw. *»in guten und in schlechten Tagen lieber mit Frauen zusammen sein« (IP 21)* oder *»Zusammenleben mit Frauen und auch ein angstfreies Wohnen« (IP 32).*
Der Großteil der Älteren hat sich sehr bewusst für das Wohnen mit Frauen entschieden. Gezielt nach einem Frauenwohnprojekt gesucht bzw. ein solches initiiert hat aber nur etwas mehr als die Hälfte von ihnen. Einige hatten zunächst gar nichts gesucht, dann aber Feuer gefangen, als sie von ihrem Projekt erfuhren. Einige hatten eigentlich nur eine neue Wohnung gesucht, waren durch Presseberichte oder Flyer auf diese Möglichkeit gestoßen und fanden sie reizvoll. Fünf Frauen, die auf jeden Fall gemeinschaftlich wohnen wollten und schon länger nach einem Wohnprojekt gesucht hatten, hätten sich zunächst auch vorstellen können, in ein gemischtes Mehrgenerationenprojekt zu gehen, fanden die Option Frauenprojekt dann doch irgendwie richtiger für sich, und manche kann heute gar nicht mehr recht sagen, ob die Alternative eines gemischten Projekts wirklich eine gewesen wäre.

Nach der Berufsphase noch mal die Stadt wechseln, was anderes machen, hatten einige geplant, die sich dann nicht allzu schwer taten, das für ein Frauenwohnprojekt zu tun, selbst wenn sie dafür nicht in ihre Traumstadt ziehen konnten. Das gilt in besonderem Maße bei einem unserer Projekte, für das Frauen teilweise von weit herkamen. Etliche fuhren sogar schon jahrelang regelmäßig von ihrem Wohn- und Arbeitsort zu den Vorbereitungstreffen in den künftigen Wohnort.

Bei einigen Frauen hatte sich etwas an ihrer ursprünglich befriedigenden Wohnsituation verändert, war die WG oder die Partnerschaft auseinandergegangen, die Kinder aus dem Haus, so dass die Wohnung zu groß und vor allem zu teuer wurde oder auch, wie eine mit 68 Jahren nach einem Gartenunfall feststellen musste, zu anstrengend. Einige hatten eine ganz gute soziale Umgebung gehabt, eine nette Hausgemeinschaft, die sich aber im Laufe der Jahre negativ verändert hatte oder die nur oberflächlich nett und ihnen zu wenig war. Und zwei Initiatorinnen erklärten, dass sie aus sehr geordneten Verhältnissen kommend – *»wir waren keine Exotinnen« (IP 2)* – neue Formen des Zusammenlebens und -wirkens mit Frauen ausprobieren wollten, was nur noch eine weitere unserer Gesprächspartnerinnen explizit so ausdrückte. Zwar wollten auch andere *»diese Wohnform ausprobieren« (z.B. IP 19)*, aber nicht einmal unbedingt mit Frauen allein und auch nicht mit der Betonung auf »anders leben«.

Zwölf Frauen hörten von einer Freundin von dem Projekt oder hatten bei einem Vortrag, einem Seminar vom gemeinschaftlichen Wohnen erfahren. Andere, die sich schon eine Weile umgeschaut hatten und bei verschiedenen (meist gemischten) Projektinitiativen auf der Warteliste standen, bekamen plötzlich die Nachricht, dass ein Grundstück gefunden war oder in einem Projekt Nachrückerinnen gesucht wurden, weil eine abgesprungen war. Sie mussten sich dann ziemlich schnell entscheiden. So kam eine Frau, obwohl noch unter der Mindestaltersgrenze, in ein Projekt für Ältere, da schnell noch eine Bewohnerin gefunden werden musste.

Ein Teil der Frauen, die ganz bewusst mit Frauen zusammen wohnen wollten, hatte immer schon, sei es beruflich, in der politischen Arbeit oder auch privat, viel oder ausschließlich mit Frauen zu tun gehabt. *»Ich war schon in [einem Frauenprojekt] tätig, mehrere Jahre, war in der Frauenbewegung aktiv – und von daher war es mir wichtig, mit Frauen zu wohnen« (IP 31)*. In den Beginenprojekten hatten neben den Initiatorinnen noch drei Bewohnerinnen schon früher über die Beginen gehört, eine durch ihre frauenbewegte Mutter. Einige Gesprächspartnerinnen fühlen sich mit Frauen einfach wohler, *»ich kann einer Frau eher einen Schlüssel anvertrauen, dass sie in meiner Abwesenheit in die Wohnung geht, vielleicht auch in Schubladen guckt. Das ist mir nicht so unangenehm« (IP 21)*. Und eine, die gar nicht so gezielt zu Frauen gezogen ist, meint sogar *»ich bin nicht überzeugt, dass Männer und Frauen zusammen wohnen sollten, weil sie sich nur vertragen, solange sie getrennte Wohnungen haben« (IP 1)*.

Unter denen, die weniger zielgerichtet waren, hatten bzw. haben einige noch eine ziemlich negative Einschätzung von reinen Frauengruppen, wie *»Frauen können ganz schön zickig werden, wenn sie unter sich sind und wenn Männer dabei sind, dann ist das anders« (IP 19)*. Einen Hinweis, warum manche trotzdem ins Projekt zogen, geben einige der Jüngeren, bei denen wir solche Einschätzungen noch häufiger finden: *»Ich wollte hier nicht aufgefangen werden oder so was – ich wollte nur nicht alleine leben. Das ist hier auch voll und ganz eingetreten« (IP 39)* oder: *»Als ich damals aus der ehelichen Wohnung auszog, hatte ich große Sorge, sozial zu vereinsamen (...) ich hätte jede Wohnung genommen, bin aber hier so vom Herzen her angesprochen worden« (IP 29)*.

Die allermeisten der jüngeren Frauen sind Mütter (oder wollen es werden). Einige suchten schlicht eine Wohnung, andere (auch) eine Gemeinschaft, in der Hoffnung, hier bessere Bedingungen für das Leben mit Kind zu haben.

Natürlich geht es ihnen auch um Erleichterung des Alltags, vor allem den Berufstätigen. Fast wichtiger noch ist aber der Kontakt zu anderen Erwachsenen, die Möglichkeit, sich mit Frauen in gleicher Situation auszutauschen, *»es ist das Beste, was mir passieren konnte, nicht nur für das Kind, sondern ich bin ja auch nicht vereinsamt (...) diese Einfachheit auch, als Erwachsene mit Erwachsenen in Kontakt zu kommen« (IP 29)*, wobei von ihnen nur wenige das in einer reinen Frauengemeinschaft gesucht haben, allerdings auch betonen, dass sie nicht in ein *»Familienghetto«* gewollt hätten. Von den vereinzelten Müttern in neueren Projekten meint nur eine im Nachhinein, *»im Grunde habe ich wohl doch ein Frauenprojekt gesucht« (IP 16)*. Die Bewohnerinnen unseres zweitältesten Projekts entschieden sich bewusst gegen das Zusammenleben mit Männern (ohne auf Männerbeziehungen zu verzichten), für eine Art Großfamilie aus Frauen und (zumeist erst im Projekt geborenen) Kindern, in der sie sich gegenseitig unterstützen und auf ein anderes Geschlechterarrangement hinwirken wollten. In der gemischten WG, die sie vorher bewohnt hatten, war es so, *»dass wir viel (...) politische Arbeit gemacht haben (...) Aber das war alles so, dass es sich auf die Männer bezogen hat« (IP 28)*. Dass nicht alle Kinder wollten und nicht alle Kinder lieben mussten, war akzeptiert *»absolut – als Feministin muss man doch alle Frauenwege richtig finden« (IP 38)*. Die Wohnentscheidung dieser Gruppe war *auch* ein politisches Statement.

Dass auch die Mütter des ebenfalls in den 1990ern entstandenen Alten-Alleinerziehenden-Projekts feministisch dachten, nehmen wir an, da sie sich im Frauenzentrum trafen. Andererseits haben die Älteren die Jüngeren dazugeholt und die Vorlaufzeit war schier endlos, so dass wohl auch Mütter dazukamen, die Bedarf hatten, aber nicht unbedingt das gewünschte Bewusstsein – möglicherweise einer der Gründe für die heftigen Querelen, die das Projekt in der Anfangszeit beutelten. *»Und immer diese Enttäuschungen, weil man sich nicht genügend politisch positioniert (...) hier müssen höllische Kriege gewesen sein« (IP 39)*, fasste eine später Eingezogene das über die Anfangszeit des Projekts Gehörte zusammen.

Einige Alleinerziehende der neueren Projekte – oder solche, die in die älteren nachzogen – hatten einfach bei ihrer Wohnungssuche das Glück, dass sie per Anzeige Wohnungen fanden, die neu zu belegen waren, und ließen sich halt mal darauf ein, weil es gerade zu passen schien. Die ehemalige »Ost-Frau« hätte sich vorher nicht vorstellen können, dass es so was überhaupt gibt: *»Ich hatte ein ganz anderes Wohnungsverhalten als die Westmenschen hier, dass die auf so 'ne Idee kamen, für uns muss hier ge-*

baut werden (...) ich wär' ja nie auf so 'ne Idee gekommen!« (IP 39). Und eine, die andeutet, ihrer Entscheidung – sie war ob des reinen Frauenprojekts zögerlich – sei durch Unterstützungsversprechen ein wenig »nachgeholfen« worden, meint heute (obwohl diesbezüglich enttäuscht), *»ich zieh hier nicht mehr aus« (IP 5).*

Die zwei jüngeren Frauen ganz ohne Kinderambitionen sind eher Ausnahmen in den Projekten. Die eine, durch ihren Beruf als Stadtplanerin angeregt, diese Wohnform auszuprobieren (ob gemischt oder nur Frauen, war erstmal sekundär), nahm die Gelegenheit wahr, als während ihrer Wohnungssuche eine Projektwohnung frei wurde. Die andere fand nach Wohnerfahrungen in WG, als Paar und allein den Weg in ein Wohnprojekt, weil sie sich nicht zum Alleinleben geboren sieht. Ausschlaggebend für ein Frauenprojekt war für sie die Frauenliebe.

4.3 Lebensweisen der Bewohnerinnen

Programmatisch sollen in den Projekten, das ist ziemlich unstrittig, allen Lebens- und Liebesorientierungen von Frauen viele, wenn nicht alle, Freiheiten eingeräumt werden, *»ob allein, ob mit Partner oder Partnerin«.* Wirklich? Und alle?

Wir jedenfalls stießen auf zwei grundlegende Glaubenskämpfe. Der eine entzündet sich an der Frage, wie mit der Anwesenheit von Männern zu verfahren ist, die, wenngleich teils heftig diskutiert, am Ende doch für viele ungelöst bleibt. Der andere Streit geht um die Stellung von Lesben im Projekt.

Beginnen wir mit den Lesben

Ihr Ansehen ist in den Projekten höchst unterschiedlich, ihr zahlenmäßiger Anteil an den Bewohnerinnen auch, aber das eine hängt nicht unbedingt vom anderen ab. Der Anteil der (offenen) Lesben liegt in fünf Projekten zwischen knapp 10% und 25%, in zweien bei knapp 40%, in einem (sehr kleinen) Projekt leben ausschließlich Lesben und in einem anderen, ebenfalls kleinen Projekt ist keine *bekannt.* Er verändert sich manchmal auch, wie in einem Haus, das ausschließlich von heterosexuell orientierten Frauen gegründet wurde und inzwischen einen Lesbenanteil von 25% hat. Und manchmal verändert sich die Gefühlslage beim Wohnen im Projekt – was nicht heißt, dass die Atmosphäre hier erotisch besonders aufgeladen wäre, aber ab und zu entdecken zwei ganz neue Gefühle.

Nicht viele leben als Paar im Projekt und noch weniger in gemeinsamer Wohnung. Das wäre wohl auch nicht überall gewünscht, wenn wir bedenken, dass schon eine außerhalb wohnende Liebe zu heftigen Abwehrreaktionen führen kann *(»Ich hatte 'ne Beziehung aufgenommen und dann war hier so viel Eifersucht (...) wie wenn man sozusagen dem Projekt einen Tritt in den Hintern gibt (...) aber dass die dann soo feindselig werden, damit habe ich nicht gerechnet«, IP 8).* Dass der Einzugswunsch eines Lesbenpaares in einem Projekt zunächst Bedenken auslöste, habe, wie uns versichert wurde, nicht am Lesbischen, sondern an der Paarkonstellation gelegen. Uns wurde allerdings von einem anderen Projekt, in das (Ehe)Partner mit einzogen, nichts von *derlei* Bedenken vermittelt. Das Argument eines Projekts (das grundsätzlich das Mitwohnen von Partnerinnen wie auch von Partnern untersagt), beim Tod der Bewohnerin könnte mit der Partnerin eine womöglich von den Bewohnerinnen nicht erwünschte Frau Anspruch auf die Wohnung erheben, ist aus unserer Sicht nicht recht überzeugend.

In der Weise, wie die Lesben selbst mit ihrer Sichtbarkeit umgehen, vermittelt sich ein Stück weit das veränderte gesellschaftliche Klima. Lebten in einem der älteren Projekte früher zwei ältere Lesbenpaare mehr oder weniger verdeckt, *»als ob sie nicht gesehen werden wollten« (IP 29)*, so geht ein hier neu eingezogenes junges Paar heute absolut selbstverständlich damit um. Die Bewohnerinnen eines reinen Lesbenprojekts andererseits fühlen sich, obwohl ihr Haus in einer Szenegegend liegt, wo mit mehr Toleranz zu rechnen wäre, noch immer nicht so sicher, dass sie es nach außen als Wohnhaus von Lesben sichtbar machen möchten. Allerdings verstecken sie sich auch nicht.

Die Stellung der Lesben wird sehr früh im Planungsstadium definiert und ist eine Frage der Positionierung der Initiativgruppe, die nicht immer bewusst getroffen wird, und der Signale, die diese setzt. Geht sie offensiv damit um, wie (abgesehen von dem Lesbenprojekt) nur bei einem einzigen unserer Projekte, und sagt nach innen wie außen laut und deutlich, dass dies *auch* ein Ort für die lesbische Lebensweise ist? Selbst hier wird es nicht von allen wirklich mitgetragen, obwohl die Lesben mit zu den Aktivsten gehören. Hätte die Initiativgruppe, wie uns bei zwei größeren Projekten angedeutet wurde, eigentlich recht gern ein Lesbenprojekt gehabt, hat sich aber strategisch bedeckt gehalten, dann mögen die Lesben intern ein großes Gewicht haben, müssen sich dafür mehr noch als sonst in den Projekten gegen Dominanzvorwürfe wehren und direkte oder indirekte Aggressionen in Kauf nehmen. Oder werden die Lesben (nur) toleriert,[50] *»das stellt man fest und das ist so und das ist auch kein Auswahlpunkt. Es wird auch nicht nachgefragt« (IP 4)*? Dann werden sie, wie in einigen Projekten der Fall, unter Umständen gar nicht wahrgenommen. Ergo: Sie dürfen da sein, sollten aber nicht zu sehr in Erscheinung treten, es sei denn, sie *»überzeugen als Menschen(paar)« (IP 29).*[51] Sind sie (zu) sichtbar, gar dominant, bringen sie die Heteras, obwohl die Mehrheit, schnell in die gefühlte Position der »Geduldeten«. Das ist ungewohnt. Jedenfalls verderben Lesben das Image des Projekts.

Unter unseren Interviewpartnerinnen ist der Anteil der offenen Lesben mit 14 (von 40 Befragten) größer als ihr Anteil in den meisten Projekten. Zumindest die älteren sind auch Feministinnen, was den Akzeptanzfaktor bei manchen Mitbewohnerinnen noch einmal senkt. Zwei haben sich erst im Projekt zum ersten Mal in eine Frau verliebt, von denen eine im Projekt wohnte, die andere mittlerweile eingezogen ist. In gemeinsamer Wohnung leben nur zwei Paare, von denen eines verpartnert ist.

Nicht ganz wenige dieser frauenliebenden Frauen haben früher einmal Männer geliebt, eine tut es mittlerweile wieder, und einige haben auch Kinder aus diesen Verbindungen (die mit einer Ausnahme erwachsen sind und nie im Projekt lebten).

Obwohl sich die Lesben, mit denen wir gesprochen haben, überwiegend im Projekt am richtigen Ort fühlen, nicht zuletzt, weil sie sich hier sehr aktiv einbringen, berichten mehrere doch auch von abwertenden oder ablehnenden Äußerungen, die ihnen immer wieder direkt oder indirekt entgegengebracht werden, vor allem bei Kontroversen um Männer (im Projekt). So musste eine Frau, die sich gegen den Einzug eines heterosexuellen Paares aussprach, sagen lassen *»ist ja kein Wunder bei deiner Orientierung« (IP 12)* und ganz krass wurde ein Konflikt um einen grenzverletzenden

---

[50] Toleranz ist ein mittlerweile etwas inflationär gebrauchter Begriff, dehnbar und gut geeignet, um mit etwas oder jemandem umzugehen, das oder die einer nicht sonderlich nahe ist und auch nicht nahe kommen soll. Ein Begriff, der hier eh fehl am Platze ist, spricht daraus doch eine gewisse überhebliche »Großmut«, die sich schwerlich mit dem proklamierten integrativen Willkommen deckt.

[51] Lesben sollen sein »wie du und ich«, ein Bild, das auch die Medien gerne produzieren, und mit dem sich auch viele Lesben identifizieren, die des Exotinnenimages müde sind.

Mann in einem Projekt, *»da war von Kampflesben und Männerhasserinnen die Rede« (IP 16)*.

Äußerungen von heterosexuellen Geprächspartnerinnen lassen uns mutmaßen, dass das Gefühl der Ablehnung nicht (allein) auf einer Überempfindlichkeit der Lesben beruht. So wundert es nicht, dass die Bewohnerinnen des einzigen Lesben-Projekts schlicht das angenehme Gefühl genießen, sich nicht erklären zu müssen, sondern *»dass man als Lesbe hier selbstverständlich ist« (IP 35)*.

Das Thema Männer

»Männer will ich nicht mehr – weil die führen immer das große Wort und man kommt als Frau gar nicht mehr zum Zuge« (IP 30). So deutlich wie die alte Gewerkschafterin mit reichlich Erfahrungen in männerdominierten Gremien sagen es bei weitem nicht alle. Viele wissen aber sehr gut, warum sie die physische Abwesenheit von Männern für Frauen förderlich finden. Und auch etliche Frauen, die Vorurteile gegen ihre Geschlechtsgenossinnen mitbrachten *(»damals dachte ich noch: das ist ja der blanke Horror (...) so nur unter Frauen das kann doch nicht gut gehen«, IP 5)*, ließen sich zumindest für eine Weile von der Frauengemeinschaft überzeugen oder wollen gar nicht mehr weg.

Ein Frauenwohnprojekt ist ein *Frauen*projekt und, so möchte eine meinen, allen Beteiligten ist klar, dass hier Männer nicht viel zu suchen und schon gar nichts zu melden haben. Aber dem ist nicht so und die Vorstellungen sind durchaus kontrovers,[52] wobei die Einstellung zu Männern generell nicht zwangsläufig identisch ist mit der zu Männern im Projekt. Eine lesbische Organisatorin kann realistisch-pragmatisch sogar das Mitwohnen von Partnern akzeptieren, denn *»die jungen Frauen könnten sich ja dann gar nicht entscheiden«*, aber dennoch denken, *»ich bin gottfroh, dass keiner da ist« (IP 21)*, während eine Hetera bewusst ihren Alltag mit Frauen organisieren will, nachdem sie im gemischten Projekt erlebt hat, *»die Frauen hingen mehr oder weniger an den Männerkontakten dran (...) das ist so ein Aspekt, der hier nie eine Rolle gespielt hat« (IP 28)*.

---

52 In einer projektinternen Befragung eines größeren Projekts ist immerhin jede sechste Bewohnerin der Meinung, »*wenn Männer im Projekt stimmberechtigt mit uns zusammenleben würden, hätten wir es leichter*«, und mehr als jede Vierte hält das zumindest für »eventuell möglich«. Nur 60% stimmen dem nicht zu (IB 3).

In der Männerfrage herrscht, wie es scheint, eingleisiger Toleranzdruck und die daraus folgende Befürchtung, sich gar zu leicht als männerfeindlich zu disqualifizieren. Das geht bis zur Verständnis- und Respektlosigkeit gegenüber den Frauen, die ganz bewusst in ein Frauenprojekt gegangen sind, weil sie Männer bzw. deren typische Verhaltensweisen einfach nicht (mehr) in ihrem privaten Lebensraum haben wollen und sich dafür eigentlich nicht rechtfertigen möchten. Die Selbstverständlichkeit dieses heteronormativen Toleranzmodells schon in vielen Vorbereitungsgruppen verhindert eine klare Positionierung. So fehlt in kaum einer Projektdarstellung die Beteuerung, Männer seien *»natürlich«*, ja sogar *»herzlich«*, willkommen. Wenn ergänzt wird *»als Gäste«*, scheint das fast wie eine Konzession an diejenigen, die die Anwesenheit von Männern im Projekt als unangebracht empfinden. Es geht in dieser Kontroverse, so möchten wir meinen, nicht eigentlich um die Frage gelegentlicher Anwesenheit einzelner Männer, die der einen oder anderen am Herzen liegen (auch Feministinnen, auch Lesben haben Brüder oder Freunde) – selbst den Frauen nicht, die hier radikalere Positionen vertreten. Es scheint viel eher um die personifizierte »hegemoniale Männlichkeit« zu gehen, die ihnen hier zu selbstverständlich ins Projekt gerufen zu werden droht. Sie sind schlicht der Auffassung, *»wenn Männer da sind, haben sie sich so zu verhalten, dass es für alle Frauen okay ist« (IP 36).*

Da die Initiativgruppe im Allgemeinen einen Grundkonsens hatte, wurde bei den meisten Mietprojekten eine Vereinbarung mit den VermieterInnen getroffen, dass ausschließlich Frauen einen Mietvertrag bekommen. Deren Verbindlichkeit hängt aber letztlich vom Goodwill der VermieterInnen ab und im Extremfall (so wenn eine Wohnung über einen längeren Zeitraum nicht an eine Frau vermietbar ist) könnte es Probleme geben, was bei einem Vermieter wohl ansatzweise schon mal der Fall war, aber glücklicherweise abgebogen werden konnte.

In einem der Projekte für ältere Frauen, in dem zwei Bewohnerinnen regelmäßig während längerer Abwesenheit untervermieten (aus mehreren Gründen ein Problem in dem recht kleinen Projekt), musste dagegen intern erst ausdiskutiert werden, dass sie wenigstens nur an Frauen vermieten, was nicht für jede so klar, eigentlich nicht mal für jede akzeptabel ist, obwohl ein Mann im Haus einige Mitbewohnerinnen sehr stören würde.

Die WG-Bewohnerinnen haben sich klar entschieden, ohne ihre Partner zu wohnen. *»Die, die Kinder bekommen haben hier, haben häufig schöne* *und enge Partnerschaften mit Männern gehabt, aber immer klar gesagt, ›du ziehst aber nicht mit mir zusammen‹« (IP 38)*. Ein Partner kann hier gelegentlich (etwa bei Geburt eines Kindes) schon mal für ein paar Wochen mitwohnen, muss sich dann aber auch an Arbeiten beteiligen. Da *»am Anfang die große Angst [bestand], dass es irgendwie so 'ne Männerflut gibt, so die ganzen Lover, die reinschneien und miteinander in Kontakt treten, und dass es dann gar nicht mehr ein Frauenprojekt ist« (IP 28)*, wurden klare Regelungen für die Anwesenheit von Männern getroffen, um nicht doch unversehens wieder altbekannte Strukturen einschleichen zu lassen (was seine Wirkung tat. Die Freunde laufen das Haus nicht gerade ein).

Beim Eigentum ließ es sich rechtlich nicht durchsetzen, Männer ganz auszuschließen, so gern einige dies gesehen hätten. Männer konnten zwar nicht kaufen,[53] doch offiziell mitwohnen. So gab und gibt es einige wenige Ehemänner, momentan zwei im Greisenalter, »lieb« und umhegt von sorgenden Bewohnerinnen, und jüngst mit einem heterosexuellen Paar auch einen jungen Mieter, was, obwohl die beiden »sehr nett« seien, keineswegs allen gefällt, nicht zuletzt, weil die Eigentümerin die anderen im Projekt Wohnenden diskussionslos damit konfrontiert hat. Der halbwüchsige Sohn einer der Erstbewohnerinnen – er ist inzwischen erwachsen und ausgezogen – scheint dagegen, so kam in den Erzählungen rüber, kein Stein des Anstoßes gewesen zu sein.

Auch im Projekt der Frauengenossenschaft wäre es offiziell möglich, dass Männer mitwohnen, Mitmann der GenossInnenschaft können sie jedoch nicht werden. Bislang gab es keinen Interessenten und unseren älteren Gesprächspartnerinnen ist das nicht arg. Wie die Eigentümerinnen befürchten sie jedoch auch nicht, dass einzelne Männer, die hinzukommen, die Atmosphäre dominieren könnten, *»was will ein einzelner Mann schon ausrichten« (IP 21)*.

Die bisherigen Erfahrungen mit Männerbesuchen in den Projekten wurden uns fast durchgängig als positiv beschrieben. In zwei Projekten werden sie auch in Feste und andere gemeinsame Aktivitäten mit einbezogen, in anderen werden Besucher einzelner Bewohnerinnen als höflich und unaufdringlich beschrieben. Nur ein Projekt hat eine richtig üble Erfahrung mit dem Partner einer Bewohnerin machen müssen, dessen Verhalten alle Grenzen des Akzeptablen überschritt. Der Umgang mit diesem Mann und

[53] In der Initiativgruppe war es Konsens, dass nur Frauen kaufen können, rechtlich verbindlich ist das jedoch nicht (und ist bei einer normalen WEG auch nicht möglich).

der völlig uneinsichtigen Bewohnerin spaltete die Gruppe quer durch alle »Glaubensrichtungen«, auch die Lesben, und *»wo eigentlich alle wie eine Frau hätten zusammen stehen müssen« (IP 16)*, löste er einen langwierigen tiefgreifenden Konflikt aus, der schließlich mit dem Auszug der Verursacherin beendet wurde, aber nicht wirklich verheilt ist.

Unsere Interviewpartnerinnen sind in dieser Frage so uneins und einige so widersprüchlich wie die Bewohnerinnen insgesamt. Einige haben sich bewusst für Frauen entschieden und finden es aus unterschiedlichen Gründen gut so, sind auch überwiegend zuversichtlich, dass es so bleibt: *»Ich denke, im Selbstverständnis der Frauen, die hier eingezogen sind, steht das gar nicht an (dass ein Partner mit einzieht, d. A.)« (IP 27)*. Bei einigen Bewohnerinnen kam offenbar erst beim Wohnen im Projekt die Erkenntnis, dass ihnen doch die *»andere Hälfte der Menschheit«* abgeht. Eine junge Lesbe, die es sich bunter wünscht, hätte gern *»auch ein paar Männer, die nicht so normativ drauf sind« (IP 11)*. Und die ein und andere trägt sich sogar mit dem Gedanken, irgendwann *»das Projekt für Männer zu öffnen« (IP 29)*, obwohl sie den Schutzraum unter Frauen zunächst durchaus genossen hat. Selbst eine Lesbe (die sich selbst als undogmatisch sieht), deren *»Liebstes (...) die Frauenzusammenhänge und die Lesbenzusammenhänge«* sind, findet es *»ganz wichtig und grade heutzutage, offen zu sein für alles« (IP 25)*. Und keine der Zweiflerinnen scheint sich des Affronts bewusst, den eine solche Haltung für die Frauen bedeutet, die mit gigantischem Einsatz das Projekt als *Frauen*raum geschaffen haben.

5 Gemeinschaft leben – Gemeinschaftsleben

»Gemeinschaft« ist der zentrale Aspekt eines Wohnprojekts, so hört es sich zumindest bei allen an. Aber was stellen sich die einzelnen unter Gemeinschaft vor und wie wird sie gelebt? *»Was ist denn hier bitte die Gemeinschaft? Kann mir echt keiner sagen« (IP 6)*. Und auch uns konnte es keine so genau sagen, so selbstverständlich der Begriff auch verwendet wird. Jede hat eine Vorstellung davon, aber jede eine andere. *»Gemeinschaft ist das, was die Frauen draus machen« (IP 36)*, heißt es etwas vage, oder auch kühn *»das Gemeinschaftliche ist (...) die politische Gesinnung« (IP 25).* Wo die eine findet, *»wir haben hier auch eine schöne Gemeinschaft und ich fühl mich hier sehr wohl« (IP 3),* ist es für eine andere im selben Haus eben *»nicht Gemeinschaft«,* sondern nur ein, durchaus wertvolles, *»Miteinander« (IP 26)*, weil nach ihrer Auffassung dafür das grundsätzliche Interesse aller fehlt, einen Konsens zu finden. *»Das haben wir hier nicht und das haben wir ausgesprochen hier nicht. Und das haben wir auch schriftlich festgelegt nicht«*. Das geht schon recht weit auseinander.

Gemeinschaft heißt für die einen, ganz viel miteinander zu machen, für die anderen geht es darum, für das Projekt tätig zu sein, dass *»man auch gemeinsam Verantwortung und gemeinsam Aufgaben übernimmt. Dadurch wächst Gemeinschaft auch« (IP 35)*, für manche ist es Kommunikation auf allen Ebenen. Für die einen ist schon die gegenseitige Unterstützung Gemeinschaft, für andere ist es Familie im Sinne eines Dazugehörens, ist es der tragende Rahmen, auch ohne ständige Kommunikationsbereitschaft, für Feministinnen ist es das Gestalten des Zusammenlebens, das Ausprobieren anderer Umgangsformen, das gemeinsame politische Selbstverständnis ...

Da Gemeinschaft nun also ein so dehnbarer Begriff ist, so vielseitig interpretierbar, versuchen wir uns dem Phänomen anders anzunähern, fragen wir, was sie verlangt, die Gemeinschaft – und was eine von der Gemeinschaft bekommt? Ein paar Aspekte, da scheinen sich doch viele einig zu sein, gehören wohl auf jeden Fall zu einer Gemeinschaft: Kommunikation und gemeinsame Aktivitäten (oder jedenfalls die Möglichkeit dazu), verlässliche Unterstützung und Verantwortung für das Ganze. So steht es in den Flyern, so haben wir es vielfach gehört – aber alles im Konjunktiv, alles frei und unverbindlich. Das ist eine Quelle der Fehlinterpretationen und Ärgernisse, denn Gemeinschaft verlangt eigentlich Verbindlichkeit. Und vielleicht ist hier auch der Grund für Enttäuschungen gelegt. Denn erst allmählich, im Laufe des Wohnens, wird deutlich, dass frau nicht davon ausgehen kann, jede »ticke so wie sie«, verstehe diesen Konjunktiv als eine Freiheit, die sie nutzen, aber nicht ausnutzen werde. Offenbar verstehen nicht alle ein Wohnprojekt als etwas, dessen Funktionieren auf Nehmen *und* Geben gründet, unabhängig davon, wie viel Gemeinschaft die einzelnen wollen. Und einige, so scheint es, sind nicht wegen, sondern eher trotz der Gemeinschaft eingezogen (was sie womöglich selbst erst merken, wenn sie drin sind). Haben die sich in sich selbst getäuscht, *»die anfangs gesagt haben, sie ziehen wegen der Gemeinschaft hier ein und möchten sich gerne hier einbringen, sich gleich nach Einzug, als wär' nichts gewesen, völlig zurückgezogen haben und eigentlich nur wohnen« (IP 21),* wie zumindest zwei unserer Gesprächspartnerinnen von sich sagen, oder haben sie taktiert, wie einige unterstellen? Oder hatten sie etwas ganz anderes erwartet?

5.1 Gemeinschaft – eine Frage des Standpunkts?

Die *»Gemeinschaft gleichberechtigter Menschen«*, die sich gewiss alle von einem Wohnprojekt wünschen, wahrscheinlich aber besonders *Frauen*, deren Gleichberechtigung ja so umfassend noch nicht gesichert ist – finden sie sie hier?

Formal natürlich, das entspricht dem Grundsatz aller Selbstorganisation, die ja so wichtig ist in den Projekten. Doch mit einer Zwangsläufigkeit, die geradezu in der Natur der Sache zu liegen scheint, bilden sich von Anbeginn Strukturen der Ungleichheit heraus, eine »Hierarchie des Vorsprungs« (von Zeit, Erfahrung, Kompetenz – wir kommen darauf zurück). In unseren Projekten zeigt sich das in einer Teilung in zwei Gruppen, die sich intern noch ein bisschen verzweigen, aber grundsätzlich unterschiedlich im und zum Projekt stehen: Auf der einen Seite die Initiatorinnen und die aktiven Bewohnerinnen (die wir die Kerngruppe nennen), die eingezogen sind mit dem Gedanken eines »Mehr als wohnen« und mit einem politischen Anspruch. Auf der anderen Seite die gemäßigt Aktiven und die nicht Integrierten, die mehr oder weniger »nur« angenehm wohnen woll(t)en. Beide

Gruppen kommen offenbar nicht zueinander. Sie scheinen sich nicht wirklich zu verstehen, die einen sind von den anderen grundlegend enttäuscht. Dennoch sind die Grenzen fließend, kann sich die Zugehörigkeit zur ein oder anderen Gruppe im Laufe der Zeit verändern. Eine Initiatorin nimmt sich total zurück, weil ihr zu viel Misstrauen entgegenschlägt, eine anfangs recht Aktive ist frustriert oder überlastet, eine zunächst ganz Bereitwillige merkt, dass sie kein Gruppenmensch ist. Es gibt aber auch die, die sich hineinfinden und merken, *»das ist eine vernünftige Sache, da geh' ich hin, da will ich auch was sagen« (IP 24),* allerdings ist dies, wie es scheint, eher eine Minderheit.

Eine Ausnahme, bei der sich Ungleichgewichte etwas anders und wohl auch gemäßigter herausgebildet haben, ist eine Gruppe, in der Kerngruppe und Gesamtgruppe identisch waren.

Die Kerngruppe

Diese Gruppe ist hoch identifiziert mit dem Projekt, viele sind schon seit der Vorbereitungsphase dabei, haben die Mühen der Ebene mitgetragen, haben *»das Projekt einfach erhalten (...) haben all diese Höhen und Tiefen durchlitten« (IP 22),* und sie *wollen* Gemeinschaft.

Sie übernehmen in starkem Maße Aufgaben im Projekt und fühlen sich verantwortlich für das Funktionieren, bestimmen mit ihrem Vorpreschen auch, meist indirekt, in einem erheblichen Maß die Ziele und die Wichtigkeiten, müssen sich aber nicht notwendig einig sein (was unter Umständen noch vor dem Einzug oder kurz danach zum Eklat führt). Diese Frauen haben eine Menge Energie und Hoffnungen in die Sache gesteckt und wollen, dass es weitergeht – und zwar in ihrem Sinne –, sind also mitunter etwas angespannt, wenn die Dinge in eine andere Richtung zu laufen drohen.

Die Initiatorin(nen)

Einerseits Teil der Kerngruppe, haben sie doch eine besondere, oft auch kontroverse Position. Diese Kontroverse macht sich jedoch meist erst während des Wohnens bemerkbar. In der Vorbereitungsphase sind sie unangefochten. In einem Projekt wurde uns allerdings von einem Zwist zwischen zwei Initiatorinnen berichtet, der so weit eskalierte, dass eine von beiden im letzten Moment beschloss, nicht einzuziehen und in einem anderen verließ eine nach sehr kurzem Wohnen das Projekt enttäuscht, *»was ich gehört* *habe (...) weil es nicht politisch genug war« (IP 39)*. Eine verabschiedete sich vor Einzug im Guten von der Idee, mit Frauen zu wohnen, und übergab alles in die Hände von Nachfolgerinnen. Eine der Initiativ-Gruppen hat sich in der Vorbereitungsphase ziemlich weitgehend umstrukturiert, das linksradikale Kollektiv wurde allmählich durch eine moderatere Gruppe ersetzt, *»und die hundertfünfzigprozentigen Feministinnen, die sind dann abgesprungen (...) Aber mit denen ging auch dieser unheimlich hohe Anspruch« (IP 38)*.

Die in ihrem Projekt wohnenden Initiatorinnen haben im Großen und Ganzen eine starke Position, die allerdings unterschiedlich gesehen und akzeptiert wird. Anfangs neigen manche Bewohnerinnen dazu, die Initiatorinnen für alles und jedes in die Verantwortung zu nehmen (sind sie doch die Hauptinformationsträgerinnen) und mit Peanuts zu belasten, anstatt selbst etwas in die Hand zu nehmen, unter Umständen sind es dieselben, die sich dann über vermeintliche Mauscheleien und Machtstrukturen beklagen. Die Initiatorinnen wiederum, Macherinnen schließlich, neigen noch stärker als die anderen Kerngruppenfrauen dazu, zu viel in der Hand zu behalten und sich damit zu überlasten – nicht zuletzt aus einer nicht ganz unberechtigten Angst, mit der Arbeit könnte ihnen auch das Konzept, das, was sie angestrebt haben, aus der Hand gleiten.

Eine »Fangemeinde« oder, wie eine Bewohnerin es unfreundlich nannte, die *»Vasallinnen«,* schätzt, ja bewundert die Initiatorin(nen) und unterstützt sie. Eine, so hörten wir, werde von einigen Bewohnerinnen (durchaus positiv) als die *»heimliche Königin«* gesehen, sogar nachdem sie sich sehr zurückgezogen hat. Kritikerinnen unterstellen den Anhängerinnen das Fehlen einer eigenen Position, was wir zu bezweifeln geneigt sind, da wir von letzteren durchaus dezidierte eigene Standpunkte gehört haben. Manche scheinen schlicht in wichtigen Bereichen mit den Initiatorinnen übereinzustimmen – eigentlich doch sehr wünschenswert, bedeutet das ja wohl auch, dass sie sich mit den Projektzielen identifizieren.

Das Gros der Bewohnerinnen hat eher eine distanzierte bis kritische Haltung den Initiatorinnen gegenüber, würdigt zwar (verbal), was sie geleistet haben, gesteht ihnen daraus jedoch keine Ansprüche oder Privilegien zu nach dem Motto *»es muss auch mal gut sein« (IP 14),* oder neigt zu Unterstellungen von Vorteilsnahme, Machtorientiertheit etc. und entwickelt daraus ein Misstrauen, das sehr weit gehen kann. So wurde eine unserer Initiatorinnen in einem Konflikt mit dem Vermieter gefragt, auf welcher Seite sie eigentlich stehe, obwohl das bei ihr unzweifelhaft sein dürfte. Und schließlich gibt es die Position, eine Initiatorin dürfe *»nicht in ihr eigenes Projekt mit einziehen« (IP 6)*, weil das Probleme gebe, wie eine Bewohnerin eine befreundete Psychologin zustimmend zitiert. Nur von einer Initiatorin hieß es, sie habe sich in dem kleinen Projekt durchgängig unbeliebt gemacht, da sie zu krittelig und zugleich bestimmend sei.

Gesprächspartnerinnen 24 der Frauen, mit denen wir gesprochen haben, würden wir aktuell zur Kerngruppe zählen, weitere fünf bis sechs sind aus verschiedenen Gründen nicht mehr bzw. inzwischen sehr viel weniger aktiv. Von ihnen haben sich zwei, teils resigniert, teils aus Kapazitätsgründen herausgezogen, zwei beschreiben ihr Projekt als seit längerem ziemlich zerfasert. Eine jüngere Frau ist inzwischen ausgezogen, um mit einem Mann zusammen zu leben, fühlt sich jedoch dem Projekt noch so stark verbunden, dass sie weiterhin aktiv mitwirkt. In drei Projekten haben später hinzugezogene Bewohnerinnen schnell einen aktiven Part übernommen, besonders in einem mit vergleichsweise starken Wechseln. Feministinnen sind alle Initiatorinnen und viele der älteren Kerngruppenfrauen, während die Jüngeren mit einer Ausnahme den Feminismus eher *»nicht mehr so vor sich hertragen« (IP 29),* sondern wesentlicher finden, was sie leben.

Die interviewten Initiatorinnen haben nach wie vor eine einflussreiche Position im Projekt. Geschätzt werden sie, irgendwie, jedenfalls von einem Großteil der Bewohnerinnen, ob auch geliebt, da sind wir nicht bei allen sicher.

Die Resonanz der Bewohnerinnen ist sicherlich nicht ohne Einfluss auf die Selbstpositionierung der Initiatorinnen. So sah sich eine zunächst nur als Organisatorin ohne Einzugsabsicht und spürt heute, nachdem sie doch eingezogen ist, durch ihre Enttäuschung über das mangelnde Engagement der Mitbewohnerinnen, wie groß ihre Erwartungen waren. Eine andere dagegen sieht sich nach Jahren des Wohnens und vieler Querelen heute als zum Projektwohnen ungeeignet, eher als eine, die etwas initiieren kann und es dann loslassen sollte. Eine, die als gar zu allverantwortlich erlebt wird, der mittlerweile gar eine gewisse »Zurückhaltung« nahegelegt wurde, sieht zwar die Problematik der Hierarchisierung zwischen Initiatorinnen und Bewohnerinnen sehr wohl, aber die Lösung nicht darin, sich herauszuziehen. Und wieder eine hat zwar auf Grund ihres finanziellen Status im Projekt eine pikante Sonderstellung, die sie aber mit ihrer konsequent solidarischen Haltung offenbar überzeugend ausgleicht.

Die »weniger Aktiven«

Die Gruppe der als weniger oder nicht aktiv Geltenden besteht aus einigen Untergruppen: Die gemäßigt Aktiven sehen durchaus realistisch, dass Dinge zu tun und zu regeln sind, und sind auch bereit, sich daran in gewissem Maße zu beteiligen, *»wenn man gar nichts macht, dann isoliert man sich natürlich auch immer ein Stück weit und das ist ja auch nicht nett. Wer mag so was?« (IP 32)*. Sie sind jedoch meist nicht einverstanden mit der Art und Weise der Organisation und der Entscheidungsfindung und auch nicht bereit, sich einer gefühlten Erwartungshaltung zu unterwerfen, die sie, wie sie schnell erkennen, kaum zu beeinflussen in der Position sind. Unter ihnen finden sich auch Frauen, die spezifische Interessen haben und in das Projekt einbringen möchten, ohne sich mit allem und jedem befassen zu wollen, was ihnen nicht wichtig oder für sie selbst wenig relevant erscheint.

Daneben gibt es eine kleine Minderheit, die sich selbst etwas vorgemacht hat: *»Ich bin – ich hab das nicht gewusst – ich bin nicht so ein geselliger Typ. Ich hab das eigentlich gewollt! Das ist 'ne Überraschung für mich« (IP 19)*, die vielleicht auch Dinge erzählten *»wo sie mich heute festnageln können. Und ich hab die gesagt und die stimmten auch damals, aber dann gar nicht mehr auf einmal« (IP 23)*, die also zunächst durchaus mitmachen wollten, sich aber recht bald zurückzogen und sich manchmal über kurz oder lang in der Gruppe der Nichtintegrierten wiederfinden.

Wir hörten von Frauen, die unterhalten sein wollen, ohne sich selbst bemühen zu müssen, die eine Art *»All-inclusive-wohnen«* erwarten, und solche, die es nur genießen, dass hier *»für alles gesorgt« (IP 22)* ist. Darunter sind Frauen, die mehr oder weniger aus Versehen aufgenommen wurden, die *»schön geredet haben, bis sie drin waren« (IP 21),* dann aber von nichts mehr wissen, oder auch Frauen, die offenbar *»gar nicht kapiert haben, wo sie da reinziehen« (IP 33)* und sich mehr oder weniger gleich nach Einzug ohne Begründung ausklinken. Solche »Fehlbelegungen« passieren besonders leicht, wenn kurz vor Fertigstellung noch Wohnungen zu vergeben sind.

Ob Bewohnerinnen dieser zweiten Untergruppe wirklich *alle* Gemeinschaft wollen, ist zumindest fraglich. So gibt es eine, *»die eben mit Abstand hier lebt und darauf guckt und nicht so die Gemeinschaft an sich sucht« (IP 6)*. Manche haben *»auch irgendeinen Druck, eine neue Wohnung zu finden, haben sich gerade getrennt von ihrem Ehemann oder sonst eine Katastrophe in ihrem Leben ist passiert, und sie suchen ein neues Nest« (IP 22).*

Gesprächspartnerinnen Wir haben mit elf Frauen gesprochen, von denen es hieß, sie seien nicht so aktiv oder zu wenig aktiv und die sich selbst auch mehr oder weniger so sehen, jedoch gute Argumente dafür haben. *»Ich bring mich lieber im Leisen ein«* sagt eine, die als sehr »außen vor« wahrgenommen wird, *»ich denke, dass sich jeder so das rauspicken sollte, was für ihn was ist und nicht denken, ich muss jetzt regelmäßig da hin, egal, ob ich fit bin oder nicht« (IP 1)*. Im Gespräch stellte sich heraus, dass einige durchaus etwas für das Projekt tun, sich allerdings (inzwischen) der regelmäßigen Teilnahme an der Hausversammlung verweigern, was zu einer verzerrten Wahrnehmung ihrer Beteiligung insgesamt führt. Sie fühlen sich durchaus als Teil des Projekts, haben nur andere Vorstellungen oder sie haben ihre Sicht nach einer Weile verändert. *»Also mir ist es am Anfang so gegangen, dass schon mal kritisch zu mir gesagt wurde von wegen einbringen in die Gemeinschaft (...) da habe ich doch sehr ärgerlich reagiert« (IP 32)*. Nur vier Gesprächspartnerinnen machten deutlich oder sagten explizit, dass sie sich wirklich wenig beteiligen.

Nicht Integrierte

Die Gründe für den Einzug von Frauen, die sich überhaupt nicht am Projekt beteiligen, sind sehr unterschiedlich. Da gibt es fast in jedem Projekt die ein oder andere psychisch Instabile, die aufgefangen werden will, teils von den anderen Frauen nicht beizeiten oder nicht ausreichend erkannt (was in einem Projekt in einem Suizid endete), teils aber auch in ihrer Problematik ignoriert *(»die Frauen wussten auch gar nicht, dass ich im Grunde gar keine Projektfrau bin – ich habe so viel mit mir selbst zu tun«, IP 23)*, Frauen, die zwar bewusst ins Projekt wollten, es aber manchmal von vorne herein nicht schaffen, sich hereinzufinden.

Vier Projekte haben sogar einige Bewohnerinnen, deren Einzug sie gar nicht beeinflussen konnten. Im krassesten Fall wurden drei Wohnungen von der Vermieterin, einer Altgenossenschaft, mit Frauen belegt, die überhaupt keinen Bezug zum Projekt hatten und auch bis heute nicht gesucht haben. Das passierte in einer schwierigen wirtschaftlichen Phase, in der sich keine Frauen fanden, die das nötige Geld für die Genossenschaftsanteile aufbringen konnten, zumal diese auch nicht mehr, wie bei den Erstbewohnerinnen, abgestottert werden konnten. Eine andere nicht ganz freiwillige Wohnungsbelegung ist ein elegant gelöster Kompromiss. Um die Auflage zu erfüllen, eine Anzahl von Bewohnerinnen mit Dringlichkeitsschein für eine Sozialwohnung unterzubringen, lagerten die Bewohnerinnen (bereits vor Projektbeginn eine feste Gruppe mit unkonventionellen Wohnvorstellungen) die Dringlichkeitsfälle in Form einer betreuten Wohngemeinschaft in eine separate Wohnung aus.

Etwas anders liegt die Sache, wenn Bewohnerinnen von Verwandten oder Bekannten unter Vorspiegelung falscher Informationen »eingeschleust« und dabei sowohl die Projektbewohnerinnen wie die, die es werden sollen, hintergangen werden. So geschehen in zwei Projekten, die sich unversehens mit einer sehr gebrechlichen und einer gar nicht integrationswilligen alten Dame konfrontiert sahen. Selten finden sich die Außenseiterinnen doch irgendwie hinein und machen mit. Schlimmstenfalls verweigern sie sich allen ausgesprochenen oder unausgesprochenen Regeln, teils in einer Weise, wie es in einem normalen Mietshaus gar nicht möglich wäre.

Wie entsteht aus diesen Konstellationen eine Gemeinschaft bzw. was für eine? Ist hier nicht schon Manches vorgezeichnet, was nicht zu den Vorstellungen von *gemeinschaftlichem* Wohnen passen will?

5.2 Selbstverwaltung – Aufgabe, Last oder Kommunikationsstifterin?

Alle Wohnprojekte schreiben sich Selbstbestimmung auf die Fahnen, Freiheit von Vermieterwillkür und von Belästigungen durch unverträgliche Nachbarn. Freiheit, zu gestalten, wie frau leben will. Diese Freiheit, soweit sie überhaupt zu realisieren ist, hat ihren Preis, was meist zu leise gesagt wird. Dessen Höhe ist in den Projekten recht unterschiedlich, denn selbstorganisiert ist nicht gleich selbstverwaltet, auch wenn sich das viele wünschen und es ihnen als das zentrale Element des gemeinschaftlichen Wohnens erscheint. Wie weit der Gestaltungsspielraum – und die damit verbundenen Pflichten – geht, hängt in erster Linie von der Organisationsform bzw. den Eigentumsverhältnissen ab, aber auch von den Fähigkeiten der Bewohnerinnen, den jeweils bestehenden Gestaltungsspielraum effektiv zu nutzen, was den Projekten in sehr unterschiedlichem Ausmaß gelingt.

Die Wahl der Bewohnerinnen und die Wohnungsverteilung

Umfassend selbst verwalten können sich die allerwenigsten, schon gar nicht die Mietprojekte privater EigentümerInnen oder von Altgenossenschaften. Auch beim Eigentum ist Selbstverwaltung nur begrenzt möglich, aber auch nicht unbedingt gewollt.

Das Mindeste, worum sich alle bemühen, das A und O jedes Wohnprojekts, ist die Möglichkeit der Bewohnerinnen, die Zusammensetzung der Gruppe beeinflussen zu können. Weniger als Pflicht, denn als Privileg empfunden, ist es der Teil des Gemeinschaftlichen, an dem sich die allermeisten, auch die weniger aktiven Bewohnerinnen beteiligen, denn das ist unzweifelhaft in jeder Interesse.

Erstbewohnerinnen

Trotz dieses Interesses ist die Zusammensetzung der Erstbewohnerinnen in den allermeisten Fällen eher ein recht zufälliger Findungsprozess, auch bei unseren Projekten. Interessentinnen kamen und gingen, die Wechsel waren durchweg in der Vorbereitungszeit am stärksten, insbesondere noch einmal kurz vor Einzug. Erst wenn ein konkretes Objekt oder Grundstück gefunden und sicher war, fand sich eine beständige Kerngruppe zusammen, die die Vorarbeit mittrug und aus der viele schließlich mit einzogen. Bei zwei Projekten mit sehr langem Vorlauf brachen auch die Kerngruppen mehrfach wieder auseinander, weil konkrete Planungen sich zerschlugen, und die Initiatorin(nen) mussten mehr oder weniger allein wieder anfangen.

Die ersten Bewohnerinnen wurden also nicht in dem Sinne ausgewählt. Wer blieb, war (oder schien) überzeugt und machte mehr oder weniger mit, das genügte.[54] Manche wurden auch *»weggeekelt«* und wenigen, vielleicht manchmal zu wenigen, musste von der Gruppe klar gemacht werden, dass ihre Vorstellungen wirklich nicht passen. Die mussten aber schon extrem abweichende Vorstellungen gehabt haben. Eine Initiatorin betonte, dass nach starkem Schwund *»die Richtigen«* geblieben sind, was wir aber (anders als sie) weniger auf ihre spirituellen Kräfte zurückführen. Denn hier wurde im Vorfeld eine klare Zielsetzung für das Projekt entwickelt und

---

[54] Im Gegensatz hierzu wurde uns von einer Bewohnerin eines gemischten Projekts ein klares Kooptionsverfahren für die Erstbelegung geschildert, das sich gut bewährt habe: InteressentInnen mussten nicht nur – wie bei unseren Projekten auch – vorab zu Gruppentreffen kommen, sondern wurden auch von schon stabilen Mitgliedern der Gruppe zu Hause besucht. Dass die/der BewerberIn ebenso teamfähig wie in der Lage ist, für sich zu sein und eine gewisse Distanz zu wahren, war ebenso ein Auswahlkriterium wie, dass die Personen keinen »frustrierten« Eindruck vermittelten, also die Erwartung, ihnen werde hier im Projekt über ihre unbearbeiteten Probleme hinweg geholfen.

vermittelt. *»Wir haben sie nicht gesucht, sondern wir haben sie eingeladen und durch Information in Stand gesetzt, zu entscheiden, ›ich will da einziehen‹« (IP 9)*, so dass frau wirklich wissen konnte, worauf sie sich einlässt. Trotzdem kamen auch hier, vor allem am Schluss, ein paar dazu, die das *»nicht gewusst haben wollten«*.

Mehrere Projekte mussten am Ende noch auffüllen, weil das Projekt sehr groß war oder weil im letzten Moment Frauen absprangen – sei es aus beruflichen/persönlichen Gründen oder weil sie bei der Wohnungsverteilung nicht die gewünschte Wohnung bekamen – und mussten kurzfristig ersetzt werden. Häufig mussten dann Frauen akzeptiert werden, ohne noch mal genauer prüfen zu können, ob sie hinter dem Konzept stehen. Da halfen auch die Wartelisten, die einige haben, nicht viel.

Wie weit sich die Frauen des Anfangs vor dem Einzug kennenlernten, können wir schwer beurteilen. Sätze jedoch wie *»du guckst den Frauen auch nur vor den Kopf« (IP 9)* lassen ahnen, dass es nicht allzu weit ging. Die langjährigen Treffen sind, wie uns vielfach bestätigt wurde, dominiert von Organisatorischem und den ständigen Wechseln der Teilnehmerinnen.[55] Die oben genannte Gruppe führte in einer Phase starken Zulaufs (und vieler Wechsel) zur Entlastung der Gesamtgruppe ein Patinnensystem ein: Eine Interessentin konnte sich eine der Kerngruppenfrauen ausgucken, um sich über alles Nötige informieren zu lassen, so dass die Großgruppe nicht immer wieder von vorne erzählen musste und Zeit für anderes blieb.

Sehr selten scheinen die Frauen sich in der Vorbereitungsphase gegenseitig zu besuchen, obwohl es doch eine gute Gelegenheit wäre, über die Wohnung einen Eindruck von den einzelnen Persönlichkeiten zu bekommen. Wir hörten es nur von einem kleinen Projekt. Sie trafen sich *»so alle 14 Tage (...) und immer in 'ner anderen Wohnung, da haben wir auch unsere Wohnungen kennengelernt und da gab's auch immer was zu essen« (IP 31)*, was hier jedoch Konflikte in der Wohnphase nicht zu verringern half.

Gemeinsame Wochenenden, zum Teil außerhalb in einem Ferien- oder Tagungshaus, haben drei Projektgruppen miteinander verbracht, zwei sogar mehrfach. Ob solches konzentrierte Zusammensein es ermöglicht, einander

---

[55] Unsere Erfahrungen widerlegen die Auffassung von Dörte Fuchs und Jutta Orth (2003), Gruppen würden in einer langen Vorlaufzeit intensiv zusammenwachsen. Ganz im Gegenteil wechseln die Beteiligten umso stärker je länger der Prozess dauert, was die Ungleichgewichte zwischen denen, die lange durchgehalten haben, und den Neueren vertieft. Abgesehen davon bringen manche Gruppen es fertig, sich über Jahre hin zu treffen, ohne in einen wirklich relevanten persönlichen Austausch zu treten.

besser kennen und einschätzen zu lernen, hängt sicherlich sehr davon ab, wie diese Aufenthalte vorbereitet und strukturiert werden, ob eine entspannte, vertrauensvolle Atmosphäre entstehen kann, in welchem Stadium der Vorbereitung sie stattfinden, aber letztlich auch davon, wie klar die Initiatorinnen ihre Ziele einbringen. Sonst wird auch hier, *»nur gebaut«* oder in Wolkenkuckucksheimen geschwelgt.

Bei zwei Projekten lief alles ganz anders. In das eine zogen Feministinnen, die sich zuvor aus politischer Arbeit kannten und bereits in einem besetzten Haus zusammen gewohnt hatten, als feste Gruppe ein. Und unser kleinstes Projekt wurde peu à peu von Frauen bezogen, wobei über die neu Hinzukommenden jeweils die Gruppe derer entschied, die bereits im Haus wohnten. Damit suchte eine bereits etablierte Gruppe eine passende Bewohnerin aus, die Interessentin wiederum hatte alle vor sich, mit denen sie wohnen würde. Eine ähnliche Situation also wie bei Bewohnerinnenwechseln und für beide Seiten durchaus von Vorteil.

Wiederbelegung

Die reinen Mietprojekte haben, wie erwähnt, Vereinbarungen mit der VermieterIn, zwei haben Kooperationsverträge. Sie können in einem (meist sehr begrenzten) Zeitraum (zwischen 6 Wochen und 3 Monaten) neue Bewohnerinnen vorschlagen, danach müssten sie die Wohnung mitfinanzieren, wollten sie weiter Einfluss nehmen. Das können (oder wollen) sich die meisten Bewohnerinnen nicht leisten. Zwei Projekte mussten so auf Druck des Vermieters Bewohnerinnen akzeptieren, die kein Projekt gesucht hatten und von denen nur eine sich doch ganz gut einlebte. Die Vermieterin hat sich dabei glücklicherweise an die Vereinbarung gehalten, nur an Frauen zu vermieten.

Die Bewerberinnen werden von der Bewohnerinnenversammlung nach dem Mehrheitsprinzip gewählt, wobei einige Projekte hier eine deutlichere Mehrheit verlangen als für andere Beschlüsse, oder sich möglichst einem Konsens anzunähern versuchen. In zwei Projekten gibt es eine Art Vetorecht, dazu reicht beim einen ein ungutes Gefühl einer Bewohnerin, beim anderen muss die Ablehnung dagegen sehr gut begründet werden. In einigen Projekten findet ein Vorgespräch mit dafür delegierten Frauen statt, bevor Bewerberinnen vor das Plenum geladen werden (oder auch nicht). In dem Alten-Alleinerziehenden-Projekt führt dieses Gespräch jeweils eine Vertreterin der Gruppe, die eine Wohnung zu belegen hat. Manche Projekte helfen sich mit Wartelisten, um im Fall des Falles schnell agieren zu können, die aber eigentlich nur dann die Chance auf eine passende Frau bietet, wenn die Kontakte gepflegt werden. Etwas Ähnliches versuchte eine Projektgruppe eine Zeitlang mit einem sonntäglichen Brunch. Eine Gelegenheit zum Kennenlernen für beide Seiten, die unseres Wissens aufgegeben wurde, weil zu wenige Bewohnerinnen sich daran beteiligten.

Die Frauen-Genossenschaft durchläuft bei Neubelegung einer Wohnung eine streng formale Abfolge von Anspruchsberechtigungen (Bewohnerinnen, die im Haus umziehen wollen, Bewohnerinnen bzw. Anwärterinnen ihrer anderen Projekte, Genossinnen, die noch nicht in einem Projekt wohnen, und zuletzt Bewerberinnen nach Warteliste). Dann entscheidet ein Beirat, in dem *auch* eine Bewohnerin sitzt. Die Bewohnerinnengruppe selbst wird nur im Zweifel zusätzlich gefragt, etwa wenn es mehrere geeignete Bewerberinnen gibt – ein für selbstinitiierte Projekte ungewöhnliches Vorgehen.

Die Wohngemeinschaft erlaubt sich weit stärker als alle anderen Projekte, eine Auswahl zu treffen, nach Gefühl wer passt, nach Interesse *(»Hauptsache, die macht mich neugierig, alles weitere werden wir sehen«, IP 37)* und Sympathie *(»In 'ner WG muss man sich mögen und wirklich Interesse aneinander haben. Das hat sonst keinen Zweck«, IP 38)*. Wenn auch nur eine Frau Bedenken gegen eine Bewerberin äußert, wird diese nicht aufgenommen. Und manche fallen schon beim ersten Telefonat durch die Maschen, Frauen ohne jede Gruppenerfahrung etwa oder *»so richtig gescheiterte Existenzen« (IP 38*). Die Bewerberinnen haben, wenn erstmal akzeptiert, ein halbes Jahr »Probezeit«, in dem sie schauen können, ob diese Lebensweise etwas für sie ist.

Wenngleich es in der dichten Wohnform der WG besonders wichtig ist, die Passende zu finden, könnte es auch den *Haus*gemeinschaften mit Anspruch auf viel Gemeinschaft gut tun, klarere Kriterien anzulegen, was jedoch mit zunehmender Projektgröße wesentlich schwieriger zu realisieren sein dürfte (s. auch Kapitel 7).

Im Großen und Ganzen haben die Frauen in den Mietprojekten gute Erfahrungen mit Neubewohnerinnen, die in der Wohnphase nachzogen, selbst mit den unter Zeitdruck aufgenommenen. Das wird weniger daran liegen, dass sie *»vielleicht einfach nicht so anspruchsvoll sind« (IP 8)*, sondern daran, dass die Bewerberin sich ein ganz anderes Bild machen kann, wenn sie eine inzwischen gefestigte Gruppe vor sich hat. Zum anderen hat diese Gruppe vielleicht auch dazugelernt, beispielsweise *»Frauen zu erkennen,* *die einen Wunsch auf Gemeinschaft haben, aber die Fähigkeit nicht dazu« (IP 29)*. Und zum Dritten sind die Frauen, die dazu kommen, unbelastet von der ganzen Vorgeschichte und können wohltuend frischen Wind hinein bringen und vielleicht dazu beitragen, Konfliktknoten zu lösen, wie in einem Projekt betont wurde. Eine Gruppe fragt inzwischen die Bewerberinnen nicht nur, was sie sich wünschen, sondern was sie in das Projekt einbringen wollen. Welche dem nicht sprachlos gegenüber steht, hat gute Karten. Eine andere Gruppe zog aus der Feststellung, dass nicht alle *»die sich neu engagieren, wissen, worauf es ankommt: Es ist (...) kein Honigschlecken – es ist viel Arbeit, am Anfang und auch jetzt noch (...) Das ›innere Haus‹ zu bauen erfordert auch Anstrengung« (IP 24)* die Konsequenz, ihre Erwartungen in Leitlinien schriftlich festzulegen, die eine Auserwählte nun vor dem Einzug unterschreiben muss.

Beim Einzeleigentum liegt die Sache völlig anders. Hier greift das Eigentumsrecht und Eigentümerinnen, die verkaufen oder vermieten, müssen die anderen nicht einbeziehen. Es hängt also sehr von der Identifikation der Einzelnen mit dem Projekt ab, wie sie sich dazu verhält. In der großen Eigentümerinnengemeinschaft fühlen sich manche den Miteigentümerinnen nicht einmal so weit verpflichtet, dass sie ihnen die »Neuen« – Mieterinnen wie Käuferinnen – auch nur vorstellen würden, geschweige denn fragen, ob die Erwählten ins Projekt passen, oder die Verbleibenden rechtzeitig informieren, so dass sie sich nach passenden Interessentinnen umschauen können. Das führt zu unerfreulichen Überraschungen und droht den Projektgedanken zu untergraben. Die erwünschte Identifikation ist im Eigentum so wenig zu gewährleisten wie bei Mietprojekten, die Folgen fehlender Identifikation können jedoch ungleich dramatischer sein. Da das Risiko der Initatorinnen bei einem solchen Projekt zudem erheblich größer ist, laufen sie auch noch eher Gefahr, nicht so genau zu gucken, wen sie mitnehmen.

Dass es in dem kleinen Projekt, das als Eigentumsprojekt einer Frau zusammen mit einer Unterstützerinnen-Gruppe begonnen wurde, so ganz anders läuft – hier entscheidet die Gruppe aus Eigentümerin und Mieterinnen gleichberechtigt über neue Mitbewohnerinnen –, ist vermutlich der starken politischen Moral der Initiatorin geschuldet, die sie auch motiviert, das Eigentum schrittweise in Gemeineigentum (einer Stiftung) zu überführen. Das ist, so fürchten wir, eher eine Ausnahme, die bei einem normalen Eigentumsprojekt kaum zu erreichen ist.

Die Verteilung der Wohnungen

An die Erstbelegung ist die Verteilung der Wohnungen geknüpft. Zunächst als im Großen und Ganzen problemlos geschildert, erwies sie sich bei näherem Nachhaken doch als diffiziler. Wer zuerst kommt, mahlt zuerst und wo sich zunächst einmal nur die kleine Kerngruppe über relativ viele verfügbare Wohnungen einigen muss, ist das noch recht einfach. Wo wie bei einem kleinen Projekt die Bedürfnisse zu den unterschiedlichen Wohnungen passen, kann es auch schnell gehen, sich zu einigen. Es kann aber auch ganz anders zugehen: *»Zu Anfang, (...) wir waren so viele Frauen, gab's ein Hauen und Stechen. Das war ziemlich schlimm. Da existierte das Haus noch nicht und nix, da wurden die Wohnungen schon ausgesucht« (IP 34).*

Bei einem sehr großen Projekt wurden Wunschlisten erstellt, wurde nach dem *»Herzenswunsch«* und zwei nächst wichtigen Kriterien verteilt. Das klappte nach Aussagen von Bewohnerinnen recht gut, wurde als sehr gerechte Methode empfunden. Eine erzählte, sie habe sich mit ihrem Erstwunsch zurückgenommen, weil einer anderen eine bestimmte Wohnung so wichtig war, und sei mit der Alternative letztlich besser gefahren und sehr zufrieden.

Das Losverfahren erwies sich dagegen als wenig glückliche Methode und wir haben auch nur einmal gehört, dass es angewandt wurde. Hier zog sich in Folge eine Frau aus dem Projekt zurück, da ihr die Etage, die ihr zugefallen wäre, zu dunkel war, und auch unsere Gesprächspartnerin hätte diese Wohnung nicht genommen. Sie verstand gut, dass das ein Kriterium sein kann, womöglich noch *»wenn eine schon depressiv ist« (IP 18).*

Je später eine Frau dazu kam, umso weniger Auswahl hatte sie natürlich, umso weniger hatte sie ja auch dafür getan, wie es hieß (frau kann sich darüber streiten – und sicher wird auch darüber gestritten – ob dieses arbeitsbetonte Kriterium ein gerechtes ist). Es gab auch einige Glückspilze, wie eine unserer Interviewpartnerinnen, der die schönste Wohnung im Haus zufiel, weil die Frau, die sie zuvor beansprucht hatte, dann doch nicht einzog, denn *»hernach, je weiter der Bau voran ging, es fielen immer mehr ab und die, die das meiste Theater gemacht hatten, die sind gar nicht mitgezogen« (IP 34).* Eine andere, die spät dazu kam, konnte sich nicht nur »ins gemachte Nest setzen«, sondern bekam damit auch noch genau das für sie Richtige: *»Als ich hier einzog, stand ich so da im Zimmer und dachte nur: ist das toll hier« (IP 23).* Für die Übrigen galt: Diejenige, die unbedingt rein wollte, fand sich mit dem ab, was ihr noch zur Wahl stand. Wir haben von keiner gehört, dass sie wegen der falschen Wohnung wieder ausgezogen wäre (nur von solchen, die deswegen gar nicht erst eingezogen sind) – wenn alles andere stimmt. Manche, die einen Kompromiss gemacht haben, ziehen im Haus um, sobald sich die Möglichkeit ergibt. Einige haben das sogar schon mehrmals getan, andererseits gebe es sogar Frauen (hörten wir), die über bestimmte Aspekte ihrer Wohnung zunächst ganz unglücklich sind, aber wenn sich die Gelegenheit bietet, schließlich doch nicht umziehen, weil etwas anderes inzwischen wichtiger geworden ist.

Manche Verteilung, so scheint uns, ging relativ reibungslos vonstatten, weil viele Frauen, die nicht gewohnt sind, Pläne zu lesen, sich ihre künftige Wohnsituation nicht wirklich nach dem Plan vorstellen konnten. Es kommt zwar vor, dass eine die *Vorzüge* ihrer Wohnung erst beim Wohnen voll erfasst, so wie eine Bewohnerin die ihrer Endwohnung auf dem obersten Laubengang. Häufiger wurde es aber andersherum berichtet. Da waren dann Frauen ganz unglücklich, als sie im ersten Winter merkten, dass ihre EG-Wohnung keine Sonne bekommt. Oder sie hatten die Umgebung nicht genügend einbezogen und merkten, dass es lauter ist als vorher gedacht. Solche Unglücke wären wenigstens teilweise vermeidbar, würden Einzugsinteressierten absehbare Problematiken einer Wohnung vorab deutlich gemacht. Frau sollte ihre Gemeinschaftsfähigkeit nicht an einem möglichst hohen Grad von Duldsamkeit (oder Leidensfähigkeit) erweisen müssen nach dem Motto, sie müsse wissen, *»was ihr wichtiger ist, die Wohnung oder die Gemeinschaft« (IP 4),* denn die Gemeinschaft ist vielen Unwägbarkeiten unterworfen, doch mit der Wohnung muss frau leben und sie sollte gut darin leben können, auch wenn's mit der Gemeinschaft (grade) hakt. Und schließlich verringert es auch das Konfliktpotenzial für die Gemeinschaft, wenn sie verhindert, dass etwa eine besonders Lärmempfindliche über den Gemeinschaftsraum zieht oder eine wenig Kinderaffine dorthin, wo täglich die Kinder durch den Flur toben.

Die Lage der Wohnung im Haus ist eines der wichtigsten Kriterien für die Wohnwünsche sehr vieler Frauen. Helligkeit und Sonne sind vielen sehr wichtig und auch die Aussicht – was für die einen die Weite, ist für die anderen das Grün oder der Garten und das »pralle Leben« direkt vor der Tür. Die Frage, wen sie neben sich haben wird, hat nur eine der Frauen, mit denen wir sprachen, zumindest gedanklich einbezogen, letztlich aber auch zurückgestellt. Dieses Kriterium schließt viele andere aus und so ist es eher Glücksache, wenn die Frau nebenan zur Freundin wird. Und andersherum, wenn sie unzugänglich oder kratzbürstig ist (auch solche gibt es zur bösen Überraschung mancher in den Projekten), kann es ganz schön ungemütlich werden, wie die Erfahrung zeigt. Die Frage, wer sich mit wem verträgt, für das Projekt als Ganzes so wichtig wie für die einzelne Nachbarschaft, wird uns noch weiter beschäftigen.

Für die WG, wo sich keine in ihre eigene Wohnung zurückziehen kann, ist die Nachbarin natürlich ungleich wichtiger. So gab es anfangs kinderfreie Etagen und heute wohnen Mütter mit gar zu unterschiedlichen Erziehungsstilen auf getrennten Etagen. Die anfängliche Absicht, mit den Zimmern zu rotieren (um keinen Anspruch auf einen Raum zu manifestieren, wie uns gesagt wurde), wurde aufgegeben, vielleicht, weil es noch anderen so geht wie einer Gesprächspartnerin, die einen sehr starken Bezug zu ihren Räumen hat und das nicht ohne weiteres mitmachen würde.

In mehreren Projekten gibt es einige benachteiligte Wohnungen, schlecht besonnt oder (verkehrs)lärmbelastet oder beides, die teilweise nur schwer an die Frau zu bringen waren. In den Projekten mit Mischfinanzierung sind das nicht unbedingt die geförderten Wohnungen, so in einem Projekt, wo die Organisatorinnen sie gezielt im Gebäude gestreut haben. Halbwegs gerecht scheint uns das aber nur in Kombination mit einer Preisstaffelung für Wohnungen unterschiedlicher Qualität. Eine solche Staffelung haben überhaupt nur zwei Projekte, und auch die nur relativ geringfügig. Bei anderen dagegen hörten wir zur Begründung fehlender Differenzierung, jede Wohnung habe ihre Qualitäten, was uns angesichts mancher Unterschiede nicht wirklich überzeugt hat (wenn ich täglich den spektakulären Weitblick habe, schreckt mich die Gefahr, dass alle Jubeljahre mal der Aufzug streikt und ich fünf Treppen laufen muss, vergleichsweise wenig).

Arbeit für die Gemeinschaft

Ein Preis des gemeinschaftlichen Wohnens sind die Aufgaben, die die Projekte übernehmen, um über ihr (Zusammen)Wohnen mitbestimmen zu können. Der Umfang dieser Arbeit ist bei den Projekten sehr unterschiedlich. Je mehr Freiheiten, umso mehr Pflichten. Die geringsten Einflussmöglichkeiten und am wenigsten zu tun haben die kleinen Mietprojekte, die größten haben die, denen das Haus gehört, im Einzel- oder im Gemeinschaftseigentum, und (etwas weniger) auch die Projekte mit Generalmietvertrag. Die Projekte können sich entscheiden, Teile der anfallenden Arbeit abzugeben oder aber durch Eigenarbeit Wohnkosten zu reduzieren, was die meisten zunächst wie selbstverständlich tun. Daran sollten sich aber tunlichst alle beteiligen, möglichst freiwillig, davon jedenfalls gehen alle Initiativgruppen aus – und müssen erfahren, dass nicht alle das so verstanden haben. Es gibt immer welche, die denken *»das macht das Haus«*.[56]

Verwaltung und Hausmeisterin

Da ist zuerst mal die Hausverwaltung, auf die Mietprojekte nur in wenigen Bereichen Einfluss haben. Die Neu-GenossInnenschaften haben die Verwaltung in eigener Hand, nicht so sehr, um der Gemeinschaft Geld zu sparen, sondern um der Eigenständigkeit willen – der Eigenständigkeit allerdings der übergeordneten Instanz, nicht des einzelnen Projekts, in der der (professionelle und bezahlte) Vorstand für das Funktionieren des Ganzen verantwortlich ist. Ob eine nur wohnt oder sich auch in der GenossInnenschaft engagiert, stellt nichts grundlegend in Frage. Es ist nur ein Ärgernis für die Bewohnerinnen des einzelnen Projekts, wenn manche sich an den unmittelbaren Projektaufgaben nicht beteiligen.

Die Bewohnerinnen des größeren Eigentumsprojekts haben sich, wie bei EigentümerInnengemeinschaften üblich, für eine externe Hausverwaltung entschieden, um keiner Bewohnerin die Last aufzubürden, sich mit Entscheidungen, die sie zu treffen hat, womöglich Feindseligkeiten von Mitbewohnerinnen einzuhandeln. Damit könnte frau es bewenden lassen. Das individuelle Eigentum verpflichtet letztlich nur im Rahmen der gesetzlichen Regelungen, die Organisation des Gemeinschaftlichen könnte auf die Eigentümerinnenversammlung beschränkt werden – was sich manche inzwischen auch vorstellen könnten, da, wie sie meinen, die wirklich wichtigen Dinge sowieso dort geklärt werden. Den Projektgedanken mit zu tragen ist bei diesem Projekt wie erwähnt nicht so Konsens, wie von der Kerngruppe erhofft. Beim Geld hört auch hier die Liebe bei vielen auf. Das sieht in dem kleinen Eigentumsprojekt wiederum ganz anders aus. Es ist eigentlich gar nicht vergleichbar, da hier von vorne herein eine Vergesellschaftung eingeleitet wurde, mit Geld sozusagen die Liebe auch materiell bekräftigt wurde.

Geld sparen Projekte auch, indem sie Teile von Hausmeisterinnenarbeit übernehmen. Das können prinzipiell auch Mietprojekte. Dort fällt aber zumeist weniger an. In mehreren Projekten wird die Gartenpflege vom Vermieter übernommen – einige haben auch nur sehr kleine Gartenanteile oder

---

[56] Diese schöne Formulierung wurde uns von einer Initiatorin und langjährigen Bewohnerin eines nicht in unsere Befragung einbezogenen Frauenwohnprojekts kolportiert.

können, wie ein Projekt, nur einen kleinen Teil des Gartens selbst gestalten, müssen aber auch nur diesen Teil pflegen. Gartenarbeit scheint einerseits eine der beliebtesten Arbeiten für die Gemeinschaft (weil kreativ und sichtbar?), doch beim Rasenmähen hört die Freude auf, was bei einem Projekt mit besonders großem Garten schon mal zu Engpässen führt und, wie wir hörten, inzwischen auch bei einem weiteren Projekt, wo es zunächst ganz gut geklappt hat. Im Projekt der Frauengenossenschaft kümmern sich technisch versierte Frauen um Dinge wie die Heizung und den Aufzug oder besorgen die erforderlichen Fachleute für das, was sie selber nicht erledigen können.

Was fällt noch an?

Arbeiten für das Projekt sind zum einen ständig Anfallendes wie die Verwaltung der gemeinschaftlichen Gelder, Organisation, Reinigung und Schlüsselverwaltung des Gemeinschaftsraums und bei zwei Projekten des Gästeapartments. Hinzu kommt bei den Mietprojekten die Kontaktpflege zur VermieterIn – das war in einem Projekt lange ein kräftezehrendes Unterfangen, das stark an einer Initiatorin hängen blieb. Und wenn frau noch weitere Projekte mit demselben Investor verwirklichen möchte, wie in einem Fall, muss auch hier der Kontakt gehalten werden. Projekte, die als Modelle bekannt geworden sind oder die sich als Multiplikatorinnen verstehen, müssen immer wieder Anfragende betreuen, die sich über das Projekt informieren wollen, eine nicht immer dankbare Aufgabe, da häufig keine Einigkeit darüber besteht, was welche wie nach außen tragen soll bzw. darf. In Projekten, bei denen dies Aufgabe des Vereins ist, scheinen die Kompetenzen klarer zu sein. Auch die Betreuung von Einzugsinteressierten kann auf die Dauer ein frustiges Unterfangen sein. So ist es eine, die lange die potenziellen Einzugskandidatinnen betreut hat, inzwischen müde, weil sie ob der vielen Querelen im Haus nicht mehr recht weiß, was sie eigentlich vertreten soll.

Für die Nutzung der gemeinschaftlichen Räume haben die meisten Projekte einen Zeitplan, in den sich Interessierte eintragen, wobei Gesamtgruppentermine vorgehen. Überschneidungen werden in der Hausversammlung besprochen, sind nach unserem Eindruck beim Gemeinschaftsraum, anders als bei den Gästewohnungen, aber eher selten und nicht sehr konfliktträchtig, insbesondere bei den kleinen Projekten, die den Raum kaum für mehr als das Plenum nutzen.

Geputzt wird meist reihum in einem gewissen Turnus, bei einigen auch nach Benutzung von der Nutzerin. Zwei Projekte lassen den Gemeinschaftsraum, eines auch das Gästeapartment, von einer Bewohnerin gegen Entgelt reinigen, was zur Zufriedenheit funktioniert und die Einzelnen finanziell sehr wenig belastet. Auch in dem anderen Projekt mit Gästewohnung würden sich einzelne Bewohnerinnen so eine professionelle Reinigung wünschen, da die Vorstellungen von Gründlichkeit weit auseinander liegen. So putzt eine die (von der Vornutzerin bereits vereinbarungsgemäß geputzte) Gästewohnung selbst noch einmal, bevor sie sie ihren Gästen präsentiert.

In vielfacher Hinsicht ein Sonderfall ist das Projekt mit den sehr umfangreichen Gemeinschaftsflächen. Dort gibt es nicht nur wesentlich mehr Koordinations- und Reinigungsaufwand, es ist vor allem sehr arbeitsintensiv, die Räume mit (möglichst einträglichen) Nutzungen zu bespielen, um sie finanzieren zu können. Hier müssen Veranstaltungen organisiert, beworben und betreut werden. Hier ist wirklich Einsatz von der ganzen Gruppe gefordert und weil alle, die in dieses Projekt einzogen, sich auf das Konzept eingelassen haben und um die Folgen wissen, wenn das nicht mehr läuft, ziehen sie auch fast vollständig mit (Ausnahmen gibt es auch hier).

Selten fallen Arbeiten wie die Renovierung oder Umgestaltung eines Gemeinschaftsbereichs oder große Anschaffungen an, sei es eine Sitzgruppe oder eine neue Küche für den Gemeinschaftsraum. Dafür wird dann eine Arbeitsgruppe gebildet, die Entscheidungsgrundlagen schafft – und manchmal ziemlich strapaziert wird, weil solche Entscheidungsfindungen ewig dauern. Es soll auch vorkommen, dass nie entschieden wird, wie in einem Projekt die Möblierung des Gemeinschaftsraums.

Zu den unerfreulichsten und schwierigsten Aufgaben gehören zweifellos Maßnahmen zur Beseitigung von Baumängeln, die sich erst nach Einzug herausstellen. Da wurde an Schlössern für Kellertüren gespart und Frauen trauen sich nach Einbrüchen nicht mehr hinunter. Da sind Eingangstüren zu schwer, Lauben- und Übergänge werden im Winter zu Rutschbahnen und die Gruppe kann sich über Maßnahmen zur Abhilfe nicht einigen, obwohl es bereits Unfälle gab. Schließlich kostet das alles etwas und so gibt es immer einige, die es dann doch nicht so wichtig finden. Aber das ist noch harmlos. In zwei Projekten eskalierten die Probleme derart, dass es zu gerichtlichen Auseinandersetzungen kam, die das ganze Projekt erschütterten. Die eine Gruppe wurde glücklicherweise durch die Auseinandersetzungen mit der Architektin trotz allen Ärgers eher zusammen geschmiedet, die andere dagegen zerriss schon an der Frage, ob gegen den Bauträger geklagt werden solle, und trotz des letztlich erfolgreichen Ausgangs scheint etwas nachgeblieben, auch wenn die Kontrahentinnen inzwischen wieder miteinander umgehen können, denn natürlich wurden hier (wie immer in solchen Fällen) sehr persönliche Aspekte mitverhandelt, aber nicht offen benannt.

Arbeitsgruppen

»Für jedes Problem wird eine AG gegründet« (IP 14) oder, unfreundlicher ausgedrückt wird *»für jeden Mist eine Gruppe gegründet« (IP 3)* – was schon ein wenig auf die unterschiedliche Einschätzung der Probleme hindeutet.

Viele der vorgenannten kontinuierlich anfallenden Arbeiten werden, zumindest in den größeren Projekten, von Arbeitsgruppen geleistet, als da sind die Gartenarbeit, die Öffentlichkeitsarbeit (bei Anfragen von Presse oder Interessierten), die Finanzen. Einige haben eine Neuen-AG (die sich um potenzielle neue Bewohnerinnen kümmert), eine Energie- oder eine Umweltgruppe oder, wo häufig Veranstaltungen durchgeführt werden: eine Programmgruppe.

Zur Vorbereitung von Entscheidungen wie die Anschaffung der neuen Küche für den Gemeinschaftsraum oder die Lösung eines Einzelproblems werden temporäre Arbeitsgruppen gebildet, z.B. eine Gemeinschafts-AG oder Konflikt-AG (die das Miteinander in der Gemeinschaft reflektiert und Vorschläge erarbeitet, beides nur einmal erwähnt) oder eine AG für die Neuorganisation des Gästeapartments.

Die Entscheidungsspielräume der Arbeitsgruppen scheinen unterschiedlich weit. Sind die problemfokussierten AGs sozusagen Vorbereitungs- und Zuarbeitsorgane für Gesamtgruppenbeschlüsse und können nach unserem Eindruck wenig entscheiden, so wird zumindest manchen beständigen (wie der Gartengruppe) eher ein Spielraum zugestanden, auch eher auf Spezialkenntnisse einzelner vertraut (wie bei der Erste-Hilfe-Gruppe), wobei hier durchaus Unterschiede zwischen den Projekten bestehen. Zwar scheint es dem Demokratieverständnis vieler zu entsprechen, dass bis in die kleinste Belanglosigkeit alles mit der Gruppe abgestimmt werden muss, so dass die AGs eigentlich nur Ausführungsorgane sein können, andererseits heißt es in manchen Projekten, sie könnten schon relativ viel eigenverantwortlich machen.

Nichts desto trotz fällt es offensichtlich vielen schwer, einer Gruppe oder gar Einzelnen vollverantwortlich etwas die Gemeinschaft Betreffendes zu übertragen, selbst für einen unbedeutenden Bereich oder einen begrenzten Zeitraum. In einigen Projekten war auch von Misstrauen und Kontrollbedürfnis gegenüber denen die Rede, die Aufgaben übernommen hatten. Eine sprach gar von *»Oberaufseherinnen«*, eine von einer *»Möchtegern-Heimleiterin«*.

Jedenfalls fällt auf, dass so etwas wie »Expertinnentum« kaum gefragt oder geschätzt wird. Zwar schwärmten uns in einem Projekt zwei Interviewpartnerinnen vor, sie würden, für welches Problem auch immer, eine im Haus finden, die sich auskennt. Doch dabei sprachen sie von ihren privaten Angelegenheiten. In Projektangelegenheiten wird irgendwie differenziert. Frau könnte sich bei so mancher Aufgabe vorstellen, dass Bewohnerinnen mit bestimmten beruflichen Qualifikationen oder anderweitiger Erfahrung sie relativ versiert und kompetent erledigen könnten. Auf einigen Gebieten wird das offenbar auch gerne angenommen, wie bei medizinischen oder technischen Kenntnissen. Geht es aber um etwas, für das nach dem Verständnis der Gruppe alle kompetent sind, etwa gestalterische Fragen, scheint es unmöglich, zu delegieren. Und auch der pädagogische Ansatz ist noch verbreitet, dass manches von allen mal gemacht werden sollte, z.B. die Hausversammlung leiten oder ein Sitzungsprotokoll schreiben, was zumindest einige inzwischen als wenig sinnvoll aufgegeben haben.

Auf der anderen Seite scheinen sich Frauen auch nicht zu drängeln mit ihrem Wissen. *»Das ist auch so etwas, dass Frauen sich nicht selbst vorschlagen (...) bloß nicht mal sagen, ›ich hätte Interesse da dran und ich hab' die Fähigkeiten und ich kann das einbringen‹ (...) das gehört sich einfach nicht« (IP 40)*, so die Erfahrung nicht nur dieser sehr aktiven Frau, die sie damit ergänzt, dass denen, die aktiv werden, womöglich Mauscheleien unterstellt werden. Lassen wir mal diejenigen außen vor, die bewusst ihren anstrengenden Beruf nicht in die Freizeit tragen möchten, dann haben wir es entweder mit Frauen zu tun, die aus Mangel an Engagement lieber nicht so laut »hier« schreien oder aus falscher Bescheidenheit – welche sich exponiert ist schließlich angreifbar. Schade jedenfalls um jeden unerkannten Wissensschatz.

Die Arbeit der AGs (in denen die Einzelne sich unter den vorgenannten Aspekten auch ein wenig verstecken kann) wird recht unterschiedlich wahrgenommen. Eine wenig Aktive findet *»diese Arbeitsgruppen, die da entstanden sind, die sind ja superwertvoll und ich gestehe den Frauen auch* *zu, dass sie sich damit krönen« (IP 1)*, was sie allerdings mit dem Nachsatz einschränkt, dass es auch nerve, wenn einige sich nur darüber zu definieren scheinen. Zwei Bewohnerinnen, selbst in AGs oder anderweitig aktiv, sehen eine starke Tendenz zur Lobhascherei und daraus folgender -hudelei und haben das Gefühl, die Frauen, die etwas tun, wollten ständig Lob und Bestätigung, täten es vor allem deswegen und *»man muss sich für alles tausendmal bedanken« (IP 32)*. Eine von ihnen kommt zu dem Schluss, *»jede sollte nur machen, was sie wirklich möchte (...) wo sie freudigen Herzens hingeht«* – bezogen auf das »Was« ist das sicher ein schönes Prinzip, in Hinsicht auf die Frage »ob« würden keineswegs alle zustimmen. Auf der anderen Seite gibt es Frauen, die Aufgaben *»an sich ziehen«*, sie quasi besetzen und zu einem Machtinstrument machen. *»Wir haben natürlich auch gedacht, dass das alles sehr demokratisch zugeht und versucht, dass jede Aufgaben übernimmt und dass das wechselt nach zwei Jahren. Das war für mich schon eine große Enttäuschung, dass Frauen (...) wenn sie was übernehmen, daraus auch so eine Machtgeschichte machen« (IP 18)*. Denen kann es allerdings passieren, dass sie die Aufgaben auch nicht mehr loswerden, wenn sie es denn gern möchten.

5.3 Die Hausversammlung – Zentrum des Gemeinschaftlichen?

Die Hausversammlung, Haussitzung, Bewohnerinnen- oder Vollversammlung, das Plenum oder der Jour fix ist für alle Projekte das zentrale Element der internen Organisation und sie macht einen nicht unerheblichen Teil der Arbeit fürs Projekt aus, bei einem kleinen Projekt ebenso wie bei einem großen und unabhängig davon, wie viel Arbeit tatsächlich zu verteilen ist. Hier wird alles besprochen, was ansteht, von Anschaffungen über Regelungen für Raumnutzungen und -pflege, Umgang mit Anfragen und der Repräsentation nach außen bis zu Planungen für Feste oder gemeinsame Aktivitäten – und eher nicht so oft auch Umgangsformen im Projekt. Hier wird ausgiebigst diskutiert und nur hier kann entschieden werden.

Wie sieht das praktisch aus?

Die Gruppen trafen sich anfangs ziemlich häufig, viele haben das aber bald reduziert, weil sich zu wenige bzw. immer weniger Frauen beteiligten. Bei den meisten Projekten hat sich für die Versammlung ein Monatsrhythmus eingespielt. Ein Projekt, dessen Zusammenhalt sehr gebröckelt ist, hat die Treffen auf wenige Male im Jahr beschränkt, während ein anderes ähnlicher Größe und Struktur einen 14-Tage-Turnus durchgängig beibehalten hat. Ein Projekt hat monatlich drei Treffen, da wegen seiner zahlreichen Veranstaltungen besonders viel Absprachebedarf besteht. Hier wie noch in einem zweiten Projekt gibt es zusätzlich einmal im Monat ein »inhaltliches« Treffen, in dem Raum für nichtorganisatorische Themen ist. Die Bewohnerinnen des WG-Projekts, vor Jahren intern aufgespalten in eine große WG und drei separierte Mutter-Kind-Einheiten, treffen sich in der Gesamtgruppe alle 14 Tage und die WG-Frauen kommen zusätzlich in der Woche dazwischen zusammen, ein Termin, den alle möglichst einhalten, weil es mittlerweile die einzige Gelegenheit ist, einander zu sehen, oft einfach zum Klönen, wenn sonst nichts anliegt. *»Das ist schon ziemlich verbindlich (...) aber manchmal ist es auch einfach nett (...) ich glaub, das klappt auch nur, weil wir uns auch wirklich gern haben (...), sonst geht das nicht« (IP 38),* wie sich in mancher weniger eng verbundenen Gruppe zeigt.

Diese Verbindlichkeit wünschen sich nämlich auch alle anderen, es funktioniert aber nur noch bei einem anderen sehr kleinen Projekt einigermaßen, wo die Bewohnerinnen ebenfalls einen sehr engen Bezug zueinander haben. Dort *»nehmen alle teil (...) also es ist uns schon allen wichtig, wir tun's und wir sind auch immer ganz freundlich miteinander, immer in einer anderen Wohnung oder im Hof«,* doch selbst hier sagt unsere Gesprächspartnerin *»aber es ist nicht so einfach (...) ich geh' nicht so gern hin inzwischen« (IP 25)*, weil ihrem Gefühl nach zu vieles ausgespart wird. Die Realität der meisten Projekte sieht so aus, dass circa ein Viertel bis ein Drittel, im guten Fall auch mal bis zur Hälfte der Bewohnerinnen kommt, davon wieder nur circa die Hälfte regelmäßig, die anderen wechselnd. Es gibt Frauen, die immer kommen, weil sie es als *»eine Pflicht«* sehen, andere erachten es schlicht für notwendig – was nicht unbedingt das Gleiche ist. Wieder andere kommen dagegen überhaupt nur (noch) selten und einige wenige lassen sich nie blicken. Geht es um neue Bewohnerinnen oder um (größere) Geldausgaben, ist die Teilnahme auffällig besser. Das spiegelt sich auch in der Eigentümerinnenversammlung eines Projekts, die ziemlich vollzählig besucht wird, *»wenn es um ihr Geld geht« (IP 33*).

Für die Kerngruppe, so scheint es, ist die Teilnahme am Bewohnerinnentreffen *der* Indikator für die Einstellung zur Gemeinschaft. Die Teilnahme wird als immens wichtig gesehen, selbst wenn die zu verteilenden Aufgaben eher belanglos sind. Denn *»es ist ein Stück Arbeit, was die Frauen da machen und die, die nie kommen, entziehen sich der Arbeit grundsätzlich, profitieren aber von den Entscheidungen und Prozessen, die da passieren« (IP 36),* so dass ihre Verweigerung für Interesselosigkeit am Projekt überhaupt steht. Für einige Bewohnerinnen stimmt diese Einschätzung. Andere aber, die sich in AGs oder anderweitig engagieren, sehen sich aus diesem Blickwinkel zu wenig gewürdigt. So meint eine *»es gibt gewisse Punkte, an denen das Aktivitätslevel gemessen wird oder meinetwegen auch das Versagenslevel, wie unsozial man ist« (IP 20),* und zu diesen Punkten gehört unbedingt das Bewohnerinnentreffen.

Die Verweigerinnen fühlen sich infolgedessen sanktioniert, haben ein schlechtes Gewissen, wenn sie mit eigenen Plänen am Gruppenraum vorbeigehen, wo alle versammelt sind, und müssen, wenn sie mal wieder erscheinen, spitze Bemerkungen über sich ergehen lassen, so dass sie am liebsten auf dem Absatz kehrt machen würden, denn sie hören daraus, dass sie keineswegs einfach mal kommen und mal wegbleiben können, je nachdem, wie wichtig sie die anstehenden Themen finden. Oder sie kriegen vermittelt, dass sie nach längerer Abwesenheit *»besser erstmal nichts sagen« (IP 5)* sollten.

Allerdings scheint es auch nicht für jede unregelmäßig Teilnehmende selbstverständlich, sich anhand der Protokolle oder indem sie einfach mal eine Mitbewohnerin fragt, vorab ein bisschen schlau zu machen, was gelaufen ist – gleich ob eine nicht teilnehmen konnte oder nicht wollte –, anstatt pikiert zu sein, wenn sie auf Fragen nach bereits Debattiertem nicht geduldig aufgeklärt wird. Schließlich führen die allermeisten Projekte ein Protokoll, in dem Diskussionsergebnisse, Entscheidungen und Aufgabenverteilung festgehalten werden. Es wird ausgehängt oder ist in einem allen zugänglichen Ordner einzusehen. So komfortabel, dass es jede in den Briefkasten kriegt, hält es allerdings nur ein Projekt. E-Mail wurde bislang noch wenig genutzt, weil es fast überall Frauen gibt, die keinen Zugang dazu haben. Das Medium ist allerdings auch in einigen Projekten durch die Erfahrung belastet, dass Einzelne es zur Verbreitung persönlicher Zwiste und sonstiger nicht für alle relevanter Informationen missbrauchten.[57]

[57] In dem gemischten Projekt, das wir kennen gelernt haben, ist E-Mail das Hauptmedium, u.a. weil in diesem Projekt zwei blinde BewohnerInnen Informationen über Aushänge, Schil-

Wochentag und Uhrzeit der Treffen sind üblicherweise fix, obwohl diese Regelung sich nicht sehr bewährt und nicht unwesentlich dazu beiträgt, dass manche häufig verhindert sind und andere sich schließlich verweigern. Berufstätigen ist der Sonntagmorgen heilig oder der Freitagabend ein guter Termin, um sich zu verabreden. Manche sehr alte Frau zieht sich abends gern früh zurück. Für Mütter sind Abendtermine dagegen generell unglücklich, weil das die kurze Zeit verringert, die sie am Tag mit ihren Kindern haben, und auch weil die Kinder ins Bett müssen, die kleinen früher, die größeren später. *»Ich würd' schon gerne mitmachen (inzwischen ist das auch nicht mehr so ein Gekeife), aber der Termin für die Bewohnerinnenversammlung ist einfach ganz blöd gelegt« (IP 1),* sagt nicht nur eine. Einwände und Änderungswünsche stoßen nach Aussage etlicher Interviewpartnerinnen in vielen Gruppen auf beharrlichen Widerstand. Nicht nur eine hat *»mal angeregt, diesen Jour fix nicht in dieser Regelmäßigkeit zu machen, sondern nach Bedarf«* und *»da kam gar nix, es ist einfach weitergelaufen wie bisher« (IP 32)*, mit der Konsequenz, dass manche gar nicht mehr kommen, andere nur, wenn es halt passt – womit sie sich dann wieder als uninteressiert disqualifizieren. Manche Mütter empfinden diese Unbeweglichkeit als respektlos und ignorant. Kommt ihnen die Gruppe wenigstens mit der Tageszeit etwas entgegen, womöglich noch ohne Absprache mit ihnen, ist das gepaart mit der Erwartung, dass sie nun aber auch immer kommen müssen. *»Wo sind denn nun unsere Muttis?« (IP 16)* heißt es dann womöglich, was die Muttis vollends vergrault.

Ein Projekt hat nach langen Jahren und im Zuge genereller Änderungen einen Wechsel zwischen Samstagnachmittag und Sonntagmorgen eingeführt, ein Kompromiss, mit dem offenbar alle ganz gut zurecht kommen. Ein anderes hat seit einiger Zeit wechselnde Termine, um mehr Frauen die Teilnahme zu ermöglichen. Das kommt dann auch den so aktiven Frauen entgegen, die meist ihre eigenen festen Termine, Kurse oder Verpflichtungen haben, auf die sie nicht auf Dauer verzichten möchten.

Über den Ablauf der Versammlung haben wir nur von einem Projekt genauere Informationen. Der ist hier (nach einer Phase von *»Gekeife«*) sehr stark formalisiert. Die anstehenden Themen werden rigide durchgezogen, mit Rednerinnenliste, Redezeitbegrenzung, Gesprächsleitung, wofür einige Frauen sogar Schulungen gemacht haben. Das funktioniert und hält den

---

der o.ä. gar nicht mitbekommen würden. Hier wird mit dem Medium recht diszipliniert umgegangen, wurde uns gesagt.

Zeitaufwand in Grenzen, aber *»es ist kein geselliger Abend. Dafür gibt's hinterher die Möglichkeit« (IP 21)*, und es wird keinesfalls von allen goutiert: *»Die Gesprächskultur ist einfach keine gemeinschaftliche (...) für mich ist das mit ganz viel Kontrolle und mit Bestimmungen verbunden (...) da darf nicht einer mal dazwischen reden, wenn er nicht auf der Liste steht, dann wird gleich ganz groß aufbegehrt« (IP 26).*

Ähnliches hörten wir aus keinem anderen Projekt und haben Grund anzunehmen, dass es bei den meisten weniger förmlich zugeht, selbst wenn sie, wie mindestens zwei weitere Projekte, mit Gesprächsleitung arbeiten, das eine schon länger und wie uns gesagt wurde, mit ganz guten Erfahrungen, vielleicht weil auch verbunden damit, persönlichen Befindlichkeiten Raum zu geben. Im anderen haben sich erst zum Zeitpunkt unserer Befragung ein paar Frauen für eine Moderation schulen lassen. Beiden geht es vor allem darum, die Sach- und die Emotionsebene etwas besser (aber nicht ganz) zu trennen, dass also die Moderatorin *»wenn zwei Streithennen aneinander geraten, einschreitet und nachfragt, worum es eigentlich geht, was dahinter steht« (IP 20)*.

Zweck der Versammlung

Es geht in fast allen Projekten *zuerst* um die Klärung von Sachfragen – wo es meist stehenbleibt, wenngleich die Mehrheit betont, sie hätte sich hier auch eine Auseinandersetzung über inhaltliche Themen gewünscht, *»z.B. solche Themen über feministische Entwicklungen und was aus der Frauenbewegung geworden ist oder was man politisch bewegt«*, wozu es aber nie komme. *»Ich selbst war in den ersten zwei Jahren eine Verfechterin von eher zweimal im Monat treffen (...) aber indem es immer mehr zu einem reinen Beschlussdings wird und zu einer reinen Organisationsgruppe, wird es irgendwie uninteressant« (IP 40)*, so eine Initiatorin.

Immerhin sieht ein Teil der Bewohnerinnen hier Raum, sich kennenzulernen, auch in Auseinandersetzungen, und ist überzeugt: *»Neben der Arbeit gibt es aber auch den anderen Aspekt, dass Frauen die Versammlungen und was dort passiert als Gemeinschaft stiftend empfinden und sagen, dass sie gute Erfahrungen dort machen (...) Natürlich ist es auch so, dass die, die diese Erfahrungen nicht machen, dann sagen: Es gibt hier keine Gemeinschaft« (IP 36)*. Während die dort Aktiven den Frauen, die nicht mitmachen, verübeln, dass sie wegbleiben *»weil natürlich nicht immer alles so rosig läuft und auch nicht immer nach dem Gusto der Einzelnen,* *sondern dass hier eine demokratische Gesellschaft ist, wo abgestimmt wird und dass die Frauen die unterschiedlichsten Wünsche und Vorstellungen haben« (IP 24)*, gehen die so Abgeurteilten vielleicht einfach nach einer Weile nicht mehr hin, weil sie meinen *»also was da sich so abspielt im Jour fix, das ist für mich kein Kennenlernen. Das ist viel so Selbstdarstellung, es wird unheimlich viel geredet und ich finde es nicht sehr ergiebig« (IP 32)*, weil also dieses Reden gerade nicht zu dem führt, was sich so viele wünschen. Sie missbilligen darüber hinaus, dass mühsam erdiskutierte Beschlüsse, kaum gefasst, schon wieder umgeworfen werden.

Nur wenige unserer Gesprächspartnerinnen haben sich überwiegend positiv zur Hausversammlung geäußert. Da sind die zwei, denen die Versammlung die fast zu seltene Gelegenheit ist, mit den Mitbewohnerinnen zusammen zu treffen, und die zwei, drei, die nach einer eingehenden Umstrukturierung der Versammlung in ihrem Projekt darin ein *»kleines Event«* sehen. Eine Initiatorin ist zuversichtlich, dass in der Hausversammlung mit Geduld zusammenwächst, was zunächst so verschieden war, und eine WG-Bewohnerin, die die wöchentlichen Treffen zwar stressig findet, betont dennoch: *»Ich glaube, ich bin eine der wenigen, die das mag. Da findet das Gestalten zusammen statt« (IP 37)*.

Wie die Einzelnen die Versammlungen erleben und welche Schlüsse sie daraus ziehen, ist höchst unterschiedlich und häufig abhängig von ihrer Position im Projekt. Da findet im selben Haus eine Initiatorin in den Versammlungen einen immer neuen Ansporn, am Miteinander zu arbeiten, während zwei der weniger Aktiven klagen, dass alle die Zusammenkünfte mehr oder weniger als Belastung empfinden, dies jedoch nicht zugeben, wenn es in der Versammlung thematisiert wird, *»und später, wenn man jemanden einzeln befragt, dann sagen die auch, ›steht mir bis da‹« (IP 5)*. Da wünscht sich in einem kleinen Projekt die Initiatorin häufigere Treffen für mehr Kommunikation, während eine (gruppenerfahrene) neuere Bewohnerin vorzuschlagen überlegt: *»Lasst uns mal die Haussitzung weglassen bis mindestens drei Leute das dringende Bedürfnis haben, mindestens drei Punkte zu besprechen«,*[58] denn *»das ist irgendwie das Ding, woran man deutlich erkennt, dass es gewisse Schwierigkeiten gibt, weil eigentlich haben wir nicht viel zu bereden – weil wir eben über vieles nie reden und wir reden über unwichtige Dinge sehr lange (...) ich find's inzwischen biss-*

---

[58] Wie wir kurz vor Drucklegung hörten, wollen die Aktiven eines Projekts nun tatsächlich die Versammlung nur noch nach Bedarf abhalten.

chen langweilig« (IP 25), was vermutlich vielen so geht, die irgendwann wegbleiben, nur dass sie es nicht so deutlich sagen, sondern eher über den Hickhack klagen.

Aber auch zwischen den Aktiven kann die Wahrnehmung sehr auseinandergehen. Da vermittelt die eine den Eindruck eines Projekts, in dem alle ganz vernünftig mit den zweifellos vorhandenen Differenzen umzugehen vermögen, meint auch *»es liegen ja nicht immer so viele Themen an« (IP 4)*, so dass sie nun auch mal (nach fast 20 Jahren!) über andere Themen sprechen wollen, während ihre ebenfalls aktive Mitbewohnerin stöhnt, *»wenn hier ein Thema auf den Tisch kommt, dann ist das nicht ein Thema von einmal, sondern von tausendmal (...) Themen, die ums Haus kreisen – furchtbar! (...) was ich in letzter Zeit gemacht hab' (...) ich hab' Schlaftabletten genommen, bevor ich runtergegangen bin, damit ich nicht 'nen Anfall krieg« (IP 8)*. Da wundert es wiederum nicht, wenn eine Mitbewohnerin, die hier auf einen persönlichen Austausch auch über ihren extrem stressigen Berufsalltag gehofft hat, irgendwann aufgab, weil sie einfach *»diese Themen nicht mehr ertragen [konnte], was immer das Haus betraf (...) den ganzen Formalkram, ich kriegte das nicht mehr gebacken, da zuzuhören« (IP 23)*.

Eine WG-erprobte jüngere Bewohnerin, überzeugt von ihrer Wohnform, konstatiert dagegen nüchtern: *»Dieses Genervtsein gehört ja zu so was auch dazu. Ich war auch jahrelang genervt von meinen WG-Plena, aber ich hatte halt nur das Gefühl, es hatten alle so das Selbstverständnis, es ist halt 'ne Pflicht (...) damit so 'ne Gruppe funktioniert«*, was sie für ihr jetziges Haus-Projekt nicht sieht, da *»eben nicht alle, die hier einziehen, die Erfahrung mitbringen, dass das eben sein muss« (IP 11)*. Ein Gefühl, das sich auch uns in vielen Projekten aufdrängte, wenngleich wir nicht denken, dass den Frauen Erfahrung oder Einsicht fehlt, denn (mit Ausnahme derer, die gar nicht recht verstanden haben, dass sie in ein Wohnprojekt ziehen) sind zunächst alle gutwillig und erwartungsvoll zur Hausversammlung gegangen, und es waren eher die Erfahrungen dort, die sie abschreckten, und vielen geht es so wie einer Rentnerin, die feststellen musste: *»Ich ging jedes Mal sehr gut gelaunt hin und bin ganz schlecht zurückgekommen«* und die die Konsequenz zieht *»das tue ich mir doch nicht an! (...) so will ich mein Leben nicht verbringen« (IP 6)*, was den Schluss nahelegt, dass es an den Versammlungen liegt und nicht oder jedenfalls nicht nur an den renitenten Bewohnerinnen.

Entscheidungen treffen

»Demokratie dauert immer länger. Das geht nicht schnell« (IP 15), und das besonders mit Frauen, die sich auf ein Wohnprojekt einlassen – nach Einschätzung einer Initiatorin *»sehr spezielle Persönlichkeiten, die nicht alles abnicken« (IP 2)*. Da gehen dann die Meinungen auseinander, wie demokratisch sie es unter diesen Voraussetzungen wollen. Sind die einen bereit, alles, was nicht eindeutig geklärt ist, notfalls wieder und wieder auf den Tisch zu bringen, versuchen andere, die Dinge pragmatisch zu beschleunigen. Zwei Projekte geben die Fragen, um die es gehen soll, und gegebenenfalls Informationen dazu vorab bekannt, insbesondere bei Finanzentscheidungen, denn, auch das eine durchgängige Erfahrung, *»es ist schwierig, und wenn noch ein Geld dabei ist, dann ist es gleich noch schwieriger« (IP 3)*. Deshalb wird im einen der beiden in wichtigen Fällen erst bei einem zweiten Termin entschieden, damit jede noch mal nachdenken kann und nicht zu sehr unter Druck kommt. Hier werden endlich gefällte Entscheidungen dann aber auch für ein Jahr eingefroren, bevor die Diskussion erneut eröffnet werden kann, um zu vermeiden, dass ein Thema *»tausendmal«* umkreist wird.

Die Demokratievorstellungen gehen auch innerhalb der Projekte auseinander. So würden manche Bewohnerinnen sich einfach wünschen, nicht alles mit allen diskutieren zu müssen. Und das sind nicht unbedingt die Frauen, die nie kommen und hinterher meckern. Eine, die sehr viele Interessen außerhalb hat, ist *»immer froh, wenn jemand was in die Hand nimmt. Wenn's nichts Blödes ist und das war's bisher noch nicht, kann ich auch gut ab, wenn jemand Ideen hat« (IP 14)* und eine andere: *»Ich vermisse manchmal so ein Gremium im Haus (...) das einfach sagt, ›so und wir bestimmen jetzt hier die Richtung‹ (...) natürlich auch unter Abfrage der Frauen« (IP 32)* – eine bedenkenswerte Idee, um Geduld und Zeit der Projektfrauen nicht gar zu sehr mit Lappalien zu strapazieren und sie für andere Themen offen zu halten. Wenn solch ein Gremium rotiert, und zwar in punkto Bestimmen wie in punkto Arbeitsverteilung, wäre das ja auch nicht gar so undemokratisch. Vielleicht könnten dann die wirklich wichtigen Fragen eher bis zum Konsens diskutiert werden.

Über die Resultate der langwierigen Diskussionen nämlich wird mittlerweile in allen Projekten mit Mehrheit entschieden, meist mit einfacher. Ausnahme sind bei drei Projekten so zentrale Fragen wie die Aufnahme neuer Bewohnerinnen, bei denen sie sich einem Konsens wenigstens anzunähern versuchen.

Zwei Projekte hatten es anfangs mit dem Konsensprinzip versucht, dann aber aufgegeben. In einem der beiden denken die Frauen inzwischen wieder darüber nach, doch mehr konsensorientiert zu debattieren, denn, wie eine Initiatorin meint, *»wenn du sagst, wir streben den Konsens an, dann macht das 'ne andere Diskussion. Dann kann jede inhaltlich auch zum Ausdruck bringen, was sie an Gedanken hat. Und muss nicht Angst haben, dass sie qua Abstimmung dann unterliegt (...) Jede, die dagegen ist, hat dafür einen Grund und den erfährst du nie, wenn du abstimmst (...) und manchmal hat ja die Mehrheit wirklich unrecht« (IP 2)* – ein zentraler Gedanke, wie wir meinen, der noch wenig verbreitet ist.[59]

Viel häufiger geht es ums Rechthaben und ums Prinzip, geht es darum, ob die Mehrheit von einer Anschaffung, von einem Vorhaben profitiert *(»bis fünfzig Frauen überzeugt sind, dass drei ein Klavier brauchen«, IP 1)*, eine Denkweise, die manches blockiert. So kann es passieren, dass ein bauliches Problem nicht behoben wird, wenn zu wenige betroffen sind, oder dass eine Anschaffung unterbleibt, weil frau sich nicht über die Nutzungsmodalitäten einigen kann, wenn sich nicht alle beteiligen wollen. Besonders die Mütter haben darunter zu leiden, da sie oft in der Minderheit sind, und wenn über eine Sandkiste allzu lange debattiert wird, erübrigt sich der Bedarf schließlich. Es ist dieser Mangel an Großzügigkeit, der nach Meinung einer Bewohnerin verhindert, dass es Gemeinschaft wird, und auch die fehlende Bereitschaft, etwas für andere mitzutragen, weil das Vertrauen fehlt, auch mal selbst zum Zuge zu kommen. Nicht zuletzt deshalb sind die Entscheidungsprozesse in allen Projekten langwierig, auch (oder vielleicht gerade) ohne Konsensprinzip.[60]

---

[59] Von einer ähnlichen Denkweise berichtete auch unsere Interviewpartnerin des erwähnten gemischten Projekts: In ihren Augen haben auch die, die sich (öfter) quer stellen, ihre Gründe. Deshalb seien sie bei uneinheitlichen Wünschen bemüht, die der Minderheit auch möglich zu machen. Sie vermeiden Kampfabstimmungen mit knapper Mehrheit und diskutieren in solchen Fällen noch mal neu.

[60] In einem Workshop bei den Hamburger Wohnprojektetagen 2014 hörten wir von Projekterfahrenen, es komme alles immer wieder, was nicht annähernd im Konsens gelöst wurde, verbunden mit dem bedenkenswerten Hinweis, dass Zwischenlösungen, mit denen alle Seiten leben können, eher gefunden werden, wenn die Argumentationen nicht (wie es meist passiert) an beiden Polen ausgetauscht werden, wo die AntagonistInnen nur versuchen, eine Mehrheit auf ihre Seite zu ziehen. Hilfreich dazu sei die buchstäblich »räumliche Darstellung« der Positionen aller Beteiligter zu einer Streitfrage als Ausgangspunkt, um sich Kompromissen anzunähern (d.h. die Frauen stellen sich auf einer Linie zwischen den beiden Polen an die Stelle, die ihrer momentanen Position entspricht und diskutieren von da aus).

Dass dieses Prinzip funktionieren kann, wissen Bewohnerinnen aus langjährigem Wohnen in Groß-WGs. Es funktioniert jedoch nur dann, wenn jede in der Gruppe grundsätzlich die Bereitschaft hat, eine für alle adäquate Lösung zu finden, und wenn ein Grundkonsens vorhanden ist, was nach Einschätzung von zwei Gesprächspartnerinnen in ihrer heutigen Hausgemeinschaft mit 25 sehr unterschiedlichen Frauen nicht gegeben ist.

Als Resultat gar zu mühselig-demokratischer Entscheidungsprozesse finden wir in älteren Projekten mit reichlich leidvoller Erfahrung, dass manchmal einfach Fakten geschaffen werden, denn wie sagt eine der früher so Radikalen, in Gruppen sei es oft so: *»Wenn der eine hü sagt, sagt garantiert irgendjemand auch hott. Wenn man etwas durchsetzen will, ist es am besten, nicht so laut hü zu sagen, dann kommt auch kein so lautes hott«* und zieht inzwischen öfter mal den praxisnäheren Schluss: *»Wenn ich etwas machen will, gehe ich erst in Aktion und hoffe dann auf die Trägheit der Dinge« (IP 38)* – was mancher heute aus der Seele sprechen dürfte, die sich auch manchmal mehr Eigeninitiative bzw. mehr Raum dafür wünscht. So ging es einer von Anfang an auf die Nerven, dass *»die Frauen sich oft nicht trauen sich zu entscheiden (...). Diese Einzelinitiative, das war am Anfang hier ein ganz großes Problem (...) man muss hier auch den Mut haben, mal zu sagen, ich setz' mich über andere hinweg und ich muss auch nicht alles in Eintracht machen« (IP 13)*. Beide Standpunkte dürften vielen, die neu in ein Projekt ziehen, zunächst als grundlegend ihrem Demokratieanspruch zuwiderlaufend erscheinen. Aber in beiden Projekten zeigt die Erfahrung, dass kein gravierender Schaden entsteht, wenn die Beteiligten ein gutes Verhältnis haben und sich nötigenfalls verständigen können, falls eine Grenze überschritten ist.

Die Hausversammlung, ein »Knackpunkt« der Projekte

Die Hausversammlung ist letztlich weit mehr als ein Organisationsforum. Sie scheint mehr oder weniger für alle von hoher symbolischer Bedeutung, der sie doch nicht entsprechen zu können scheint. Der Ort, eigentlich prädestiniert dafür, die anderen kennenzulernen und sich einzubringen, bewirkt oft nach kurzem das Gegenteil, die innere Emigration vieler Bewohnerinnen. Dieses Organ, das eigentlich alle zusammenführen, die Gemeinschaft zusammen halten sollte, startet regelmäßig mit großen Ambitionen, die ebenso regelmäßig durch die Reduzierung auf bzw. Überlastung mit Organisationsfragen gleich in den Anfängen abgewürgt werden. Das geht nach unseren Informationen nahtlos von der Vorbereitungsgruppe ins Bewohnerinnenplenum über. In vielen Projekten schrumpfte dieses in kurzer Zeit und ist, wie eine Initiatorin resigniert meint *»im Grunde die Orga-Gruppe« (IP 40).*

Die Hoffnung ganz vieler Frauen auf »Inhaltliches« läuft ins Leere. Wo diese Themen nicht, wie in zwei Projekten, beizeiten in einen zweiten Termin ausgelagert werden, fallen sie ganz unter den Tisch. Das ist aber nicht wirklich eine Lösung, denn eine, die vom Orgatermin schon erschöpft ist, ist nicht unbedingt bereit, *noch* einen Abend oder Sonntagmorgen einzusetzen für etwas, was sie eigentlich dort gesucht hat – oder sie geht gleich nur zum inhaltlichen Treffen, denn die Teilnahme am Orga-Plenum ist zeitaufwändig und nur wenige dürften viel Zeit übrig haben. Ergo, wenn eine die Zeit dort als verschwendet empfindet, bleibt sie über kurz oder lang weg. Dennoch wird von den Aktiven zäh daran festgehalten (obwohl vielleicht kaum Arbeiten anstehen), werden teils sehr destruktive Formen recht unflexibel gehandhabt und viel zu lange beibehalten – als würde mit jeder kleinen Veränderung alles in Frage gestellt.

Da wird die Reaktion einer Teilnehmerin einer Gruppendiskussion verständlich, die von einem Projekt-Infoabend berichtet: *»Und da hat eine von dem Wohnprojekt in A erzählt und von den ganzen Auseinandersetzungen und da habe ich gedacht: Nicht für viel Geld würde ich in so ein Ding einziehen!« (GD 3).*

Pflicht und Kür

Es gibt einiges zu tun im Projekt, wenn eine will, und manches auch, wenn sie nicht will – Pflicht und Kür sozusagen.

Da sind zum einen die tatsächlich anfallenden Arbeiten, z.B. Gemeinschaftsbereiche putzen oder Garten pflegen (wenn frau es nicht bezahlen will), Finanzen verwalten und einiges mehr. Wenn wir die einmal herausfiltern, so scheinen sie in vielen Fällen recht übersichtlich. Gut, es ist Hausarbeit und die sieht immer nach weniger aus, als sie ist – aber wie die emanzipierte Frau weiß, ist es auch eine Entscheidungsfrage, wie viel wirklich nötig und was sonst noch wichtig ist.

An diesem »Pflichtteil«, so die Hoffnung, sollte sich fairerweise jede beteiligen, will sie von den Vorzügen eines Projekts profitieren. Auf der Basis der beschworenen Freiwilligkeit, diese bittere Erfahrung machen alle Projekte, funktioniert es aber nicht mit allen. Manche *»die machen, bis sie* *da drin sind, wie wenn ihnen das viel bedeutet, und dass sie da mittun wollen. Und dann tun sie nicht« (IP 21).* Dabei ist es ganz schwierig, *»zu bestimmen, welche sich nun so daneben benimmt und nicht mitmacht (...) Das will nicht wirklich thematisiert und individuell zugewiesen werden. Das macht ja auch eine schlechte Stimmung« (IP 22).* Aber das verstimmt zumindest diejenigen, die »tun«. So kommt es verbreitet zu dem *»Punkt, wo ich mich wirklich ärgere (...) während es dann immer noch Frauen gibt, die versuchen das zu beschwichtigen, dass einige sich da ganz fein raushalten und die anderen arbeiten lassen, die auf Kosten der Gemeinheit leben. Das gibt es ja in jedem Projekt« (IP 22).* Aber nicht jedes Projekt nimmt das hin. Zumindest in einem bekommt es künftig jede Neumieterin schriftlich zur Kenntnis und muss es mit dem Mietvertrag unterschreiben. *»Es ist zwar immer noch alles freiwillig, aber wir haben sehr vorsichtig in den Leitlinien formuliert, dass das hier eine andere Art von Hausgemeinschaft ist und dass es mit in der Verantwortung jeder einzelnen liegt (...) Für neue Projekte wollen wir das ein bisschen klarer machen« (IP 24).*

Manchen mag eine gewisse Verpflichtung als Einschränkung ihrer persönlichen Freiheit erscheinen, obwohl es (hoffentlich!) auch keiner einfallen würde, einen Teil der Mietnebenkosten nicht zahlen zu wollen, weil es ihre Konsumfreiheit einschränkt. Es wird sich weisen, ob die *»immer noch sehr vorsichtige Formulierung«* für alle ausreichend deutlich ist. Vielleicht muss frau die Scheu aufgeben, als *Verpflichtung* zu formulieren, was sie eigentlich als Verpflichtung meint. Muss sie denn um die weinen, die nicht einziehen würden, weil sie Arbeiten erledigen müssten, die wirklich nötig sind?

Nebenbei, es spricht ja nichts dagegen, diese Pflichten soweit irgend möglich nach Vorlieben und Fähigkeiten zu verteilen, zumal das vermutlich effizienter wäre. Aber sie müssen halt erledigt werden und es geht nicht primär um Lust oder Selbstverwirklichung, aber schon um Selbstverantwortung. Doch wenn einige (wie Hausfrauen) sehen und delegieren, was zu tun ist, und kontrollieren, was wie getan wird, während andere sich verhalten wie mehr oder weniger willig »mithelfende« Familienmitglieder, läuft es schon irgendwie schräg.

Als »Kür« bezeichnen wir, was zu Arbeit gemacht wird, aber eigentlich einen anderen Zweck verfolgt, nämlich den, die Bewohnerinnen zusammenzuschmieden (weshalb sich natürlich auch hier alle beteiligen sollten). Etliche unserer Gesprächspartnerinnen wurden nicht müde zu betonen, wie wichtig das gemeinsame Arbeiten ist, wie verbindend es ist, welche Chance es bietet, andere mal anders als nur über Worte kennenzulernen – obwohl doch nicht einmal für die richtigen Worte Raum zu sein scheint, wie sich im Plenum zeigt. Die Überzeugung, woher auch immer sie kommt, insbesondere der Aktiven ist ungebrochen: *»Im Prinzip funktioniert's ja nur über gemeinsames Tun« (IP 22)*. Wir können diese Überzeugung nicht recht teilen und kommen nicht umhin zu denken, der Faktor Arbeit (fürs Projekt) werde ein wenig überbewertet, sowohl in Hinblick auf die Menge der anfallenden Arbeiten (in vielen Projekten), mehr aber noch in Hinblick auf ihre Gemeinschaft stiftende Wirkung. Eine gemeinsame Aufräumaktion mit anschließendem Essen mag ja mal nett sein und sogar Spaß bringen. Aber abgesehen davon, dass nicht jede zur Teamworkerin taugt: Warum sollten nun ausgerechnet Frauen, die sich gerade ein wenig von Haushalts- und ebenso schlecht bewerteten Pflichten befreit haben bzw. sich gerade im Projekt diesbezüglich Erleichterung erhoffen, aus solchen Formen erweiterter Haus-Arbeit Vergnügen ziehen, nur weil sie gemeinsam gemacht werden? Zumindest die WG-Frauen schwärmen nicht von gemeinsamem Arbeiten, sondern eher von der Entlastung durch das Teilen notwendiger Arbeit wie das (ehemals) abwechselnde Kochen. Viel ist auch nicht die Rede von Spaß an der (gemeinsamen) Arbeit. Dazu ist sie meist schlicht zu anspruchslos oder den Interessen der einzelnen zu fern. Keine kann damit Erfolge feiern oder etwas verwirklichen, was sie allein nicht könnte. Das aber, das *»gemeinsame Dritte«*, etwas, wovon alle überzeugt sind und wozu es die gebündelten Energien vieler braucht, kommt nicht von ungefähr. Wir kommen im letzten Kapitel darauf zurück.

5.4 Kommunikation, Umgangsformen und Konfliktmanagement

Kommunikation – worüber wird geredet und worüber nicht?

Ein für uns sehr überraschendes Phänomen in den (Haus)Projekten ist das Nichtsprechen und die weitgehende Unkenntnis voneinander. Wir hätten erwartet, Frauen, die so regelmäßig stundenlang zusammensitzen, und das teils schon lange vor Einzug getan haben, erfahren ganz viel voneinander. Doch wie sich herausstellte, wissen abgesehen von einigen engeren Beziehungen ganz viele erstaunlich wenig von ihren Mitbewohnerinnen. Viele kennen nicht einmal alle Wohnungen im Haus, scheinen also nicht wenigstens einmal jede der Frauen besucht zu haben. Selbst die sehr Engagierten und Kommunikativen wissen häufig nicht einmal von allen, was sie beruflich machen oder gemacht haben, oder welche Interessen und besonderen Fähigkeiten sie haben. So etwas kommt zufällig heraus, mit Glück, da Frauen, vor allem der älteren Generation, bekanntlich nicht sehr gut gelernt haben, sich selbst darzustellen – geschweige denn, dass bekannt wäre, welche Geschichte die einzelnen mitbringen. In einem Projekt war nach 13 Jahren gerade (zum Zeitpunkt unserer Interviews) die Idee entstanden, in den Versammlungen immer mal eine aus ihrem Leben erzählen zu lassen. *»Wir haben festgestellt, dass wir hier zwar unsere Auseinandersetzungen haben, dass wir aber im Grunde nicht viel voneinander wissen. Wir haben uns auch nicht unsere Familiengeschichten erzählt (...) wichtige Stationen in unserem Leben, das wissen wir alles nicht« (IP 13).* Das ist schon beachtlich. Das krasseste Beispiel von Unkenntnis, von dem wir hörten, war das einer älteren Frau, die von den meisten erst nach ihrem Tod so recht erkannt wurde. Von der Mehrheit als unzugängliche Kratzbürste wahrgenommen, hatte sie offenbar durchaus schätzenswerte Züge, wie aus den nachträglichen Erzählungen derer klar wurde, zu denen sie, für manche überraschend, doch Kontakte hatte.

Zum Teil wird auch gar nicht für notwendig erachtet, dass frau sich besser kennt. Wie beispielsweise eine Bewohnerin für die Alleinerziehenden ihres Projekts sagte, müssen sie gar nicht so viel voneinander wissen, um sich im Alltag unterstützen zu können. Und manchmal wurde bewusst *»das Private vermieden wegen der Konflikte« (IP 13).* Sie *müssen* nicht mehr wissen, aber wie viel *wollen* sie denn wissen? Konflikte entstehen in fast jedem Projekt mehr oder weniger heftig, sobald es bezogen ist. Gibt nun keine etwas preis wegen der Konflikte oder entstehen viele Konflikte, weil keine die andere kennt? Und wie viel Wissen wäre erforderlich, um die Reaktionen und Verhaltensweisen der Einzelnen verstehen, um sie akzeptieren oder womöglich unterstützen zu können? Wie viel, um die eigenen Grenzen besser zu erkennen und gar überschreiten zu können? Und wie kommen sie an das Wissen?

Von außen betrachtet scheint mitunter einfach die Neugier aufeinander zu fehlen. Von Anfang an, also schon in der Vorbereitungszeit, konzentrieren sich die Frauen, die sich doch ganz bewusst für diese besondere Wohnform, also gegen Anonymität, entschieden haben, auf Organisatorisches, bleiben somit auf Distanz. Zwar heißt es *»wir waren ganz neugierig auf was Neues« (IP 4)*, aber waren sie auch neugierig auf neue Persönlichkeiten? Nur eine Einzige sagte explizit, ihr sei das Wichtigste bei der Entscheidung für eine neue Mitbewohnerin, *»dass sie mich neugierig macht« (IP 37)*.

Dabei könnte eine ordentliche Portion Neugier vielleicht sehr hilfreich sein, wenn wir uns die Schwierigkeit des Anfangs vor Augen halten, in einem zunächst unstrukturierten Zusammentreffen von 20, 30 einander völlig unbekannten und äußerst unterschiedlichen Frauen zu einer Atmosphäre des Vertrauens zu finden, in der sie etwas von sich preisgeben. Der Weg über »die Sache« wird meist als erste, wenn nicht einzige Möglichkeit gesehen um sich anzunähern, ein *»Vehikel, persönlich was einzugeben, aber es nicht so direkt zu benennen, sondern als Medium« (IP 2)*. Doch nach allem, was wir in den Projekten erfahren haben, ist das eher kontraproduktiv, denn es verführt allzu leicht dazu, sich an den Sachthemen festzukrallen (s. o.) und auch in der Wohnphase daran zu bleiben. Selbst dort, wo frühzeitig eine Mediatorin hinzugezogen wird, scheint sie nur der besseren Verständigung über Sachfragen zu dienen. Die vereinzelten Frauen, die etwas anderes versuchen, haben da einen schweren Part.

Irgendwann verselbständigt sich die Sache und neu Hinzuziehende merken: *»Es gibt in diesem Hause Gepflogenheiten, manche Dinge nicht anzusprechen« (IP 25)* als unausgesprochenen Konsens. Diese Eigendynamik, die verhindert, dass bestimmte Dinge gesagt werden können, dass sie Platz haben, wird von den Initiatorinnen (auch Vertreterinnen von Vereinen oder Genossenschaften, die sich als Multiplikatorinnen verstehen) mit hergestellt. Sie haben, das dürfte klar sein, einen bedeutenden Einfluss, denn sie organisieren und bestimmen die ersten Treffen, sie haben es also auch in der Hand, für diese so wichtigen Prozesse des Kennenlernens schon im Vorfeld Räume zu lassen oder besser noch sie gezielt zu schaffen, denn *»weil wir so unterschiedlich sind, müssen wir uns immer wieder vergewissern: Was meinen wir und was wollen wir (...) das ist so interpretationsfähig von jeder aus ihrem Hintergrund« (IP 22)*. Auch wenn ihnen damit neben all der anderen Verantwortung noch eine weitere zufällt, es nicht zu tun rächt sich.

Was eigentlich auf der Hand liegt – denn die Frauen hier *»das sind gestandene Frauen (...) die schon ihr ganzes bisheriges Leben allein gemeistert haben. Frauen, die auch nicht leicht dreingeben, wenn sie eine Vorstellung von was haben« (IP 24)* – scheint oft erst allmählich, nach Jahren des Zusammenwohnens und vieler Konflikte, so richtig im Bewusstsein anzukommen: Jede kommt mit ihrer Persönlichkeit, die respektiert werden will, mit *»ihrem Rucksack«*, und sie ist auch nicht unbedingt *»austherapiert«*, wie manche sich wünschen.[61] Die Konsequenz aber, nach dem Inhalt des Rucksacks zu fragen, nach der Geschichte, die die Persönlichkeit geformt hat, die sie motiviert und sie zuletzt hier hergeführt hat, und ihr vielleicht bei der Erleichterung des Gepäcks behilflich zu sein, wird erstaunlich selten oder sehr spät gezogen – dabei wäre ja vielleicht auch etwas der Gemeinschaft nützliches darin zu finden. Doch da versagt die »weibliche« Neugier ebenso wie das Frauen nachgesagte große Vermögen zuzuhören.

Viele Persönlichkeiten verschwinden indes hinter all den Sachfragen der Hausversammlungen, denn die Äußerungen oder auch das Schweigen zu den dort besprochenen Themen spiegeln bei weitem nicht die (ganze) Person, können sogar das Bild einer Person verfälschen. Wenn eine das Gefühl hat, dass nicht *sie* von Interesse ist, sondern nur ihre Meinung zu einer Raseneinfassung, offenbart sie sich sicher nicht. Und die Frau, die nicht gesehen wird, die wird auch in ihren Reaktionen und Meinungsäußerungen in Sachfragen nicht verstanden. Wird sie nur zu Themen gefragt, die sie mäßig oder nicht interessieren oder von denen sie nichts versteht, fühlt sie sich kaum bemüßigt, sich (konstruktiv) einzubringen.

Ist das zu glauben? Keine (jedenfalls keine lebenserfahrene Ältere) würde eine Beziehung so angehen, dass sie erst eine gemeinsame Wohnung sucht oder ein Haus errichtet und dann erst nach der Persönlichkeit derjenigen fragt, mit der sie da einziehen will ... Und in die Wohnprojekte stürzen sie sich buchstäblich blind? (Da bekommen Social-Media-Netze intimere Kenntnisse über ihre Mitglieder als die sich physisch nahen Frauen!) Ist es eine Form von Selbstschutz nach einer Phase der (therapeutischen oder politerzwungenen) Selbstentblößungen der 1970er und 80er? Wurde in den Consciousness-raising-groups vielleicht manchmal zu sehr an den Grundfesten der Einzelnen »gekratzt«? Oder könnte es am Ende sein, dass manche in den sehr bunt zusammengewürfelten Gruppen gar nicht so genau wissen *wollen*, mit wem sie es zu tun haben? Ist das Wohnen zu existenziell, so dass frau es lieber nicht durch zu viel Wissen um die anderen gefährdet, wenn es heißt *»vieles will auch nicht weiter vertieft werden« (IP 20)*? Weichen manche bewusst oder unbewusst mit kleinlichem Hickhack

[61] Zweifellos wäre es hilfreich, wenn der Großteil der Bewohnerinnen mit sich im Reinen wäre, wie uns die Erfahrungen in einem (gemischten) Projekt zeigen. Hier scheinen viele der BewohnerInnen ein nicht ganz einfaches Schicksal (vor Einzug) recht gut verarbeitet zu haben, was dazu beiträgt, andere in ihrem Sosein und ihren Bedürfnissen eher anerkennen zu können. Aber sind Frauen wirklich erst nach einer langen Therapie fähig, in einem gemeinschaftlichen Frauenwohnprojekt zu leben?

dem eigentlich Konfliktären aus, das ja u.a. darin läge, sich über Vorstellungen und Überzeugungen, über Moral und Politik auseinanderzusetzen, um ihren Einzug nicht in Frage stellen zu müssen, und setzen das beim Wohnen konsequent fort?

Umgangsweisen – wie wird geredet?

Obwohl die meisten, mehr oder weniger ausgesprochen, in der Hoffnung auf andere Umgangsweisen in die Gemeinschaft der Frauen gezogen sind und zumindest einige der Initiatorinnen auch mit dem Wissen, sie erst entwickeln zu müssen, tritt dieser Aspekt offenbar im Vorbereitungsstress in den Hintergrund. Differenzen können erstaunlich gut beiseite- oder aufgeschoben werden. So scheint eher keine Ausnahme, was eine Bewohnerin erlebte: *»Als ich [relativ spät] dazukam, habe ich gefragt: Habt ihr euch überlegt, wie ihr mit Konflikten umgeht? Und da war Null. Also die haben in der Vorbereitungszeit wirklich hier gebaut und haben sich alle 14 Tage getroffen und (...) haben sich nicht in anderer Weise vorbereitet!« (IP 18).* Die Konsequenzen zeigen sich spätestens in der Hausversammlung, sobald das Projekt bezogen ist.

Die Erfahrung einer älteren Bewohnerin, *»Frauen verhalten sich nicht so dominant, nicht so besserwisserisch – irgendwie gibt es immer eine Lösung, die aber nie oder selten auf Kosten einer Person geht« (IP 30)*, scheint – von Ausnahmen abgesehen – doch eher ein frommer Wunsch. Von neuen Umgangsweisen ist eher wenig zu spüren, alles erscheint irgendwie bekannt. Die Frauen legen einander ziemlich schnell auf bestimmte Reaktionsweisen und Standpunkte fest, wissen schon nach kurzem bei jeder, was da jetzt wieder kommt *»wie in so einer alten Ehe« (IP 31)*, sind genervt von Verhaltensstereotypen. Ihre Genervtheit schüchtert andere ein oder reizt zum Widerspruch. Es gibt abstruse Kämpfe um Lappalien (wie einen »eigenmächtig« im Gemeinschaftsbereich aufgestellten Blumentopf). *»Eine vertritt den Standpunkt, dass sie immer zu kurz gekommen ist im Leben und immer aufpassen und dafür kämpfen musste, dass sie annähernd kriegt, was sie meint, dass ihr zusteht« (IP 36)*. Nach den geschilderten Verhaltensweisen ist zu vermuten, dass diese Bewohnerin nicht als einzige so fühlt, es nur als eine der wenigen so ausspricht. Andere werden auch tatsächlich in ihren Bedürfnissen übergangen: *»Eigentlich jeder Vorschlag, den ich gemacht habe, der kommt halt irgendwie nicht weiter. Der wird immer gleich geblockt, brauchen wir nicht, wollen wir nicht, interessiert* *uns nicht« (IP 26)*. Und dann gibt es die, die vorpreschen und sich tendenziell durchsetzen, *»es gab so den Part, der einfach das Wort ergriff und die Macht hatte über das Ganze und quasi ›ich tu ja mehr und da darf ich auch mehr sagen‹« (IP 1)*, was ihnen übel genommen wird, weil andere sich überfahren fühlen. Andererseits sind die Dominanten meist bemüht, alle *»verbal anwesend«* sein zu lassen. *»Wenn alle merken, dass sie wirklich verantwortlich eingebunden werden, dann sind die, die so vorpreschen, auch vorsichtiger«*, ist eine Initiatorin überzeugt, *»es kommt auch auf die Rahmenbedingungen an« (IP 15)* – die aber von den Vorpreschenden gesetzt werden. Und die, *»die den Mund aufmachen und was tun«* und dann *»am ehesten angeschossen«* werden, sind auf Dauer auch genervt, finden es *»manchmal nicht fair«*, wie eine über lange Zeit sehr aktive Bewohnerin ermüdet klagt. *»So dieses Achtsam sein mit denen, die nicht reden und die nichts zu viel machen, das find ich schon manchmal ... « (IP 16)* und in dem offenen Satzende schwingt kaum verhohlene Wut.

Die Bewohnerinnenversammlung wird fast durchgehend als spannungsreich beklagt, als freudlos, stressig, nervig, reine Pflichterfüllung, bestenfalls als *»nicht gemütlich«* empfunden – zumindest über einen langen Zeitraum. Diese Einschätzung teilen sogar diejenigen, die den Versammlungen prinzipiell etwas abgewinnen können.

Insbesondere in der Anfangszeit, das ist ein fast durchgängiges Phänomen, war *»der Umgangston (...) zeitweilig wahnsinnig schlecht (...) da ist auf den Plenen manchmal doch sehr hart geredet worden (...) manche haben dann was, was als normale kritische Antwort gemeint war, persönlich genommen, waren dann beleidigt« (IP 19)*. Aus der Distanz sehen manche dahinter das Problem derer, die so hart für das Projekt gearbeitet und so viele Erwartungen mitgebracht haben, nun auch den verdienten Ausgleich kriegen zu wollen. Andere sehen die ganzen eigenwilligen Charaktere, die erst eine gemeinsame Ebene finden müssen und von denen auch viele nicht gewohnt sind, sich in Gruppen zu artikulieren. *»Das ist halt auch beängstigend, das, was wir als normal empfinden, in so einer Gruppe sich zu verständigen, ein bisschen auch zu streiten – da kriegt die [80-Jährige] Herzattacken« (IP 22)*. Wobei wir annehmen, dass eine solche Bewohnerin sich ja eher ganz zurückhält und für den Umgangston kaum verantwortlich ist. Der ist andererseits auch nicht durchgängig offen aggressiv, deshalb aber nicht weniger verletzend: *»Es gab in den Hausversammlungen sehr heftige Gegensätze (...) alles in einem sehr höflichen, aber umso gemeineren Ton« (IP 40)*.

Und dass so vieles nicht offen gesagt wird, vereinfacht die Sache nicht, selbst, wenn es momentan die Harmonie zu erhalten verspricht. Wenn es zu einem durchaus gravierenden Problem heißt *»das wurde bisher nicht gemeinschaftlich thematisiert, jedoch in Einzelgesprächen, konnte aber nicht recht angesprochen werden« (IP 20)*, dann geht es nicht weiter. Für manche und für manches Problem mag das Zweiergespräch ausreichend sein als Frustabfuhr. Aber es ist keine Lösung für die Gruppe.

Richtig streiten?

Es gibt also Streitereien, aber es gibt – zunächst – kaum eine Streit*kultur*. Die zu entwickeln dauert oft richtig lange, obwohl oder gerade weil so viele Frauen mit Gruppenerfahrung und Sozialberufen dabei sind – neigen die doch nicht selten dazu, zu sezieren und zu analysieren und »besser wissend« in die Anderen hineinzublicken, wie wir das aus Dynamiken der Frauenbewegung kennen.

»Ordnung [ist] ein Thema, Sauberkeit, Geld, alles so was, was irgendwie aufreiben kann, wenn man sich nicht gütlich einigen möchte« (IP 29). Wie passiert es, dass Frauen, die in der Mehrheit mit der größten Bereitschaft zu einem friedlichen Zusammenleben, zu Respekt und Toleranz für einander, eingezogen sind, sich an Lappalien aufreiben? Dass *»die Frauen Machtfragen miteinander verhandeln, ohne dass sie wissen, dass sie das tun« (IP 2)* und womöglich über Jahre ihre Kommunikation durch Persönlichkeiten dominieren lassen, *»die es nicht geschafft haben, eigene Interessen zurückzustellen im Sinne der Gemeinschaft und dann einfach den eigenen Konflikt, das eigene Thema (...) der Gruppe aufgedrückt haben« (IP 29)*? Geschieht das tatsächlich *»um ins Soziale zu kommen«*, wie eine Frau aus den Neuen Bundesländern spekuliert, für die all diese Vorgänge höchst befremdlich waren? *»Man könnte ja auch mal miteinander reden, so auf'm Flur – nein, das wurde alles ans große Brett gehängt – ich dachte: Was machen die hier eigentlich? Ist ja eigenartig (...) und nun trifft man sich und dann muss mal alles so sozial getan werden«*. Sie ist einen anderen sozialen Umgang gewöhnt, *»dieses Einer mährt den Andern an, das kenn ich nicht, da würde ich immer aufstehen und gehen« (IP 39)* – zumindest in ihrem Projekt hatte ihre wie einiger anderer Neubewohnerinnen Weigerung, das mitzumachen, eine ausgesprochen deeskalierende Wirkung. Zu ihrem Erfolg dürfte allerdings auch beigetragen haben, dass alle es satt hatten und offen waren für Veränderung. Bei sehr grundlegenden (weltanschau-

lichen) Differenzen dürfte dieses Vorgehen allerdings versagen, fürchten wir.

Manche Konflikte nämlich sind kaum lösbar, wenn die Frauen nicht auf ein grundlegendes gemeinsames Verständnis zurückgreifen können, so wenn in einem konkreten Fall von (Männer)Gewalt überhaupt *»nicht klar ist, was geht und was übergriffig ist (...). Das war sehr anstrengend, ich denke, da sind hier in der Gruppe tausend Sachen drüber ausgetragen worden (...) vielleicht: Vertrauen ineinander« (IP 16).*

Wie wir hörten, kommen fast alle Projekte (spätestens bei Ausbruch eines ernsthaften Konflikts) an den Punkt, sich mit Supervision oder Mediation professionelle Unterstützung zu holen. In einem der jüngsten Projekte, bei dem es anfangs häufig hoch herging, haben die treibenden Kräfte sehr frühzeitig gemerkt, dass sie etwas zur Verbesserung ihrer Kommunikation tun müssen. Mit Supervision und Seminaren zur Gesprächsführung haben sie zumindest erreicht, dass sie nicht mehr *»so persönlich aufeinander losgehen«*, nicht mehr *»so giftig« (IP 21)*. Den heutigen straffen Gesprächsablauf, der alles Persönliche auszuschalten sucht, sehen hier allerdings auch nicht alle als Lösung. Eine bezeichnet ihn als *»eingleisige Kommunikationsweise« (IP 26),* die eher verhindert, dass Gemeinschaft entsteht.

Tatsächlich sind Mediation und Supervision nur begrenzt heilsam. Zum einen wird oft zu lang damit gewartet, vielleicht in der Überzeugung, es doch allein schaffen zu können. Doch die Tatsache, dass viele Frauen im Sozialbereich tätig sind, wird nicht zuletzt durch ihre persönliche Involviertheit im Projekt konterkariert, wie die Bemerkung einer Bewohnerin erahnen lässt, sie (selbst Sozialarbeiterin) sei *»manchmal über den Umgang miteinander erschrocken, weil ich dachte, dass man grade hier sehr sorgfältig miteinander umgeht« (IP 5).* Missverhältnisse verfestigen sich schnell und wenn dann eine professionelle Hilfe gesucht wird, kommt sie früher oder später auch an Grenzen. *»Die Mediatorin hat dann irgendwann gesagt, sie sieht hier kein Land und hat es beendet« (IP 6)* hörten wir nicht nur einmal. Was Wunder, ist doch die Voraussetzung für die Bereitschaft aller in die Konflikte Verstrickten eine Lösung zu suchen, genau die Bereitschaft, deren Fehlen oft erst in die Konfliktsituation geführt hat.

Zum zweiten kostet es Geld und gerade, wenn die Flammen hochlodern, fehlt die Bereitschaft, noch Geld in die nicht vorhandene Gemeinschaft zu investieren. Dann fragt sich *»ist die Supervision mehr wert oder das Sofa [für den Gemeinschaftsraum], auf dem man nicht sitzt, weil man sich nicht versteht?« (IP 29)*. Geld ist denn auch ein Gegenargument gerade von denen, die eine Teilnahme nach Auffassung der Aktiven am nötigsten hätten, was darauf hinaus läuft, dass die Teilnehmenden nicht nur für sich gucken müssen, sondern beinahe mehr noch danach, wie sie die Nichtteilnehmenden (wieder) ins Boot holen können – wenn sie diese ernsthaft erreichen wollen.

Nicht zuletzt kann eine Mediatorin oder Supervisorin, wie in zwei Projekten besonders deutlich wurde, nur etwas erreichen, wenn sie interne Kenntnisse hat, mit der Konstellation Frauengruppe und ihrer spezifischen Dynamik vertraut ist, und versteht, dass die Frauen »nur« mit Frauen leben *wollen.* Sonst wird es womöglich besonders teuer, wenn, wie in einem Projekt, drei Supervisorinnen »verschlissen« werden, bevor endlich die richtige, *»eine Frau mit feministischem Hintergrund« (IP 31)* gefunden ist. Oder es kommen merkwürdige Dinge heraus wie der Versuch einer Mediatorin, die von ihr unterstellten *»Männerprobleme«* der Bewohnerinnen *»therapieren«* zu wollen.

Mit oder ohne Mediation: Diejenigen, die wirklich etwas bewegen wollen, suchen nach Wegen, mit den Problemen besser umzugehen. Die Initiatorinnen eines Projekts, deren zentrales Ziel eine andere Frauenkultur ist, haben von Anfang an motiviert, in den Treffen immer wieder Neues auszuprobieren (und auch wieder zu verwerfen, wenn es nichts brachte), um eine konstruktive Grundstimmung zu schaffen. Eine Runde am Beginn, in der jede erzählt, was sie heute *Schönes* erlebt hat oder auch allerlei *»harmlose Spielchen«*, bei denen jede so nebenher *»etwas über sich sagt, ohne sich hinterher in den Boden reinschämen zu müssen« (IP 2)* haben, wie uns mehrere Bewohnerinnen bestätigten, zum besseren Kennenlernen beigetragen und damit auch dazu, manche Eigenheit von Mitbewohnerinnen eher akzeptieren zu können. Allerdings haben wir aus dieser Gruppe auch ganz andere Einschätzungen bekommen, die nicht alle in dieses positive Bild passen, das heißt, solche Methoden funktionieren auch nur bei denen, die sich darauf einlassen können.

Die früher politisch sehr radikalen Frauen eines der ältesten Projekte haben gelernt, humorvoller und weniger grundsätzlich an Differenzen heranzugehen, zu *»gucken, wie wir alle so koexistieren können in diesem Haus. Und dafür tun einfach viele viel. Und das macht es anders als früher (...) Es funktioniert viel auch von diesem Koexistieren, sonst würde ich mich dauernd mit allen total in die Haare kriegen« (IP 37).* In jedem einzelnen Fall pragmatische Lösungen zu finden, die beiden Seiten gerecht werden und nicht *»ideologisch zu klären, wer recht hat«*, denn *»jede hat irgendwie* *recht« (IP 38)* ist hier wie in der oben beschriebenen Gruppe wohl ein Schlüssel zum Erfolg. Es ist die Haltung (wenigstens des Großteils der Bewohnerinnen) gegenüber Wünschen und Auffassungen, die von den eigenen oder denen einer Mehrheit abweichen, eine Haltung, die die Gründe der anderen ernst nimmt und als ebenso berechtigt wie die eigenen gelten lässt und nach alle Parteien befriedigenden Lösungen sucht.

Bei einer dritten Gruppe wurde es durch verschiedene Wechsel von Bewohnerinnen möglich, nach langen Jahren erstickender Zusammenkünfte viel alten Ballast abzuwerfen, samt dem belasteten Begriff *»Plenum«*. Von der Vorgeschichte unbelastete Neubewohnerinnen, die auch die hier gepflegte Form der Auseinandersetzung nicht nachzuvollziehen, brachten Anregungen mit. Die wichtigste, die Versammlung mit einem Essen zu beginnen, ist ein voller Erfolg, denn sie *»gehen jetzt viel netter miteinander um« (IP 29)*, wie selbst distanziertere Bewohnerinnen bestätigen. Sie nehmen sich nun Zeit, miteinander zu reden und wenn dann noch was Organisatorisches zu regeln ist, findet das viel mehr Geduld. *»Wir haben es geschafft, es ein bisschen auch zu einem sozialen Event zu machen« (IP 29)*.

Ein Soziales Event – das scheint uns ein weiteres Schlüsselwort für die Umgangsweisen in der Hausversammlung, geht es doch eigentlich darum, dass die Frauen *gern* zusammen kommen, nicht aus Pflichtgefühl ihre Zeit absitzen oder es halt durchstehen (und irgendwann nicht mehr wissen, warum sie das tun). Ob es nun das gemeinsame Essen ist oder eine andere Form, die das Zusammentreffen der Bewohnerinnen zu einem schönen Ereignis macht, das muss jede Gruppe für sich passend herausfinden. So viele beklagen das Übergewicht des Organisatorischen und kaum eine Gruppe durchbricht die Gewohnheit, wo doch alle wegen des Sozialen eingezogen sind. Die zwei Projekte mit (immer schon bzw. neuerdings) anderer Gewichtung vermitteln überzeugend, dass die Frauen relativ vollständig teilnehmen und überwiegend, weil sie die anderen treffen *wollen*.

Und wo bleibt das Persönliche?

Zurück zu den Konflikten in der Hausversammlung. *»Wir versuchen, einander nicht zu beleidigen, keine persönlichen Aussagen (Du-Botschaften) zu machen (...) persönliche Sachen müssen bei uns prinzipiell persönlich ausgetragen werden« (IP 21)*. Nicht nur hier, in fast allen Projekten haben Probleme einzelner, ob mit der Nachbarin oder mit der Situation im Projekt, in der Versammlung mehr oder weniger ausdrücklich keinen Platz, obwohl sie oft – eine Binsenweisheit – hinter unergiebigen Diskussionen und scheinbar unangemessenen Reaktionen stehen. *»Nur wenn es eine Regelverletzung ist, dann kann eine die Frau ansprechen und wenn es nichts nützt, wird noch mal im Protokoll daran erinnert«,* also nur, wenn etwas offensichtlich die Allgemeinheit tangiert (während »eigenmächtiges« Handeln zu etwas die Allgemeinheit Tangierendem gemacht wird, selbst wenn es nur Einzelne betrifft). Da stellt sich unweigerlich die Frage, wo die Gefühle bleiben, die aus den Begegnungen rausdiszipliniert werden, die hier keinen Ausdruck finden dürfen – und wie sich das auf Dauer auf die Atmosphäre im Projekt auswirkt. *»Als ich hier einzog (...) gab es hier schon, das habe ich atmosphärisch mitbekommen (...) Spannungen oder wie man sagt Altlasten« (IP 27)*, und das sogar in einem Projekt, wo es diesbezüglich weniger streng zuzugehen scheint. Das Private, so zeigt sich, ist auch und gerade hier politisch, nicht nur, wenn ein privates Problem unmittelbar auf die Gruppe ausstrahlt, wie etwa im Fall eines als Nachbarschaftsdifferenz begonnenen Konflikts, der sich zur Zerreißprobe und Grundsatzdebatte quer durch das ganze Projekt (und alle Lager) auswuchs. An diesem Fall zeigt sich im Extrem, wie wichtig es ist, dass andere sich einmischen, wenn zwei sich streiten – was dort leider viel zu spät geschah, weil es viel zu spät wahrgenommen wurde, und weil die Leidtragende sich viel zu spät erst traute, andere ins Vertrauen zu ziehen.

Sicher gehört nicht alles und nicht gleich in die große Runde – in einem der älteren Projekte ist das wohl anfangs exzessiv betrieben worden, anstatt wegen Banalitäten einfach mal bei der Nachbarin zu klingeln. Sicher sollte erstmal davon auszugehen sein, dass Einzelne relativ harmlose Unstimmigkeiten selbst und möglichst auf direktem Wege zu klären versuchen. Doch die Erfahrung lehrt, dass auch nicht alle Bewohnerinnen von Wohnprojekten in Nachbarschaftskonflikten einvernehmliche Lösungen zu finden auch nur Willens sind.[62] Wenn Frauen sich nicht einmal über die Frage des störenden Rauchens auf dem Balkon oder Ähnliches verständigen können, ist das zudem symptomatisch für die große Distanz, die zwischen vielen besteht. Dazu passt, dass auch hier häufig nicht offen geredet wird, dass über

[62] Solche Konfliktunfähigkeit wurde uns auch aus zwei gemischten Projekten bestätigt. Im einen mit sozial sehr breit gestreuter BewohnerInnenschaft wurde bei zu lauter Musik des Nachbarn schon mal ohne Vorwarnung die Polizei gerufen – was nicht einmal in einem normalen Mietshaus unbedingt gleich passiert. Im anderen hat die Sache mit dem Rauchen auf dem Balkon zu absoluter Sendepause zwischen zwei Bewohnern geführt.

andere manchmal sogar in so übler Weise hergezogen wird, wie es keiner direkt ins Gesicht gesagt würde (was z.B. einer Alleinerziehenden zugetragen wurde, deren Lebensführung manchen älteren Bewohnerinnen missfällt). Zwar meinte eine Gesprächspartnerin aus einem anderen Projekt, es werde viel über andere geredet, aber nie gemein, und eine weitere äußerte sich ähnlich. So ganz sicher sind wir dessen aber nach Gesprächen mit zwei anderen Bewohnerinnen dieses Projekts nicht, auch das ist wohl wieder eine Frage der unterschiedlichen Persönlichkeiten und Wahrnehmungsweisen und des eigenen Standortes im Projekt.

Ist es aber nicht einfach auch unfair, *»Frauen, die seit Jahren nicht miteinander sprechen«,* die unlösbare Differenzen haben, *»weil sie den Konflikt gar nicht erst angehen« (IP 36)* oder wenn eine Seite blockt, mit dem Problem allein zu lassen, wenn so laut von Gemeinschaftlichkeit getönt wird? Was ist dann im Projekt anders als in jedem normalen Mietshaus, wo eine allein nicht weiterkommt, wenn der unverschämte Nachbar nicht auf die Bitte reagiert, die Musik leiser zu stellen? Da werden anspruchshalber die gegensätzlichsten Frauen ins Projekt geholt und aufeinander losgelassen, dann aber sollen sie sehen, wie sie mit den daraus erwachsenden Kollisionen alleine fertig werden? Dann zieht sich die Gruppe aus der Verantwortung und diskutiert über technische Fragen, während ihnen Frauen unmerklich entgleiten? *»Wenn eine einen Psycho hat und die andere nicht bereit ist, in die Konfrontation zu gehen, dann ist es auch unsere Sache, das zu machen, aber nicht übers Haustreffen!« (IP 15).* Das signalisiert (in einem sehr kleinen Projekt) zumindest Bereitschaft, eine gewisse Verantwortung der Gemeinschaft gegenüber den Problemen einzelner anzuerkennen. Doch auch hier soll es vom Treffen getrennt sein – was allerdings nicht alle dort gut finden. Denn *»dann geht's nicht voran. Entweder man kratzt wirklich an der Person oder da wird nichts draus. Jedenfalls nicht eine wirklich tragende intensive Freundschaft« (IP 25).*

Nur in einem einzigen unserer Projekte gibt es eine Art Schiedsinstanz oder Ansprechfrauen, die als neutrale Mittlerin erstmal versuchen, eine Brücke zu bauen. Meist finden sich Frauen, die besonderes Vertrauen genießen und informell bei Problemen kontaktiert werden, aber, so scheint es, eher beschwichtigen, als wirklich zu vermitteln. Eine Frau versucht es eher indirekt: *»Ich will nicht vereinnahmt werden. Ich möchte aber mit den Frauen in Kontakt sein (...) im guten Sinne neutral, nicht indem ich mich nur neutralisiere« (IP 27).* So was kann hilfreich sein, um Lagerbildung entgegenzuwirken, jedoch nur, wenn beide Seiten sich gleich ernst genommen fühlen. Eine Instanz, die aktiv einschreitet, bräuchte unseres Erachtens jedes größere Projekt: Frauen, die nicht nur bei Konflikten ansprechbar sind, sondern die sich vielleicht auch mit besonderen »Fühlern« für unterschwellige Spannungen im Projekt bewegen, sie gegebenenfalls von sich aus ansprechen oder auch vorsondieren, welche Konflikte Einzelner von größerer Tragweite sind, so dass sie dazu führen könnten, dass sich eine zurückzieht, und die deshalb in die Verantwortung der Gesamtgruppe gehören. In Fragen, die mehr den Unmut einzelner mit dem Projektganzen betreffen, könnte nach Meinung einer Gesprächspartnerin ein *»Kummerkasten«* helfen, in dem anonym Anregungen und Kritik zur allgemeinen Kenntnis gebracht werden könnten. Erstaunlich eigentlich, dass ein solcher nicht überall selbstverständlich vorhanden ist. Wir hörten nur von einem Projekt, das es ansatzweise mal damit probiert hat (warum wieder aufgegeben, konnten wir nicht in Erfahrung bringen). Den gewünschten Zweck wird er allerdings nur erfüllen, wenn die Anliegen nicht nur wieder von denen wahrgenommen und besprochen werden, die ohnehin regelmäßig an der Hausversammlung teilnehmen, und wenn sie mehr als nur zur Kenntnis genommen werden. Das ist im Übrigen auch bei anderen inoffiziellen Mitteilungsformen wichtig. Offene Briefe zum Beispiel, an die Gemeinschaft adressiert, sind unseres Wissens ohne relevante Reaktion geblieben. Vorsicht ist in Konfliktsituationen mit dem Medium E-Mail geboten, das, wie in einem Projekt extrem geschehen, eher zur Eskalation beitragen kann.

Typisch Frau?

In den Erzählungen unserer Interviewpartnerinnen ist nicht zu überhören, dass beim Thema Konflikte die speziellen Umgangsweisen von Frauen mit Konflikten und Bedürfnissen eine große Rolle spielen. Da ist zu »Frauen untereinander« immer wieder von *»Gezicke«* die Rede, das vermeintlich seltener auftritt, wenn Männer dabei sind. Die Sprecherinnen selbst scheinen sich bei diesen Beschreibungen allerdings nicht mitzumeinen.

Von Seiten eher feministisch geprägter Bewohnerinnen heißt es, dass bei Frauen *»im Vordergrund steht: diese gegenseitigen Verletzungen untereinander, und das Nachtragen der Verletzungen und die Erinnerung an die Verletzungen« (IP 31)*, oder fast rechtfertigend: *»Frauen haben nicht diese Erfahrungen mit Konflikten umzugehen, und diese Rituale, wie es Männer [untereinander] haben (...). Die streiten sich bis aufs Messer und dann gehen sie zusammen ein Bier trinken« (IP 2).* Aber das bedeutet doch erstmal nur, Frauen haben nicht *diese*, durchaus fragwürdigen Rituale.[63] *»Wir gehen ja hier außerordentlich höflich miteinander um und das kann einem mit der Zeit schon auf den Keks gehen (...) dass man nie direkt sagt, was man zu bekritteln hat, das ein direkter Ton für unhöflich angesehen wird« (IP 40)*. Das Harmoniebedürfnis,[64] lernen wir, sei nach wie vor groß, auch bei den Projektbewohnerinnen, was sie vor offenen Worten zurückschrecken lasse (daher vielleicht ihr großer Wille zur Toleranz oder richtiger: Duldsamkeit?). Die dominierende Strategie vieler Frauen, und keineswegs nur der Älteren, Kritik zu üben oder ihre Wünsche zu äußern bzw. durchzusetzen (Claudia Höfner 2000), ist auch in den Projekten weiterhin eine indirekte, womit sie aber im Rahmen der Frauengemeinschaft offenbar manchmal das Gegenteil dessen bewirken, was sie erreichen wollen.

So erscheint die *»direktere Art von Männern«* mancher geradezu als Befreiung – was sie aber nur ist, wenn frau sie für sich selbst adaptiert und nicht wieder bei Männern sucht. Doch wenn frau sich anmaßt, was traditionell Männern vorbehalten scheint, nämlich offene Aggressivität,[65] stößt sie nicht nur bei letzteren schnell auf Widerstand, sondern auch in den eigenen Reihen. Folglich sieht sich auch die offensive Ideengeberin gegebenenfalls zum Taktieren genötigt, also *»wenn da eine was vorgibt (...) manchmal, wenn sie das klug angelegt hat, dann gehen die Frauen auch mit« (IP 24)*, während andere immer gefragt sein wollen, denn *»das ist auch so etwas, dass Frauen sich nicht selbst vorschlagen (...) aber hinterher dann sagen, da ist ja dran gedreht worden. Das sind so Verhaltensweisen, die's ein bisschen schwer machen« (IP 40)*. Und manch eine machen diese Verhaltensweisen richtig wütend: *»Das kann nicht sein, dass wir das hier so weiter machen (...) die, die die Zähne nicht auseinanderkriegen, da wird ge-*

[63] Die Fähigkeit zu streiten und dann zusammen ein Bier trinken zu gehen wurde im übrigen, als sei es fraglos erstrebenswert, auch Bewohnerinnen eines unserer Projekte attestiert.

[64] Diesem Harmoniebedürfnis widersprechen allerdings die weit verbreiteten Unterstellungen des »zänkischen Weibes«, und der (häufig von Männern geäußerte) Vorwurf, Frauen seien geradezu zwanghaft erpicht, alles an- und aussprechen, sezieren, zerreden und auch noch die intimst gehüteten Winkel des (männlichen) Innern bloßlegen zu wollen.

[65] Nach wie vor scheinen Ingeborg Netzers (2000) Untersuchungsergebnisse zuzutreffen, wonach Ärger und Aggression zu zeigen für Frauen gesellschaftlich nur auf dem indirekten Weg der Distanzierung akzeptabel sei. In den Beziehungen von Frauen wirke dabei immer auch die Aggression zwischen Müttern und Töchtern, die sehr häufig geprägt sei von nicht aussprechen, ausweichen, flüchten, verschärft durch die Eltern-Kind-Hierarchie, und oft in emotionaler Trennung der Tochter von der Mutter münde, als einziger, gesellschaftlich nicht nur akzeptierter, sondern gewünschter Form der Auseinandersetzung zwischen beiden.

fragt und gemacht und getan (...) Das find ich so typisch Mädchen, das find' ich so furchtbar!« (IP 16).

All das bestätigt natürlich diejenigen, die eigentlich sowieso kein *Frauen*projekt gesucht haben, in ihrem Vorurteil, dass »nur Frauen« nicht gut gehen kann, ja *»eine sagt dann immer ganz offen ›seit ich hier wohne, haben Frauen für mich sehr an Respekt verloren‹, und das ist überhaupt nicht gut« (IP 40)*. Das ist in der Tat nicht gut und wirft die Frage auf, wie viel Respekt sie denn wohl mitgebracht hat? Das vermeintliche Gezicke, das könnte eigentlich jede aus bitterer Erfahrung wissen, ist die andere Seite der offenbar immer noch dominanten Erfahrung, sich als Frau zurückhalten, sich beherrschen zu müssen, Bedürfnisse zurückstellen und als das eigentliche Wollen der/s anderen durchsetzen oder durch Nettigkeit verdienen zu müssen. *Diese* Rituale zu ändern gelingt nicht durch Distanzierung von den »Zicken« – es ist erschütternd, wie verbreitet abwertende Sichtweisen dieser und ähnlicher Art unter Frauen immer noch sind –, sondern nur durch Distanzierung von den eigenen Weiblichkeitsbildern und -erwartungen, mit denen sie einander nicht rauslassen aus der Rolle (wir kommen im letzten Kapitel darauf zurück).

Aber hier und da deutet sich schon eine kleine Wende an, wenn eine sagen kann, nach einem Streit *»wächst nicht Gras über die Sache, sondern es gibt eine Realität daneben. Wir lernen, was von einer nicht zu erwarten ist, aber auch, was gut ist. Sie ist dann nicht als Ganze ›doof‹, sondern es gibt auch schöne Erlebnisse miteinander und das wächst« (IP 2)*.

5.5 (Haus)Ordnungen und Regeln

»Wir haben nur eine einzige Regel im Haus und das ist, dass wir keine Regel haben, weil alles immer im Fluss ist« (IP 9). Das klingt sehr freiheitlich aber auch sehr ambitioniert und ganz anders als *»wir machen immer wieder neue Ordnungen, aber die haben ein ganz schnelles Verfallsdatum« (IP 32)*.

Regeln zum Umgang miteinander haben einige unserer Projekte aufgestellt, wenn auch in sehr unterschiedlichem Umfang und meist wenig verbindlich. Da vertraut frau erst einmal drauf, alle anderen seien selbstverständlich genauso rücksichtsvoll (oder so freiheitsliebend oder so tolerant), wie sie selbst. Es geht von Regelungen für den Projektalltag, eigentlich eher Verhaltensgrundsätzen wie *»Verantwortung für das Projekt übernehmen«*, oder *»einen freundlichen Umgang miteinander pflegen«* oder (wie aus einem sehr inhomogen zusammengesetzten Projekt berichtet) *»eine minimale Höflichkeit (...) was manchen schon zu viel ist« (IP 20)* bis hin zu so Detailliertem wie Hunde im Hof nicht frei laufen zu lassen oder Laubengänge nur so weit zu möblieren, dass Rollifahrerinnen noch durchkommen. Fragen von Rücksichtnahme, etwa beim Rauchen auf dem Balkon oder der Lautstärke bei Festen, sind wiederum kein Thema, bevor sie als Problem auftauchen, doch da hätte auch eine Regel wohl nichts genutzt, denn die Auslöserinnen solcher Ärgernisse sind oft wenig einsichtig, was jedoch selten zu nachdrücklichen Reaktionen der Gruppe führt. In einem Projekt hieß es, Frauen, die sich nicht an Vereinbarungen halten, würden angeschrieben und darauf aufmerksam gemacht. Denen, die sich weiter beharrlich daneben benehmen, würde durch entsprechende Reaktionen der Mitbewohnerinnen klar gemacht, dass sie ja auch mal in die Situation kommen, was zu wollen.

Wenn die erwarteten Selbstverständlichkeiten nicht eintreten, erscheinen Regeln als Ausweg, sind aber letztlich nur eine Verlegenheitslösung, wenn das Grundverständnis fehlt. Sie werden natürlich von der Minderheit gemacht, die (noch) an der Hausversammlung teilnimmt, also mit einiger Sicherheit von denen nicht eingehalten, die sich der Versammlung entziehen, u.a. weil sie sich nichts mehr vorschreiben lassen wollen, von niemandem. Wenn eine ehemalige Beamtin konstatiert, es gebe im Projekt so viele Regelungen *»wie in so 'ner Bürokratie« (IP 32),* wird sie sich dem wahrscheinlich entziehen. Wenn Frauen das Gefühl haben, es gebe welche, die auf Grund ihrer Erfahrungen *»glauben zu wissen, wie man in Gemeinschaft lebt, die WG-Erfahrung, ihre Lebenserfahrung, die bringt ihnen das« (IP 6)*, sind die mit Regeln sicher auch nicht zu überzeugen. Und wenn eine aus den Anfangszeiten des Projekts berichtet, *»es gab so viel Regeln, und es wurde immer wieder nicht eingehalten (...) aber das ging dann nicht weiter (...) das scheint nicht gewollt gewesen zu sein« (IP 19)*, so haben die Regeln offenbar nicht dazu beigetragen, die vielen Querelen, die es dort gab, zu bändigen. Wer hat da die Regeln gemacht und wer will dann nicht, dass es weitergeht?

Regelungen, die gar zu theoretisch und fern der Projektrealität aufgestellt werden, fallen überhaupt der Nichtbeachtung anheim. So würden einige Bewohnerinnen der untersuchten älteren Projekte manches heute so nicht mehr in die Satzung schreiben, weil wirklichkeitsfremd. Als noch realitätsferner stellte sich der Versuch eines nicht in die Befragung einbezogenen Projekts heraus, per »Statut« (das mit dem Mietvertrag zu unterschreiben war) nicht nur die Beteiligung an der Hausversammlung als obligat, sondern auch Umgangs- und Kommunikationsformen festzuschreiben. Da haben dann wohl etliche unterschrieben, die an der Entwicklung des Statuts nicht beteiligt waren, denn diese von der Kerngruppe *»am grünen Tisch in einem schönen Freizeitheim (...) vorausgedachten Gruppenprozesse« (GD 1),* so eine Diskussionsteilnehmerin, entwickelten sich vom ersten Augenblick an ganz anders als gedacht, und so sieht auch eine der dortigen Initiatorinnen es im nachhinein als sehr unrealistisch an, solches festlegen zu wollen.

Gruppenprozesse (anders als Pflichten) können, soviel lernen wir daraus, nicht einfach per Unterschrift abverlangt werden, insbesondere nicht denjenigen Frauen, die in erster Linie an einer Wohnung interessiert sind. Und die, die zu einer gewissen Verbindlichkeit bereit sind – brauchen die Regeln? Für das Miteinander in einer Gemeinschaft braucht es Übereinkünfte, die aber in einer alternativen, auf Gleichheit bauenden Gemeinschaft kaum fix geregelt werden können wie im Straßenverkehr. Sie müssen von den Einzelnen aus Überzeugung anerkannt werden und im Einzelfall flexibel, den Bedürfnissen wie der Situation angemessen handhabbar sein – aber doch verbindlich.

6 Was bekommt frau im Projekt?

»Es ist eigentlich schön zu beobachten, dass da mit der Zeit ein lebbares Modell entsteht (...) die Freude eigentlich, miteinander zu sein, überwiegt bei mir« (IP 24), so die verhaltene, die geduldige (realistische?) Freude einer Frau, die lang im Vorfeld schon dabei war. *»Ich liebe das hier sehr und bin sehr froh, das getroffen zu haben und die Frauen hier getroffen zu haben« (IP 39)*, ist dagegen die Freude einer, die erst kam, als die größten Wogen geglättet waren.

Und was macht die Freude des Miteinanders aus? Was ist das andere, das besondere im Frauenzusammenhang, das die Frauen nicht im normalen Mietshaus aber auch nicht in einem gemischten Projekt haben könnten? *»Das kann man gar nicht immer so zusammenfassen, was im einzelnen geschieht, was so zwei Frauen zusammen für 'ne Bereicherung erleben, einfach dadurch, dass sie hier wohnen« (IP 29)*, findet eine Alleinerziehende.

Kurz gefasst ist es das Alltägliche, die Alltagskommunikation, die Gemeinschaftlichkeit in Gruppen, Hilfen im Alltag wie auch in Notfällen. Es ist ein Gefühl von Sicherheit und Geborgenheit in der reinen Frauenumgebung, ein relativ sexismusfreier Ort. Die Frauen können davon ausgehen, dass sie nicht mit Männerdominanz oder gar -gewalt oder Pöbeleien konfrontiert werden, dass ihre Kinder im Haus sicher sind – und dass sich unter Frauen schon genügend finden, die sich irgendwie kümmern

Das bekommen alle, gleich wie integriert sie sind, gleich wie sehr sie sich engagieren, selbst die, die sich dem Geben verweigern. Doch um richtig zufrieden zu sein im Projekt, muss frau etwas tun. Je größer der Einsatz, umso größer der Gewinn. Und da gibt es dann eben *»Frauen, die ins Außen gehen und Frauen, die eine Erwartung haben, aber nicht ins Tun kommen« (IP 29)*. Je stärker eine sich einbringt, sich Bezüge schafft, so der Tenor von der einen Seite, umso mehr kann sie erwarten, umso besser das solidarische Netz. Klingt logisch.

6.1 Soziale Bezüge in den Projekten (Kontakte, Aktivitäten, Unterhaltung)

Spontane Kontakte und Alltagsbegegnungen

Die Frauen hätten alle so ein großes Mitteilungsbedürfnis, hieß es, und die Mehrheit der Frauen, mit denen wir sprachen, betonte wie wichtig die Möglichkeit zu spontanem Austausch ist, sei es am Briefkasten, auf dem Laubengang oder im Garten, *»so ein Smalltalk, der entwickelt sich so selbstverständlich, wenn man eine trifft – das hätte man in einem normalen Miethaus nicht« (IP 30)*. Entscheidend sei, ein Interesse zu spüren, das mehr ist als das »Guten Tag« im normalen Mietshaus. *»Dass es halt nicht anonym ist. Das möchte ich echt nicht mehr missen« (IP 26)*, sagt sogar eine, die eigentlich einen grundlegenden Mangel an Gemeinschaft im Projekt moniert.

Das unaufwändige Zusammentreffen ist es. Sich einfach mit der Tasse zur Nachbarin auf den Laubengang setzen oder sich zu der Gruppe gesellen, die im Hof zusammen klönt. *»Das Leben kommt auch einfach vorbei, ohne dass ich dann los muss« (IP 16),* genießt eine voll berufstätige Mutter, wenn sie erschöpft von der Arbeit kommt und nur kurz Zeit hat, weil das Kind wartet.

Gelegentlich gibt es das auch mal im normalen Mietshaus (einige hatten das sogar früher schon), aber das ist eher ein Glücksfall. Hier aber ist es Programm und die Chance groß, dass andere es auch wollen. Ungeplante Begegnungsmöglichkeiten scheinen ganz wichtig, *»wenn schönes Wetter ist und ich zum Briefkasten geh' – unter einer Dreiviertelstunde komme ich nicht zurück, und da war ich zu dreien schon unfreundlich« (IP 3)*, und dort, wo die baulichen Gegebenheiten solche Begegnungen behindern, wird es als erheblicher Mangel empfunden wie in einem Projekt mit zwei Eingängen und Treppenhäusern, die als stark trennend erlebt werden, weil die Bewohnerinnen der beiden Hausbereiche nie zufällig zusammentreffen (da die beiden Eingänge von zwei sehr unterschiedlichen Interessengruppen genutzt werden, fragen wir uns allerdings, ob die Trennung wirklich vor allem eine Frage des Baulichen ist).

Klatsch und Tratsch auf dem Flur sind auch eine Gelegenheit, unaufwändig Entwicklungen im Projekt mitzukriegen, beiläufig und wohldosiert etwas über andere zu erfahren oder von sich preiszugeben, anderes und manchmal mehr als beim Bewohnerinnentreffen. Frau kann einfach mal eine Freude teilen oder einem Ärger Luft machen, ob über den Job oder übers Projekt – und dabei immer noch eine gewisse Unverbindlichkeit wahren. In Grenzen können sogar potenzielle Konflikte abgepuffert werden, so wenn einer noch die letzte Hausversammlung im Magen liegt. *»Da kommt dann schon mal eine und sagt ›das gestern Abend war ja wieder schlimm‹ und ich sag dann beispielsweise ›hab ich nicht so empfunden‹ und dann relativiert sich das alles« (IP 4).*

Die meisten genießen die Möglichkeit unkomplizierter Treffen ohne langfristige Planungen und Verabredungen mit Reisen quer durch die Stadt. Mal eben klingeln ist selbstverständlich, zumal es in der Regel unproblematisch möglich ist, abzulehnen, wenn ein Besuch gerade ungelegen kommt. So weit scheint es auch hier problemlos, das nötige Maß an Distanz einzuhalten. Aber vielleicht klingelt eine auch nur dort, wo sie weiß, wie sie eine Abfuhr zu nehmen hat und dass die nur für diesen Moment gilt. Zwei ältere Bewohnerinnen betonen zudem, dass sie weniger gehemmt seien, mal bei einer zu klingeln, weil sie es mit Einzelfrauen zu tun haben, *»die ja alle gern mal jemand zum reden haben« (IP 4)*, und nicht mit (Ehe)Paaren, wo sie leicht das Gefühl überkommt, in eine sich selbst genügende Gemeinschaft einzudringen oder gar *»erst den Ehemann fragen [zu müssen], ›darf ich denn?‹« (IP 32*).

Aktivitäten in der Gesamtgruppe

In der *»Verliebtheit«* der Anfangszeit scheint in den Projekten noch die Idee zu bestehen, alle zu einer großen Gemeinschaft zusammenbinden zu können. In dieser Zeit sind (fast) alle noch recht offen füreinander, *»eingezogen mit Sonnenschein im Herzen, jetzt wird alles toll. Das war auch Party. Wir waren hier, die Wohnungen waren nass, egal« (IP 16)*. Die Arbeit ist geschafft, jetzt beginnt das Leben und da passiert erstmal auch viel in der Gesamtgruppe, geplant oder auch relativ spontan.

In dieser ersten Zeit werden Feste mit allen gefeiert, Geburtstagsfeiern zusammengelegt, wird Sonntags gemeinsam gefrühstückt, und manche probieren auch, traditionelle Anlässe wie Weihnachten oder Sylvester gemeinsam zu verbringen, vielleicht auch umzuinterpretieren, was jedoch meist an unterschiedlichen Einstellungen zu diesen Traditionen scheitert. In einem Projekt mit stark spiritueller Ausrichtung werden Rituale zelebriert und neue Feste eingeführt (zu denen zwar nicht alle Bewohnerinnen einen Zugang finden, sie aber respektieren und sich wenigstens im Rahmen der Hausversammlung darauf einlassen). Anfangs beteiligten sich manche auch gemeinsam an Stadtteilaktivitäten.

Einige berichten, anfangs sei praktisch immer etwas los gewesen und sie seien auch meistens dabei gewesen. Es ist eine sehr intensive Zeit, von der manch eine sich nur schwer verabschieden kann, weil es bedeutet, zu sehen, dass sie nicht zu allen eine enge Beziehung haben kann. *»Das musste ich aber auch erst vom Kopf in den Bauch kriegen, zu sehen, das ist auch okay so« (IP 16)*. Denn es erschöpft sich – richtiger, es erschöpft die Frauen und die Intensität zeigt auch ihre andere Seite. Es *»kann auch total weh tun. Auch Verletzungen sind intensiver, wenn man so große Erwartungen hat, und auch Einsamkeit« (IP 16)*.

Nicht nur, dass es uninteressanter wird, wenn dann mal alle soweit miteinander bekannt sind, sondern *»auch das ist Arbeit« (IP 22)*, wie sich herausstellt. So werden die großen Ereignisse seltener, immer mehr beschränkt sich auf kleinere Gruppen, oft auch in Privatwohnungen. Nachdem die allgemeine Neugier nachgelassen hat, vielleicht auch nur das Gefühl, was zu verpassen, differenzieren sich Gruppen nach Sympathien und die ein und andere merkt vielleicht auch, dass sie gar nicht so wahnsinnig gesellig ist oder kein Gruppenmensch. Eigentlich eine logische Entwicklung, und doch scheint sie von machen als eine Art von Scheitern (das eigene oder das der Gemeinschaft?) empfunden zu werden.

Das enttäuschte Gezerre der einen Seite, alles müsse mit allen gemacht werden, vermag solche Entwicklungen nicht aufzuhalten, sondern steigert sie eher zum Konflikt. Von Eifersucht ist die Rede auf die, die was zusammen machen, von Fraktionenbildung gar, Vorwürfe, die dann wieder Sachdiskussionen unsachlich machen. Ein Projekt hat dieser Dissens wohl unheilbar gespalten, insbesondere nachdem anfängliche politische Aktionen allmählich aufgegeben wurden. *»Wenn ›das Dritte‹ fehlt, dann ist es schwierig« (IP 18)*. In einem anderen hat sich die Feindseligkeit dagegen im Laufe der Zeit weitgehend gelegt, nicht ganz ohne Nachhilfe durch mancherlei Integrationsaktivitäten der Initiatorinnen. Aber selbst hier, wo es ein starkes Drittes gibt, hat eine Bewohnerin *»den Eindruck, dass jetzt auch 'ne andere Stufe oder ein anderer Kreis mit den Frauen [erreicht ist] (...), dieser Enthusiasmus, alles muss gemeinsam gemacht werden, wird anders betrachtet. Viele fühlten sich auch oft angestrengt – so schön und intensiv auch die Anfangsphase war (...) wir sind jetzt an einem anderen Punkt und müssen ein anderes Forum finden« (IP 27)*.

Ein paar Events halten sich aber in manchen Projekten doch über die Jahre, zumal, wenn sie selten stattfinden wie das alljährliche Sommerfest einer Projektinitiative, zu dem die Frauen aller bestehenden und im Aufbau befindlichen Vereins-Projekte zusammen kommen und auch diejenigen mal wieder erscheinen, die zwischendrin abgetaucht waren, oder die Sommerfeste eines anderen Projekts, zu denen FreundInnen, SympathisantInnen wie auch NachbarInnen eingeladen sind. Ein Projekt organisiert jährlich einen großen Kleidertausch, bei dem auch Freundinnen, die nicht im Projekt wohnen, mitmachen (von ähnlichen organisierten Tausch- oder Leihaktionen wurde übrigens sonst nirgends berichtet, außer in einem Projekt, das im Keller eine Art Zwischenlager für Ausrangiertes hat, in dem Bewohnerinnen sich bedienen können).

Und manchmal werden auch Gemeinschaftsaktivitäten nach einem Gang durch die Talsohle der Beziehungen neu belebt, wie in einem Projekt, das nach grundlegenden Veränderungen langsam wieder mit gemeinsamen Aktivitäten anfing, etwa einem Fahrradausflug.

Freundschaften und Liebe

»Ich muss nicht fünfzig Frauen lieben« (IP 14). Mit dieser Auffassung ins Projekt zu gehen, schützt zweifellos vor größeren Enttäuschungen, denn der Wunsch *»meine Mitbewohnerinnen sollten doch irgendwie meine Freundinnen sein oder zumindest werden« (IP 25)* lässt sich vermutlich nur in kleineren Projekten erfüllen – soweit es denn ein Ziel ist. Aber Freundinnen zu finden scheint insgesamt keine vordergründige Motivation (mehr) für den Einzug in ein Wohnprojekt zu sein. Zumindest ist in unseren Gesprächen selten von Freundschaft die Rede und von intergenerationellen Freundschaften schon gleich gar nicht. Wo sich in der Hoch-Zeit der Frauenbewegung befreundete Frauen zusammentaten, die in einem Frauenprojekt oder anderweitig politisch zusammenarbeiteten, um (auch noch) gemeinsam zu wohnen, die zusammen *»leben lieben arbeiten« (IP 28)* oder *»einfach mit Freundinnen schön wohnen« (IP 38)* wollten, scheint es heute eher ein beinahe unverhofftes Glück, wenn sich unter den Entstehungsbedingungen der Projekte Freundinnen finden (die, von denen wir wissen, kannten sich teilweise schon früher). Die Projekte sind unter diesen Bedingungen quasi schon auf eher distanzierte Bezüge angelegt. *»In einem Projekt mit zwanzig Frauen sind solche Kontakte ja nur intensiv, wenn auch die Sympathie da ist« (IP 29)*, was bedeutet, es gibt Sympathien, aber nicht einmal damit können die Frauen hier unbedingt durchgängig rechnen. Und einerseits tun sie es auch nicht, andererseits erhoffen viele sich doch etwas mehr, sonst wäre auch der Absturz nach der intensiven Phase nicht so

krass. *»Ich hab mir gesagt (...) wenn du eine Handvoll Frauen findest, zu denen du einen Draht hast, dann ist es gut. Und so ist es auch letztendlich (...) ja das ist schon so, wie ich es mir vorgestellt hab« (IP 32)* ist eine selten zufriedene Sicht.

Zwar hat auch in den neueren und den größeren Projekten die Mehrheit der Frauen, mit denen wir uns unterhalten haben, wenigstens zu einigen Mitbewohnerinnen engere bis freundschaftliche Beziehungen, doch das gilt, so wurde uns vermittelt, keineswegs für alle Bewohnerinnen. Auch einige unserer Gesprächspartnerinnen stehen so distanziert zu den Mitbewohnerinnen, dass sie hier vermutlich keine wirklichen Freundschaften geschlossen haben – die pflegen sie nach wie vor außerhalb –, bestenfalls haben sie etwas engere Kontakte zu Einzelnen, mit denen sie etwas mehr anfangen können. Auch wenn selbst diese mit der Zeit entstehenden Bindungen noch von großem Wert sein können, wie eine ältere Frau, die lange (enttäuscht) mit dem Auszug liebäugelte, inzwischen eingesehen hat, ist es doch, gemessen an den Erwartungen wie am Aufwand, eine sehr bescheidene Bilanz.

Was für die Freundschaft gilt, gilt mehr noch für engere, für Liebesbeziehungen. Die wenigen Lesbenpaare, die in den Projekten wohnen, sind zusammen eingezogen (oder die Liebste zog später dazu). Keine scheint die Liebe im Projekt zu suchen – wenngleich es vorkommt, dass zwei sie finden, vor allem im erwähnten Überschwang des Anfangs. Die erotisierende Kraft umfassender Bezugnahme von Frauen auf Frauen, wie manche sie in der zweiten Frauenbewegung erlebten, ist wohl mit dieser geschwunden? Dass diese Kraft dem Projekt zu Gute kommen kann, wissen offenbar nur noch wenige der Protagonistinnen aus frauenbewegteren Zeiten. Liebe unter Projektfrauen ist, sagen wir mal, kein Thema (sollte uns da etwas entgangen sein, so wurde es gut verborgen oder erschien als unwichtig, was unsere Einschätzung bestärken würde). Eher wird sie negativ mit der schon erwähnten Befürchtung verbunden, Paare seien gar zu sehr aufeinander bezogen, könnten dem Projekt, der Gemeinschaft etwas von ihrer Energie entziehen. Ein wenig aber mag auch mitspielen, dass heterosexuelle Frauen in vielen Frauenprojekten sehr bemüht sind, das Projekt (also sich) als »normal« erscheinen zu lassen.

Interessengruppen und Angebote

Typisch für die Beziehungen in den Projekten sind also weniger Freundschaften denn Gruppierungen, die sich nach Interessenlage und einer gewissen Sympathie ganz unterschiedlich zusammenfinden, homogenere Gruppen, aber auch, das wird immer sehr betont, altersübergreifende und sozial sehr gemischte, je nachdem, worum es geht. *»Es gibt Kleingruppen, die sich alters- und lebensformenunspezifisch bilden – einige Lesben machen schon öfter mal was zusammen, aber sonst ist es bunt gemischt« (IP 20).* Vieles entsteht in diesen Konstellationen spontan, eher unverbindlich und einfach um in Gesellschaft zu sein, überwiegend Freizeitunternehmungen wie gemeinsame Museums- oder Kinobesuche oder abends noch mal in den Park schlendern. Kaum hörten wir dagegen, dass Frauen gemeinsam politische Veranstaltungen besuchen, zu mehreren an stadtteil- oder anderen politischen Aktionen teilnehmen oder gar daraus Anregungen mitbringen, die ins Haus zurückwirken, obwohl doch, wie es hieß, *viele* Frauen politisch interessiert, einige auch im Öko- und Umweltbereich engagiert sind oder waren, was aber manche gar nicht voneinander mitkriegen. *»Jetzt bin ich hier zum Tauschring beigetreten (...) und nun kommt halt raus, dass das halberte Haus auch im Tauschring ist« (IP 26).*

Die Ex-Hausbesetzerinnen haben früher an politischen Aktionen teilgenommen, das gehört zu ihrer Entstehungsgeschichte, wurden aber (eigentlich schon mit dem Einzug ins Projekt) zunehmend »friedlicher«. Ein anderes frühes Projekt hat in den Anfangsjahren bei diversen Gelegenheiten Infotische gemacht mit dem gemeinsamen Ziel, die Projektidee zu verbreiten, was aber längst eingeschlafen ist. Nur die überwiegend linksorientierten Bewohnerinnen eines sehr kleinen Projekts gehen auch heute ab und an zu mehreren zu politischen Veranstaltungen. Einzelfrauen scheinen es schwerer zu haben, ihre Mitbewohnerinnen mitzuziehen, wenn es um Politik geht, oder sie versuchen es gar nicht erst (in der Befürchtung womöglich, die möglicherweise zu differenten politischen Überzeugungen könnten Konflikte hervorrufen oder vertiefen?[66]). Die ehrenamtlich oder politisch Engagierten jedenfalls agieren offenbar weitgehend unabhängig vom Projekt und eher selten bringen sie etwas davon hinein.

---

[66] Diese Befürchtung scheint nicht ganz unbegründet, wie sich in einem unserer Projekte zeigte, in das versehentlich sogar ein rechtsgerichtetes Ehepaar aufgenommen wurde (das glücklicherweise inzwischen »freiwillig« wieder ausgezogen ist, weil es sich wohl doch nicht recht wohlgelitten gefühlt hat).

Das gilt in auffälligem Maße auch (und gerade) für feministisches Engagement. Einen feministischen Dialog finden wir am ehesten in den Beginenprojekten, die im Dachverband der Beginen verankert sind. Hier nehmen auch Bewohnerinnen gemeinsam an den jährlichen Treffen und den Diskussionen innerhalb des Verbands teil, im einen weniger, im anderen ziemlich vollständig, und bringen das Erarbeitete ins Projekt zurück.

Zu den wenigen, die offensiv eine feministische Diskussion in ihrem Projekt anzuregen bemüht sind, gehören zwei sehr engagierte ältere Feministinnen, die mit regelmäßigen Salons, Vortrags-, Film- und Diskussionsveranstaltungen Hausbewohnerinnen wie auch eine interessierte Öffentlichkeit ansprechen, womit sie allerdings tendenziell vor allem externe Sympathisierende erreichen. Einzig in dem Projekt mit umfangreichem Veranstaltungsprogramm, das mit einem klaren feministischen Impetus angetreten war, durchzieht das Feministische die gesamte nach innen wie nach außen gerichtete Arbeit und erreicht hier auch den Großteil der Bewohnerinnen (wenngleich auch hier nicht alle).

In den vielfältigen festeren Gruppen werden in erster Linie kulturelle und körperbezogene oder auch spirituelle Bedürfnisse angesprochen. Da gibt es Gruppen, die Yoga oder Qui Gong praktizieren, kreistanzen, singen, meditieren oder sich zum Wandern verabreden. Es gibt hier und da Literatur- und Philosophiegruppen und in einem Projekt lernten einige Frauen eine Zeitlang spanisch bei einer Mitbewohnerin »mit Migrationshintergrund«. Ein Projekt hat einen spirituellen Kreis, der Jahreszeitenfeste und Mondzyklenrituale zelebriert. Ein so breites Aktionsspektrum haben allerdings eher die größeren Projekte, die ihren Gemeinschaftsraum häufig wirklich gut ausnutzen.

Ein bisschen vernachlässigt, zumindest wird es kaum erwähnt, scheint das Musische – mit einer beeindruckenden Ausnahme. Eine relativ neu gegründete Malgruppe zieht in einem lange Zeit zerrütteten Projekt immer mehr Frauen, alte und junge, in den Bann und fördert ungeahnte Fähigkeiten zu Tage. *»Dieses Malen erweckt das Haus ganz neu« (IP 39)* begeistert sich die Frau, die es ins Leben gerufen hat und sie tut alles, um diesen Termin regelmäßig einzuhalten. Es geht über Stunden und manche, die erst nur gucken, beginnen irgendwann auch zu malen. Nicht nur, dass schöne Ergebnisse entstehen, daneben wird auch geredet, und keineswegs nur Banales (so ist das sonst gern verdrängte Thema Tod ausnahmsweise kein abschreckendes). Es scheint einer der seltenen Orte, wo Frauen über »das Tun« auch zu einem tiefergehenden verbalen Austausch und einander tatsächlich näher kommen. *»Diese kreative Atmosphäre als Schaffens- oder Lebensatmosphäre zu gestalten, das wäre mir so der allergrößte Herzenswunsch« (IP 39)*, da möchte frau sich mehr solcher Initiativen wünschen.

Diese integrative Kraft mehr zu nutzen, wäre das nicht eine Anregung auch für andere Projekte? Es ist nicht ganz unwahrscheinlich (wie sich bei diesem Beispiel zeigt), dass damit auch einige der Bewohnerinnen gewonnen würden, die bislang das Potenzial, das die Projekte bieten, nicht nutzen. In fast allen Projekten gibt es nämlich Frauen, die sich kaum je veranlasst fühlen, eines der Angebote wahrzunehmen,[67] geschweige denn, selbst etwas zu initiieren. Bei einigen ist es ein Akt der Distanzierung vom Projekt. Manche sind mit dem, was sie außerhalb schon machen, ausgelastet, und es ist auch nachvollziehbar, dass eine ihre langjährige Qui Gong-Gruppe nicht unbedingt verlässt, weil es nun auch im Projekt so eine Gruppe gibt. Aber andere finden hier vielleicht einfach nichts, was sie aktuell interessiert, *»schöne Sachen (...) wie tanzen, Chor, Musik machen – einfach lebendig sein« (IP 23)*.

Unter den Interessen, die Frauen miteinander teilen, gibt es ein paar Favoriten: Yoga gehört dazu und wandern und ganz oben in der Beliebtheitsskala sind Kochgruppen. Fast jedes Projekt hat eine. Die Beteiligten treffen sich meist reihum in den Wohnungen, seltener im Gemeinschaftsraum. Im Wechsel kocht eine in der eigenen Küche – von Gruppen, die gemeinsam kochen, wurde uns nicht erzählt. Wichtig scheint auch weniger das *Kochen* selbst (als kreativer Akt oder gemeinsames Tun), ja nicht einmal unbedingt *die* Speisen, sondern *das gemeinsame* Speisen. Witzigerweise sagen gerade die Frauen, denen es besonders am Herzen liegt, auch noch von sich selbst, *»ich bin gar nicht so 'ne große Köchin, aber ich find halt gemeinsam essen schön« (IP 11)*. Essen als social event jedoch ist für viele, erstaunlicherweise sogar eher für jüngere (die wir ja für anarchischer halten würden), ein Synonym für Gemeinschaft, ist die Gelegenheit, wenn möglich regelmäßig, mit (den) anderen zusammenzutreffen.

Eine der älteren Bewohnerinnen würde sich eher eine Art bewirtschaftete Kantine wünschen (ein bisschen wie beim Einküchenhaus), wo sie einmal am Tag andere beim Essen treffen könnte. Zwei junge Frauen fänden es dagegen schön, eine Gemeinschaftsküche zu haben mit einem zentral, möglichst eingangsnah gelegenen Gemeinschaftsraum – der liegt in ihrem

[67] Dies bestätigt auch eine projektinterne Befragung, in der immerhin jede siebte Frau angibt, dass sie die Angebote im Projekt nie nutzt (IB 2).

Projekt etwas zu abseits. Sie könnten sich vorstellen, dass dort öfter gekocht würde und jede, die vorbei- bzw. heimkommt spontan dazusitzen könnte (nach dem Motto: dann schmeiß ich halt noch ein Paket Nudeln ins Wasser). Natürlich dürfte das nicht an einigen wenigen hängen. Leider konnten wir nicht nachprüfen, ob das in ihrem Projekt mit seiner explizit *»großen Kochenergie«* ein breiteres Bedürfnis treffen würde. Allerdings bekannte eine der Jüngeren in diesem Haus zum Thema Kochgruppe, dass sie auch nicht im geringsten Lust habe, (noch mal) *»für zwanzig Leute zu kochen, wenn ich nur eine Kartoffel brauche (IP 39)«* und eine ältere Mitbewohnerin, die uns gegenüber äußerte *»ich bin ein Kriegskind und kann nicht haben, wenn nicht ordentlich mit Essen umgegangen wird« (IP 34)* hätte vermutlich auch ihre Probleme mit dem gemeinsamen Kochen und Essen.

Essen als Gemeinschaftsbildner, die Groß-WG hat es über einen langen Zeitraum so gehandhabt und allabendlich, *»punkt sieben«* gemeinsam gegessen und reihum gekocht (was einkaufen und aufräumen danach einschloss). Was anfangs wohl alle als soziales Ereignis mit dem angenehmen Nebeneffekt von Arbeitsersparnis genossen, wurde unter veränderten Bedürfnissen und Rhythmen der (teils auch neuen) Bewohnerinnen, der kleinen wie der großen, immer schwieriger durchzuhalten und schließlich aufgegeben. Die einen essen nur noch vegan, die Kinder nichts Grünes. Einige kommen erst später von der Arbeit, eine will nicht nach 18 Uhr essen und kocht auch gern mal für sich allein, wenn sie ehrlich ist. *»Das fand ich immer total anstrengend (...). Das war damals ein großer Druck, ›das muss stattfinden‹ und ›Kommunikation findet übers Essen statt‹, die fanden das total wichtig als Forum. Das ist für mich überhaupt nicht so (...) Für viele ist das vielleicht immer noch wichtig oder die vermissen das auch, weil das so ›ach dann kann ich einfach da sitzen und ich muss nicht irgendwas unternehmen und Impuls zeigen usw.‹« (IP 37*). Einigen fiel es schwer von diesem zentralen Element ihres ursprünglichen Wohnwunsches zu lassen, andere sind erleichtert, weil es mehr und mehr in Stress ausartete oder weil es nie ihr Ding war. Und wir sind uns gar nicht sicher, wie vielen heutigen Bewohnerinnen anderer Projekte es eines wäre.

So viel (Über)Gewicht dem Essen – in seiner gemeinschaftsbildenden Funktion – beigemessen wird, so wenig kommt bei all den Genießerinnen gemeinsamer Mahlzeiten zur Sprache, dass der Umgang mit Essen für die wenigsten Frauen ein selbstverständlicher, ein unproblematischer ist, sondern immer in einem Double-Bind um essen oder nicht-essen verfangen, der manchen den Genuss am gemeinsamen Essen dämpfen dürfte. Die Frau als Zuständige für die täglich notwendige Essensbereitung, die sich selbst das Essen vorenthält um der Schönheit willen oder der es vorenthalten wird um der Kinder oder Männer willen, die (angeblich) mehr brauchen und so auch mehr werden. Kann es wundern, dass Frauen ihre Abwehr gegen Zumutungen aus den ihnen gebotenen Weiblichkeitskonzeptionen gerade am Essen festmachen, ob sie sich Gewicht(igkeit) anfressen, Auskotzen (was zu viel der Fremdbilder in sie gestopft wird) oder sich dem Essen oder dem Essenmachen weitgehend verweigern? Und kaum die lustvoll-luxuriösen oder die kreativen Seiten des Essens für sich erschließen können – schon gar nicht für sich allein.

Um so überraschender, dass auch und gerade in der reinen Frauenumgebung die vielfältigen Aspekte des Essens, insbesondere für Frauen, nicht mitgedacht werden wollen, dass gemeinsam Essen, so klingt es zumindest aus Erzählungen unserer Gesprächspartnerinnen, so einseitig auf den Familientisch-Ersatz konzentriert bleibt, der für die einen vielleicht eine schöne, für viele andere eine Horrorerinnerung ist.

6.2 Die besonderen Bedürfnisse der Mütter – die Sache mit alt und jung

Essen und Sorgen und Familie, da sind wir auch gleich bei einer besonderen Interessengruppe, den Frauen mit Kindern. Mit Beruf und Kind reichlich ausgelastet, ist für sie das Wichtigste am Leben im Projekt der unkomplizierte Kontakt zu anderen Erwachsenen, auch, aber nicht ausschließlich zu anderen in der gleichen Lebenssituation. *»Ich hätte auch nicht in 'ner Monokultur von Alleinerziehenden leben wollen, auf keinen Fall, weil (...) ich bin nicht ›Mutti‹. Ich wollte Frauenwohnprojekt, (und halt auch ein frauenbezogenes)« (IP 16)*. Sicherlich verbindet das selbstverständliche Wissen um die Situation der anderen als Mütter *(»dass es auch bisher funktioniert hat, dass die Frauen füreinander da waren, ohne dass sie viel voneinander wussten, lag wohl daran, dass alle in der gleichen Situation waren«, IP 13)*. Doch daraus entsteht nicht zwangsläufig eine Unterstützungskultur. Wohnen in einem größeren Projekt nur marginale vier Mütter, so ist es Glück, wenn wenigstens zwei sich mögen und die Kinder *»ein Dreamteam« (IP 5)* bilden. Im Gesamtprojekt gehen sie vielleicht trotzdem mit ihren Bedürfnissen unter, ob es nun um Termine der Hausversammlung geht, um die Anschaffung von Kinderspielgerät oder darum, wie Gemeinschaftsbereiche ausgestattet werden *(»es ist zwar ein altersgemischtes Projekt, aber dass alles fürs Alter und für Gebrechen geeignet sein muss, das steht sehr im Vordergrund«, IP 10)*. Wenn aber die Kinder altersmäßig überhaupt nicht zusammenpassen, entfällt für die Mütter auch das Verbindende der gleichen Lebenssituation.

Wenn dagegen Frauen mit Kindern ein auch zahlenmäßig gewichtiger Part des Projekts sind, ist die Chance groß, dass sich Kinder wie Mütter finden, die etwas miteinander anfangen können, und sich eine schöne Gemeinschaft gegenseitiger Entlastung und noch mehr entwickelt. So in einem Projekt, wo die Mütter, die einen intensiven Bezug zueinander hatten, den Wohnungsschlüssel außen stecken ließen, als die Kinder noch klein waren. Viele gingen selbstverständlich bei den anderen ein und aus und die Kinder oft zum Essen zu anderen Müttern. *»Ich hatte entweder kein Kind am Tisch oder ich hatte vier Kinder am Tisch« (IP 29)*. Einzelkinder lernten zu teilen und auf andere zu achten und da die Kinder immer in Clique unterwegs waren, hatten die Mütter weniger Sorge. Einmal allerdings entzündete sich am Streit einiger Kinder ein böser Konflikt, den die Mütter mit ihrer Einmischung nicht lösten, sondern eskalierten.

Der Kontakt zu anderen Erwachsenen ist nicht allein für die Mütter wichtig. Auch die Kinder profitieren nicht nur von den anderen Kindern, sondern auch von anderen Erwachsenen in ihrer Entwicklung zu *»gruppenkompatiblen Menschen« (IP 38)*. Auch wenn die Kinder *»eng an ihre Mütter angedockt« (IP 28)* sind – das sind sie übrigens auch in der WG, wo durchaus unterschiedliche Erziehungsstile gepflegt werden, die nicht immer einfach nebeneinander stehen können, *»eine Frau, die wollte sich nicht so gern bei der Erziehung über die Schulter gucken lassen, (...) die wollte lieber so laissez-faire-verlottert« (IP 38)* –, haben die anderen Bewohnerinnen einen Einfluss auf die Kinder, weshalb die WG-Mütter sich ausdrücklich nicht als *»alleinerziehend«* verstehen. Es entlastet die Beziehungen zwischen Mutter und Kind erheblich, wenn auch andere im Alltag mal Grenzen setzen oder zurechtweisen und nicht nur *»Mama nervt«*. Im Hinblick auf eine geschlechtersensible Erziehung ist es vielleicht auch nicht ganz unwichtig, wenn die andere Erwachsene eine Frau ist, deren Bedürfnisse die Kinder zu respektieren lernen, und nicht nur der mitverantwortliche Papa außerhalb. Allerdings reagieren die Mütter empfindlich, wenn es keinen Ausgleich gibt, wenn die, die kritisiert, nicht auch Schönes mit dem

Kind macht oder es gar ablehnt. So würden (zumindest) zwei Mütter ihr Kind auch nicht in die Obhut einer jeden geben.

Doch die Kinder haben, wie sich grade in den Projekten mit einem mehr *verbalen* Anspruch auf Kinderfreundlichkeit zeigt, selbst ein gutes Gespür dafür, wo sie wirklich willkommen sind. Sie suchen sich selbständig Kontakte zu Erwachsenen, die sie lieben und respektieren, und weisen die zurück, die nur meckern. *»Wenn halt etliche Frauen entsprechend auf die Kinder zugehen oder sie angehen, dann sagt halt so ein Kind auch, ›mit der Hexe will ich nichts zu tun haben‹« (IP 26).* Die Chance, dass keine »Hexe« einzieht und auch keine dazu wird, weil sie sich von Ansprüchen überfahren fühlt, ist zweifellos in einem explizit auf das Leben mit Kindern ausgerichteten Projekt größer, als in einem, wo eben auch ein paar Alleinerziehende einbezogen werden sollten. Dort findet sich dann vielleicht auch eher die ein und andere, die von sich sagt *»ich selbst habe keine Kinder, wollte ich auch nie, aber es ist für mich eine totale Bereicherung mit den Kindern hier zu leben« (IP 37).*

An dieser Stelle möchten wir eine tiefsitzende Überzeugung ankratzen, die sogar unter Frauen noch sehr verbreitet ist, die sich als geschlechtersensibel bezeichnen würden. Nicht jede als »weiblich« identifizierbare Person schmilzt beim Anblick von (Klein)Kindern dahin, lässt mit mildem Lächeln auf ihren Nerven wie ihrem empfindlichen Sofa herumtrampeln, um eine noch empfindlichere Kinderseele nicht fürs Leben mit einem Nein zu traumatisieren, und hat natürlich immer für so ein Seelchen Zeit … Gerade in Frauen-Wohnprojekten gibt es, wie sich gezeigt hat, recht viele Frauen, die nicht mehr so wild auf Kinder sind oder es noch nie waren, und vielleicht würde es gerade den Projekten von Frauen gut anstehen, eine Atmosphäre zu schaffen, die es einer Frau erlaubt, Kindern gegenüber uninteressiert oder ablehnend zu sein, einfach andere Schwerpunkte in ihrem Leben zu haben, ist doch Kinderkriegen, das sollte inzwischen hinlänglich begriffen sein, nur *ein* Potenzial von Frauen, das sie nutzen können oder eben nicht.[68] Außer unserer radikal-links-feministischen WG – die bewusst mit Kindern leben wollte und will, aber immer akzeptierte, dass nicht alle das

[68] Der gesellschaftliche Druck scheint aber noch immer groß, sich »als Frau« zu beweisen, denn dass jungen Frauen das Einfrieren ihrer Eizellen zwecks Karrierefortsetzung angetragen werden kann, setzt voraus, keine werde im Zweifel die »biologische Uhr« überhören und sich womöglich für andere Interessen und Fähigkeiten entscheiden.

wollen müssen – transportieren auch unsere Frauenwohnprojekte etwas merkwürdig Zwiespältiges aus dem eigenen (momentanen, vergangenen, erwarteten) Gefühl zu Kindern und dem immer noch unwillkürlichen Zusammendenken von Frauen und Kindern.

Die Sache mit Alt und Jung

Hier ist auch der Moment, um mit dem Missverständnis des generationenübergreifenden Wohntraums aufzuräumen: der an grünen Tischen gepflegten Idee, dass die Alten sich darin genügen, als Wahlomas die Jungen freudig bei der Kinderbetreuung unterstützen und die Jungen im Gegenzug die hilfsbedürftigen Alten versorgen. Dass dieses wenig emanzipative Ideal von Initiativgruppen älterer Frauen gerne aufgenommen wird, lässt sich nur mit ihrer Hoffnung erklären – mit dieser Altersmischung der Jugend nah bleibend, zu vermeiden, ein alternatives Altersheim zu werden (womit sie möglicherweise unbeabsichtigt der verbreiteten Abwertung des Alters zustimmen, statt ihr entgegen zu arbeiten). Beides funktioniert nicht![69]

»Die älteren Frauen hier, die haben die ganze Kindergeschichte auch schon hinter sich (...). Ich habe gedacht, die haben hier alle so richtig Lust auf Kinder. Aber das ist gar nicht so. Die sind alle unheimlich aktiv. Die haben gar keine Langeweile« (IP 10) charakterisiert eine Alleinerziehende die Realität ihres und vieler anderer sogenannter Generationenprojekte. Die aktiven Älteren, oft Rentnerinnen, gerade eingetreten in ihren letzten Lebensabschnitt oder zumindest in Sichtweite des Rentnerinnendaseins, suchen zwar eine neue Aufgabe, aber sie wollen sich auch endlich mal ihren eigenen Interessen widmen. Die einen machen das Wohnprojekt zu ihrem neuen Lebens-Projekt, manche sind (vor allem oder zusätzlich) politisch engagiert oder ehrenamtlich tätig.

»Viele Frauen waren nie mit 'ner Kleinfamilie behaftet. Und die, die es gewesen sind, sind froh, dass sie da raus sind« (IP 14), die wollen nicht weitermachen wie bisher, jetzt womöglich noch mit fremden Kindern. Und die, die gern ab und zu Kinder um sich haben, die haben ihre eigenen Enkel

---

[69] Dass die Idee des intergenerativen Wohnens zumindest theoretisch in den Projekten großen Anklang findet, belegt auch eine projektinterne Befragung, nach der mehr als die Hälfte der Bewohnerinnen auch an einem Mehrgenerationenprojekt interessiert gewesen wäre und nur jede fünfte Frau diese Alternative dezidiert ausschloss. Alle haben sich jedoch für ein Projekt entschieden, in dem nicht zufällig keine Kinder wohnen (IB 2).

oder machen Hausaufgabenbetreuung, bei der sie Ausmaß und Zeit des Kontaktes selbst steuern können.

Möglicherweise finden sich die »Wahlomas« (es muss sie wohl geben, glaubt man den bunten Medien) eher in gemischten Wohnprojekten (und hier sogar ein paar Wahlopas). Finden sich in den Frauenprojekten in der Mehrzahl andere Ältere? Wir jedenfalls haben nur eine einzige Frau gesprochen – eine, die *»immer Kinder um sich hatte« (IP 34)* und (zufällig?) eine der wenigen ohne qualifizierte Berufsausbildung – die in dieser Rolle im Projekt ihre Erfüllung fand und wir haben auch von keiner weiteren gehört, die gar deswegen in das Projekt gezogen wäre. Eine andere hat erst nach Jahren im Wohnprojekt älterer Frauen langsam wieder Lust auf Kinder bekommen, und die erfüllt sie sich nun als Tagesmutter. Die meisten Älteren sind zwar schon bereit, mal nach einem Projektkind zu gucken, aber auch die unter den Älteren, die das ganz gern tun, haben lieber die Kleinen, vor allem wenn sie selbst nicht mehr so fit sind, denn *»wenn die mal so vier oder fünf sind, dann werden sie so ein bisschen anstrengend« (IP 13)* wie eine Mutter unkt. Manche Ältere sind ganz bewusst in ein Projekt nur für ältere Frauen gezogen, um sich gar nicht der Situation auszusetzen, um Unterstützung gefragt, nicht »nein« sagen zu können.

Viele der älteren Frauen sind, (wenn sie ehrlich sind) nicht nur unlustig auf Kinder – eine wurde mit dem Spruch zitiert *»hätt' ich gewusst, dass hier Kinder wohnen, dann wär' ich hier nicht eingezogen« (von IP 16)* –, sie gehen ihnen manchmal auch auf die Nerven, was aber nur hinter vorgehaltener Hand gesagt wird. Und sie sind auch genervt von den jungen Müttern, missbilligen nicht selten deren Erziehungsstil, deren, wie sie es empfinden, Wurstigkeit. Als Kriegskinder sind sie *»in einer Zeit groß geworden, wo man (...) Verantwortung wahrnehmen musste (...) und Sachen ordentlich halten, drauf achten, dass nichts achtlos kaputt geht. Und die Generation nach uns, die ist anders sozialisiert – es sind nicht alle gleich –, denen ist das so schnurz, ob was kaputtgeht, ob was rumliegt, ob die Kinder die Stühle draußen rumschmeißen, (...) da krieg ich die Krätze« (IP 19)*. Irgendwann geben sie es auf, etwas zu sagen, weil sie nur Achselzucken ernten oder weil sie von sich selbst verlangen, die Dinge anders anzusehen, also »an sich zu arbeiten«. Eine gibt unumwunden zu, dass sie auch wegen der Lebensrealität der Mütter froh ist, keine Alleinerziehenden im Haus zu haben, *»das ist auch so etwas, was ich hier so genieße« (IP 32)*. Eine andere gesteht, dass sie einfach mit dem Lebensstil der Jungen nicht klar kommt, mit dem Spontanen, Ungeordneten, was möglicherweise bei vielen dahintersteht, die als besserwisserisch oder mäkelig gelten. Und oft sind sie es auch oder werden so, weil sie nicht in der Lage sind, ihre Gefühle und Wertungen in konstruktiver Weise zum Ausdruck bringen, weil sie zu lange zögern und in ihrer Genervtheit nur noch negativ sind oder weil sie das (vermutlich nicht ganz irrige) Gefühl haben, so nicht empfinden zu »dürfen«, und deshalb mehr mosern, statt offen zu sagen, was sie stört.

Einige bringen wohl auch wirklich wenig Akzeptanz für andere Lebensweisen mit, *»die halt aus so einer Zeit kommen, die Ehefrau waren und die ihr Leben damit verbracht haben, für Haus und Kind und Mann da zu sein, wo immer alles ordentlich und geregelt und sortiert war« (IP 26)*, und für die dann schon ein bisschen kreative Unordnung auf dem Laubengang »asozial« wirkt. Von dieser Art Mitbewohnerinnen kommt eher zusätzlicher Druck als Entlastung für Alleinerziehende und es wundert kaum, wenn eine Mutter manches Mal zu deren Beschwerden denkt *»die Probleme möchte ich auch haben« (IP 26)*.

Die Mütter, auf der anderen Seite, sind reichlich ausgelastet damit, den Alltag mit Kind und Beruf zu stemmen. Sie suchen keine neue Aufgabe, sie haben das »Projekt Kind« und sie haben auch gar keine überschüssigen Kapazitäten, um mehr für die Älteren zu tun, als ihnen hier und da mal mit einer kleinen Hilfeleistung unter die Arme zu greifen. Sie brauchen eigentlich *Ent*lastung und nicht noch eine neue *Be*lastung.

Diese Entlastung im Alltag organisieren sich die Mütter im Großen und Ganzen untereinander. Sie kennen die Bedürfnisse und Schwierigkeiten der anderen in gleicher Situation und haben eine Toleranz, die sie von den Älteren nicht empfinden (und vielleicht auch nicht erwarten können). Wenn eine sowieso kocht, kann sie auch gleich mal für mehrere kochen. Sie kann auch mal ein Kind vom Kindergarten abholen, wenn dessen Mutter von der Arbeit nicht wegkommt oder im Stau steht – und hat dafür ein anderes Mal frei. Vielleicht haben Mütter in der Phase, in der die Kinder klein sind, auch weniger Abgrenzungsprobleme, denken stärker im »Wir«, da sie eh immer gestört werden, ihre Aufmerksamkeit jederzeit gefordert wird, sie spontan auf das Kind eingehen, immer für es mitdenken müssen,[70] während sich eine Ältere leicht überfallen, aus ihrem Rhythmus gebracht fühlt und um ihre Einrichtungsschätze bangt, wenn ein Kind vor der Tür steht.

---

[70] Erstaunlicherweise schaffen es dagegen die neuen Väter ganz gut, trotz Kinderbetreuung noch bei sich und ihren Interessen zu bleiben.

Doch nicht nur rein praktisch klappt das innerhalb derselben Generation besser. Die jüngeren Frauen sind sich auch »zeitgeistig« näher[71], in ihren Wertigkeiten und in der Frage, welchen Raum Kinder im Projekt (und überhaupt) haben sollen. Von den Älteren erleben oder empfinden sie tendenziell Desinteresse (bestenfalls), Missbilligung, Unverständnis bis hin zur Bevormundung, ganz besonders wenn nur wenige Mütter im Projekt sind: *»Als ich hier einzog, (...), da fand ich eigentlich, es gab ganz viele Hinweise darauf, wie mein Kind zu sein hat und nicht zu sein hat und wie ich mich zu kümmern hab' als Mutter. Aber es war für mich nicht spürbar: Wie wollen wir hier eigentlich mit den Kindern sein?« (IP 26).*

Viele der älteren Frauen mussten selbst, zumindest phasenweise, Kinder allein aufziehen, in einer Zeit, die alleinerziehenden Frauen nicht nur materielle Unterstützung versagte, sondern auch jegliche gesellschaftliche Achtung. So neigen manche zu einer gewissen Selbstgerechtigkeit, unterstellen den Jungen eine Anspruchshaltung (z.B. auf Sozialleistungen, die es zu ihrer Zeit noch gar nicht gab), während sie selbst das schließlich auch allein geschafft haben. *»Dann kommt immer so was ›Als wir alleinerziehend waren, da war es wirklich noch schwierig, aber euch geht's ja soo gut‹ (...). Ich hab das auch gehört, dass manche gesagt haben: So, meine Kinder sind jetzt groß (...) nun schau zu wie du deine jetzt groß kriegst« (IP 26)*. Diese Gefühle, so verständlich sie auch sind, fördern bei den jüngeren Frauen eine Abwehr, überhaupt etwas von dieser Generation anzunehmen.[72] *»Ich hatte oft das Gefühl, dass einfach viele so mit ihrer größeren Lebenserfahrung sich einfach mehr Wissen und Richtigkeit einverleibt haben« (IP 26).*

Leider haben wir versäumt zu erfragen, ob im Erziehungsstil der jungen Mütter oder dem Umgang der Älteren mit den Kindern eine geschlechtersensible Haltung Konsens ist bzw. inwieweit und von welcher Seite dieser Punkt zu Konflikten zwischen Älteren und Jüngeren beiträgt. Angesprochen hat es keine von sich aus.

Ein anderer Aspekt, der die typische Beziehung von Jung und Alt in den Projekten widerspiegelt und die Annäherung selbst zwischen den aufgeschlosseneren Älteren und den Jüngeren erschwert: Die neueren autonomen

[71] In unseren Projekten leben unseres Wissens keine Mütter aus extrem differenten sozialen Milieus zusammen, bei denen diese Vorstellungen evtl. doch stärker als verträglich auseinandergehen könnten.

[72] Aus einem Projekt mit vielen Alleinerziehenden, das nicht in unsere Untersuchung einbezogen ist, hörten wir, es sei sogar die Meinung geäußert worden, den Älteren sei, da im Nationalsozialismus groß geworden, sowieso jede Vorbildfunktion abzusprechen.

Projekte werden von älteren Frauen ins Leben gerufen, werden von ihnen finanziell und praktisch ermöglicht. *»Frauen in meinem Alter, vor allem Frauen in meiner Lebenssituation, hätten gar nicht die Mittel, so ein Projekt aufzubauen« (IP 26)*, das ist den Alleinerziehenden ziemlich klar. Die Jungen werden, strategisch oder ideologisch motiviert, mitgenommen, ja ins Projekt gelockt. Die Älteren sind damit in der Position der Gebenden und der Bestimmenden, was den jüngeren Frauen durchaus bewusst ist und die Tendenz zur Abgrenzung nicht gerade verringert.

Der Jungbrunnen, den sich die Älteren im intergenerationellen Austausch erhoffen – eine Illusion? Die gegenseitige Bereicherung bleibt irgendwie aus, der erhoffte Austausch kommt nicht recht zustande. Die Generationen suchen einander nicht im Alltag, interessieren sich (jenseits der Unterstützungsebene) kaum wirklich füreinander, da sie grundlegend unterschiedliche Interessen bzw. Probleme haben. Das gilt nicht nur für die Jungen gegenüber den Älteren, sondern auch umgekehrt. Nicht, dass sie nicht bereit wären, sich *»schon mal«* miteinander zu unterhalten, aber sie kommen einfach schnell an die Grenzen ihres Austauschbedürfnisses. So sagt eine unserer ältesten Gesprächspartnerinnen unverblümt über ihre Erfahrungen in der Kommunikation mit jüngeren Frauen: *»Die fragen mich nicht, was mich angeht, sondern die erzählen mir immer wieder was sie angeht. Und für mich ist es langweilig, das immer wieder zu hören« (IP 15)*. Sie, die als mit Abstand Älteste in ihrem Projekt von den deutlich jüngeren Mitbewohnerinnen außergewöhnlich große Wertschätzung erfährt und, als große Ausnahme, schöne Kontakte zu vielen von ihnen hat, vermisst doch den Input von Frauen, die ihr altersmäßig nahe sind. Die Jüngeren im Projekt verbindet mit der Älteren insbesondere die politische Grundeinstellung und die Authentizität, mit der sie ihre, wie sie es nennt, *»radikal demokratische«* Haltung im Projekt immer wieder beweist. Bei allen anderen Projekten mit Alt und Jung haben wir nur noch von einer einzigen intensiveren Beziehung zwischen einer jüngeren und einer alten Frau gehört, die jedoch auch ihre Grenzen hat.

Um es klar zu sagen: Die heutigen alten Frauen *müssen* sich nicht unbedingt mit anderen (Frauen) zusammen tun, um nicht zu vereinsamen (ein Grund, der vor zwanzig Jahren vielleicht noch eine gewisse Berechtigung hatte, der aber immer noch in den Projektkonzepten und -flyern angeführt wird), zumindest die nicht, die Power genug haben, ein Wohnprojekt zu realisieren. Zudem sind Frauen gewohnt, sich zu versorgen und mit sich allein zurecht zu kommen (weitaus mehr als alte Männer dieser Generation) und das verlangen sie sich auch selbstverständlich ab. Und wenn sie das mal nicht mehr können, geht es auch im Wohnprojekt mit den Jungen nicht viel weiter.

Stellt sich also die Frage, was die Generationen einander *geben* können. Was ist es, das eine alte Frau einer jungen Alleinerziehenden geben kann (wenn Kinderbetreuung nicht das Thema ist)? Was kann diese von ihr (an)nehmen? Wo sprechen sie eine Sprache? Was interessiert sie *wirklich* aneinander?[73] Suchten in den 1970ern (zu Beginn der zweiten Frauenbewegung) Ältere wie Jüngere bei selbst gewählten Vertreterinnen der anderen Generation, was die konfliktträchtigen Mutter-Tochter-Beziehungen nicht hergaben, haben letztere inzwischen, so scheint es, den gewählten sogar etwas voraus. Sie sind vielfach gleichberechtigter, vertrauensvoller, geradezu freundschaftlich geworden.

6.3 Wie eng (weit) soll die Gemeinschaft sein?

Dazugehören – wie in Familie?

Entspricht es nun den neuen freiheitlichen Beziehungen, wenn es in den Generationenprojekten eher unfamiliär zugeht? Gerade sie werden doch so gern romantisierend wahlverwandtschaftlich im Sinne einer Großfamilie gedacht und dazu ein Ideal phantasiert, das es so kaum gegeben haben dürfte.

Es sind auch nicht alle glücklich mit diesen Begriffen. Interessanterweise geht aber die Gefühlstrennlinie nicht eindeutig zwischen den Positionen radikal-feministisch und eher konservativ hindurch und auch nicht unbedingt zwischen Frauen mit positiven oder negativen Familienerinnerungen.

---

[73] Die Erinnerungen der Alten sind ganz offenbar für die heutigen Jungen nicht mehr von dem Interesse wie in der zweiten Frauenbewegung, als die jungen Frauen begierig waren auf Frauen mit Geschichte. Aber wenn das Wissen um Vergangenheit fehlt, wird Verständigung schwierig: Wenn eine bereits eine Geschichte hatte, als die andere noch gar nicht auf der Welt war, wenn die Bedingungen, unter denen sie sich ihren Beruf erkämpfen, ihr Kind alleine großziehen musste oder ihre gleichgeschlechtliche Beziehung nicht leben durfte, der anderen bestenfalls aus dem Fernsehen bekannt sind, sie aber nicht nachvollziehen kann, was das mit der anderen gemacht hat, wenn die Jüngere gar nicht ermessen kann und will, dass die (feministische) Alte erkämpft hat, was ihr heute so selbstverständliche Chancen eröffnet. Und umgekehrt?

Was den einen das Anziehende an der Vorstellung von (Wahl)Familie ist: die Aufmerksamkeit für einander, die Sicherheit und Beständigkeit, verbindet sich für die anderen mit Enge, Intoleranz, Festlegungen und Kontrolle und mit Übertragungen aus der eigenen Familiensituation. Von »Seelenverwandtschaft« spricht in diesem Zusammenhang keine.

»Was suche ich hier? Suche ich hier Familie?« fragt eine ehemalige Familienfrau und gibt gleich die Antwort *»Familie suche ich hier auf keinen Fall!« (IP 6).* Ältere mit wie ohne eigene Familienphase, Feministinnen wie Nichtfeministinnen, suchen hier nicht Familie. Eher passiert es ihnen, dass sie unversehens ihre gesamte »Verwandtschaft« hier unfreiwillig wiedertreffen, die sie beim Aufbau neuer Beziehungsformen behindert. *»Wenn du in ein Frauenwohnprojekt kommst, dann bist du im Spiegelkabinett, da triffst du deine Mutter, deine Schwester, deine Tante« (IP 2).*

Auch die Alleinerziehenden, die eher zufällig ins Projekt kamen, sprachen zumindest uns gegenüber nicht von (Wahl)Familie – die würden einige eher in einem (vielleicht für die Zukunft gewünschten) gemischten Projekt suchen, nach wie vor überzeugt vom notwendigen »männlichen Part« zum Wohl des Kindes.[74] Ein Gedanke, von dem sich übrigens auch ganz untraditionell gesinnte junge Frauen nicht ganz lösen können, wie eine junge Lesbe, die um eines geplanten Kindes willen ins Projekt gezogen, doch zweifelt, ob sie ein (eventuell männliches) Kind wirklich in einer reinen Frauenumgebung aufwachsen lassen *»darf«.*

Es sind eher jüngere Bewohnerinnen, die diese Sehnsucht nach Familie entwickeln, was die von Cornelia Koppetsch (2013) vertretene These der, der zunehmenden Globalisierung geschuldeten Tendenz junger Menschen zum Konservativen bestätigen könnte, wären es nicht eher die Altlinken, die vor 25, 30 Jahren alternative Lebensformen suchten. Ausgerechnet die ehemals revoltierenden Bürgertöchter zelebrierten ihre so revolutionär erscheinende Gemeinschaft von Frauen und Kindern in Strukturen, die an traditionelle Familie erinnern: Die starke Disziplin regelmäßigen gemeinsamen Essens (das sie über lange Jahre durchgehalten haben), die es so (heute) kaum noch in einer »Normalfamilie« gibt, die extreme räumliche Nähe mit minimalem Intimitätsfaktor und einem Wohnraum, für die Einzelne störungsoffener und aneignungsfeindlicher als jedes Kleinfamilien-

---

[74] Dabei vernachlässigen sie wohl, dass der auch ohne gemeinsames Wohnen wirksam ist, dass Kinder mit »Männlichkeiten« konfrontiert werden, sobald sie das Haus verlassen – in positiven wie leider noch immer zu häufig in negativen Rollenbildern.

wohnzimmer für die Hausfrau, und dazu ein stark außenorientiertes Eigenleben der Einzelnen, an dem die anderen kaum teilhaben (die typischen Gruppenaktivitäten der Hausprojekte gibt es hier nicht). Es scheint aber nicht unbedingt eine Frage des Lebens mit Kindern zu sein, sondern tatsächlich ein Bedürfnis der Erwachsenen, das sie zu dieser Lebensform geführt hat, *»es gibt einfach unterschiedliche Bedürfnislagen, wie jemand zusammenwohnen kann (...) niemand muss so leben« (IP 28).* Sogar eine der (inzwischen dazu gezogenen) lesbischen Bewohnerinnen spielt mit dem Familien-Begriff. Und zufällig fiel das Wort »Familie« (und nicht etwa »Kollektiv«) auch in unserem zweiten links-feministisch geprägten Projekt bei den zwei jüngeren Gesprächspartnerinnen, zufällig auch hier gelebt in Wohngemeinschaften (kleinere zwar, doch das tut nichts grundsätzlich zu dieser Sache). Die altfeministische *»radikallinke«* Hausälteste verwehrt sich dagegen ausdrücklich gegen Zwänge und Rituale jeglicher Art und will *»keine, auch über lesbische Beziehungen keine Familie installieren, sondern eine größere Gemeinschaft« (IP 15).*

Wofür steht hier Familie? *»Was mir das hier gibt, trotz aller Anstrengungen (...) dass dieses Projekt hier und diese Art zu wohnen einen sehr familiären Charakter für mich hat (...) also ähnliche Strukturen. Man ist nicht unbedingt zusammen, weil man sich jetzt total liebt, sondern weil es, naja, eine Form des Zusammengehens und Existierens ist, und dass es aber etwas ist, wofür ich nicht dauernd etwas geben muss, sondern da gehör' ich zu (...). Ich habe gemerkt, wie entspannend das für mich ist, einfach zu etwas dazu zu gehören, ohne dass ich das dauernd erklären muss und ohne dass es dauernd in Bezug zu irgendwas stehen muss (...). Ich komme aus einer total schrecklichen Familie (...) wenn ich das sage ›Großfamilie‹, dann meine ich das Bezugssystem« (IP 37).* Diese Beschreibung einer WG-Bewohnerin, die wir ganz ähnlich auch in dem zweiten Projekt, in dem der Begriff Familie fiel, hörten, macht sehr deutlich: Um diese Sehnsucht nach Familie zu stillen, braucht es kein Generationenprojekt (im Gegenteil, möchten wir nach den Erfahrungen in diesen Projekten fast sagen). Es macht aber vor allem deutlich, was vielleicht viele in Wohnprojekten überhaupt suchen, ohne dass sie das so formulieren würden, auch in den Hausprojekten und möglicherweise sogar die Familienskeptikerinnen – nur dass für sie Familie genau das nicht ist.

Wenn die einen für dieses *»selbstverständlich Dazugehören, ohne sich ständig darum bemühen zu müssen«*, die Familie setzen, so beziehen sie sich auf ein Ideal, das die traditionelle, autoritär-patriarchale Familie so nie hergab (»Solange du deine Füße unter meinen Tisch stellst ...!«), und zwar die Großfamilie so wenig wie die Kleinfamilie. Sie imaginieren etwas, das bestenfalls in den vielfältigen *neuen* Formen verbindlicher Bezugnahme entstehen könnte, die oft gar nicht recht als Familie anerkannt sind, aber vielleicht auch gar nicht als solche anerkannt werden wollen. Ob das Konzept Familie, soziologisch wie auch landläufig heteronorm gedacht, sich für andere Beziehungsformen überhaupt wandeln lassen kann (da es auf einem vermeintlich gesellschaftstragenden geschlechterhierarchischen Konstrukt basiert) oder ob das Konzept diese anderen in eine Normalität einbeziehend verunsichtbaren wird, ist zumindest fraglich.[75]

Dem *»entspannten Sein«* widersprechen jedenfalls die *»Anstrengungen«*, die das Bezugssystem abverlangt, das reale wie das vorbildgebende. Hier trifft sich das betont auf Sympathie gegründete Projekt mit all den Projekten, die auf Vielfalt gründen und die Liebe dem Zufall überlassen. Entspannt sein können die Frauen in den allermeisten Wohnprojekten mit ihrem Riesenbündel an Ansprüchen nicht so richtig, *»es ist und bleibt eine Herausforderung in eine andere Wohn- und Lebensform zu gehen. Man wird einfach mehr gefordert, als wenn man allein lebt«.* Ja warum macht sie das dann? *»Dieser Mehrwert an Erfahrung, der da ist, den möchte ich nicht missen, auch wenn ich manchmal die Nase voll habe« (IP 18).* Sowohl bei denen, die sich nach Familie sehnen wie bei den Familienskeptikerinnen begegnen wir einer fast manischen Überzeugung, das, was als etwas möglichst Selbstverständliches gewünscht wird, sei nur durch Mühe zu haben (ein ziemlich christliches Motiv). Mitunter scheint es, als reproduziere ein Teil der Bewohnerinnen mit der – sehr disziplinierenden – Form, wie sie Gemeinschaft leben (wollen), irgendwie doch die autoritäre Lebensform, der sie ihr halbes Leben lang zu entkommen suchten. Hier wie dort muss eine beständig an sich arbeiten, um gemeinschaftsfähig zu sein oder (wieder) zu werden – womit paradoxerweise selbst die an einem Grundsatz von Familie anknüpfen, die sie kritisieren: nämlich an der Erziehung (zum besseren Menschen), gegen die sich einige andere verständlicherweise zur Wehr setzen.

---

[75] Wenn homosexuelle Communities von ihrer »Familie« reden, ist das eher ironisierend und war bislang nicht dazu angetan, den dominierenden, auf Reproduktion ausgerichteten soziologischen Familienbegriff, der selbst noch den inzwischen in den Familienbegriff einbezogenen lesbischen und schwulen Familien unterlegt wird, zu erschüttern (Sasha Roseneil/Shelley Budgeon 2005).

Distanz – Dazugehören ohne (immer) dabei zu sein oder wie viel Privatheit braucht frau?

»Man ist hier erstmal für sich, aber in einem guten Sinne« (IP 27) – das haben wir nur ein einziges Mal gehört, viel häufiger dagegen die Klage notwendiger Abgrenzungsstärke, wie *»man muss schon sehr stark sein und man muss wirklich dann Grenzen ziehen« (IP 32)* oder *»man muss nur lernen, sich abzugrenzen. Das ist nicht ganz einfach« (IP 19)*. So groß das Bedürfnis nach einer gewissen Distanz ist – in jedem Flyer findet sich das Begriffspaar *»Nähe und Distanz«* als Muss und einzelne abgeschlossene Wohnungen sind für viele die absolute Voraussetzung –, eine distanziertere Haltung hat im Projekt immer ein G'rüchle des Unsozialen. *»Wenn man hier Kontakte will, kriegt man sie ganz einfach. Wenn man nicht so viele will, wird es schwieriger« (IP 6)*. Wer sich distanziert, scheint oder meint, sich rechtfertigen zu müssen. Wer sich separiert, *»isoliert sich«,* weist die Gemeinschaft zurück. So fühlen zumindest die, die das Haus zusammenhalten (oder -bringen) wollen.

Akzeptiert oder *»warmherzig geduldet« (IP 39)* wird, wenn eine mit gutem Grund, den sie der Gruppe mitteilt, vorübergehend auf Rückzug ist, wegen Burnout oder Gleichwertigem. Dann ist sie auch für das Fernbleiben von der Hausversammlung entschuldigt. Doch sobald sie einen erholten Eindruck macht, wird nachgefragt, was unter Umständen eher bedrängend denn als Zeichen von sorgendem Interesse erlebt wird (und manchmal wohl auch eher so gemeint ist). Dieser Gruppendruck kann aber schon Auslöser des Rückzugs sein und dann ist der Rückweg fast schon verbaut. Eine, die wir sprachen, zögerte lange, sich wieder zu zeigen, hatte nach Jahren des Aussetzens *»immer noch Berührungsängste, wegen den Erwartungshaltungen« (IP 23).* Die Reaktionen auf Frauen, die »unverschuldet« ausfallen, sind auch keineswegs einhellig verständnisvoll, manchmal eher ein bisschen genervt, als drückten die sich damit vor Beteiligung und Arbeit. Wenn ein kleines Projekt zudem mehrere solcher Fälle zu verkraften hat, beeinträchtigt das die Gruppe auch tatsächlich in gewisser Weise. Dann schwingt unterschwellig auch Aggression im Bedauern mit, ein »*vermeintlich* kann sie nicht«, wobei undenkbar scheint, dass, wäre es denn so, möglicherweise die Gruppe etwas verändern müsste.

Zieht sich eine ganz zurück, so löst das in der Gruppe schon mal Unruhe, gar schlechtes Gewissen aus. Es wird spekuliert, mangelnde Gemeinschaftsfähigkeit moniert, doch notfalls »toleriert« – obwohl: wenn eine nicht gemeinschaftsfähig ist, was will sie dann hier? *»Wieso zieht jemand* *in ein Wohnprojekt und ist innerlich so verschlossen? (...) Wenn einer nicht gruppenfähig ist, der wird das nicht in so einem Projekt« (IP 8)*. So gefragt, sicher nicht. Doch wird, wie schon gesagt, oft gar keine Frage gestellt und frau denkt sich (mehr oder weniger respektvoll) ihren Teil.

Wenn eine in einem Wohnprojekt Geborgenheit finden wollte und sich dann in ihr Schneckenhaus verkriecht, stimmt wohl die Interaktion nicht, und nicht immer ist eindeutig bestimmbar, was Ursache und was Reaktion ist. Wenn im selben Projekt eine sich *»nicht so sehr willkommen gefühlt«* und daraufhin eben ihre *»Außenkontakte weiter gepflegt« (IP 19)* hat, und zwei andere sich dort als *»sehr sehr herzlich aufgenommen« (IP 7)* sehen, wissen wir zwar, dass letztere, als großherzig empfundene, lockere junge Frauen, sich offenbar günstig eingeführt haben. Aber wir wissen nicht, was die andere (ältere) unwillkommen gemacht hat, obwohl sie neugierig war und sich vorab gründlich informiert hat, und so wissen wir auch nicht, ob ihre selbstdiagnostizierte Gruppenunfähigkeit nicht einfach eine Sache der falschen Gruppe ist.

Bei aller Euphorie über die Möglichkeiten, Gesellschaft zu haben und in Gesellschaft zu sein, wird leicht übersehen, dass nicht alle das ständige Bedürfnis nach Gesellschaft haben, manche sogar eher selten, was aber nicht unbedingt heißt, dass sie sich nicht engagieren. Nur, *»die einen, die haben in 'ner Riesenfamilie gelebt und haben eher so das Bedürfnis, sich über 'n anderen rüberzustülpen und (...) ich hab halt so mein Berufsleben gehabt und verhalte mich sicher in vielen Situationen anders und zurückhaltender und abwartender und auch kritischer als andere, die gleich begeistert sind« (IP 32)*, was sicher nicht die einzigen Gründe für die eine oder die andere Verhaltensweise sind.

Irgendwie sind sie für die Aktiven beunruhigend, die Frauen, die nicht krank sind, nicht ausgepowert, nur einfach weniger kommunikations*bedürftig* oder weniger gruppenaffin. Die Frauen, die sich ungern ins Getümmel stürzen, denen es nicht gefällt, nur irgendwo dabei zu sein, sondern die sich persönlich wahrgenommen fühlen wollen, und erst recht die, die ein größeres Maß an Privatheit brauchen oder auch die, die konsequenterweise nach außen gehen, wenn sie im Projekt nicht die erhoffte Resonanz für ihre Interessen finden. Eine merkte erst im Projekt, dass sie nicht immer alles in Gruppe machen, dass sie vielleicht auch mal zu zweit oder allein ins Kino gehen will, und dass sie überhaupt lieber nur mit Einzelnen zusammen ist. Eine andere musste feststellen, dass sie so vieles stört und dass sie auch keine große Freude an Fêten hat, wo es nach ihrem Gefühl ziemlich egal ist, ob sie da ist oder nicht. Die Dritte sehnt sich *»beim Wohnen immer nach Ruhe. Würde ich Kontakte suchen und rausgehen, würde ich sie hier sofort finden« (IP 1)*, aber sie ist lieber für sich.

»Abgrenzung ist Arbeit« (IP 6), findet nicht nur eine, und meint letztlich, sie habe Schwierigkeiten, sich ohne schlechtes Gewissen abzusondern, eigenen Bedürfnissen nachzugehen, wo die Gruppe, oder der aktive Teil der Gruppe, eine Erwartung rüberschickt. Da greift beides ineinander, die Vorstellungen der Gruppe und das eigene Gewissen, das nicht ruhig sein mag. Statt die Erwartung zurückzuweisen, wird der Ball an die Gruppe zurückgegeben, die diese Zumutung gefälligst lassen soll, was sie natürlich nicht tut und so die Distanzierungsneigung vergrößert.

Dass diese Frauen nicht unbedingt kontaktunfähig oder gänzlich kontaktunwillig sind, zeigt sich schon darin, dass sie oft recht viele Außenkontakte oder Interessen außerhalb haben. Was andererseits auch sein soll, denn, so heißt es, es kann nicht funktionieren, wenn eine alles im Projekt erwartet, denn *»man kann sich nicht abgeben in so einem Projekt« (IP 14)*. Ein Balanceakt auf dem schmalen Grat zwischen (demonstrierter) Zugehörigkeit und erwünschter Unbedürftigkeit, wo Introvertiertheit schnell als »soziale Unfähigkeit« interpretiert wird oder Verlustbefürchtungen auslöst.

Wie auch immer eine sich im Projekt abgrenzt, was auch immer bei der Einzelnen dahinter steht, auch ohne ausgeprägtes Kommunikationsbedürfnis haben Frauen gute Gründe, in einem Wohnprojekt mit Frauen leben zu wollen, was besonders den umtriebigen Frauen der Kerngruppe zu akzeptieren schwerfällt. Doch auch die Distanzierteren bekommen etwas – und wenn sie ihren Platz finden dürfen, geben sie (meist) auch etwas.

Und ja, es ist wahr. Frau muss stark sein in einem Projekt, wenn sie sich abgrenzen will genauso, wie wenn sie sich maßgebend einbringen will.

6.4 Achtsamkeit und Sorge

»Das ist das Stück Geborgenheit, das ist die Unterstützung im Alltag – was ist das wert! Ich lerne mit einem Mal das ganz anders zu schätzen«[76] *(GD 1)*.

[76] Dies meinte eine Bewohnerin eines nicht in unsere Untersuchung einbezogenen Projekts, nachdem sie den positiven Teil unserer Bilanz gehört hatte, und ergänzte, das zu hören *»hat mir auch geholfen, meine Frustrationen abzubauen«*.

Dieser Aspekt des Sozialen, des Nacheinanderschauens, der Sicherheit, *»ich finde Frauen nur mit Frauen sehr beschützend« (IP 23),* wie eine es formuliert, scheint in den neueren Projekten mit am wichtigsten. Was Wunder in Anbetracht der Protagonistinnen, die entweder für ihr Alter vor- oder ihr Kind versorgen wollen, und alle dabei noch lernen müssen, für *sich* zu sorgen.

Bei manchem Misstrauen in die Verträglichkeit reiner Frauen-Gemeinschaft, in Hinsicht auf Sorge und Sicherheit ist das Vertrauen von Frauen in ihre Geschlechtsgenossinnen offenbar groß. Ältere Frauen mit ihren langjährigen Erfahrungen männlicher Care(Un)tauglichkeit in Ehe- und anderen Heterobeziehungen, verlassen sich für die Lebensphase, in der sie damit rechnen müssen, selbst mal auf Versorgung angewiesen zu sein, lieber auf Frauen. Das ist wohl nicht nur ihrer Erwartung einer längeren Lebensdauer geschuldet (die gern als Argument für Frauenwohnprojekte ins Feld geführt wird) und auch nicht allein der realistischen Einschätzung, dass die zögerlich mehr werdenden Ausnahmemänner eher in der Generation ihrer Söhne und Enkel auszumachen sind, während die alten Herren sich gern versorgen lassen möchten.[77] Die Erwartungen an das »weibliche« Sorgeverhalten sind nicht ganz ungerechtfertigt, denn die Wirkmacht der alten Rollenverständnisse ist in dieser Hinsicht, allen Emanzipationsbestrebungen zum Trotz, nach wie vor noch groß – und in Frauenwohnprojekten ist das durchaus ein Vorteil, ist das eine ihrer Stärken, die es, in Grenzen freilich, zu bewahren gilt, gegen alle Selbstfindung und Abgrenzung. Zum Abgewöhnen ist allerdings die manchmal geradezu zwanghafte Selbstverständlichkeit des Sorgens, mit der manche ihre Mitbewohnerinnen überrennen und sich um den Rest der Welt kümmern, bevor sie einmal »Ich« sagen, und dies ebenso fraglos anderen abverlangen.

Unterstützung (alltäglich und im Notfall)

»Die Hilfsbereitschaft ist hier sehr groß, da ist gar kein Mangel« (IP 24). Auf Unterstützung können die Frauen in (fast) jeder Hinsicht vertrauen, das scheint weiterhin ein moralisches Muss für Frauen, eine der »schönen

[77] Alte Männer sind, so ist vielfach belegt, in Altenwohnprojekten so selten, da bislang die allermeisten eine billige Serviceeinrichtung suchen, die ihnen die alten Frauen in den Projekten nicht mehr zu bieten bereit sind. Auffällig ist auch, dass außer Schwulen kaum Männer (auf Dauer angelegte) Wohn- oder gar Hausgemeinschaften miteinander gründen.

weiblichen Seiten«, die gerade die Älteren noch sehr verlässlich internalisiert haben.

Kleine Hilfen im Alltag sind eine Selbstverständlichkeit, sei es mal einer nichtmotorisierten Mitbewohnerin was vom Einkaufen mitzubringen, mal einer älteren Frau Getränkekisten aus dem Auto zu laden oder gleich das Auto zu verleihen (einige teilen auch ein Fahrzeug), sei es mal ein Auge auf ein krankes Kind zu haben oder, wie in einem Projekt, gebrechliche Mitbewohnerinnen zu Veranstaltungen im Haus abzuholen. Das bringt jede mehr oder weniger, zumindest wenn sie gefragt wird. Als Verpflichtung möchte es aber keine unserer Gesprächspartnerinnen, weder tun noch empfangen. So sagt eine von Altersbeschwerden wahrlich Geplagte schelmisch: *»Wenn mich eine fragt, ›soll ich dir was mitbringen‹, sag ich ›ja‹, fragt sie ›soll ich für dich einkaufen‹, sag ich ›nein‹« (IP 15)*, ein feiner aber wesentlicher Unterschied.

Nicht nur für Notfälle werden in den Projekten Schlüssel getauscht. Die allermeisten haben irgendeine Frau ihres Vertrauens, über die ihre Wohnung zugänglich ist. Abgesehen von einigen Ausnahmen, die ein so grundlegendes Misstrauen hegen, dass sie nicht einmal die Hausmeisterin unbeaufsichtigt in ihre Wohnung lassen (so extrem hörten wir das nur in einem Projekt), scheinen die meisten sich mit Frauen irgendwie selbstverständlicher zu fühlen. Manche Projekte haben Listen, welche Mitbewohnerin nötigenfalls Zugang zur Wohnung einer anderen hat, manche Frauen haben auch andere informiert, wo sie ihre wichtigen Dokumente aufbewahren, wer in Notfällen zu benachrichtigen ist usw.

Ist eine krank, so wird sie bekocht und umsorgt in einem Maße, das manchmal schon zu viel wird, denn *»wenn alle fünf Minuten eine klingelt und was zu essen vorbeibringt, wie soll ich mich da erholen?« (IP 24).* In zwei Projekten wurde deshalb sogar schon über Signalsysteme diskutiert, mit denen eine deutlich machen kann, wie viel Zuwendung sie in welcher Form braucht bzw. verträgt. Doch auch wenn frau dazu neigt, hier des Guten zu viel zu tun, gerade bei Krankheit ist die *Frauen*gemeinschaft wichtig. Es ist (zumindest für ältere Frauen) sicher einfacher, mit einer Frau über körperliche Probleme und Beschwerden zu reden, weniger peinlich, sich in einem elenden Zustand von einer Frau helfen zu lassen, selbst von einer weniger vertrauten, und nicht nur eine lässt sich *»lieber zum Arzt fahren oder helfen von einer Frau« (IP 21)*.

In Ausnahmesituationen wie Krankheit, Unfall usw., da sind alle unsere Gesprächspartnerinnen zuversichtlich und haben es vielfach (mit)erlebt, ist die Bereitschaft zu helfen sehr groß, auch von weniger nahestehenden Frauen. Einige sind sogar sicher, wenn es wirklich hart auf hart kommt, könnten sie selbst auf eine der Bewohnerinnen zählen, die sonst nicht in Erscheinung treten (ein Zivilisationsverhalten, das wir allerdings auch in einem einigermaßen normalen Mietshaus finden dürften). Wie weit solche Hilfeleistungen im Einzelfall gehen, das hängt auch hier von den Beziehungen ab, die eine sich schafft. Beim Geben wie beim Nehmen geht es nicht nur um Anstand und Notwendigkeit, sondern sehr um Sympathie und innere Nähe – und zwar beidseitig, das wird hier deutlich. Wirklich verlässlich und weitgehend unterstützen kann eine nur, wenn sie eine Beziehung zu der Person hat, die ihre Hilfe in Anspruch nimmt, und das Gleiche gilt für das Annehmen von Hilfe. So erzählt eine Frau von einer älteren Bewohnerin: *»Diese Frau hatte auch spezielle Interessen, wo dann auch nicht jede mitkann (...) war sehr gebildet (...) dann schränkt das auch den ein oder anderen Kontakt ein (...). Auch Sympathie, das spielt so 'ne große Rolle! Da ist der Wille da, sie zu bekochen usw., und trotzdem gibt es 'ne Antipathie und das funktioniert alles nicht!« (IP 22)*. Von einer älteren Frau in einem anderen Projekt, die in der Vorlaufphase zu den Aktiven gehört hatte, hörten wir, sie sei nicht lange im Projekt gewesen, denn sie habe *»sich mehr Unterstützung von den Jüngeren gewünscht. Aber es war sehr einseitig formuliert (...) ihr hat vieles nicht gepasst, aber sie wollte viel bekommen« (IP 29)* und das hat so nicht funktioniert. Für eine jüngere Frau wiederum ist die Vorstellung absolut indiskutabel, eine Mitbewohnerin besuche sie bei Krankheit nur aus Pflichtgefühl, weil sie an der Reihe ist und nach dem Motto *»wer geht denn jetzt heute mal zu ihr, ich war gestern? (...) wenn eine nur käme, weil sie heute grad ihren Samaritertag hat« (IP 16)*. Sie sprach sich auch gegen die Etablierung eines *»Tandem-Systems«* aus, das mal im Projekt diskutiert wurde, wonach jeweils zwei Frauen aufeinander achthaben sollten, auf dass nicht eine mal *»mit einem Herzinfarkt in der Wohnung liegt und keine es mitkriegt«*. Das war aber auch vielen anderen zu eng und zu kontrollierend.

Dennoch, gerade den Frauen, die es gewöhnt sind, für sich selbst klar zu kommen (und die haben wir ja hier mehrheitlich), fällt es schwer, Hilfe einzufordern bzw. – was vielleicht noch schwerer fällt – zu erbitten. So hat sich eine ihren ganzen Einstieg ins Projekt verdorben und ihr weiteres Dasein dort negativ vorgezeichnet, weil sie nichts sagen konnte, als ihr Kind während des Einzugs schwer krank wurde. Sie hat vergeblich *»irgendwie gehofft, die anderen würden was merken und auf mich zukommen« (IP 1)*.

Denn andererseits sind die Auffassungen, wie weit die Aufmerksamkeit für andere gehen muss und wie weit eine sich für Sorgen und Nöte anderer verantwortlich fühlen muss, bei den Bewohnerinnen recht unterschiedlich, abhängig auch davon, wo sie selbst gerade »stehen« und wie das in ihren Emanzipationsprozess passt – ob nun eine gerade lernt, ihrem ständigen Gefühl von Verantwortlichsein Grenzen zu setzen, oder ob eine ganz bewusst ihren helfenden Beruf draußen vor lässt, um nicht auch im Privatleben noch Therapeutin zu sein, während woanders eine Rentnerin ihre Qualifikation als ehemalige Krankenschwester gern nutzbringend ins Projekt einbringt. Da finden wir in ein und demselben Projekt die ältere Aktive, in deren Augen die allgemeine *»Achtsamkeit im Projekt groß« (IP 24)* ist. Eine andere dagegen (von der es heißt, dass sie sich wenig beteiligt) zeichnet ein weit kritischeres Bild. Sie erzählte beispielsweise, sie sei von einer angegangen worden, die sie auf zwei aus einiger Entfernung beobachtete Bewohnerinnen aufmerksam machte, eine offensichtlich hilfsbedürftige ältere und eine ebenso offensichtlich hilfsunwillige in ihrer Nähe, *»weil ich gesagt habe, ›Du die steht da und merkt, dass die Frau Hilfe braucht und bewegt sich nicht‹, und dann hat die gesagt, ›na die muss das ja auch nicht‹«.* Sie selbst hätte sich hier verantwortlich gefühlt, aber *»man hat gemerkt, es sind immer die Gleichen, die rennen, weil die anderen sagen, ›es geht mich nichts an‹« (IP 1)*. Da ist das Kümmern offensichtlich nicht Projektkonsens.

Die Grenzen des Kümmerns

Um ein Geben und Nehmen geht es in den Projekten, auch wenn, wie dargestellt, nicht alle geben. Aber was, wenn einige nicht geben *können*, was das Projekt verlangt? Bei aller Bereitschaft, auf die anderen zu achten und dafür zu sorgen *»dass keine hier vergammelt« (IP 24)*, manches ist in den Projekten nicht zu leisten. Einiges will auch bewusst nicht geleistet werden, anderes überfällt die Frauen buchstäblich unerwartet.

Leib ... Mit körperlichen Gebrechen können die Bewohnerinnen ganz gut umgehen, zumindest in dem Rahmen, der unseren Projektfrauen bislang abverlangt wurde. Frauen mit körperlichen Behinderungen sind inzwischen im Bewusstsein aller, die ein Wohnprojekt planen. Baulich-technische Hilfen sind für bestimmte Formen von Behinderung relativ leicht zu realisieren und werden manchmal sogar über das Geförderte hinaus umgesetzt. Die

Frauen werden integriert und erhalten selbstverständlich gelegentlich nötige Unterstützung.[78]

Fast alle Projekte waren auch schon ein oder auch mehrmals mit schwerer Krankheit und Sterben einer Mitbewohnerin konfrontiert. Diese wurde immer von der Gruppe begleitet, eine Krebskranke sogar von den Bewohnerinnen (mit professioneller Basisbetreuung) zu Hause gepflegt. In manchen Projekten wurden Verstorbene auch mit einem nachträglichen Ritual oder einem Gedenken verabschiedet und, eine besonders schöne Idee: in einem Projekt wurden Verstorbenen Bäume in dem großen Garten gewidmet. In all den Fällen, die uns berichtet wurden, war der Sterbeprozess relativ kurz, die meisten waren am Schluss zudem im Hospiz, aber auch dort nicht lange. Einige starben sehr überraschend, sogar relativ jung, und so war bislang keine Gruppe mit der Frage einer länger anhaltenden Pflegebedürftigkeit konfrontiert und keine musste die Grenzen ihrer Belastbarkeit diesbezüglich austesten.

Diesem Thema aber, dem sich das Gros der Bewohnerinnen bislang erfolgreich verweigert – den Jüngeren ist es zu fern, die Älteren möchten es noch möglichst lange fern halten – wird in den altersdominierten Projekten nicht auf Dauer auszuweichen sein. Unsere Frage nach einem Konzept im Projekt handeln unsere Gesprächspartnerinnen gern kurz ab.

Im Projekt sei das nicht zu leisten. *»Wir haben von Anfang an gesagt, wir sind kein Altenheim, haben auch keine Betreuung, wir sind nur Nachbarinnen (und das haben einige sich anders vorgestellt, die sind dann abgesprungen)« (IP 24)*, so die mehr oder weniger durchgängige Sicht. Zwar meint sogar eine Bewohnerin *»inzwischen ist eine ziemlich dement, das kann man auch noch irgendwie hinkriegen« (IP 21)* – ohne allerdings zu sagen, wie das hingekriegt wird. *»Dann werde ich wohl ausziehen müssen«*, ist die individuelle Konsequenz nicht nur einer Frau – unter geflissentlicher Vermeidung der Ortsangabe, wohin. Oder *»da werden sich die Frauen noch was einfallen lassen müssen« (IP 14)*, doch welche Frauen und wann wollen sie damit anfangen?

»Ich hatte natürlich da auch andere Erwartungen (...) dass wir solche Themen angehen und das war in den ersten Jahren ganz schwierig, weil

[78] Wohnprojekten, die sich entscheiden, assistenzbedürftige Menschen in ihre Gemeinschaft einzubeziehen, wird allerdings geraten, sich gründlich vorzubereiten. Beratung und Unterstützung bieten u.a. Vereine (z.B. in Hamburg), die sich für selbständige Wohnformen von Menschen mit verschiedensten, auch stärkeren Behinderungen einsetzen.

viele das noch gar nicht wollten« (IP 18), ein Problem, mit dem alle zu tun kriegen, die versuchen, Themen wie Pflege und Tod im Projekt anzusprechen. Von den beiden Frauen, die sich um ein Vorsorge- und Pflegekonzept bemüh(t)en, hat die eine mangels Resonanz schon wieder aufgegeben, die andere erntet mit ihrer Beharrlichkeit richtiggehend Aggressionen. Die wenigen Bewohnerinnen, die wenigstens Vorsorgeunterlagen erstellt haben, zählen auf ihre Kinder oder enge Verwandte und zeigen auch kein Interesse, projektangebundene Lösungen zu suchen (ungeachtet der Tatsache, dass beispielsweise, statistisch belegt, Frauen häufiger an Demenz erkranken als Männer, vor allem, weil sie älter werden).

Eine Situation, die permanente Assistenz erfordert, ist nicht vorgesehen. Wohl denen, die die Pflegestation nebenan haben – denn bei allem Gerede von den fitten Alten, die unsere Projektfrauen so vorbildlich verkörpern: Wo und wie bitte dürfen sie denn richtig alt sein und bedürftig? Wie eine schon sehr betagte Gesprächspartnerin feixte: *»J. sagte neulich, ›als ich ein Kind war, waren alle Alten wunderlich und jetzt sind sie dement‹ – und seitdem kämpfe ich um das Recht auf ›Wunderlichkeit‹« (IP 15).* Damit würden es die meisten Projektfrauen schwer haben, bezweifeln doch manche schon ihr Recht auf Eigenheit.

Was also, wenn es irgendwann wirklich nicht mehr geht, die Frau sich aber nicht diskret und schnell »verabschiedet«? Kommt dann die allenthalben an- aber nicht weitergedachte gemeinsame Pflegekraft zum Einsatz, um zu vermeiden, dass passiert, was doch alle im Projekt hinauszuzögern und möglichst zu vermeiden hoffen, das schreckliche Ende im Heim? Ironie: Einige Ältere eines Projekts, das ausdrücklich kein alternatives Altersheim werden wollte, sind inzwischen in einem konventionellen. Abgesehen davon muss es nicht immer die eigene Hinfälligkeit sein, die eine trifft. Wenn es um die Mutter geht oder die Liebste, um die sich eine kümmern möchte, der sie sich verpflichtet fühlt? Gerade dann wäre doch die Stabilisierung durch das Wohnen im Projekt und die anderen Bewohnerinnen, die vielleicht auch mal für eine Ruhepause sorgen könnten, eine große Hilfe.

Wäre es nicht denkbar, so wie es in fortschrittlichen Alteneinrichtungen schon geschieht, auch in den Wohnprojekten, die ältere Frauen sich schaffen, eine konkrete, materielle Möglichkeit für eine Zeit einzuplanen, in der sie (oder nahe Angehörige) permanente Unterstützung benötigen? Eines unserer Projekte konnte das Thema sehr elegant lösen. In dem sehr großen Gebäudebestand musste ein Flügel, der fürs individuelle Wohnen ungeeignet ist, anderweitig vermietet werden und es fand sich, ein Glücksfall, eine

Einrichtung für Betreutes Wohnen, die sich auf das Konzept des Hauses eingelassen hat und hier ausschließlich Frauen aufnimmt. Für Projektbewohnerinnen ist das eine (beruhigende) Option. Ein anderes Projekt hat eine Pflegeeinrichtung zwar nicht im Haus aber gleich nebenan. Beide Projektgruppen stehen in gutem Kontakt mit den Einrichtungen.

Eine Möglichkeit für größere Projekte ist die Pflegewohnung im Haus – wie es ein Lesbenprojekt in Planung vorgesehen (und ein schwules Projekt bereits verwirklicht) hat. Dass Lesben (und Schwule) hier weiter sind, ist nicht zufällig, erfahren sie doch in besonderem Maße die Mängel einer professionellen Pflegeeinrichtung, weil sie dort nicht (mit)gedacht werden.[79] Sind schon für heterosexuelle Frauen viele Pflegesituationen entwürdigend, etwa die Situation, sich von einem männlichen Pfleger windeln lassen zu müssen, um wie viel krasser müssen Lesben das empfinden?

Wenn die Frauen erst bereit sind sich dem Thema Pflege zu stellen, werden sie sicherlich fantasievolle Lösungen finden. Doch welche Wege sie auch immer einschlagen, sie werden sich wegen der Finanzierung Gedanken machen müssen. Wie soll ein Pflegedienst bezahlt werden? Von der Pflegeversicherung? Von den Ersparnissen der Betroffenen? Ihren Angehörigen? Der Solidargemeinschaft Projekt? Wäre es denkbar einen Fonds einzurichten? Viele Fragen und bisher wenig (innovative) Antworten.

... und Seele Kaum eine Projektgruppe scheint damit zu rechnen, dass Frauen mit mehr oder weniger massiven psychischen Störungen oder einer Suchtproblematik zu ihnen finden könnten. Ein Irrtum, denn wie ihr relativ großer Anteil in einigen Projekten zeigt, sind (Frauen)Wohnprojekte durchaus attraktiv für psychisch instabile Frauen, die sich erhoffen, dort aufgefangen zu werden. Die wiederum irren, denn die Projektgruppen sind

---

[79] In traditionellen Pflegeeinrichtungen treffen sie erfahrungsgemäß auf Personal, das ihrer Lebensweise noch immer wenig Sensibilität entgegenbringt. Die »familiäre« Pflege ist für sie noch nicht so selbstverständlich und FreundInnen sind nicht immer nahe genug bzw. stoßen an institutionelle Grenzen. In Berlin gibt es (nachdem eine Pflegeetage, 2008 für Lesben und Schwule vom Verein »Village« eingerichtet, leider nur einige Jahre bestehen konnte) inzwischen ein schwerpunktmäßig schwules Projekt mit integrierter Pflegeetage und solider Finanzbasis sowie eine Initiative für ein Lesben-Wohnprojekt mit ähnlicher Konzeption. Bei einem solchen Konzept müssen die BewohnerInnen allerdings mit dem Problem umgehen, einerseits nicht beliebig viele Wohnungen für diesen Zweck vorhalten zu können, andererseits zeitweilig mit einem Bedarf konfrontiert zu sein, der die vorhandenen Plätze übersteigt.

nicht auf sie vorbereitet. Sie zu stabilisieren überfordert ein durchschnittliches Wohnprojekt.

Aus den Erzählungen über sogenannte »schwierige Frauen« klingt eine gewisse Hilflosigkeit, ist doch hier mit der vielbeschworenen Toleranz aus verschiedenen Gründen nicht weiterzukommen, besonders wenn sich eine direkt projektschädigend verhält (nicht bezahlt, die Wohnung schier in Brand steckt o.ä.). *»Wenn jemand wirklich in die Psychiatrie gehört, kann man mit der keinen Vertrag machen. Und es geht ja auch um Geld« (IP 21)*. Nur ist der Vertrag oft schon gemacht, bevor das deutlich wird.

Aber auch für die, die sich eher selbstschädigend verhalten, fehlt in einem durchschnittlichen Projekt meist die Kompetenz, angemessen zu reagieren. Die Bewohnerinnen kommen leicht in das Dilemma, sich verantwortlich, in eine quasi Fürsorgepflicht genommen zu sehen, die sie mit gutem Willen allein nicht erfüllen aber auch nicht ohne weiteres zurückweisen können. Es macht auch ein wenig den Eindruck, als werde im Projekt über, aber nicht mit den Betreffenden gesprochen – teils aus Peinlichkeit, einer Scheu, Grenzen zu verletzen, verstärkt aber oft auch durch die Verschlossenheit dieser Mitbewohnerinnen. Da reagieren die einen als Co-Psychos und die anderen mit Helferinnensyndrom, neigen dazu, immer wieder in Psychospiralen einzusteigen, während die Abgeklärteren, die das als aussichtslos erkannt haben, sich abgrenzen und sich von ersteren Vorwürfe einhandeln – die einen wie die anderen nicht in der Lage zu einer wirklich adäquaten Problemlösung. Oder frau versucht es pragmatisch anzugehen. *»Wir haben genügend problematische Fälle und sind auch bereit, einen Prozentsatz mitzutragen. Das Haus verkraftet ein, zwei Alkoholikerinnen (...) man kann 'ne ganze Menge mit einbauen« (IP 21)*. Das heißt üblicherweise, sie in Ruhe zu lassen, und für manche mag das so auch gut sein, aus der Gemeinschaft fallen sie jedoch letztlich raus. Schrecklich allerdings ist, wenn das Ausmaß der Not einer Mit-Frau nicht erkannt wird oder werden kann und sie so weit rausfällt, dass sie im Suizid endet, wie in einem unserer Projekte geschehen – ein großer Schock für die Bewohnerinnen.

Was bedeutet das nun für »Problemfrauen«? Heißt das, Wohnprojekte sind einfach für sie kein geeigneter Ort? Eine kann vielleicht diesen geschützten Raum nutzen, um sich mehr oder weniger selbst aus dem Sumpf zu ziehen, andere aber werden durch die Ansprüche und Umgangsweisen dort vollends hinuntergezogen. Eine Gruppe, die ohnehin sehr genau hinsieht, wen sie für sich passend findet, zieht aus der Feststellung *»in den* *letzten Jahren war es dann einfach so, dass in unserem Alter sich so richtig gescheiterte Existenzen melden. Also das gefällt uns nicht« (IP 38)* die Konsequenz der Vermeidung. Projektfrauen kommen jedenfalls nicht umhin, sich möglichst frühzeitig darüber Gedanken zu machen, ob und welches Risiko sie eingehen wollen oder können. Vermeidung ist eine, wie wir meine durchaus legitime, Möglichkeit, auch wenn das dem solidarischen Anspruch der Projekte zu widersprechen scheint.

Solidarität

»Es ist auch schön manchmal, so diese Solidarität zu spüren. Und das ist überhaupt das absolute Plus in diesem Hause: es gibt so 'ne grundsolidarische Haltung. Und das ist unser Juwel (...) das gilt es auch zu hüten und da sind wir auch alle dran. Jede auf ihre Weise« (IP 25).

Von Solidarität ist so sonst kaum noch die Rede. In den Projekten ist der Begriff mehr oder weniger synonym für finanzielle Unterstützungsleistungen. So, wenn in einer der Neugenossenschaften Frauen mitgetragen werden, die die Mittel für die Genossenschaftsanteile nicht hätten aufbringen können, und in der anderen sich immer Kreditgeberinnen finden, die diese für Frauen auslegen, denen das Geld, aber nicht das Engagement fehlt. *»Eine Frau, die sich immer eingebracht hat, die immer mitgetan hat, der hilft man ja auch gerne und sagt, wir finden eine, die vielleicht gerne deine Anteile mit übernimmt, so was haben wir mehrfach gehabt, Solidarität. Also es scheitert nicht am Geld« (IP 21)*, was aber auch bedeutet, frau muss sich die Solidarität »verdienen«. Anders in einem Projekt, wo gut verdienende Frauen eine zeitlang die Miete einer Mitbewohnerin getragen haben, als diese psychisch zusammenbrach. In diesem Sinne solidarisch, wenn auch nicht so genannt, war auch die Entscheidung eines Projekts, die Kosten für den Gemeinschaftsraum nicht weiterhin gleich zu verteilen, sondern die Frauen nach ihren Möglichkeiten zahlen zu lassen – was übrigens gut funktioniert.

Das ist alles zweifellos sehr wertvoll, erfasst jedoch nur einen sehr begrenzten Aspekt. Solidarität in ihrem ursprünglichen Sinne, der Unterstützung von Zielen oder Idealen anderer, scheint in Machtkämpfen und Ängsten unterzugehen. Wenn Minderheitenanliegen keine Chance bekommen oder wenn sich Bewohnerinnen gegen das Wort »Lesbe« in den Projekt-Leitlinien aussprechen oder wenn in einem Konflikt um einen gewalttätigen Mann nicht *»alle wie eine Frau zusammenstehen« (IP 16)*, sondern spitzfindige Differenzierungen um das Verständnis von Gewalt konstruiert werden, dann fehlt eine Form von Solidarität, die sich auch mal ohne direkt eigenes Interesse oder gar tendenziell gegen eigene Interessen, aber auf der Basis eines gemeinsamen Wertes für jemand einsetzt,[80] die, wie eine Bewohnerin es formuliert, erlauben würde, dass manches von allen getragen wird, *»und da ist es nicht relevant, ob es vor meiner Haustür grad passiert, sondern das ist für mich das Gemeinschaftliche« (IP 26)*. Wir sind geneigt, das Fehlen solcher Formen von Solidarität als symptomatisch für die teilweise große (ideelle) Fremdheit der Bewohnerinnen zu sehen, die zu einem doch recht großen Anteil aus eher eigennützigen Erwägungen ins Projekt kamen und im Fall konfligierender Interessen ihre höheren Werte tendenziell hintanstellen. Solidarität aber bedarf einer Weitherzigkeit und einer Moral, die sich nicht nur für die Nächsten und Liebsten einsetzt, soweit das eigene Wertsystem nicht überschritten wird.[81]

Sicherheiten

»Das Gefühl, in so einem Frauenprojekt eine Sicherheit zu haben – das ist, glaube ich, bewusst oder unbewusst doch auch ein großes Motiv bei Frauen, mehr als in einem gemischten Projekt« (IP 40), so die Einschätzung einer Initiatorin – ein, wie sie beobachtet hat, sehr grundlegendes Sicherheitsbedürfnis, das auch in viele Konflikte hineinspielt, nicht zuletzt in die um Geld.

Eine der größten Qualitäten, die die Frauen-Community in punkto Sicherheit bietet, klingt jedoch nur sehr am Rande an, obwohl so naheliegend. Es ist die Abwesenheit von Männergewalt. Ist es den Frauen peinlich, das zu sagen, oder ist es so selbstverständlich, dass sie nicht daran denken, es zu erwähnen? *»Für mich war es (...) auch ein angstfreies Wohnen, angstfrei in der Richtung, dass ich keine Angst haben muss vor prügelnden Ehemännern oder dass ich sie miterleben muss – ich war nie ver-*

80 Erinnert sei z.B. an eine der ersten großen Soli-Aktionen der neuen Frauenbewegung, das Bekenntnis »Wir haben abgetrieben« im »Stern« zur Unterstützung des Kampfes gegen den §218, die für die Beteiligten ganz und gar nicht risikofrei war.

81 Wenn wir gemeint hatten, Solidarität sei aus der Mode, so belehrte uns die kurz vor Drucklegung erschienene Ausgabe der Feministischen Studien mit dem Schwerpunkt »Solidaritäten« (2015) eines anderen. Die hier u.a. (auch in Hinsicht auf neue Kollektivitätsformen) formulierte Hoffnung auf »Solidarität jenseits von Identität« erfüllen zumindest unsere Wohnprojekte bislang allerdings noch nicht.

heiratet –, vor irgendwelchen randalierenden Jugendlichen, jungen Männern und was sich so an ganz vielen Konflikten präsentiert« (IP 32). So deutlich hat das nur eine Frau formuliert und betont, dass für sie das Zusammenwohnen mit Frauen auch bedeutet, nicht mit Gewalt konfrontiert zu sein, die sie in früheren Wohnsituationen – zum Glück nicht am eigenen Leib – miterlebt hat. Dieses Gefühl der Sicherheit wird für sie auch nicht dadurch angekratzt, dass in ihrem Haus Männer mitwohnen können, denn, so ihre (hoffentlich berechtigte) Hoffnung, Frauen, die in ein Frauenwohnprojekt ziehen, werden sich kaum mit dem Typus von Männern verbinden, die ihr Unbehagen bereiten.

Einen beschützten Raum haben auch Frauen bei Frauen gefunden, die ihn gar nicht so bewusst dort gesucht haben, Frauen, die aus einer zerrütteten oder Gewaltbeziehung ins Projekt fanden, *»es war für mich nicht wertvoll, dass es nur Frauen waren, aber es war absolut in Ordnung, auch aus dieser ehelichen Situation heraus, dass ich das auch als Schutzraum gesehen habe« (IP 29).* Und sehr praktisch als Schutz erleben Mütter diesen Rahmen, wenn ihre Mitbewohnerinnen ihnen helfen, ihren gewalttätigen Ex von den Kindern fernzuhalten, indem sie ihm den Zutritt zum Gelände verwehren, wie in einem Projekt erzählt wurde (auch eine Form der Solidarität übrigens). Einer Projektfrau, die sich um Pflegekinder bemühte, war dieser schützende Rahmen sogar als Argument gegenüber dem zuständigen Amt hilfreich.

Angst vor Männergewalt, die sie hindern würde, abends allein wegzugehen, scheint unter den Projektfrauen, jedenfalls bei denen, die Großstadt gewöhnt sind, nicht sehr verbreitet (wir hörten es nur von einer). Einer ist allerdings ihr Vorort nicht ganz geheuer und sie denkt, wenn sie nachts unterwegs ist, bei manchen Leuten kämen ihre Töchter (die nicht mit eingezogen sind) *»nicht ungeschoren weg« (IP 39).* Ob sie Angst haben oder nicht: jedenfalls müssen die Frauen mit unguten Begegnungen rechnen, und wir nehmen an, dass manche es nicht nur wegen der Geselligkeit gut finden, bei abendlichen Unternehmungen nicht allein gehen zu müssen.

Zweifellos macht es ein anderes Lebensgefühl, Gewalt wenigstens in der unmittelbaren Wohnumgebung nicht erwarten zu müssen, in keiner Weise damit auch nur indirekt konfrontiert zu sein. Zum Sicherheitsgefühl in der Wohnsituation mit Frauen trägt auch eine Form sozialer Kontrolle bei, die, insbesondere bei sehr offenen Gebäudesituationen, einen Blick auf Projektfremde hat (auch dazu sind übrigens Laubengänge nützlich). Dass Mitbewohnerinnen Personen, und speziell männliche, die sie noch nicht zuordnen können, im Hof oder Treppenhaus ansprechen (sie werden, wie uns versichert wurde, im Allgemeinen höflich gefragt), um sich zu versichern, ist naheliegend und störte von unseren Gesprächspartnerinnen nur eine jüngere Bewohnerin so, dass sie das gleich mehrfach erwähnte. Ihr ist solche *»Anmache«* ihrer männlichen Besucher unangenehm, in erster Linie, so hört es sich an, weil diese sich davon befremdet fühlen.

Die soziale Kontrolle, das sei angemerkt, ist nicht in jeder Situation und auch nicht allen ausreichend für das Sicherheitsgefühl und die Sicherheit der Bewohnerinnen. Projekte, die in einer Gegend mit brisanter Bevölkerungsmischung liegen, müssen da manchmal auf zusätzliche bauliche Maßnahmen zurückgreifen. Eines hat den Zugang zum Gelände mit einem Tor schließen müssen, zwei Projekte, die sich eigentlich der Nachbarschaft bewusst öffnen wollten, waren gezwungen, ihre Gärten einzuzäunen, um sich gegen die aggressive (männliche) Jugend abzuschirmen – in einem der beiden gaben Einbrüche und teilweise sehr üble Belästigungen Anlass für größere Debatten um bauliche Sicherungen. Das Gelände völlig zu schließen käme allerdings einigen der Bewohnerinnen so vor, als würden sie sich einbunkern, weshalb dies bisher nicht geschehen ist.

Gewalt, die angeblich zunehmend auch von Frauen ausgehe und von den Medien neuerdings gern hochgespielt wird, in den Projekten ist sie uns nicht begegnet, möglicherweise, weil sie bislang eher ein Phänomen unter sehr jungen Frauen ist (und auch nur einer begrenzten Szene), die nicht in den Projekten zu finden sind. Wenn es Gewalt von Frauen dort gäbe, hätte sie garantiert eine (von Frauen sowieso enttäuschte) Stimme gefunden.

6.5 Die materielle Basis – das »äußere Haus«

»Verfügung über Raum zu haben, den Raum selbst gestalten zu können, ausfüllen zu können und das Zusammenleben gestalten zu können – mit denen die es wollen« (IP 22), wie wird dieses Potenzial verstanden, wie genutzt?

Nicht zufällig kommen wir zu dieser Frage ganz zum Schluss dieses Kapitels, denn in den Projekten scheint die materielle Seite des Raums absolut sekundär. Für die Entscheidung, in ein Wohnprojekt zu gehen, so wurde uns vermittelt, stand an allererster Stelle das Soziale, *»es ging mir nicht um eine Wohnung (...) ich habe ein Modell des Zusammenlebens ge-*

sucht« (IP 21), waren doch die meisten älteren Interessentinnen vorher wohnungsmäßig gut versorgt und einige sogar bereit, für das Projekt nötigenfalls eine geringfügige Verschlechterung bezüglich der Wohnung in Kauf zu nehmen. Für die Alleinerziehenden auf der Suche nach einer Wohnung stand erst recht die Hoffnung auf Gemeinschaft im Vordergrund.

Doch so nachrangig das materielle Gebäude gegenüber dem *»inneren Haus«* zunächst erscheint, überrascht es bei genauerem Hinhören, wie sehr sich die Frauen insbesondere in der Vorbereitungszeit damit beschäftigen und darüber das, was die Gemeinschaft ausmachen soll, vergessen. Es ist also keineswegs bedeutungslos, wie sich das Leben im Projekt materialisiert.

Das Wohnkonzept

Die Wohnung, den Frauen einst Emanzipationshindernis, ist jetzt ein Ort der Selbstrepräsentanz, aber auch des Distanznehmens (zumindest denen, die sich gegen eine traditionelle Konstellation entscheiden), einer Intimsphäre, die in Anbetracht der Frauen-Raum-Geschichte – der inkorporierten Erfahrung fehlenden physisch-räumlichen Respekts (s. *Exkurs Alleinleben*) – in ihrer Bedeutung vielleicht gar nicht genug geschätzt wird. So mag auch die Ausdehnung des Verfügungsraums im Wohnprojekt für Frauen von besonderer Bedeutung sein (was vielleicht wiederum den ein und anderen Konflikt erklärt).

Das Konzept *Haus*gemeinschaft ist vielleicht auch deshalb für die große Mehrheit der Frauen absolute Voraussetzung, um sich auf das Spiel einzulassen. Sei es, dass sie es gewohnt sind, uneingeschränkt in ihrem eigenen Rahmen zu agieren – und das auf ihre »alten Tage« auch nicht aufgeben wollen –, sei es, dass sie diesen eigenen Rahmen endlich haben wollen. *»Es war mir schon wichtig, eine eigene Wohnung zu haben. Es ist die erste Wohnung, die ich allein habe für mich – erst Ehe, dann WG ...« (IP 31).* Auch wenn frau Schlüssel tauscht oder außen stecken lässt – was eher die Mütter kleinerer Kinder tun –, die Möglichkeit, die Türe zuzumachen erlaubt ja erst, sie offen zu lassen. Und von Älteren (WG-Erfahrenen) hörten wir mehrfach: *»Ich bin heute auch ganz froh, wenn ich mein Frühstück für mich alleine [habe] und dabei in Ruhe Zeitung [lesen kann]« (IP 40).* Die älteren Frauen wollen (endlich) dem eigenen Rhythmus folgen können, nicht mehr über alles verhandeln müssen, für manche berufstätige Mutter ist es *»mein Ruhepol hier« (IP 1)* und selbst einer jüngeren WG-Begeisterten erscheint für das Leben mit Kind eine abgeschlossene Wohnung günstiger.

Bau-Kunst?

Wegen der Architektur ist keine eingezogen, allerdings auch keine nicht eingezogen – zumindest wurde das so nicht gesagt. Eher wegen der Lage, der Stadt, des Stadtteils, der Wohnung im Haus. Aber auch hier haben manche Kompromisse gemacht um der Hoffnung auf Gemeinschaft willen. Zur Gestaltung ihres Hauses haben relativ viele Bewohnerinnen keine rechte Meinung. Mag sein, es ist vielen wirklich nicht so wichtig oder sie können sich gar nicht vorstellen, diesbezüglich Ansprüche haben zu dürfen, ist es doch schon toll, überhaupt so ein Haus bekommen zu haben. Die eher zögerlichen Äußerungen zur Architektur machen sich mehr an Nutzungsaspekten fest, ästhetische Kriterien werden stark überlagert von funktionalen Mängeln oder moralischen Wertungen. Wo Billigbau moniert wird, geht es eher um die Undichtigkeit der Fenster, bei einer teuren Glasfassade eher um die Schwierigkeiten des Fensterputzers als um ihre gestalterische Qualität.

Nur Einzelne äußern sich wirklich angetan von der Gestaltung ihrer Anlage oder ihres Hauses, nur eine richtig begeistert, spricht sogar von (Bau) Kunst, *»da hat die Architektin ein Gesamtkunstwerk geschaffen« (IP 14)*, schränkt aber gleich ein, es sei schon ein Fremdkörper in der (szenigen) Umgebung. Den Genuss der Wohnqualität großer Glasflächen schmälert frau sich mit dem Gedanken an Energieverschwendung oder die zu luxuriöse Außenwirkung *(»Man sieht gleich, hier wohnen die Reichen«, IP 6)*. Darf frau sich das (politisch) nicht leisten? Oder ist es mehr die Angst vor Aggression und Vandalismus oder die vor Ausschluss, die da spricht *(»Die haben dann gleich gespottet, ob wir jetzt auf schöner wohnen machen«, IP 38)*?

Aber auch bei einer klaren, eher spartanischen Gestaltung sind die Emotionen nicht einhellig, wenn auch in anderer Hinsicht – wo den einen die Klarheit von Form oder Materialien gefällt, ist sie anderen zu kalt. Bis auf eine einzige, der als *»visueller Mensch (...) Ästhetik (...) was ganz Entscheidendes« (IP 27)* ist, scheint es jedoch keine wirklich zu beeinträchtigen, wenn es nicht (ganz) ihrem Geschmack entspricht. Vieles war ja tatsächlich nicht zu beeinflussen oder ist nicht mehr zu ändern, aber auch Wünsche, die realisierbar wären, eine Fassadenbegrünung oder ein warmer

Anstrich im Treppenhaus, die sich manche wünschen würden, sind offenbar dann doch die damit verbundenen Kosten und den Einigungsaufwand nicht wert.

Sollten für Frauen, bis auf Ausnahmen, wirklich die ästhetischen Qualitäten von Gebäuden und Räumen so vernachlässigbar sein? Dem widersprechen nicht nur ein Blick in die Wohnungen und die Auseinandersetzungen um die Ausstattung der Gemeinschaftsräume. Wenn, wie Ursula Paravicini und Ruth May (2004) (für Freiräume) herausfanden, Frauen sogar sensibler sind für Räumlichkeit, differenziertere Kriterien für Raum-Qualitäten haben als Männer, dann könnten wir vorsichtig folgern, dass zum einen die Anmutung der Gebäude und Räume vielleicht mehr Wirkung hat, als die Bewohnerinnen wahrhaben (wollen). Es könnte weiter bedeuten, dass die gestalterischen Kompromisse, die sie in den von ihnen beeinflussbaren Bereichen um der Gemeinschaft willen eingehen, auf die Bewohnerinnen und ihre Gemeinschaft rückwirken – nicht nur auf eine, die als Ästhetin darunter leidet, und auch nicht nur im Extremfall eines Gemeinschaftsraums im Souterrain –, und dass sie nicht immer so leicht vom Gemeinschaftlichen kompensiert werden können.

Die Wohnungen

Die Wohnungen, die wir sehen durften, zeigen uns, wie unterschiedlich der Umgang der einzelnen mit und die Bedürfnisse an Raum sind (wie schwierig folglich auch ein für alle guter Kompromiss im gemeinschaftlichen Teil sein muss). Hier wird Persönlichkeit sichtbar, liebevoll gestaltungsfreudig oder nüchtern ästhetisch ebenso wie gänzlich desinteressiert, hier zeigt sich die Fähigkeit, *»aus jedem Raum etwas zu machen« (IP 27)*, ebenso wie eine gewisse Hilflosigkeit, wenn nicht alles normgerecht ist. Zwar sind die meisten, wie uns versichert wurde, mit den Wohnungen sehr zufrieden, finden Grundrissentscheidungen, die sie im Rahmen der gebotenen Möglichkeiten getroffen haben, immer noch richtig, doch sind auch die zufrieden, die sich mit dem Vorgefundenen arrangieren mussten.

Ein gewisser Anspruch an Raum kommt dennoch bei den meisten zum Ausdruck, sei es in der Klage um den Verlust der hohen Altbauräume und die *»Engigkeit«* in den überwiegend (zu) kleinen Wohnungen oder auf der anderen Seite die Betonung, wie wichtig ihnen ihre helle, sonnige Wohnung ist oder eine für sie schöne Aussicht – *»So ein schönes großes Büro hatte ich noch nie, wo man so durchschauen kann nach der einen und der* *anderen Seite und Balkon davor (...). Das ist mir sehr wichtig, dass mein Schreibtisch mit Blick ist« (IP 14)*. Und er äußert sich auch darin, dass nicht nur die Frauen aus einem eher bürgerlichen Umfeld, sondern auch die Alternativen, die WG-Erfahrenen inzwischen einen gewissen Komfort schätzen: *»Ich würde heute auch nicht mehr so leben wollen wie ich vor fünfzehn Jahren gewohnt habe, ich hab's auch gerne bequemer« (IP 40)*. Die Ausstattungsqualität, insbesondere der neueren Projekte, wissen alle zu würdigen, zumal die in den gemischt finanzierten Projekten das übliche Sozialwohnungsniveau deutlich überschreitet. So *»ist man eigentlich ganz froh, dass man so eine luxuriöse Wohnung bekommen hat und dass man eigentlich ganz toll wohnt, weil ich weiß einfach, wie auch Sozialwohnungen sind, dass es zu den Nachbarinnen hin so laut ist und dass man überhaupt keine Privatsphäre hat«*. Dennoch bleibt, zumindest bei den Alleinerziehenden, der Wunsch nach mehr (privatem) Raum, *»andererseits vergeht kein Tag, an dem ich mir nicht noch ein Zimmer wünsche« (IP 1)*.

Der eigene Gestaltungsrahmen endet hier wie überall mehr oder weniger an (und mit) der Wohnungstür. Schon im Raum vor der Wohnung, den Laubengängen und Fluren kollidieren schnell wieder eigene ästhetische mit den (Ordnungs)Vorstellungen anderer – da muss dann gegebenenfalls ein Schildchen an den rostigen Gartentisch, dass es sich nicht um Schrott handelt. Es ist nicht überall gleich, nicht immer gleich harsch, manches wird auch hier nur über Dritte gelästert und manchen gefällt auch das Resultat individuellen Gestaltungswillens, solange er sich in Grenzen hält. Doch geduldet ist er nur *vor* der eigenen Tür, schwieriger wird es, wenn es *um* die eigene Tür geht. Wird die Katzenklappe noch hingenommen, so ist der Wunsch nach einem Glasausschnitt in der Wohnungstür schon zu viel des individuellen Bedürfnisses und wird – in unseren Augen meist mehr Ausdruck eines Beziehungsproblems als der Sorge um die Erscheinung des Hauses – gern mit rechtlichen Argumenten torpediert, wo es eigentlich nur um ein beherztes »Ja« der Gruppe ginge, da sie ja ästhetische Entgleisungen mit einem schlichten Gestaltungsrahmen begrenzen könnte. Doch schon an viel harmloseren Versuchen, »eigenmächtig« gestaltend in den gemeinschaftlichen Raum vorzudringen, können sich, wie wir mehrfach hörten, heftige Eifersüchtigkeiten entfachen, was nicht nur unmittelbar Betroffene auf Dauer entmutigt und manche Eigeninitiative blockt.

6.6 Letztlich sind die meisten zufrieden

»Man muss ja sagen, es zieht hier ja so gut wie keiner aus! Auch wenn wir uns fetzen, es gefällt hier irgendwie doch allen, auch wenn wenig Gemeinschaft ist« (IP 5) so das Résumé einer Mutter, und das einer Rentnerin: *»Man kann hier auch sehr glücklich sein, es kommt darauf an, was einen stört und was einen nicht stört« (IP 19).*

Sei es aus Bequemlichkeit oder weil mehr Gründe für als gegen das Projekt sprechen, anders als in der Vorbereitungszeit mit ihrer hohen Fluktuation ziehen nur wenige Frauen aus den Projekten wieder aus[82] und diejenigen, die ausziehen, haben häufig Gründe, die nicht grundlegend gegen das Projekt sprechen, Mütter etwa, denen die Wohnsituation mit den irgendwann pubertierenden Kindern zu beengt wird, wie einer unserer Gesprächspartnerinnen, die es *»supertoll [findet], dass es so was gibt und wenn es eine größere Wohnung gäbe, würde ich sicher dableiben« (IP 1)*. Frauen, die einen neuen Partner finden und mit ihm zusammen leben wollen, ziehen früher oder später aus, obwohl in manchen Projekten das Mitwohnen offiziell oder *»auf dem kleinen Dienstweg« (IP 29)* geduldet wird.

Trennungen wegen grundlegender Unverträglichkeiten mit dem Projekt sind zwar selten, doch in fünf Projekten wurde uns auch von solchen Fällen berichtet. Einzelne Frauen sind schon relativ bald ausgezogen und *»die gehörten eigentlich auch nicht hierher« (IP 22)* oder *»es sind auch die Frauen zum Teil ausgezogen, die hier gar keinen Wohlfühlruhepol gefunden haben« (IP 29)*. Eine Initiatorin ging hier ziemlich bald, weil ihre Erwartungen an Unterstützung nicht erfüllt wurden und andere` verließen es, weil es ihnen zu unpolitisch (geworden) war.

In der Groß-WG gab es einen richtigen Einbruch, als zwei Mütter mit dem Konzept nicht mehr klar kamen und eigene Wohnungen für sich reklamierten, ohne aber das Projekt verlassen zu wollen. Die Umbaumaßnahme war das geringste, der emotionale Aufruhr dagegen groß, da die Grundidee ins Schwanken geriet, was für einige zunächst völlig inakzeptabel war. Diese Wogen haben sich längst geglättet. Aber auch weniger gra-

---

[82] Ähnliches zeigt auch eine projektinterne Befragung, nach der fast die Hälfte (47%) der Befragten bis »zum Lebensende« im Projekt wohnen bleiben will, knapp weniger (44%) haben zumindest langfristige Wohnabsichten (IB 2). In einem anderen Projekt ist der Anteil der Befragten mit langfristigen Wohnabsichten mit 76% etwas geringer (wobei hier danach gefragt wurde, ob die Betreffenden »im Projekt alt werden« wollen (IB 1).

vierende Änderungen sind Einschnitte in diesem Projekt, wo die Bewohnerinnen sozusagen handverlesen sind. *»Wenn es nicht mehr in die Lebenssituation passt, gibt es Wechsel und das ist immer total schwer (...) man wird schon auch verlassen (...) das Wohngleichgewicht gerät erstmal aus den Fugen« (IP 37),* und dann kann es für die Nachfolgerinnen ganz schön schwer werden, rein zu kommen. *»Da zogen zwei aus und dann haben die immer gejammert, ›ach das war so schööön mit denen‹ und ich dachte nur immer ›können die sich jetzt eigentlich mal freuen, dass ich da bin?‹ (...) ich fand das verdammt schwer« (IP 37).* Und doch kam gerade sie nach einer Zeit des Ausprobierens anderer Wohnformen ein zweites Mal ins Projekt.

Trotz aller Querelen entwickeln viele Bewohnerinnen, auch in mehr zufällig zusammengesetzten Projekten, eine starke emotionale Bindung an ihr Projekt, die es ihnen schwer macht zu gehen. Viele, die im Guten gegangen sind, halten weiterhin den Kontakt, kommen teilweise auch zu Festen. Eine junge Frau, die wegen einer Männerbeziehung auszog, *»würde gerne so ein bisschen mit Bestandteil des Hauses bleiben, weil ich mich immer noch damit identifiziere« (IP 35)* und ist weiterhin sehr engagiert. In einem unserer Projekte gibt es sogar eine Art »Rückkehrrecht« innerhalb eines gewissen Zeitraums.[83]

Die Tatsache, dass die allermeisten unserer Gesprächspartnerinnen auf unsere Abschlussfrage, ob sie wieder in das Projekt ziehen würden, mit einem eindeutigen Ja antworteten, würden wir auf jeden Fall als Indiz dafür werten, dass die Frauen alles in allem mit ihrer Wohnsituation zufrieden sind oder zumindest nicht erwarten, etwas besseres finden zu können, sei es, dass sie die Möglichkeiten ihrer Gemeinschaft mit der Zeit realistischer einschätzen oder doch vor allem die schöne Wohnung genießen.[84]

[83] In einem Projekt, das wir nicht in unserem Sample haben, aus dem wir aber eine der Initiatorinnen sprachen, wird Bewohnerinnen sogar ein zweijähriges Rückkehrrecht eingeräumt.

[84] Auf letzteres deutet zumindest das Ergebnis einer projektinternen Befragung hin, in der zwar 80% der Frauen sagten, dass sie wieder einziehen würden und nur 10% die Frage explizit verneinten, obwohl nur 40% dieser Frauen angaben, dass sich ihre positiven Erwartungen an das Leben in dem Projekt zu 80% bis 100% erfüllt haben, während bei fast genauso vielen Frauen der »Erfüllungslevel« bei bescheidenen 30% bis 50% liegt. Offensichtlich würde zumindest ein Teil der letztgenannten trotzdem wieder einziehen (IB 3).

7 An- und Widersprüchliches – oder was nicht zusammen geht

Halten wir uns nach diesem notwendig unvollständigen Einblick in die Projekte noch einmal die Ziele und Wünsche vor Augen, mit denen die Frauen angetreten sind bzw. von denen sie angezogen wurden. Da gab es die Vielfalt und in ihrem Gefolge die Toleranz, die Wahlverwandtschaften, Unterstützung, aber auch Anerkennung, Emanzipation und das Überschreiten von Geschlechterstereotypen, Selbstbestimmung, Gleichberechtigung und demokratisches Miteinander, die Ausgewogenheit von Nähe und Distanz, die Überwindung von Vereinzelung und Isolierung, Verantwortung und Freiheit, sogar Ganzheitlichkeit und die Förderung von Lebenslust und Lebensqualität, Sicherung von Wohnraum in Frauenhand und Schaffung von Wohnraum für die »neue Frau«, Organisation und Vernetzung von Frauen für eine (männer)herrschafts- und gewaltfreie Gesellschaft, um nur einige der wichtigsten Aspekte wieder ins Gedächtnis zu rufen.

Manches ist erreicht, manches auf einem guten Weg, manches wollen gar nicht alle, anderes aber scheint unerreichbar, was wir nicht zuletzt auf nicht hinterfragte, aber durchaus frag*würdige* Ansprüche zurückzuführen geneigt sind, auf Widersprüchliches, Überforderndes, auf allzu selbstverständlich Vorausgesetzes und bei genauem Hinsehen auch nicht immer Sinnvolles, ja im Hinblick auf die Ziele sogar eher Kontraproduktives. Wir wollen versuchen, uns den Fragen und Widersprüchen, die sich uns aufdrängen, anzunähern, indem wir zunächst auf einiges schauen, was offenbar erwartet und nicht erreicht wurde.

7.1 Erwartungen und Enttäuschungen – *»Enttäuschung ist eines der Worte, die du hier am häufigsten hörst«*

»Ich hatte eigentlich gar nicht so große Erwartungen, das war vielleicht mein Vorteil. Diejenigen, die die ganz großen Erwartungen hatten, die sind dann enttäuscht, ziehen sich zurück (...). Es gibt so Menschen, wenn sie in

so eine Gruppe kommen, dann denken sie: ›So, jetzt ist für mich gesorgt, ist mein Leben in Bahnen, da spielt sich alles Mögliche ab‹. Da wurden dann am Anfang auch immer alle Angebote wahrgenommen. Das geht nicht, man kann sich nicht abgeben in so einem Projekt« (IP 14).

Erwartungen hatten viele Frauen *»eigentlich keine«*, höchstens vielleicht diffuse. Doch in allen Projekten gibt es Enttäuschte, so wird zumindest gesagt. *»Enttäuschung ist eines der Worte, die du hier am häufigsten hörst, wenn es darum geht, was grad nicht so gut läuft« (IP 36)*. Aber wer enttäuscht ist, hat wohl doch etwas (mehr) erwartet.

Die Aktiven hätten von allen mehr Einsatz erwartet, die Initiatorinnen wollen darüber hinaus Unterstützung in der Verfolgung und Weiterentwicklung ihrer weitergehenden Ziele, seien sie politisch, feministisch, spirituell, wollen aber auch mal eine (gleich starke) Schulter, an die *sie* sich lehnen können. Die Einsamen erwarten viele gemeinsame Unternehmungen, die Gruppenunerfahrenen (und nicht nur die) erwarten, dass Frauen anders miteinander umgehen, die Mütter und die ein und andere alte Frau hätten mehr (begeistert angebotene) Unterstützung erwartet. Lauter Erwartungen, die sich an das Verhalten der anderen Frauen richten, von denen zugleich erwartet wird, dass sie *»so ticken wie ich«* – und irgendwie haben alle mehr Gemeinschaftlichkeit erwartet, *»was immer das sei«*, auf jeden Fall aber wohl, so möchten wir unterstellen, haben sie von und durch Gemeinschaft erwartet, dass etwas in ihrem Leben besser wird, nicht mehr, aber auch nicht weniger.

Es scheint *»eine klassische Abfolge (...) eingezogen mit Sonnenschein im Herzen, jetzt wird alles toll«* doch die Partystimmung hält nicht an, die Gemeinschaft schafft nicht sondern will geschaffen werden und *»dann hatte ich hier auch Momente, die ich so einsam in der Mietwohnung nicht hatte (...) aber das war meine Arbeit hier anzukommen, das [zu] begreifen, dass jetzt nicht alle dafür zuständig sind, dass ich mich hier super fühle« (IP 16)*. Da macht manche einen schmerzhaften Prozess durch, bis sie schließlich einsehen muss, dass eben doch alle sehr unterschiedlich ticken, obwohl alle Frauen sind und zwar solche, die sich mehr oder weniger dezidiert auf das Zusammenwohnen mit Frauen eingelassen haben, dass diese aber durchaus unterschiedliche Interessen haben, die sich nicht einfach in eine Gemeinsamkeit hinein nivellieren lassen. Die Bewohnerinnen kommen mit Wünschen, deren Erfüllung sie in die schönen Worte und Werte der großen Programme hineinhoffen. Manche Erwartungen werden durch diese Versprechen erst geweckt, manche aufgeblasen, nicht zuletzt, um den mühseligen Vorlauf durchzuhalten. Manch vage Erwartungen werden erst in der Nichterfüllung oder Nichterfüllbarkeit bewusst, manche bleiben in Untiefen verborgen und wenn *»sich viele hier so eine Vorstellung gemacht haben: So und so muss es sein – und es war alles anders« (IP 6)*, entlädt sich der Frust auf die vermeintlich Verantwortlichen, die Aktiven, die ihn ihrerseits als Druck auf die weniger Aktiven weitergeben. Die Enttäuschung macht sich Luft in diesen Konflikten um *»Peanuts«*, die nicht einmal die Beteiligten recht verstehen, neu Hinzukommende teils aber gar nicht mehr nachvollziehen können und die Anlass zu neuen Enttäuschungen geben, zumal die Einzelnen damit ziemlich allein zu bleiben scheinen.

So mühsam wie der Weg zum Projekt wird mitunter der *»von so einem Riesenanspruch« (IP 16)* runterzukommen und von dem *»Abstand zu nehmen (...) was nicht geht und das Mögliche zu machen – das hat bei uns ziemlich lange gedauert, wenn ich das so im nachherein betrachte« (IP 18)*. Ohne Resignation gelingt das nach allem, was wir gehört haben, nicht so vielen und nur einige wenige sind offenbar mit so geringen oder mit so realistischen Vorannahmen ins Projekt gekommen, dass sie sich von vorne herein ganz gut einrichten und sich das für sie Passende herausholen können, ohne sich stark abgrenzen zu müssen.

Letztlich sind für alle, die geblieben sind (und das sind die allermeisten) die Enttäuschungen offenbar nicht so gravierend, dass sie die Konsequenz ziehen würden zu gehen. Wenn eine andererseits erst am Ende eines zweistündigen Gesprächs (an)merkt: *»Ich fühl mich hier sauwohl. Ich möchte nirgendwo anders wohnen (...). Wenn man vor allem das Schlechte betont, dann ist das wohl eher die Enttäuschung darüber, was man sich anders vorgestellt hat« (IP 5)*, und wenn nicht nur diese eine die Betonung (ungefragt) auf die problematischen Aspekte legt, dann ist schon zu fragen, *was* die einzelnen sich *wie* anders vorgestellt haben.

7.2 Die ideale und die reale Bewohnerin – *»Für ein Wohnprojekt braucht es eher mehr als weniger Sozialkompetenz«*

Eine »ideale Bewohnerin« fabulierte eine Gruppe (in einer frühen Vorbereitungsphase) mit einer langen Liste sozial wohlfeiler und einiger mutig provokanter Eigenschaften spielerisch ironisch als fiktive Person, die alles zu integrieren vermag. Wissend um die Unzulänglichkeit der Einzelnen wie die Unvereinbarkeit all dieser Eigenschaften beließ frau es wohl bei einem Lächeln darüber und die Einzigartige in schönen Worten an der Wand hängen. Bei einer solchen Idealvorstellung – so es überhaupt dazu kommt, sie gemeinsam zu entwickeln – bleiben offenbar viele stehen, so schließen wir, da sich die Notwendigkeit *»dass jede, die sich in so einem Projekt engagiert, sich selber prüft, ist sie eigentlich gemeinschaftsfähig«* wenn überhaupt erst spät, *»nach sechs Jahren (...) jetzt immer mehr verfestigt« (IP 24),* während das Ideal als Wiedergängerin geheimer Träume in den Projekten spukt.

Die »ideale Bewohnerin«

Nach allem, was wir gehört haben, sieht es nämlich so aus, als müsse frau, um konstruktiv in einem Wohnprojekt leben zu können, ganz spezielle Eigenschaften mitbringen (was letztlich Frauen ohne das »Mehr an Sozialkompetenz« oder zumindest gute Anzeichen, dieses zu erreichen, ausschließen müsste):

»Man muss sich gut abgrenzen können, man muss kritikfähig sein, man muss sich auch von anderen reflektieren lassen können und man muss sich auch von anderen was sagen lassen (...) hier wird (...) alles abgeschliffen, ob man will oder nicht« (IP 28). Obwohl auf Wohngemeinschaft gemünzt, lässt sich das ohne weiteres auf die Hausprojekte übertragen. Zwar kann dort eine in ihre vier Wände ausweichen, aber das ist ja nicht die Lösung, wenn Gemeinschaftlichkeit gewünscht ist. Wir würden den Katalog noch erweitern. Neben der Bereitschaft, nein, dem drängenden Wunsch zur Kommunikation, den sie aber jederzeit ohne Gekränktheit beiseite stellen kann, kommt die ideale Bewohnerin auch gut mit sich selbst klar, hat ein Eigenleben neben dem Projekt, übernimmt dennoch und allem voran mit vollem Engagement und aus einem tiefen Bedürfnis heraus Verantwortung für sich und das Projekt, ohne sich selbst zu verlieren oder andere zu überfahren. Frau sollte durch die Tiefen des Lebens gegangen und möglichst nicht gerade eben in eine hineingerutscht sein, sollte souverän und ohne Mangelgefühle das Ego für gemeinschaftliche Interessen zurückstellen können und möglichst immer die Interessen aller Beteiligten im Blick haben. Ja, *»eigentlich wäre es wunderbar, wenn alle erstmal eine Therapie*[85]

[85] In den Projekten finden sich zwar relativ viele gruppendynamisch Erfahrene oder auch Therapieberührte. Das muss nicht vorteilhaft, es kann, wie wir aus eigener Erfahrung wis-

gemacht hätten, bevor sie einziehen« (IP 18), wie eine Bewohnerin halbernst meinte.

Unrealistisch? Erschreckend? Wenn Bewohnerinnen sich grundsätzlich erst in ein friedliches Wohnen hineinlernen und zusammen»arbeiten« müssen – wir hörten von mehreren Projekten in Planung (auch gemischten), die bereits in der Vorbereitungsphase auf Mediation zurückgreifen[86] –, dann scheint das oben gezeichnete Bild gar nicht soo überzeichnet. Ob es denn wirklich erstrebenswert ist, sich »schleifen« zu lassen, wäre zu diskutieren. Und Kompromissfähigkeit, offenbar mit das Wichtigste für ein Wohnprojekt und von manchen sicher als eine hervorragende »weibliche« Eigenschaft gelobt, ist vielleicht auch nicht grade das Erste, was Frauen sich zumuten sollten. Zu lange waren Kompromisse das, was ihnen abverlangt wurde und was sie selbst sich in Erfüllung ihrer Familienpflichten, zur Erhaltung ihrer Partnerschaft oder ihres Jobs abverlangt haben – und wir vermuten mal, dass sie das, wie die Projektalltage zeigen, auch nicht mehr wollen.

Aber es ist nicht zu leugnen: Dort, wo wenigstens einige Frauen wenigstens einen Teil der genannten Eigenschaften mitbringen, erleichtert es das Zusammenleben schon erheblich. Dieses Ideal einer psychisch stabilen, in sich ruhenden Persönlichkeit[87] verweist natürlich zugleich auf das, was für ein Wohnprojekt nicht verträglich ist oder scheint. Doch was schließen wir daraus? Braucht die neue Gemeinschaft den »neuen Menschen« (die neue Frau) oder macht sie die Bewohnerinnen dazu? Und wo bleiben derweil die, die noch nicht so weit sind?

---

sen, sogar eher hinderlich sein, weil immer welche »wissen«, was *eigentlich* hinter dem Sagen und dem Handeln anderer steckt. Es ist eine Form, sich zu distanzieren, mit dem Nebeneffekt, diese anderen in eine Position der »Unglaubwürdigkeit« zu manövrieren, in der sie schließlich mit jeder Aussage die über sie getroffenen Vorannahmen bestätigen. Die Spanne zwischen Verstehenwollen und Respektlosigkeit ist da manchmal klein.

[86] In einem älteren Erfahrungsbericht über ein generationenübergreifendes Frauenwohnprojekt fanden wir sogar den (nach drei Jahren gemeinsamen Wohnens formulierten) Wunsch einer Initiatorin nach einer Sozialarbeiterin für das Projekt, untermalt mit dem Hinweis auf »die Haustür, vor der sich Schuhe und Kinderwagen auftürmen ... « (Anja Janus 2002: 21).

[87] Dieses Ideal »überdurchschnittsmenschlicher« Anforderungen scheint kein auf Frauenprojekte beschränktes. So hieß es auf einer Infoveranstaltung zu Neuen Wohnformen im Alter in Hamburg (27.02.2014), für ein Wohnprojekt brauche es »lernfähige, kooperative, stressfähige, ausdauernde und sichere Menschen und eine(r) muss rechnen können«.

Vielfalt versus Homogenität?

Dieser Anforderungskatalog an Projektbewohnerinnen – den natürlich nur wenige auch nur näherungsweise erfüllen – steht nun aber dem Konzept der Vielfalt entgegen, einem der großen Ideale, das fast alle Projektgruppen in der ein und anderen Weise proklamieren.[88]

Was dieses Konzept so anziehend macht, ist die äußerst reizvolle Verbindung eines altruistischen und eines vergnüglichen Aspekts. Vielfalt steht zum einen für Gerechtigkeit und den Einbezug Benachteiligter, für Abbau von Schranken und für Toleranz gegenüber dem Anderen und Fremden. Es genügt damit dem (in der Politik unter dem Begriff Inklusion verfolgten) Anspruch, niemanden auf Grund formaler Be- bzw. Abwertungskriterien auszugrenzen.

Vielfalt steht aber auch für Buntheit, für Synergien, Kreativität, Potenziale, was Anregung und Unterhaltung verspricht und vor allem auch die Chance auf passende Mitbewohnerinnen – da ist für jede was dabei.

Was offensichtlich nicht oder viel zu wenig damit verbunden wird (von für die Vielfalt so begeisterten PolitikerInnen schon gar nicht), ist der Zündstoff in diesen Agglomerationen der Unterschiedlichkeiten, ganz als wäre allein durch die Herstellung des formal Vielfältigen all das mitgedachte Gute und Schöne schon erreicht. Als würden all die mitgebrachten Lebensgeschichten und daraus erwachsenen Formungen und Verformungen, Bedürfnisse und Werthaltungen beim Eintritt ins Projekt ausgelöscht, könnten an der Schwelle abgelegt werden (was wiederum das Ziel konterkarieren würde, Pluralität in all ihren Daseinsformen zu würdigen) oder könnten sich automatisch zum Kompatiblen wandeln.

Vielfalt wird in diesen Glaubenssätzen leicht zum Selbstzweck, führt zu einer nicht mehr handhabbaren Beliebigkeit, wo sie eigentlich ein ethisches Ziel verfolgt. Und damit wird sie zu einem Prinzip, das letztlich von der Einzelnen abstrahiert oder ablenkt, und verhindert, sie als Person in ihrer Differenziertheit wahrzunehmen und sich mit diesem Individuum zu ver-

---

[88] Das ist übrigens nach unserem Eindruck eine neuere Entwicklung, die in den ersten Frauenwohnprojekten kein solch programmatisches Gewicht hatte, wo es mehr um die Befriedigung bestimmter Gruppenbedürfnisse ging. Heute scheint es geradezu lukrativ, sich zur Vielfalt zu bekennen. Ein recht großes schwules Projekt (mit einem marginalen Lesben-Anteil und zwei/drei Heteras) hat diesen Begriff sogar zu seinem Namen erkoren – und (damit?) immerhin einen Zuschuss von 4 Millionen Euro aus Lottomitteln (und weitere Zuschüsse) abgegriffen.

ständigen, sie statt dessen einer formalen Kategorie zuordnet mit dem Appell an Toleranz.

Mag sein, dass gerade Frauen, als die patriarchal »Anderen« und Ausgeschlossenen, für den ersten Aspekt besonders empfänglich sind (zumindest liegt der Focus in den Projekten überwiegend stärker auf dem Barmherzigkeits-, als auf dem Spaßfaktor). Sich um die zu kümmern, die gesellschaftlich zu kurz kommen – die Armen, die vereinsamten Alten, die Migrantinnen, die Frauen mit Behinderungen, die alleinerziehenden Mütter – passt ins »weibliche Sorgeschema«. Frau muss dazu die Komfortzone gewohnten Handelns nicht verlassen (so unkomfortabel sie sich oft auch erweist), rechtfertigt damit gewissermaßen ihre »unverschämten Ansprüche« an die Gesellschaft (und ein bisschen auch den Ausschluss von Männern) und kann dafür sogar auf Belohnung in Form politischer Unterstützung und Förderung hoffen. Dabei verliert sie nur allzu leicht wieder ihre anderen Interessen aus dem Blick. Und letztlich verschiebt das Bemühen, keine aus dem Projekt auszuschließen, die Ausschlüsse ins Innere des Projekts – das läuft dann unter »Lagerbildungen«, »Cliquenwirtschaft« und »Machtkisten«, im besseren Fall unter »Interessengruppen«.

Genau besehen stoßen die Projekte in vielfacher Hinsicht an Grenzen, schließen keineswegs alle, nicht einmal alle Benachteiligten oder Schutzbedürftigen ein und können das auch gar nicht. Schon die Entscheidung für eine bestimmte Organisations- oder Finanzierungsform schließt bestimmte Gruppen aus, durch formale Kriterien wie Förderbedingungen, Einkommens- oder Altersgrenzen, nach oben wie nach unten. Mehr noch als durch formale (unfreiwillig homogenisierende) Zwänge werden Frauen jedoch durch Unreflektiertheit ausgeschlossen, werden offizielle Kategorien unbedacht übernommen und ihre Vertreterinnen undifferenziert unter (teilweise erstaunlich konservativen) Vorannahmen »eingeladen«.

Bei Frauen mit Behinderungen z.B., so möchten wir unterstellen, sind einzig die mit *körperlichen* Behinderungen gedacht, die zu einer (mit den inzwischen selbstverständlich eingeplanten technischen Hilfsmitteln) eigenständigen Lebensführung in der Lage sind *und* sich aktiv ins Projekt einbringen können. Depressive, Ausgepowerte, Trostbedürftige, mit einer Suchtproblematik womöglich, werden tendenziell gedanklich ausgeblendet[89] (s. *Die Grenzen des Kümmerns*).

[89] Auch das kein reines Frauenproblem. So erzählte eine Bewohnerin eines gemischten Projekts, ihre Satzung sei »unglaublich«: diskriminierungsfreies Wohnen, Wohnen im Alter,

Migrantinnen werden wohl eher als gut integriert, halbwegs der Sprache mächtig und eigenständig vorgestellt. Kaum wird bedacht, wie eine religiöse, sehr familienbezogene Muslima sich in eine überwiegend areligiöse (aber doch christlich fundierte) Gemeinschaft fügen würde, wird doch nicht einmal berücksichtigt, dass auch religiöse Christinnen sich in so einer Gruppe innerlich absetzen und vermutlich mit feministischer Spiritualität auch nicht viel anzufangen wüssten (*»Ich wusste nicht, dass ich hier mit lauter Heiden zusammen bin«*, so ein uns kolportiertes Zitat, und auch eine unserer Gesprächspartnerinnen begründete ihre weitgehende Distanz im Projekt u.a. mit der fehlenden christlichen Orientierung der Mitbewohnerinnen).[90]

Die Freiheit sexueller Orientierung ist der tolerant Aufgeklärten relativ selbstverständlich, erschöpft sich aber meist im verbalen Mitmeinen von Lesben, jeder Phantasie einer nicht heteronormen Lebens- und Denkweise entbehrend. Und die Frage der sexuellen Identität wird bislang gar nicht aufgeworfen, denn noch keines unserer Projekte musste sich etwa der Anfrage einer transsexuellen Frau stellen (für die ein Frauenwohnprojekt ja ein attraktiver Schutzraum sein könnte) – wir vermuten aber, dass es bei solchem Ansinnen zu durchaus kontroversen Diskussionen käme (die vielleicht auch manche unreflektierte Annahme über »Frauen« in Bewegung brächte).

Sie alle sind ganz offenbar nicht gemeint, wenn es heißt *»offen für alle Frauen«*. Das soll nicht heißen, dass es unmöglich oder nicht wünschenswert wäre, auch bisher nicht mitgedachte Frauen einzubeziehen. Nur müssen sie dann auch wirklich einbezogen und nicht nur formal ins Projekt aufgenommen werden – was allerdings voraussetzt, das die Projektgruppe sich im vorhinein differenziert damit auseinandersetzt, was jede einzelne Bewohnerin zu akzeptieren bereit bzw. fähig ist und was die Gruppe zu leisten in der Lage und gewillt ist. So viel an die Verantwortungsübernahme der *Einzelnen* für das Projekt appelliert wird, so ist doch kaum die Rede von der Verantwortung der *Gruppe* (die sich als Gemeinschaft definiert) gegenüber jeder Einzelnen, die sie aufnimmt. Auch wenn die Einsichten

---

u.v.m. und irgendwann hätten sie gemerkt, dass immer wieder InteressentInnen erstmal ihre ganze Krankengeschichte erzählt haben, in der Hoffnung aufgenommen zu werden, wenn es ihnen besonders schlecht geht. Inzwischen fragen sie Einzugsinteressierte nach einem sozialen Umfeld und ob sie im Fall des Falles Hilfe *anfordern* können, mitveranlasst durch den Suizid eines Mitbewohners.

[90] An Flüchtlingsfrauen denkt bislang unseres Wissens auch keine.

mitunter schmerzlich sein werden, scheint es in beiderseitigem Interesse, frühzeitig Grenzen zu ziehen oder aber sie *in vollem Bewusstsein* zu erweitern.

Wir möchten daher das »Denken der Differenz« in eine andere Richtung lenken, eine weniger kategorische, die sie für das Zusammen*wohnen* handhabbarer machen könnte. Wenn wir in diesem Zusammenhang für eine gewisse Homogenität plädieren, so widerspricht dies einer Vielfalt nicht grundlegend, sondern richtet den Focus darauf, was einzelne – nach Herkunft, Hautfarbe, körperlichen Befähigungen und wie auch immer unterschiedliche – Frauen miteinander *verbindet.* Das ist zwar auch keine Garantie, aber eine gute Basis, damit mehr als eine Zweckgemeinschaft entstehen kann.

Wenn die Bewohnerinnen sich mehr sympathie- und überzeugungsgeleitet zusammenfinden, entsteht eine andere Vielfalt als die vornehmlich an formalen Kategorien wie Alter, Migrationshintergrund, körperlichen oder seelischen Einschränkungen orientierte, ohne dass diese ausgeschlossen werden. So wird in einer feministisch ausgerichteten Gemeinschaft eine geschlechtersensible Migrantin besser am Platz sein als eine weiße Deutsche, die *»sich nie diskriminiert fühlte«* (und möglicherweise alsbald die *»andere Hälfte der Menschheit«* vermisst).

Eine gewisse Homogenität muss nicht einmal notwendig das gesamte Projekt umfassen. In größeren Projekten ist das Miteinander mehrerer Interessengruppen durchaus denkbar, wenn nicht sogar notwendig, *»wo es eben nicht das große Ganze gibt sondern die einzelnen Gruppen, die dann nebeneinander stehen« (IP 20).* Gewissermaßen wird das bereits gelebt, jedoch eher als unfreiwilliges Resultat nicht erfüllbarer Erwartungen. Voraussetzungen, damit das gut läuft, sind ausreichend große Gruppen, die ohne Enttäuschung akzeptieren, dass es kein großes Ganzes oder allen Gemeinsames geben *muss.* Über einige grundlegende Prinzipien müssen sie einig sein, müssen in der Lage sein, sich auf einem Minimallevel über die materiellen Notwendigkeiten, die das Haus zusammenhalten, zu verständigen, und sie sollten so weit neugierig aufeinander und als Gruppen durchlässig sein, dass ein zwangloser Austausch entstehen kann.

Manche der genannten formalen Kategorien, wie die Armut, lassen sich freilich nicht wegfühlen, sondern müssen handfest gelöst werden. Die Solidarität ist hier bei aller Freundschaft begrenzt – und die Umverteilung kann und sollte unseres Erachtens auch nicht unter den Frauen erfolgen, die alle nicht wirklich reich sind, sondern ist Aufgabe der Politik (s. auch Résumé). Um deren nicht immer lebensnahe Angebote und Verfahren nicht alles bestimmen zu lassen oder um Übergangslösungen zu schaffen, waren und sind Frauen mit mehr finanziellem Potenzial zwar immer wieder bereit, einzuspringen – was natürlich bei einem liebevollen Verhältnis der (künftigen) Bewohnerinnen leichter fällt, als nur einem moralischen Appell folgend. Doch ist das Ziel eines einkommensgemischten Projekts ein anspruchsvolles. Initiativen mit diesem Ziel tun gut daran, sich darauf zu konzentrieren und es ganz bewusst zu ihrer politischen Aufgabe zu machen, nicht nur vorhandene politische Spielräume auszuschöpfen, sondern sie zu erweitern.

7.3 Gemeinschaft, Wahlverwandtschaft oder was verbindet? – *»dass die, die einen ähnlichen ›Stallgeruch‹ haben, die eine ähnliche, auch politische Sozialisation haben wie wir, dass die eher hier reinpassen«*

Was ist denn nun Gemeinschaft? Zunächst ein Zusammenschluss von Personen, die eine bestimmte Interessenlage »gemein« haben, wie die momentane Lebenssituation (Alter oder ein Kind erziehen) mit den daraus entstehenden Interessen wie der Unterstützung. So gestalten sich denn auch viele Wohnprojekte als eine Art Dorfgemeinschaft oder Vernunftehe, die ja unter bestimmten Voraussetzungen recht gut funktionier(t)en: klarer Verhältnisse nämlich (wie ökonomischer Interessen) und eines geringen Anspruches an Nähe und Emotionalität, die nichtsdestotrotz zwischen einzelnen entstehen können, die etliche Projektbewohnerinnen aber gar nicht wollen oder nicht erwarten. Das kann sehr gut gehen, wenn die Frauen sich über ein gewisses Maß an wirklich notwendig Gemeinsamem hinaus einfach leben lassen können, wenn sie ihre notwendigen Treffen auf ein Minimum beschränken – schön, wenn sie die dann auch noch nett gestalten – und ansonsten entstehen lassen, was sich ergibt. Es geht *nicht*, wenn einige im selben Projekt mehr erwarten, was in den meisten bestehenden Projekten der Fall ist. Dann sind die Verhältnisse nicht mehr klar, *»es ist alles so diffus und das trägt dazu bei, dass wir voneinander eigentlich nicht wissen, was wir uns vorstellen« (IP 20),* wie eine engagierte Späteingezogene konstatiert.

»Ein Schritt aus der Anonymität der Großstadt in die Geborgenheit einer Frauengemeinschaft« (so eine Zielbeschreibung), klingt da schon an-

ders. Woraus aber entsteht Geborgenheit? Diejenigen, die fehlende Gemeinschaftlichkeit beklagen, vermissen offenbar etwas, das Nähe und Vertrautheit herstellt oder empfinden lässt. *»Es hat sich herausgestellt, dass die, die einen ähnlichen ›Stallgeruch‹ haben, also, die, die eine ähnliche, auch politische Sozialisation haben wie wir, dass die eher hier reinpassen« (IP 28).*[91] Geteilte Überzeugungen, seien es feministische, allgemein politische, soziale, linke oder spirituelle, die zu einem Teil aus einem ähnlichen (sozialen) Hintergrund oder ähnlichen Erfahrungen, Lebensgeschichten, Orientierungen erwachsen (sich zumindest auf diesen leichter kommunizieren lassen), die vielleicht auch in einem gemeinsamen Ziel gipfeln, erweisen sich als gute Grundlage für neue Formen von Kollektivität und Verbindlichkeit. Aber gerade das wird aus unhinterfragten Glaubenssätzen heraus (Toleranz, Offenheit für alle Frauen, alles ist möglich, nichts muss u.a.m.) nicht eingefordert. In den allermeisten Frauenwohnprojekten geht frau immer noch vertrauensvoll von einem »naturhaften« Gleichklang unter Frauen aus.[92]

»Sich mögen und wirklich Interesse aneinander haben« (IP 38) kommt ganz wenigen als Voraussetzung für eine funktionierende Gemeinschaft in den Sinn. Wir haben es nur in einem einzigen Projekt so gehört und in einem weiteren andeutetungsweise, obwohl doch so naheliegend, wenn die Bewohnerinnen eine *Gemeinschaft* wollen, in der sie regelmäßig viel Zeit miteinander verbringen und alles demokratisch ausdiskutieren wollen. Innige Freundschaft muss es ja nicht sein, aber mögen sollten sie sich schon alle – und nicht nur tolerieren! Welche Frau lässt sich schließlich gern von einer »erziehen« (und um Erziehung geht es, wie schon angedeutet, viel in den Projekten), die ihr in der Hausversammlung regelmäßig auf die Nerven geht – wo das schon in Liebesbeziehungen meistens scheitert, die immerhin einen starken Ausgleich zur Kritik bieten? Wie sollen Frauen zu konstruktiven Konfliktlösungen und befriedigenden Kompromissen kommen, deren Lebensstil gar nicht zusammen passt, deren Einstellungen sich diametral

---

[91] Nach kurzem Zögern fügte die Sprecherin hinzu, dass sie sogar alle die gleiche bürgerliche Herkunft haben und eine gewisse Bildung, was wohl, *»das ist zwar nicht schön«*, auch eine Verständigungsbasis sei.

[92] *»Dass es 'ne völlig illusionäre Erwartung«* sein würde, *»dass nur Frauen, die sich in einem Wohnprojekt zusammenfinden dann unbedingt auch gleiche Interessen haben« (IP 18)*, ist eigentlich eine Binsenweisheit aus der zweiten Frauenbewegung und es ist erstaunlich, dass in den 1990ern Frauen noch mit dieser Idee in ein Wohnprojekt gingen, war doch schon damals klar, dass »Frausein allein kein Programm« ist.

entgegen stehen oder die einander schlicht nicht interessieren? Wie sollen die offen miteinander umgehen? Und wie erst sollen sie etwas Gemeinsames darüber hinaus verfolgen oder womöglich erst entwickeln?

Sich mögen und etwas gemeinsam haben stehen in einer gewissen Wechselwirkung. Doch so, wie die meisten Projekte entstehen, wie die Bewohnerinnen zusammen finden, sind Gemeinsamkeiten wie auch Sympathien rein zufällig, sind auch Wahlverwandtschaften keine Frage der Wahl.[93] So ist vielleicht eine der größten Enttäuschungen für viele Bewohnerinnen, nach der ersten Euphorie merken zu müssen, dass nicht alle zusammen- und zur ein und anderen vielleicht zu wenige »passen«, denen sie sich verwandt fühlt im Sinne einer Verwandtheit des Denkens und Fühlens und der grundlegenden Überzeugungen – die bekanntlich die natürliche Verwandtschaft häufig vermissen lässt und die deshalb in Wahlverwandtschaften gesucht wird.[94]

Aber ist nicht gerade für Frauenwohnprojekte dieser Aspekt enorm wichtig, hier, wo überwiegend Einzelfrauen zusammen kommen, die einander die Nähe und emotionale Zuwendung und die Anerkennung geben sollen, die in den überwiegend familienorientierten gemischten Projekten nach wie vor die Kleingruppe Kernfamilie erbringt? Eine solchermaßen zusammenpassende Gruppe entsteht nicht von ungefähr, sondern muss hergestellt werden, *»muss über den Zugang geregelt werden«,* wie wir (wiederum von Frauen mit eingehender Groß-WG-Erfahrung) lernen. *»Man muss einen Standard setzen und dann musst du beim Einzug gucken, dass die Leute passen« (IP 7).*

Über diesen *»Standard«* – wir sprechen lieber von einer Übereinkunft – müssen sich die Frauen, die ein Projekt aufbauen, möglichst weit im Vorfeld verständigen. Diejenige, die sich damit identifiziert und die Strukturen als ihrer Überzeugung entsprechende anerkennen kann, ohne sie als Zwang zu empfinden, die muss sich nicht anpassen, sondern sie passt. Dieses Einverständnis, das sei ausdrücklich betont, ist nicht zu verwechseln mit so etwas wie mentaler »Gleichschaltung«, die Andersdenkende abwertet.

---

93 Eine solche Wahl haben eher Menschen, die gezielt nach persönlichen Wahlverwandten suchen, wofür es bereits eine Vermittlungsinitiative gibt (*www.wahlverwandtschaften.org*).

94 Es gibt in den von uns untersuchten Wohnprojekten so gut wie keine Verwandtschaftsbeziehungen erwachsener Bewohnerinnen. So positiv das Generationenübergreifende bewertet wird, es wird offenbar nur auf Nichtverwandte bezogen. Uns sind auch keine gemischten Projekte mit Eltern-Großeltern-Enkel-Konstellationen bekannt. Ob die nicht gewollt werden bzw. von welcher Seite sie nicht gewollt werden, wäre interessant zu untersuchen.

Eine solche »ausschließende« Projektkonzeption muss frau sich allerdings trauen, müssen insbesondere die Initiatorinnen und Aktiven sich erlauben. Die wenigsten unserer Projekte aber haben konkrete, eingegrenzte Zielsetzungen definiert, auf denen dann solche Übereinkünfte wachsen oder von denen sich Interessentinnen gegebenenfalls auch distanzieren könnten, bevor sie einziehen. Zwar wird es auch unter besten Voraussetzungen immer Frauen geben, die sich und/oder den anderen etwas vormachen *(»Man schaut niemandem ins Herz«, IP 40)*, doch je klarer die Rahmenbedingungen sind, umso eher werden sich die zusammenfinden, die miteinander können. Je früher das klar wird, umso leichter können Gruppen sich in Frieden trennen und vielleicht sogar solidarisch vernetzt nebeneinander arbeiten.

Frau kann die Zusammensetzung der Gruppe lenken, indem sie gemeinsam mit den peu à peu Hinzukommenden die Interessentinnen möglichst eingehend kennenzulernen versucht und sich bewusst *für* bestimmte Frauen entscheidet, was unweigerlich mit sich bringt, die auszuschließen, die nicht in die Gruppe passen, wobei dies, davon sind wir überzeugt, durchaus respektvoll möglich ist. Frau kann auch, wie in einem unserer Projekte offenbar erfolgreich praktiziert, statt eines aktiven Ausschlusses unermüdlich klar machen, wohin es gehen soll, um die anzuziehen, die mitziehen wollen (was nur scheinbar keine aktive Wahl ist). Auf keinen Fall aber darf sie sich hinreißen lassen, Bedenken einzelner buchstäblich zu über-reden, um sie zu halten. Um so wichtiger ist es, die Überzeugten zu halten und (emotional) fester einzubinden, was vielleicht durch eine Art Ritual geschehen könnte, das die Einzelne auch zwingt, sich ernsthaft mit den Zielen auseinanderzusetzen, anstatt nur abzunicken, was einige vorgeben. In einem Projekt haben die Initiatorinnen dafür ein (immer wieder mal zu bekräftigendes) *»Versprechen«* kreiert.

Zweierlei zeigen die wenigen Projekte, die auf die ein oder andere Weise eine Wahl treffen, auf jeden Fall: Zum einen, es ist nicht unmöglich. Ein Projekt muss nicht in der Lage sein, *»erst mal den Leerstand zu finanzieren«,* wenn die richtige Reihenfolge eingehalten wird: Zuerst ein klares Konzept entwickeln, dann die Frauen dazu suchen und möglichst das Haus erst bauen, wenn eine relativ verbindliche Gruppe steht. Und eine derartige Form der Homogenität führt nicht notwendig zu einer unsozialen, ausschließenden Ingroup und erst recht nicht zu einer Negierung der einzelnen Persönlichkeit, sondern ist im Gegenteil die notwendige Grundlage, um an den reichlich verbleibenden Unterschieden zu wachsen. Gerade in den homogeneren Projekten werden abweichende Standpunkte und Vorstellungen Einzelner nach unserer Wahrnehmung stärker respektiert, als in manchem Projekt, das bemüht war, alle einzubeziehen und dann mit dem Managing Diversity überfordert ist. Sich in einigen wesentlichen Bereichen weitgehend einig zu sein, schafft Raum für die Differenz, für das Individuelle.

7.4 Gemeinschaftlichkeit versus Individualität – *»Das Individuum muss dann abwägen, ob sie alles blockieren will für ihr persönliches Bedürfnis«*

Gemeinschaft funktioniert in den Projekten auf der Oberfläche des Alltäglichen – was in seinem Wert in keiner Weise zu unterschätzen ist. Sie funktioniert, wo sie stark macht, der Einzelnen etwas ermöglicht, was sie allein nicht erreicht, wo sie etwas (an)bietet, woraus sich jede Bewohnerin nach ihren Bedürfnissen bedienen kann und dafür etwas zurückgibt (die Einschätzung dessen, was adäquat ist, ist dann schon ein erster Grund für Funktionsstörungen). In diesem Sinne funktionieren auch die Arbeitsgruppen aus der doch überwiegend vorhandenen Einsicht, dass frau nicht nur die Füße unter den gedeckten Tisch von Muttern Gemeinschaft strecken und die Dreckwäsche bei ihr abladen kann, sondern auch mal selbst was zum Haushalt beitragen muss.

Die Probleme kommen, wenn »die Gemeinschaft« etwas fordert – wenn Gemeinschaft quasi zum »Subjekt« wird, das eigene Bedürfnisse zu haben scheint, wenn etwas in den Raum gestellt wird, was die Gemeinschaft ausmacht, was sie vermeintlich braucht und alle zusammen herstellen sollen, worauf sich alle berufen und sich damit der Verantwortung für ihre persönlichen Interessen entheben können.

Wenn wir den sehr Gemeinschaftsorientierten zuhören, so hat Gemeinschaft etwas Disziplinierendes, das für ein Gefühl von Zugehörigkeit und Geborgenheit in Kauf genommen werden muss bzw. wird. *»Irgendwo auch Teil von was kleinerem als der ganzen Welt zu sein (...) dafür nehme ich auch in Kauf, was ich manchmal total anstrengend finde (...) ich strenge mich lieber an, als allein zu sein« (IP 37)*. Wo frau einst der Enge und sozialen Kontrolle der Familie, des Dorfes entfloh, stellt sie heute, durchaus mühsam, eine nicht anonyme Situation wieder her, mit all ihren Begleiterscheinungen, auf die die Einzelne letztlich bei aller Selbstbestimmung (die offenbar nur für das Kollektiv gilt) wenig Einfluss zu haben scheint, weil die Regeln und Rituale der Gemeinschaft immer irgendwie schon da waren, irgendwie selbstverständlich sind.

Wie wir hörten, empfindet ein Teil der Bewohnerinnen so etwas wie eine »Moral des Gemeinschaftlichen«, an deren Definition sie sich nicht beteiligt fühlen. Das wäre eine recht autoritäre Gemeinschaft, die so gar nicht zu jenem anderen großen Ziel, dem Demokratischen, passen will. Diese vermeintliche Definitionsmacht Einzelner oder einer Gruppe, in denen wir unschwer, obwohl nicht direkt benannt, die Initiatorinnen oder die Kerngruppe erkennen, weckt zwiespältige Gefühle, zumindest ein Unbehagen: *»Ich hatte das Gefühl dass man hier in ein gewisses Schema gepresst wird, von einigen jedenfalls – ich habe gar nicht mit allen gesprochen –, die so Wortführerinnen waren« (IP 6).* Und das scheint mit für manche irrationale Debatte verantwortlich.

Wider den Individualismus?

Eine solchermaßen rigide Gemeinschaft gerät schnell in Rivalität zur Individualität. *»Das Individuum muss dann abwägen, ob sie alles blockieren will für ihr persönliches Bedürfnis. Es geht immer um die Grenze, was ist meins und was das Interesse von Gemeinschaft« (IP 2).*[95] Darin schwingt mit, dass Gemeinschaftsfähigkeit sich im Zurücknehmen des Individuellen beweist. Die Einzelne, für ein Wohnprojekt notwendig stark und selbstsicher, sollte den Spagat vollbringen, die eigenen Wünsche, Überzeugungen, Sicherheiten, die ihre Stärke aber eben auch ihre Individualität ausmachen, einerseits für das Projekt zu mobilisieren, ihnen jedoch keinen individuellen Ausdruck zuzugestehen.[96] Gerade Frauen, die dabei sind, sich aus Zuschreibungen und Zwängen zu lösen, dürften sich damit schwer tun.

---

[95] Individualismuskritik als Gegeneinander von Individuum und Gemeinschaft ist so alt wie die Idee des Individuums und richtet sich generell auch gegen die Subjektivität von Frauen. So zeigt Caroline Arni (2009: 200), »wie sehr Auseinandersetzungen über die Geschlechterbeziehung um 1900 eingefärbt waren von zeitgenössischen Ängsten vor Desintegration und Anomie. In einem vielfach verästelten und ausgesprochen breitflächigen Krisendiskurs wurde der drohende Zerfall sozialer Bande vorgestellt als das Verhängnis moderner Gesellschaften, die Arbeitsteilung, Spezialisierung und Individualisierung auf die Spitze trieben. Individualismus versus soziale Verpflichtung – entlang dieser Frontlinie verlief auch die Diskussion über die Liebe ... «.

[96] Der Zwiespalt zwischen individueller Freiheit und Selbstaufgabe für ein funktionierendes Ganzes ist auch charakteristisch für viele Utopien und Modelle »besserer« Gesellschafts-

Und doch scheinen gerade ältere Frauen in dieser Überzeugung Gemeinschaft manchmal geradezu als eine Art (Selbst)Disziplinierungsorgan zu suchen, um nicht (zu) eigen zu werden, um sich von (angeblich schlechten) Gewohnheiten zu lösen oder lösen zu lassen.[97] Als wollten sie, angesichts der (virulent werdenden) eigenen Bedürftigkeit und womöglich Abhängigkeit von anderen – für viele Ältere ein Hauptmotiv in ein Wohnprojekt zu ziehen – etwas vom gewonnenen Eigen-Sein zurücknehmen. Als drohte für zu viel Eigenheit der Ausschluss aus der tragenden Gemeinschaft. Ausschluss als Konsequenz (als Strafe?) für Eigen-Sinn und eigene Ansprüche, eine Erfahrung, die bis in die zweite Hälfte des vorigen Jahrhunderts ziemlich viele, besonders junge Frauen gemacht haben dürften und die möglicherweise auch der so negativen Einschätzung des Alleinlebens zu Grunde liegt, die darin statt der Selbständigkeit nur Vereinsamung sieht.

Aber meist erweist sich das Opfer doch als zu groß. GeWohnheiten (die sich ja gerade im Wohnen manifestieren) aufzugeben bedeutet ja nicht nur, Ballast abzuwerfen, der den Weg zu anderen unnötig beschwert. Gewohnheiten sind auch Sicherheiten, selbstgeschaffene Rituale gegen die Widrigkeiten des Alltags, Teil auch der Selbstkreation. Die gibt eine eben doch nicht so leicht auf. Da wundert es nicht, wenn das »Selbst« manchmal unbeherrscht verbal um sich schlägt, zumal wenn der gewünschte Ausgleich auszubleiben scheint. Denn wie weit kompensiert die Gemeinschaft, was die Einzelne aufgibt? Wann ist schon die Rede davon, wie die Gemeinschaft der Einzelnen zu ihren (Sonder)Wünschen verhelfen kann, und dass sie es meist kann, ohne Schaden zu nehmen?

Die einseitige Sicht auf das Individuelle als tendenziell antisozial oder sogar sozial schädlich arbeitet dem zuwider, wofür die Projektfrauen *auch* angetreten sind, nämlich der Absicht, dem gesellschaftlichen Rationalitätsprinzip, in dem die Einzelne nicht mehr zählt, etwas entgegenzusetzen. Es ist nach unserer Auffassung ein Irrweg, der systembedingt wachsenden Individualisierung der *Gesellschaft*, deren Ausbreitung so viele Übel angelas-

formen, den sie bislang einzig mit strenger Disziplinierung in den Griff zu kriegen versuchten, von den sozialistischen Utopisten über Mao bis zur RAF – also keine Lösung.

[97] Kirsten Plötz (2006) hörte bei ihren Befragungen im Jahr 2003 (S. 60-68) von älteren Lesben die Befürchtung, zu verknöchert, eigen, schrullig, zu sein bzw. ein entsprechendes (Vor)Urteil gegenüber anderen älteren Lesben. Wollen dem die Projektfrauen entgehen?

tet werden, wie Vereinzelung, Vereinsamung, Egoismus, aber auch die totale Verantwortlichkeit für das eigene Leben, mit der Entindividualisierung der *Einzelnen* begegnen zu wollen.[98]

Eine Vertrauensfrage

»Misstrauen ist was ganz Schreckliches, in jeder Gemeinschaft. Eigeninteresse versus Gemeinschaft, darum geht es immer wieder« (IP 18). In diesen Zusammenhang gestellt, scheint das Problem der (fehlenden) Balance von Einzel- und Gemeinschaftsinteresse, von individueller und sozialer Verantwortung, von Freiheit und Verbindlichkeit, eine Vertrauensfrage zu sein. Wenn es darum geht, dass die Freiheit der Einzelnen auch und gerade in einem Wohnprojekt nicht als »große Freiheit« ausagiert werden kann und da endet, wo die der anderen anfängt, ist dann nicht in einem Gemeinwesen, das auf andere als die herrschenden Werte setzt, ein Vertrauens*vorschuss* konstruktiver als eine Kontrolle, die jedes Handeln im (symbolischen wie materiellen) gemeinschaftlichen Raum vorab durch den Genehmigungsfilter der Gemeinschaft zu schicken verlangt?[99] Sollte nicht, wer die Einzelnen als verantwortliche Teile der Gemeinschaft fordert, zuallererst einmal von deren Gutwilligkeit ausgehen, von ihrer Mündigkeit zu entscheiden, welche Freiheiten sie sich nehmen können, ohne anderer Grenzen oder das Ganze (irreversibel) zu schädigen, und eher ihre Bereitschaft fördern, auch mal einen Schritt zurückzunehmen, der unzulässig über eine Grenze trat? Wäre nicht das Prinzip, dass erst mal erlaubt, was nicht ausdrücklich ausgeschlossen ist, gerade einem Gemeinwesen angemessen, dass hohe moralische Ansprüche und Konzessionserwartungen an die Einzelnen stellt? Wäre dieser Spielraum spontanen und selbstverantwortlichen Handelns nicht einem dauerhaften Engagement förderlicher als der Generalverdacht, alles werde im Chaos versinken, wenn ein gewisses Maß an Egoismus und Eigeninteresse als Movens der Einzelnen zulässig

[98] Bei Betrachtung der Auswüchse des Kapitalismus fragen wir uns, ob der Individualismus mehr zu fürchten ist als das zwanghafte Bedürfnis, dazuzugehören und ein, egal wie, sichtbares Teilchen des großen Ganzen zu sein, sich allen Massenphänomenen unterwerfend, dem Zwang zur Marke, dem Trend zum Körperschmuck oder darin, möglichst viele Likes bei Facebook zu kriegen, so wie der Bereitschaft, sich virtuell mehr und mehr zu entblößen.

[99] Zumal die Frage, was wem durchgewunken wird, nach dem, was wir gehört haben, sehr davon abhängt, welche Position, welches Image die Antragstellerin hat.

ist?[100] Vielleicht würde dann auch Freiheit nicht nur als frei sein *von* etwas ersehnt, sondern auch als Freiheit *zu* etwas begreifbar, die allerdings neben allen Möglichkeiten auch verpflichtet, da der Projektgedanke darauf baut, dass keine am Engagement (und der Duldsamkeit) der anderen schmarotzt, wissend, *»hier wird ja für alles gesorgt, auch wenn sich einige zurücklehnen« (IP 22)*.

Anerkennung

Wenn, wie es uns manchmal vorkam, in der Konfrontation von Ich und Gemeinschaft ein Ausscheren aus der Gemeinschaft als Verfehlen des Gemeinschaftsgedankens erlebt wird, dann wird vermutlich auch selbstbestimmtes, also nicht von der Gruppe abgesegnetes Handeln, wird jeder Ausdruck von Eigen-Sinn, von Eigen-Mächtigkeit (selbst der »eigenmächtig« aufgestellte Blumentopf), und schon gar jedwedes Herausragen, wo nicht als undemokratisch bekämpft, doch zumindest nicht gefördert werden. Dann wird der Power der Aktiven keine ungeteilte Anerkennung zuteil. Dann werden aber auch Formen von Arbeit und Betätigung, die nicht unmittelbar zum Nutzen des Projekts sind, wenig, jedenfalls wenig positiv geschätzt oder ermutigt. Berufs- und gar Karriereorientierung werden eher kritisch gesehen, als dass sie Anerkennung fänden oder gar das Vertrauen in Frauen als Expertinnen, als Orientierungspersonen und Leitbilder, als Beraterinnen und Unterstützerinnen förderten. Wenn viele Frauen *»sich nicht selbst vorschlagen«*, so manchmal weniger aus antrainierter Bescheidenheit, sondern möglicherweise auch, weil sie sich durch die Projektstrukturen eher ausgebremst als ermutigt fühlen.[101]

---

[100] In einem Bericht über die alternative Genossenschaftssiedlung »Kraftwerk1« in Zürich wird die nachlassende Bereitschaft zum Engagement binnen weniger Jahre u.a. auf das Fehlen einer Lob- und Belohnungskultur zurückgeführt und bedauert, dass die Ansätze zur Abhilfe sich auf die traditionellen Formen von Strafen und Regulierung über Geld und Einführung autoritärer Strukturen beschränken. Sie hätten festgestellt, dass moralische Überzeugungen auf Dauer nicht tragen, sondern das Eigeninteresse das Engagement bestimmt (Bettina Büsser und Kathrin Lüssi 2006). Das könnte Anlass geben, die Bewertung von Handlungen aus »egoistischen« Motiven zu überdenken und zu überlegen, wie sie in Konzepte neuer Gemeinwesen gewinnbringend zu integrieren wären, wie sie zum Nutzen der Gemeinschaft mit moralischen Motiven vereinbart werden könnten oder zumindest nicht schaden.

[101] Wir erinnern hier an das leider zu wenig beachtete *Affidamento*, wie es die Frauen des Mailänder Frauenbuchladens in den 1980er Jahren bezeichneten. Es meint eine Beziehung

Begreifen wir Individualität als Einzigartigkeit statt als selbstgefällige Egomanie, dann müsste es das Ziel der Frauen-Gemeinschaft sein, die Einzelne möglichst herauszulocken und zu fördern in dem, was sie (aus)macht, was sie kann, in ihren Kompetenzen. Es gibt unter Frauen schon eine Art Lob-Kultur, so viel hat die Frauenbewegung hinterlassen, jedoch anscheinend nur für die unmittelbar projektdienlichen Aktionen. Diese geht manchen dann wegen ihres Anspruchscharakters, ihrer Künstlichkeit schon wieder auf die Nerven, *»dass man sich für jede Selbstverständlichkeit umfangreich bedankt« (IP 40)*. Eine förderliche Atmosphäre hingegen, die hilft, an die eigenen Wünsche zu glauben, zum eigenen Begehren zu finden, sich Neues zu trauen, die unterstützt und ermutigt, fanden wir kaum in den Projekten. Diese Art der Anerkennung, die Männern selbstverständlich qua Geschlecht zuwächst, während Frauen sie sich erarbeiten müssen – vielleicht einer der Gründe für das ausgeprägte Arbeitsethos, das wir in den Projekten beobachten? – hier geht sie oft im eifersüchtigen Verhindern unter, das sich als »demokratisch« tarnt. Stehen sich die Frauen in der Pose der (wieder einmal) für die Gemeinschaft Verzichtenden gegenseitig im Weg auf der Suche nach Anerkennung eines »Selbst«, die sie gerade in der Frauengemeinschaft erwarten und erwarten dürfen, weil es hier *»dieses Geschlechtergefälle« (IP 35)* nicht gibt?

Damit geht nicht nur der Einzelnen, sondern auch der Gemeinschaft etwas verloren, was aber zunächst nur die Einzelne schmerzhaft spürt. Doch ob die Gemeinschaft mehr ist oder etwa weniger als die Summe der Einzelnen, hängt davon ab, ob Gemeinschaft eher als etwas definiert, empfunden, gelebt wird, was gegen die Individualität geht und verlangt, im Sinne des Ganzen etwas von sich aufzugeben, oder ob sie als die Individualität Unterstützendes, Tragendes gedacht wird.

Vom begrenzten Nutzen der »Sachlichkeit«

Nun proklamieren gerade die Frauen, die den Ton angeben, durchaus glaubwürdig, die Einzelne als Person mit ihrer ganzen Geschichte (ihrem

---

zwischen Frauen, die zur Grundlage für weibliche Freiheit wird, immer dann, wenn eine Frau sich mit ihrem Begehren der Autorität einer anderen Frau anvertraut. Wenn also das Begehren einer Frau mit Hilfe der Vermittlung einer Anderen, die ein »Mehr« hat und die deshalb mit Autorität spricht, einen Weg in die Welt findet (Libreria delle Donne di Milano 1988).

»Rucksack«) wahr- (und an)nehmen zu wollen. *»Generell gibt es schon ein großes Bemühen, dass hier viele so sein dürfen, wie sie sind« (IP 24)*. Diese Absicht droht jedoch durch manche Umgangsweisen, mit denen sie das Projekt und die dort auftretenden Probleme in den Griff zu kriegen versuchen, tendenziell konterkariert zu werden. Wenn sich früher oder später alle für das praktikablere – und für manche Fragen gewiss auch sinnvollere – Mehrheits- und gegen ein Konsensprinzip entscheiden, dann hört frau nie die vielleicht berechtigten Gründe für die Opposition Einzelner *»und manchmal hat die Mehrheit ja auch nicht recht« (IP 2)*. Im Versuch vieler Projekte, das Organisatorische durch Verobjektivierung, mittels Regeln und Ordnungen zu händeln, geht es dann plötzlich nicht (mehr) um das Glück der Einzelnen, da werden ganz realpolitisch die individuellen Bedürfnisse kleingeredet, die vermeintlich dem Gemein(schafts)wohl entgegen stehen – während sie vielleicht nur etwas umständlicher zu verhandeln wären. *»Da stehen zwischen dem, was man sich wünscht und dem, was möglich ist (...) dann eben 45 Frauen« (IP 24)* scheint eher zu besagen, dass 45 Eigenwillige sich dem entgegenstellen, was die einzelne Eigenwillige will, als dass jede Einzelne Berücksichtigung findet, dass *»jedes Mitglied der Gemeinschaft spürt, dass [sie] als Mensch, als ein wichtiger Teil des Ganzen gesehen« (IP 26)* und gefördert wird. Da werden formalrechtlich »neutrale« Geschütze gegen eigentlich harmlose Wünsche in Stellung gebracht,[102] *»und weil andere das nicht haben konnten, durfte sie das auch nicht. Es wird immer rechtlich argumentiert, ob sie das oder jenes überhaupt dürfen« (GD 2)*. Die Mischung aus Angst, sich wegen fehlender Korrektheit angreifbar zu machen, und der Instrumentalisierung von Recht und Gesetz zur Abwehr unerwünschter Ansprüche von Mitbewohnerinnen (wenn eine nicht sagen will, dass sie etwas ablehnt, weil es ihre Interessen tangiert/beschneidet) verhakt sich unweigerlich in polarisierender Rechthaberei, die Gleichdenkende auf die je eigene Seite zu ziehen versucht und wo über ein Dazwischen nicht mehr ernsthaft nachgedacht wird.

Die Konsequenz, die manchmal so irrationalen Interaktionen im Projekt mit dem Versuch zu glätten, Konflikte auf möglichst effektiv-rationale Weise zu handhaben, die Emotionen, die Zufälligkeiten und Unwägbarkei-

[102] Der Rückzug auf formal Rechtliches, ein Phänomen, das wir aus der Spätzeit der zweiten Frauenbewegung kennen, akzeptiert die Mechanismen, die eigentlich bekämpft werden sollen, und hat den »Vorteil«, die eigene Gegnerschaft (das Verhindernwollen) nicht persönlich verantworten zu müssen, da ja etwas vermeintlich Übergeordnetes dagegen steht.

ten auszusperren, untergräbt nicht nur Äußerungsformen, die den weniger Redegewandten vielleicht als einzige zur Verfügung stehen (wie spontanes Reinsprechen oder laut werden[103]). Es übergeht sie, indem es das momentane Funktionieren über ihre Bedürfnisse stellt. In diesem Sinne gehen dann auch Mediationen am Ziel vorbei und funktionieren häufig nicht, weil sie Konfliktbewältigung zu behavioristisch, zu sachorientiert angehen und verhindern das zu vermitteln, worum es eigentlich geht, das vermisste Gefühl, wahrgenommen zu werden *(»Wenn einige sich so verbeißen, das hat viel damit zu tun, ›werde ich gesehen‹?«, GD 2)*. Solches Wahrnehmen aber bestätigt zumindest eine *Berechtigung* des individuellen Begehrens – was für Frauen nach wie vor noch nicht so selbstverständlich ist – und stärkt damit möglicherweise auch eine gewisse Frustrationstoleranz, wenn es nicht immer erfüllt wird. Denn *Wahr*nehmen ist noch nicht *An*nehmen und das Projekt ist nicht die große, all-liebende gerechte Mutter, wenngleich es gar nicht so schlecht wäre, diese Seite des Mütterlichen mehr zu kultivieren. Aber das setzt voraus, dass etwas Liebevolles zwischen den Bewohnerinnen vorhanden ist.

Werden auch hier mitunter Strukturen und Methoden übernommen – mit dem Motiv der Praktikabilität – gegen die sich eigentlich die feministische, die linke, die alternative Kritik wendet?

7.5 Machtgeschichten, Hierarchien und das Demokratische – *»Theoretisch geht es ja nicht ohne Hierarchien«*

Von Macht ist viel die Rede in den Interviews. Aber nicht von Macht im Sinne der (Selbst)Ermächtigung, wie sie die zweite Frauenbewegung erstrebte, um der Durchsetzung von Fraueninteressen Nachdruck verleihen zu können, im Sinne einer Kampfkraft gegen patriarchale Gewaltverhältnisse in all ihren Ausdrucksformen. Es ist die Rede von Macht *im Projekt*, einer Macht, die eigentlich nicht sein sollte in der demokratischen Gemeinschaft,

[103] Im geschäftlichen Kommunikationsverhalten gilt es als Männern vorbehalten, direkt, aggressiv, ja beleidigend zu agieren (Barbara Toth, 2000; 185-186). Wenn nun die Frauen in ihrer Hausversammlungs-Kommunikation impulsives Reinschwätzen oder lautstarkes Ausagieren von Aggressionen unterbinden wollen, ist das dann der Versuch, »weibliche« Emotionalität in den Griff zu kriegen oder wird hier »männliches« Verhalten sanktioniert?

einer Macht, die einige sich (einfach) nehmen oder die sie zugeschrieben oder überlassen bekommen, die manchen zugestanden wird und anderen weniger.

»Es ist hier eine Frage der Macht. Wer hat die Macht hier im Haus (...) da gibt es Macht im Hintergrund, Macht im Vordergrund. Es gibt Frauen, die sind extrovertiert und die sagen halt immer alles, wie es laufen soll. Und wenn es so nicht läuft, dann ist halt nicht so gut (...). Ich hab überhaupt keine Lust auf einen Machtkampf (...). Ich habe einen neuen Lebensabschnitt begonnen und wie das hier läuft im Haus, das ist schön, aber ich will keine Vorschriften von irgendjemand kriegen und ich will auch nicht an die Macht kommen« (IP 6).

Da kommt Verschiedenes zusammen. Dass frau keine Machtkämpfe will in ihrer Wohnsituation ist verständlich und schon möglich, dass sie, bewusst, nicht an Macht kommen will – so wie viele Frauen. Aber es geht hier nicht um Machtausübung als Herrschaft – auch denen nicht, die sie (in ja recht engen Grenzen) haben, zumindest nicht gezielt, würden wir unterstellen – sondern es geht um Gestaltungsmacht, darum *»das Zusammenleben gestalten zu können«,* die einige stärker annehmen und nutzen und andere (überwiegend wohl die, die wir als die weniger Aktiven bezeichnen) nicht oder viel weniger oder erfolgloser – aus moralischer Ablehnung, aus Bequemlichkeit, aus Angst »aus der Rolle zu fallen«, aus Unsicherheit oder Unklarheit.

Macht oder Gewalt?

Dass Frauen mit ihrer jahrtausendealten Geschichte patriarchaler Unterdrückung und Gewalterfahrung misstrauisch sind, wann immer es um Macht geht, dass sie besonders sensibel auf Machtfragen reagieren, wundert nicht und ist wohl bis auf Weiteres auch notwendig.[104] Dass sehr viele Frauen im Zusammenhang mit Macht zuerst an Machtmissbrauch denken und Macht noch immer automatisch in eins setzen mit Gewalt, verwundert dagegen schon, haben doch die Feministinnen sehr früh erkannt, dass sie Macht brauchen, gerade um sich gegen Gewalt nachdrücklich zur Wehr zu setzen, dass sie auch Macht brauchen, um etwas Anderes, Neues entgegen setzen

[104] Dieses Misstrauen hat vermutlich immerhin dazu beigetragen, dass sich in der feministischen Gemeinde im Gegensatz zu anderen radikalen Bewegungen nie ernsthafte Gewaltstrukturen etabliert haben.

zu können, um ihre eigenen Bedingungen zu schaffen. Und sind nicht auch die Wohnprojekte etwas von diesem Neuen, Eigenen, für das etwas mehr Macht nützlich wäre? Doch hier geht es um kollektive Macht.

Die Macht, die wir in den Frauenwohnprojekten in der Tat finden – und die Frauen anderen Frauen so übel nehmen, gehen sie doch davon aus, dass vielfältige Erfahrungen »als Frau« selbstverständlich zu einer Abkehr von Macht und Hierarchien führe – ist mit unterschiedlichem Einflussvermögen Einzelner oder einer Gruppe gekoppelt. Doch, und das ist wichtig, sie ist nicht gewalttätig! Wie sagt eine: *»Ich komm aus 'm Stasiland (...) und es geht hier um nichts« (IP 39).*

Die Macht hier ist nicht Macht über andere, der diese hilflos ausgesetzt sind. Die Macht, die hier ausgeübt wird, ist eine sehr fragile, denn »sie braucht Unterstützung und Akzeptanz«, wie Christina Thürmer-Rohr (2013: 180) mit Bezug auf Hannah Arendt (die Macht und Gewalt klar getrennt hat) schreibt, »sie schwindet wenn sie niemanden mehr überzeugt«. Sie ist also beeinflussbar, und wo wollte frau anfangen, sich gegen inakzeptable Machtstrukturen zu wehren, wenn nicht hier, wo sie an die Proklamation der Hierarchiefreiheit appellieren kann? Dazu müsste sie sich allerdings mit den subtilen Mechanismen des Macht-Nehmens und Macht-Gebens auseinandersetzen, statt sich zurückzuziehen.[105]

Hierarchie(freiheit) und informelle Hierarchien

»Theoretisch geht es ja nicht ohne Hierarchien, hab' ich irgendwo mal gehört. Und von daher wird es wohl auch hier Hierarchien geben (...) aber schon mal nicht diese Männer-Frauen-Hierarchien« (IP 35). Und doch tritt jede Gruppe aufs Neue mit dem hartnäckigen Verlangen nach Hierarchiefreiheit an, in der Überzeugung, unter Frauen werde alles anders, *»dass nicht so diese Machtgeschichten (...) sind, ja, mehr solidarisches Umgehen als mit Männern« (IP 31).*

Dabei werden hier wie in jeder Gruppe die Positionen vom ersten Moment an festgelegt, bilden sich informelle Ungleichheiten heraus, die nur schwer zu revidieren sind und mit dazu beitragen, dass sich manche als nicht ausreichend gestaltungsmächtig erleben. Welche sich nicht beizeiten

---

[105] Die Form, wie hier über Macht (und Gewalt) geredet wird, ist auch eine Verharmlosung dessen, was Gewalt tatsächlich ist, wenn wir uns vor Augen halten, welche gewaltsamen Formen Macht allgegenwärtig annimmt.

ihren Platz sichert, indem sie *»sich einmischt letztendlich«* und zu lange wartet *»bis die anderen machen« (IP 37)*, hat offenbar schlechtere Karten.

Die Kerngruppe hat zwangsläufig die besseren, ist dominanter, denn sie hat die Autorität des Informationsvorsprungs und besteht tendenziell aus jenen besonders dominanten Persönlichkeiten, die auch später das Wort führen. Das sind oft *»die Frauen, die 'ne akademische Bildung haben, die sich ausdrücken können, die moderieren können, die Protokoll schreiben oft und diesen ganzen formalen Prozess in Gang halten. Die haben was zu sagen und reden dann auch viel und damit machen sie manche auch mundtot, die sich weniger trauen« (IP 22).*[106] Und Letztere gibt's eben auch: Die, die mehr Zeit brauchen, oder die, die keine Kämpfe wollen oder die, die einfach introvertiert sind. Und *»wenn jemand z.B. still ist, kann es ja auch sein, dass sie (...) jetzt beobachtend ist und gar nicht das Bedürfnis hat, sich zu exponieren« (IP 27)*, sehr unterschiedliche Gründe der Zurückhaltung also. Aber wenn es heißt *»das ist ja auch 'ne Fähigkeit, das zu steuern und die ranzuholen, die weniger eloquent sind« (IP 22),* dann bleibt die Dominanzfrage bei der einen Seite, die sich zurücknehmen und zugleich die anderen motivieren muss, was teils zwar notwendig, aber auf Dauer enervierend ist und die Solidarität strapaziert.

Und es ist natürlich nur die halbe Wahrheit, denn es würde die anderen quasi entmündigen, sie von der Verantwortung entlasten. Es ist eine vertrackte Abfolge, wenn *»es einfach diese starken Persönlichkeiten gab, die gesagt haben ›ich tu' jetzt ganz viel hier und deshalb fordere ich auch ganz viel‹ und dass dann die Schwachen sich ein bisschen zurückgezogen haben und dass sie dann auch angegriffen wurden, dass sie sich zu sehr zurücknehmen«* und daraus die Konsequenz gezogen wird *»okay, dann wohn' ich halt hier nur« (IP 1)*. Doch die *»Macht durch aussitzen, stillhalten und mal abwarten (...), nicht gut geheißen aber auch nicht angreifbar« (IP 28)* ist kaum besser dazu angetan, die Einflussverhältnisse zu verschieben.

Was hindert sie, die *»Schwachen«* oder Zurückhaltenden, statt zu mosern, sich das *»Stück Zufriedenheit«* zu holen, die entsteht *»wenn man sich aktiv da drin bewegt« (IP 40)*? Scheuen sie sich, die Sicherheit der Position der Weisungsempfängerin aufgeben zu müssen *(»das Krasseste, was ich*

[106] Nicht nur hier erweist sich der in den Projekten vielfach vertretene Anspruch, dass (formale) Bildungsunterschiede keine Rolle spielen sollen, als realitätsfern. Es sind nicht nur, aber schon häufig die mit der besseren formalen Bildung, die in den Projekten das große Wort haben können.

mal gehört habe, war, dass eine sagte, ›mir hat ja keiner gesagt, was ich zu tun habe‹«, IP 18)? Wenn eine keine Macht will, will sie dann vor allem nicht kämpfen müssen um ihr Recht, ihren angemessenen Teil, und erwartet, dass sie das unter Frauen doch auch gefälligst nicht muss?

Sind sie in erster Linie nicht ganz eins mit sich, wie es denn besser sein sollte? *»Die Frauen sind ja eher so drauf aus, so Leitfiguren zu suchen (...) andererseits, wenn sie die Möglichkeit haben zu widersprechen, dann wird widersprochen« (IP 24)*. Heißt das, sie trauen sich nicht, sich selbst etwas vorzustellen, können nur abwehren, was sie nicht wollen und werden gegenüber Frauen zumindest zu verhindern suchen, was sie gegenüber Männern oder Institutionen nicht können: sich überfahren zu lassen? Oder ist das hier letztlich nicht wirklich Ihr's, hatten sie sich etwas anderes versprochen, und geben deshalb die Entscheidungen ab, ziehen sich innerlich zurück? Lassen sie sich lähmen durch das – wie? – vermittelte oder bestätigte Gefühl, dass ihre Meinung eh nichts gilt, heimliche »Sprechverbote« sozusagen, und machen folglich den Mund nicht auf?

Oder ist es die gefühlte Dominanz bestimmter Werte im Projekt? *»Aktiv ist gut und passiv ist schlecht«* wird von einigen als von den Kerngruppenfrauen gesetzter, massiver Druck empfunden, dem sich die, die ihn nicht akzeptieren, ihn nicht oder nicht mehr aushalten wollen, durch Verweigerung entziehen, ein durchaus machtvolles, allerdings »typisch weibliches« Instrument des Machtentzugs. Aber über die Aktivität gewinnt eine nun mal Einfluss und so ist es eigentlich nicht überraschend, dass Frauen *»wenn sie etwas übernehmen, daraus so eine Machtgeschichte machen« (IP 18)*. Das möchte eine Teilnehmerin an einer unserer Diskussionen allerdings nicht akzeptieren: *»Die, die so viel schaffen, die brauchen auch die andere Seite, die stille, die zurückhaltende, sonst würde es ein Konkurrenzgerangel geben (...) die müssten auch mal ihre andere Seite entdecken, das heißt, sich mal zurückzunehmen. Weil manche Frauen, die brauchen eben länger, und das hat ja auch durchaus Vorteile, auch länger Zeit für etwas haben zu können und auch den Raum zu kriegen in der Gruppe« (GD 1)*. Zweifellos ist es für alle gut, wenn sie sich mehr Zeit geben können und ebenso sicher brauchen die Aktiven auch die andere Seite, aber an der Behauptung, dass unter Starken Konkurrenz *unvermeidlich* sei und ebenso unausweichlich verbunden mit Gerangel[107] haben wir ebenso unsere Zweifel wie an der im-

---

[107] Eine patriarchale Mär, die Frauen offenbar immer noch erfolgreich schreckt und stillhält und verleitet, Gruppen immer auf den Level der Schwächsten zu nivellieren.

plizit unterstellten Annahme, dass die Zurückhaltenden schnellstens in die Bresche springen würden, wären nur die Schafferinnen aus dem Weg. Außerdem wird dabei verkannt, dass die gesellschaftlich dominanten Werte das Stillsein nicht unbedingt als attraktiv und für das Projekt auch nicht als zielführend erscheinen lassen, dass die Powerfrauen das somit auch nicht ohne weiteres können bzw. wollen.

Das verbreitete Verständnis von Hierarchiefreiheit, offenbar gleichgesetzt mit Demokratie, führt erfahrungsgemäß tendenziell zu einer gewissen Lähmung oder einem Verschieben von Verantwortung, eher als zu gleichberechtigter Beteiligung aller. Insbesondere in den Anfängen, wenn alles noch vage und etwas strukturlos ist, halten wir es deshalb für unerlässlich, dass *die* Frauen, die mit einer konkreten Zielsetzung angetreten sind, zunächst einmal offensiv etwas vorgeben (und auch den Prozess des Kennenlernens aktiv beeinflussen), da sonst möglicherweise wichtige Weichenstellungen für das Projekt im wechselseitigen Ab- und Erwarten versäumt werden. Sind alle »gleich«, sind in der Konsequenz auch alle gleich zuständig, ist im einzelnen letztlich keine verantwortlich, was bürokratischen Strukturen fatal ähnelt. Das offensive Vertreten der eigenen Ideen schließt selbstverständlich ein, dass recht schnell auch andere bzw. *möglichst alle* Ideen und Aktivität entwickeln.

Ob es nicht ohne Hierarchien geht, sei erstmal dahingestellt. Ebenso wie die Frage, ob es unbedingt ohne sie gehen muss, geht doch damit tendenziell auch der Aspekt einer Autorität durch Kompetenz- oder Erfahrungsvorsprünge unter. Fakt ist, es gibt sie, es gibt die offenen Hierarchien, qua Position und Engagement, die weniger offenen qua moralischer Instanz (meist in Personalunion mit den ersteren) und es gibt inoffizielle. Einige Bewohnerinnen setzen sich über Vereinbarungen hinweg und können sich das leisten, *»ein Teil wird halt so gemacht und das hat dann schon damit zu tun, wer kann das wie einfach machen und kommt damit so durch? Und das hat dann schon was damit zu tun, wie lange die Einzelnen hier im Haus sind, wie viele Freundschaften sie im Haus haben, also wie etabliert sie in diesem Freundschaftsnetzwerk sind, aber auch wie sehr man sich so einbringt« (IP 11)*. Über solche Überschreitungen sehen manche hinweg, weil sie es ähnlich handhaben, einige wenige finden auch, dass die Frauen etwas lockerer werden und selbstverantwortlicher handeln sollten. Problematisch wird es, wo Frauen ihren Unmut darüber hinunterschlucken. Nach unserer Wahrnehmung sind viele verärgert über solche Unausgewogenheiten, sprechen aber allenfalls hintenrum, im privaten Gespräch darüber. Oder sie haben die Erfahrung, dass ihnen, wenn sie es ansprechen, andere in den Rücken fallen, die sich zuvor selbst beschwert haben, oder dass ihre Vorwürfe heruntergespielt, dass ihre Gefühle nicht ernst genug genommen werden.

Solange es also Hierarchien gibt und solange auch nur einige Frauen sich dadurch übervorteilt fühlen, geht kein Weg daran vorbei, darüber zu reden. *Jedes* ungute Gefühl, *jedes* kleine Unbehagen muss auf den Tisch, auch wenn es schwer fällt und Angst macht, sonst ändert sich nichts. Und da hilft dann die *Solidarität* auch derer, die sich (momentan) nicht betroffen fühlen. Die Verantwortung für die Machtfrage im Projekt auch ein Stück weit an die vermeintlich Ohnmächtigen zu geben, enthebt aber die Machthabenden selbstverständlich nicht der kritischen Reflektion ihrer Position und ihrer Motive. So versucht eine unserer Interviewpartnerinnen, ihr Image der Stärke zu relativieren, indem sie sehr deutlich macht, was sie nicht versteht oder worin sie keine Erfahrung hat.

Die »heimlichen Königinnen«

Die Initiatorinnen sind, wenn es um die Hierarchiefrage geht, die Ersten, die heruntergeregelt werden sollen. Sie stehen von vorn herein unter Verdacht, sich etwas anzumaßen, was ihnen unter dem Gleichheitsdiktat nicht zusteht. Sie werden zwar weiter verantwortlich gemacht, besonders wenn etwas schief läuft, sollen aber auch Verantwortung abgeben, »loslassen«, ohne darauf vertrauen zu können, dass andere sie in ihrem Sinne übernehmen, dass sie *ihr* Projekt nicht gefährden, denn das ist nicht sicher in einer Gruppe ohne gemeinsamen Grundkonsens. Und irgendwie fühlen sie sich auch berechtigt, für ihre Mühe das ein und andere Privileg zu beanspruchen.

Sicher, das Gros der Bewohnerinnen würdigt schon die Verdienste der Initiatorinnen, *»aber die Dominanz muss auch irgendwann mal aufhören und das tut's auch« (IP 14),* die Frage ist, wie es aufhört, aber auch, ob es muss. Demokratie scheint immer noch eine Sache der Entmachtung (womit sich schon die zweite Frauenbewegung häufig gelähmt hat) statt des gegenseitigen Empowerments, *»die heimliche Königin« (IP 32)* ist zu entthronen. *»Initiatorinnen gut und schön, aber jetzt doch mal bitte weg (...) ist ja richtig. Aber andererseits ist jede Initiatorin auch das Gedächtnis vom Projekt und hat ja einfach die Bedingungen auch mit hergestellt, dass es zum Erfolg wurde (...) aber was machste dann mit denen? Du willst dich emanzipieren – vielleicht auch mit einer Heftigkeit oder Dringlichkeit, wie du es* *von der eigenen Mutter nicht gemacht hast – und was ist dann?« (IP 2).* Eine Auseinandersetzung darüber, dass auch eine soziale Bewegung so etwas wie »Führungskräfte« braucht, weil sonst nichts passieren würde und wie mit ihnen umgegangen werden soll, wie sie angemessen gewürdigt, aber auch wenn nötig auf faire Weise ausgebremst werden können – zwischen Kritik und Demontage ist das Spektrum weit –, findet unseres Erachtens kaum statt, nicht mit ihnen und auch nicht über sie. Das reproduziert die immer gleichen Kämpfe und Verletzungen aus Vorwürfen, Abwehr, Rückzügen usw.

Nach unserer Wahrnehmung sind auch die Initiatorinnen durchaus zwiegespalten in punkto Macht, lehnen moralisch ab, was sie für ihr ideelles Ziel doch brauchen. Vermutlich mehr als bei Frauen in Führungspositionen deckt sich bei ihnen das Wertesystem in gewisser Hinsicht mit den »weiblichen« Werten, die Frauen (in der Mann-Frau-Hierarchie) tendenziell unten halten (Barbara Toth 2000). Die wenigsten laden sich aus reiner Eitelkeit eine so gewaltige, über weite Strecken frustrierende Aufgabe auf, ein Frauenwohnprojekt zu initiieren und durchzusetzen (da gäbe es Lohnenderes). Was sie mit den Projekten wollen, ist kaum primär prestigeorientiert, sondern zielt auf gesellschaftliche Veränderungen. Als Teamplayerinnen nehmen sie sich zudem immer wieder relativ zurück, und das nicht nur, weil sie wissen, dass sie andere brauchen, die sie bestätigen und unterstützen. Decken sich da Überzeugung und unbewusster Selbstschutz, um nicht ausgeschlossen zu werden und sich keinen Aggressionen auszusetzen? Die Gruppe könnte sich so gesehen den Aufwand sparen, den privilegierten Status der Initiatorinnen demokratisch zu torpedieren, und ihnen ruhig ein wenig mehr Anerkennung zollen.[108] Doch allein mit ihrem aktiven, zielgerichteten Handeln – und ihrem Erfolg – haben sie den weiblichen Kodex durchbrochen und müssen offenbar in dessen Schranken (bzw. Beschränkungen) gewiesen werden.[109]

---

[108] Im Übrigen ist die »Königin« nichts ohne die »Untergebenen«, die Initiatorin nichts ohne die, die mitmachen – aber auch nichts mit ihnen, solange sie diese nicht als gleichwertig akzeptiert. Denn die Anerkennung, die sie braucht, kann sie nur von Gleich-Wertigen akzeptieren. Wenn sie solche nicht zulässt, entfällt der Spiegel ihres eigenen Wertes. Das war bislang in erster Linie ein Problem, das Männer sich mit dem binären Geschlechtersystem kreiert haben, wie Jessica Benjamin herausarbeitet (Benjamin 1990), es ist aber auch eines der »mächtigen« Frauen, möchten wir ihre Analyse frei übertragen.

[109] Können wir das bezüglich der bisherigen Initiatorinnen noch als Überreaktion sehen, so könnte sich das allerdings künftig anders darstellen, wenn ein anderer Typ Powerfrauen auf

7.6 Emanzipation versus »weiblicher Sozialcharakter«?

Die Frauen, die sich heute in den Wohnprojekten finden, sind alle in irgendeiner Weise berührt von der zweiten Frauenbewegung, bekennend oder verleugnend, Akteurinnen oder Nutznießende. Keine ist mehr ungebrochen das »zweite Geschlecht«, die Andere, die nur als Derivat des männlichen Subjekts existiert. Längst haben sie auf dem ein und anderen Weg die ihnen gesetzten (Geschlechter)Grenzen überschritten, haben ein großes Stück Autonomie gewonnen, haben es sich erkämpft oder leben selbstverständlich, wofür sich die frühen Feministinnen Angriffen und der Lächerlichkeit ausgesetzt haben.

Diese unterschiedlichen Ausgangs- und Standpunkte beeinflussen, wie Frauen auf Frauen schauen, was sie von ihnen erwarten, auf was sie sie festlegen (wollen), was sie sich und den anderen erlauben oder ihnen übel nehmen – die Vorannahmen über »Weiblichkeiten«, »Männlichkeiten« und das, was sich nicht so einfach einordnen lässt und nach wie vor gern übersehen wird. Wahrscheinlich wird mehr oder weniger jede Projektbewohnerin zurückweisen, sie lege Frauen auf einen weiblichen Geschlechtscharakter fest. Und doch beharrt jede auf gewissen Eigenschaften, die ihr wichtig sind.[110]

Das Mütterliche und andere Vorzüge des »Weiblichen«

»Ich hab gedacht, es ist einfach, mit Frauen zusammenzuleben« (IP 6), eine (vor allem bei heterosexuellen Bewohnerinnen) recht verbreitete Annahme, die Frauen in ein Frauenwohnprojekt führt, und die so gar nicht zu gleichermaßen gut gepflegten (Vor)Urteilen gegen Frauen und »Frauen zu-

---

die Projekte zukommt: die neuen »Alpha-Frauen«, die sich, wie wir von einem Projekt in Planung hörten, auch für Frauenwohnprojekte zu interessieren beginnen und dazu tendieren, hier mit der Selbstverständlichkeit der Selfmade-Women in Führung zu gehen.

110 Wenn wir vom vergeblichen Bemühen Marianne Grabruckers (1998) lesen, ihre kleine Tochter geschlechtsneutral zu erziehen, so fürchten wir, es wird Generationen brauchen, das aus den Frauen »herauszuschaffen«. Nicht nur, dass sie gegen die vielfältigen Einflüsse ziemlich machtlos war, die schon das ganz kleine Mädchen zur »Frau« machen, sondern fatalerweise auch gegen ihre eigene unbewusste Haltung, mit der sie ungewollt ihrer kleinen Tochter ganze Wissens- und Interessengebiete entzog oder nicht zugänglich machen konnte, die sie (als Frau, zu der sie gemacht wurde) selbst nicht interessierten oder die sie ablehnte, »typische Männerinteressen«. Nahezu unlösbar erscheinen Interessenkonflikte, die (nachvollziehbar) nicht mit ihren Werten vereinbar sind, wie z.B. Kriegsspiele.

sammen« passen will. Viele haben ihre Erfahrungen mit Frauengruppen, die sie nicht immer positiv besetzen, und jede hat Beispiele von »schwierigen« Frauen parat und manche auch nur misogyne Narrative, die ihnen alle frauenverachtenden Klischees bestätigen. Und doch ist da beharrlich die große Erwartung in die achtsamen, hilfsbereiten, empathischen Zeitgenossinnen, die weniger Machtorientierten, weniger Dominanten, die Solidarischen.

Frau erwartet, sich mit Frauen wohlfühlen zu können, weil sie gleich *»ticken«*, ähnliche Bedürfnisse nach Nähe und sich Mitteilen haben, (verbal) um- und zugänglicher sind als Männer und weil der (sexuelle) Konkurrenzdruck (um Männer) entfällt *(»es ist unwahrscheinlich erholsam«, IP 39)*. Sind dann Lesben in der gewünschten erotischen Asepsis mancher Projekte ein gefühltes Störelement, ein Bazillus gegen mütterliche Wohligkeit?

Woher kommt die Erwartung vieler, »hier wird für mich gesorgt«? Haben nicht die Feministinnen – nach manchen ideologischen Irrungen – längst aufgeräumt mit diesen Vorstellungen von der Frau als der »besseren Hälfte der Menschheit«, mit der Überhöhung des Mütterlichen, dem Leben Näheren, prädestiniert zur Rettung der Welt? Dennoch scheinen jene schönen Seiten des »Weiblichen«, Fürsorge, Bezugnahme, sich Zurücknehmen und Aggressionsarmut, das zu versprechen, was die Qualität eines Frauenwohnprojekts ausmacht. Was Wunder, dass auch die Feministinnen dem Wunsch danach nicht ganz entsagen mögen.[111]

Während aber nun einige sich wieder voll in ihrem Element fühlen, andere mit Fürsorge überschwappen und diese im Gegenzug selbst erwarten (aber schwer annehmen können), scheinen doch viele Bewohnerinnen diese, für ein harmonisches Miteinander im Projekt so dienlichen Eigenschaften der traditionellen Frauensozialisation mehr bei den *anderen* Frauen zu suchen. Sie wollen raus aus der Rolle der ewig Aufopferungsvollen und dennoch in den Genuss ihrer positiven Seiten kommen. Frau will den Kuchen essen und behalten aber nicht mehr backen.

---

[111] Seit der zweiten Frauenbewegung arbeiten Frauen sich daran ab, sich einerseits von den kulturell und politisch immer noch und immer wieder mobilisierten Anpassungsleistungen und Selbstverleugnungen zu lösen, nicht auf die Irrtümer einer vermeintlich angestrebten Feminisierung der Welt einzusteigen, nicht im Gegenzug radikal die Seite des Daseins aufzukündigen, die ihnen bisher als Kern ihres Wesens zugeschrieben wurde, und schließlich auch nicht einfach eine neue Anpassungsleistung hin zu einer aktiven Mitgestaltung dessen zu erbringen, was die hegemoniale Männlichkeit in dieser Welt seit Jahrtausenden anrichtet.

Doch wer soll es dann tun, im Frauenwohnprojekt? Arbeit fürs Projekt ist unbezahlte, ist »ehrenamtliche« Arbeit, der Inbegriff also von Frauenarbeit, letztlich das, was frau mit der Familie verlassen hat und jetzt für quasi »Fremde« tun soll, die sie vielleicht nicht einmal alle besonders mag. Dass emanzipierte Frauen das ablehnen, ist folgerichtig. Und doch greift nach wie vor die »weibliche Tugend« der Arbeitsamkeit. Da lassen sich die, die sich längst verweigern, Männern die banalen Alltagsgeschäfte abzunehmen, aus Sorge ums Projekt unversehens wieder von den Alltagsnotwendigkeiten absorbieren – was sie so wenig aufgeben wie akzeptieren können. Dann überwiegt das Pflichtdenken die wünschenswerte Freude an der Arbeit im Projekt, das vermeintlich Notwendige lässt wenig Raum fürs Sorglose.

Natürlich muss frau zunächst arbeiten, um das Projekt zu bekommen – das ist nachvollziehbar – sie muss arbeiten, um es zu pflegen und zu erhalten – da wird schon einiges fragwürdig. Aber dann geht es grad weiter, dann muss frau an der Gemeinschaft arbeiten und sie muss für die Gemeinschaft an sich arbeiten – und da fängt es an, bedenklich zu werden. Wenn alles, alles für das Projekt »Richtige«, zu Arbeit wird, sogar das Gemeinschaftliche, verliert das dann nicht seinen eigentlichen Wert des zwischenmenschlich Emotionalen? Vor vierzig Jahren haben die Frauen noch Lohn für Hausarbeit gefordert, fordern sie jetzt (von den Mitbewohnerinnen) Hausarbeit als Lohn für die Gemeinschaftlichkeit?

»Also ich hab das mal gedacht, was können hier eigentlich für Konflikte kommen? Wir sind alles sogenannte reiche Frauen (die sich hier eine Wohnung kaufen können), wir sind im Ruhestand, wir sind freie Frauen. Und wir können uns eigentlich unseres Lebens freuen und – das passiert aber vielfach nicht« (IP 32). Ist das symptomatisch für ein »weibliches Lebensgefühl«, eine Ernsthaftigkeit und Strenge, resultierend aus der (traditionellen) Verpflichtung zur Sorge um andere und der (immer neuen) Erfahrung, für alles aus der Rolle Fallende doppelt kämpfen zu müssen? Akzeptieren gerade die Aktiven hier ein Arbeitsethos, eine (buchstäblich) mittelalterliche Tugend, die Frauen vom wirklich Wichtigen (z.B. vom »Inhaltlichen«), aber auch von »dummen Gedanken« abhält[112] (während

[112] Arbeit als Wert, vermeintlich ein protestantischer wurde schon im Mittelalter von der Geistlichkeit zur weiblichen Tugend erhoben mit dem Ziel, Frauen von anderem, insbesondere vom Denken und damit eigentlich von Macht, abzuhalten, aber auch von Gedanken an fleischliche und materielle Lüste und Begierden, an Luxus und Müßiggang. S. Carla Casagrande (1993).

Männer »spielend« die Welt entdecken, Genies und Erfinder werden dürfen, sind Frauen vom Notwendigen absorbiert)?[113] Und reproduzieren (stellvertretend im Gemeinschaftlichen) mehr ein Bild der disziplinierenden Mutter (die eine lieber fliehen möchte) als der Fürsorglichen, die bestärkt und liebevoll in die Unabhängigkeit entlässt?

Womit wir bei einem anderen Aspekt des Mütterlichen wären, der Beziehung zur Tochter und dem Mutter-Tochter-Konflikt. Scheint dieser in den heutigen Mütter-Töchter-Generationen kleiner zu werden (nicht zuletzt dank einer feministisch geprägten neuen Müttergeneration), zwischen den Wohnprojektfrauen ist er durchaus virulent. Da fühlen die einen *»sich bevormundet, und umgekehrt aber haben sie sozusagen dieses Mütterliche auch angenommen und benutzt, aber auch wieder ›bis hierher und nicht weiter‹« (IP 18)*. Und das ist hier nicht ausschließlich ein Problem unterschiedlicher Generationen, sondern auch zwischen Aktiven und weniger Aktiven. *»Ich behaupte einfach (...) dass alle Frauen an verschiedenen Stellen beschädigt sind durch das System (...) auch mitgetragen durch die Mütter« (IP 2)*, was gerade auch die Beziehungen unter den älteren Frauen beeinträchtigen dürfte, die ihre Kindheit und teils auch noch das frühe Erwachsensein in einer Gesellschaft erlebt haben, in der die duale Geschlechterwelt gerade zu neuer Blüte gebracht worden war. Da die Bewohnerinnen nur begrenzt an solchen wieder mobilisierten Verletzungs- oder Ablehnungsgefühlen arbeiten können – ein Wohnprojekt ist schließlich keine Therapiegruppe – ist es wohl vorzuziehen, die Quellen solcher Gefühle zu minimieren, also Vorbehalte und ungute Gefühle im Vorfeld zu berücksichtigen und, wie es zwei Projekte halten, solche Gefühle Einzelner gegenüber Bewerberinnen ernst zu nehmen und ohne großen Erklärungszwang als Kriterium zu akzeptieren, auch wenn das bedeutet, sich von Fall zu Fall gegen eine vielleicht von der Mehrheit befürwortete Frau zu entscheiden.

Männlichkeiten

So zwiespältig wie die Wertung des »Weiblichen«, so ungeklärt scheint, was als »männlich« *ge-* und (bei Frauen) *ent*wertet wird, also auch, was

[113] Steht Frauen das (scheinbar so »weibliche«) Nicht-Zweckgerichtete und das Verspielte, das Ästhetische und Genüssliche nicht zu als etwas, das sie *haben* dürfen, weil sie es *sein*, es verkörpern sollen?

frau gebührt und was nicht. Wenn Frauen, auch lesbische, immer wieder bemüht sind, den Vorwurf der Männerfeindlichkeit zurückzuweisen – *»Ich glaube, manche haben das nicht so richtig auseinander gekriegt was dieses frauenorientiert heißt, dass das nicht heißt männerfeindlich. Ich glaube da haben echt immer noch Frauen Mühe mit« (IP 16)* –, so verstellt das den Blick auf gute Gründe, dem »Männlichen«, genauer der »Hegemonialen Männlichkeit« feindlich zu sein. Gemeint ist Männlichkeit im Sinne eines sexistischen, Frauen abwertenden Verhaltenskodex, an dem zu viele Männer sich immer noch und manche schon wieder orientieren, um sich vom »Weiblichen« abzugrenzen, und der Frauen weiterhin tagtäglich mehr oder weniger subtil in Gestalt realer Männer begegnet. Dieses Männliche abzulehnen, nehmen sich immer noch zu wenige Frauen das Recht.[114]

»Frauen verhalten sich auch manchmal wie Männer« (IP 1), hörten wir mehrfach. Sicher ist es folgerichtig, dass Frauen auf Verhaltensweisen, die sie vielleicht sogar bei Männern inzwischen ablehnen, bei Frauen empfindlich reagieren. Wir wollen »Mackerverhalten« mancher Frauen zwar nicht in Abrede stellen, vermuten aber, dass das, was als männlich konnotiert, in den Frauenwohnprojekten abgelehnt wird – weil frau das nicht darf oder, feministisch, nicht sollte – weniger mit unreflektierten Imitationen »männlichen« Verhaltens zu tun hat.

In einer Welt, die Frauen tendenziell noch immer von einer Individuation wegsozialisiert, gerät eine, will sie sich nicht länger in einen engen Verhaltenskanon zwängen lassen, unweigerlich in das Dilemma, das traditionell scheinbar einzige Modell der Subjektwerdung, das gesellschaftlich nach wie vor tragende Ideal des autonomen (männlichen) Individuums (Jessica Benjamin, 1990), als gesellschaftskritische Frau und als Feministin zurückweisen zu müssen, ohne aber auf ein akzeptables Alternativmodell zugreifen zu können. Der Versuch, Teile des traditionell Männern vorbehaltenen Verhaltensspektrums und die daraus erwachsenden Vorteile für sich zu adaptieren, geht aber mit diversen Risiken einher.

Abgesehen von wiederum abwertenden Reaktionen von männlicher Seite ist nämlich auch frau noch immer gar zu leicht geneigt, etwa im entschiedenen, durchsetzungsfähigen Verhalten von Frauen die (un)billige Übernahme männlicher Verhaltensweisen zu sehen und damit tatkräftige Mitbewohnerinnen lahmzulegen. Schon wenn sich eine verselbständigt, nach eigenem Gutdünken handelt, wenn eine mit Ideen und Worten voran-

[114] Das hat nicht zuletzt die »Aufschrei-Debatte« und ihr schnelles Abflauen wieder belegt.

prescht oder auch eigene Wege geht oder wenn sie offen aggressiv ist, bringt sie, so scheint es, durch die Hintertür das »Männliche« ins traute (männerfreie) Heim, woran sich manch eine empfindlich stört.

Autonomes Handeln und Dominanz (ganz besonders die lesbische) stehen dann auch gegen das Gemeinschaftliche, denn, obwohl einerseits lebensnotwendig für die Gemeinschaft – *»ohne die Aktiven würde ja auch nichts laufen«* –, vertreten sie gewissermaßen auch die rohe (männliche) Welt da draußen mit ihrem Wettbewerb, ihren ganzen destruktiven Strebungen und ihrer sozialen Kälte, die die Bestrebungen der Projektbewohnerinnen nach einer besseren Welt bedrohen. Erwächst daraus zu einem Teil auch das Misstrauen gegenüber den Initiatorinnen, denen das Mütterliche geradezu zugewiesen wird, die aber doch fast mehr noch die »männliche« Seite (der Macher) verkörpern – verschärft noch durch die Assoziation von Herrschaft und Hierarchie, die in den Projekten ja ebenfalls heftig bekämpft werden?

Das Aushandeln von Gemeinschafts- und Eigeninteresse, das wir weiter oben angesprochen haben, könnte auch als Widerstreit gesehen werden zwischen Selbstbehauptung, also dem traditionellen Ideal des »Männlichen«, das frau eigentlich nicht gebührt, und der Anerkennung der Abhängigkeit von anderen – in die mann traditionell nicht will und frau inzwischen auch nicht mehr, weil die sie im geschlechterbinären System behindert. Nach wie vor mangelt es an Vorbildern für einen dritten Weg (für beide Pole und natürlich auch für alle Geschlechter dazwischen). Es geht jedoch nicht weiter, wenn das, was als Erweiterung des Handlungsspektrums vom Anderen (oder der Anderen) angenommen wird, als »männlich« (bzw. »weiblich« oder »weibisch«) diskreditiert und nicht als das behandelt wird, was es in einer konkreten Situation ist, ein der Situation angemessenes oder unangemessenes Verhalten.

... und die Lesben

Jede Soap hat inzwischen ihre Lesbe, doch in der Mehrzahl der Frauenwohnprojekte dominiert die »heterosexuelle Vorannahme«, um einen sehr treffenden Begriff von Kirsten Plötz zu übernehmen (Plötz 2006). Lesben werden nicht (überall) selbstverständlich mitgedacht (eine Projektbewohnerin hatte, so wurde uns zugetragen, in ihren achtzig Lebensjahren *»Lesben einfach nicht gesehen«, GD 2)*. Und Frauen, die mit der reinen Frauengesellschaft im Projekt Probleme haben – *»da haben sich einige geschämt,* *nur Frauen, das war ihnen suspekt« (IP 40)* – wollen häufig vor allem eines nicht: Sie wollen nicht als Lesben gelten. *»Die Frauen, die hier eingezogen sind, wehren sich auch dagegen, beispielsweise in den Leitlinien das Wort Lesbe zu verwenden (...) haben vielleicht nicht persönlich irgendwelche Aversionen, wollen aber auch nicht in einen Topf geworfen werden« (IP 24)*, eine Gefahr, der sie sich in Frauenwohnprojekten weit mehr aussetzen als in gemischten, wo sie nicht so schnell in ihrer »Normalität« angezweifelt werden. Und *»für viele hier, die verheiratet waren usw., also hier vielleicht zum ersten Mal mit Lesben in Berührung kamen, für die ist Feministin und Lesbe dasselbe« (IP 24)*, was häufig nicht einmal falsch ist, denn die meisten Lesben in Frauenwohnprojekten sind feministisch, aber dann offensichtlich doppelt beunruhigend.

Für die meisten Heteras, die Lesben nicht persönlich kennen, scheint Lesbischsein etwas Befremdliches, ist mit irgendwelchen, manchmal abstrusen Vorstellungen belegt, die wenig mit den tatsächlichen Unterschieden zu tun haben aber zum Vorschein kommen, wenn es Konflikte gibt. Wenn frau sich nicht damit auseinandersetzt, was in ihrem Kopf und ihrem Gefühl ausgelöst wird, wenn sie es mit Lesben zu tun kriegt (theoretisch oder real), kommen bei Konflikten ganz komische Sachen zum Ausbruch. Sei es der Vorwurf der Männerhasserin oder der Incorporation von Männlichkeit, sei es die Imagination eines angeblichen *»Lesbensports, eine Hetera rumzukriegen« (IP 20)*, bis dahin, dass die lesbische »Orientierung« Standpunkte in Disputen »erklärt« und damit zugleich entkräftet.

Zwar gibt es in manchen Projekten *»auch Frauen (...), die [positiv] feststellen, dass das Meiste, was hier so läuft, von Lesben ausgeht und dass das kein Zufall sein kann« (IP 36)*, also dass sie eben die Aktiven sind. Die damit verbundene Dominanz irritiert jedoch offenbar. *»Die Schlüsselpositionen oder die ganz stark politischen, das ist halt alles in Lesbenhand und, na okay gut, wer was macht, der macht's halt so wie's für ihn passt (...), aber wenn ich jetzt (...) in keinem Infostand bin (...) und wenn das zufälligerweise die wirklich total Engagierten sind, ja mei da brauch ich mich nicht aufregen« (IP 3)*, was aber etliche tun. Selbst dort, wo Lesben keine formale Machtposition haben, wähnt frau, sie wollten das Sagen haben, wenn sie sich nur engagiert einbringen.

Wenn in manchen Projekten gar nicht gewusst werden *will*, ob es bei ihnen Lesben gibt, oder wenn das vermeintlich keine Rolle spielt, ist das unseres Erachtens weniger ein Ausdruck von Toleranz als ein Zeichen von Ignoranz gegenüber der lesbischen Lebensweise, nach der nur selten gefragt wird. So hörten wir auch nie, nichtlesbische Bewohnerinnen hätten im Laufe des Zusammenwohnens vielleicht Elemente dieser Lebensweise als Bereicherung für ihr eigenes Verhaltensspektrum erlebt, wie etwa die weniger starke Rollendeterminiertheit.[115]

Feministische Lesben bezeichnen sich gern als »frauenliebende« oder als »frauenidentifizierte Frauen«, was auf ihre Grundhaltung Frauen gegenüber weist und damit auch deutlich macht, dass sie sich in Frauenwohnprojekten anders fühlen, anders bewegen, gewissermaßen fragloser, als sehr viele (nicht alle!) Frauen, die auf Männer bezogen sind – mit ein Grund, warum für die lesbischen Bewohnerinnen das Wohlgefühl im Projekt tendenzielle Diskriminierungserfahrungen überwiegt. Für Lesben ist das Zusammenleben mit Frauen normal, hat nichts Defizitäres. Ihnen fehlt nicht der Mann als *»das männliche Element«* (was nicht einzelne Bezüge oder Freundschaften mit Männern ausschließt, insbesondere bei Lesben mit schwulen Freunden oder männlichen Verwandten, zu denen sie eine gute Beziehung haben) und es ist schon eine Zumutung, in dem Projekt, das sie maßgeblich mit aufrechterhalten, allzu häufig mit der Sehnsucht ihrer heterosexuellen Mitbewohnerinnen nach der fehlenden »männlichen Energie« konfrontiert zu sein.

7.7 Das (fehlende) »Mehr« – *»Wer nur schön wohnen will, die ist hier fehl am Platz«*[116]

»Bei aller Zufriedenheit, die die Frauen hier haben: Die Wohnung ist toll, die Umgebung ist toll, könnte ein bisschen besser mit Geschäften sein, Infrastruktur ist auch in Ordnung. Also, wenn eine 'ne schöne Wohnung will, ist sie hier gut aufgehoben. Aber das war nicht unsere Herangehensweise am Anfang« (IP 24).

Viel war die Rede von der Gestaltungsmacht, die die Frauen in den Projekten haben und an der zu viele zu wenig Interesse zeigen. Wozu nun

[115] Die mit der Pathologisierung von Homosexualität im 19. Jahrhundert festgeschriebenen Kategorien von (echten bzw. nichtechten) Frauen tun offenbar immer noch ihre Wirkung in Spaltungen und Abgrenzungen zwischen Frauen (wie schon in der zweiten Frauenbewegung sehr wirkungsvoll geschehen).

[116] So die Aussage einer Bewohnerin eines unserer Projekte anlässlich einer Hausführung.

soll(t)en die Bewohnerinnen der Projekte sich ermächtigen – nachdem mit der Schaffung dieses lebenswerten Ortes das Wichtigste erreicht ist? Zumindest die mehrheitlich feministischen Initiatorinnen, für die ihr Projekt auch ein Politikum ist, hatten mehr im Sinn als »schöner wohnen« und waren davon ausgegangen, dass alle, die sich auf so ein Projekt einlassen, das auch so wollen. *»Mir war nicht klar, dass es auch relativ viele gibt in so einer Gruppe, die daran nicht mehr so interessiert sind, wenn dieser Schritt [den Raum herzustellen] getan ist. Dann müsste es auch eigentlich noch ein anderes Ziel geben (...) außer unsere Anlage hier schön zu pflegen« (IP 22)*. Dieses andere Ziel, dieses »Mehr« ist also das große Gemeinsame, etwas Verbindendes, an dem alle gleichermaßen mitwirken sollen. Es erweist sich jedoch, dass dieses Mehr etwas Verbindendes voraussetzt, eine Übereinstimmung von Werten und Lebensanschauung und Liebe im weitesten Sinne, dass das Mehr also nicht oder nicht allein das gemeinsame Wirken an einer Aufgabe ist, sondern dieses Zusammenwirken erst auf der Basis dieser Übereinstimmung zu mehr wird.

Was ist dieses Mehr in den Projekten? Andere Umgangsweisen miteinander zu entwickeln etwa, die eigene Lebensweise als Alternative für Frauen bekannt zu machen, Frauenkultur zu fördern und in die Öffentlichkeit zu tragen, für alle Frauen zahlbaren Wohnraum zu schaffen oder das Bemühen, Wohneigentum in Frauenhand zu sichern, um nur einige der Ziele zu nennen. Einige Projekte haben es im Sinne einer sichtbaren gemeinsamen nach außen gerichteten Aktivität – das *»gemeinsame Dritte«,* wie einige es nennen. Hier wurde das gemeinsame Ziel sehr konkret vorab formuliert, manchmal unabhängig von den Bewohnerinnen, wie die Projekte von Frauengenossenschaften oder Vereinen, die als Multiplikatorinnen fungieren und so ein übergeordnetes, quasi ausgelagertes Drittes haben. Das funktioniert, weil die Bedingungen hier früh von entschlossenen Frauen festgelegt wurden und sich die Bewohnerinnen nicht notwendig daran beteiligen müssen, aber auch nichts grundlegend infrage stellen können. Für das einzelne Wohnprojekt und seine Bewohnerinnen allerdings verfehlt *dieses* Dritte seine Gemeinschaft stiftende Funktion ein Stück weit – so wertvoll die große Idee und die Arbeit dafür auch sind. *»Ich glaube (...) dass die Interessen sehr unterschiedlich sind, ohne dass sie kollidieren, aber sie führen auch nicht dazu, dass Gruppennähe entsteht. Es ist aber auch kein Schaden, weil (...) das Interesse besteht, dass es den Verein gibt und dass es weitere Projekte gibt, das ist ja da« (IP 30).* Erfahrungsgemäß sind es nur einige wenige, die dieses Interesse dann aktiv verfolgen und sich in der übergeordneten Organisation engagieren, und für die, die sich mehr Nähe wünschen, ist es eben doch ein Schaden. Gesellschaftspolitisch aber ist es ein großer Gewinn für Frauen.

Wenn dagegen ein Projekt, wie eines unserer Beispiele, selbst als kulturelles, spirituelles oder politisches Zentrum auf Basis gemeinsamen Wohnens konzipiert, also sozusagen ganzheitlich angelegt ist, müssen die Bewohnerinnen selbst sich von vorn herein darauf einschwören und die nötige Energie mitbringen. Das funktioniert, wenn alle mehr oder weniger sagen können: *»Ich bin hier nicht eingezogen, weil ich keinen Freundes- oder Bekanntenkreis habe, sondern das ist so ein Überschuss (...). Ich finde es hier interessant und hab' gedacht, hier bin ich in 'nem guten Feld und da kann dann was entstehen« (IP 27)*. So ein Projekt hat einen großen Anspruch, aber es ist auch eine kreative Chance für alle Beteiligten.

Beginenhöfe, so möchte eine meinen, hätten das übergeordnete Ziel schon durch ihre Bezugnahme auf eine vorgelebte Form des Zusammenwohnens und Wirtschaftens vorgegeben – die Höfe jedenfalls, die sich explizit in der Tradition der Beginen im weitesten Sinne sehen und von allen Bewohnerinnen als solche anerkannt werden. In den neuen Beginenhöfen ist aber schon diese Anerkennung durch alle nicht immer vorhanden und das Wohn- und Arbeits-Konzept der frühen Beginen, im Sinne gemeinsamen Wirtschaftens im und fürs Projekt, hat von den uns bekannten Beginenprojekten nur eines verfolgt. Wir konnten es leider nicht einbeziehen, da es schon vor unserer Untersuchung gescheitert ist, ob und inwieweit an diesem Ziel, können wir nicht ausreichend beurteilen. Beginen als Bezugsrahmen gewährleisten offensichtlich nicht, dass sich projektintern etwas verbindet – eher scheint es, dass der Name *Beginenhof* manche irreführt und etwas signalisiert, was nicht in jedem Fall beabsichtigt ist. Nur die Einzelnen, die im Dachverband aktiv sind, finden dort eine Möglichkeit, mit Gleichgesinnten an etwas zu arbeiten, das den Rahmen des eigenen Wohnens überschreitet.

Ohne ein starkes Konzept erweist sich der Versuch, ein übergeordnetes Ziel für das Gesamtprojekt anzusteuern, als äußerst schwierig. Wenn es nicht vorab sehr klar ist, wenn die Initiatorinnen (bzw. die Kerngruppe) selbst eher eine diffuse Vorstellung haben oder die Idee im langen Laufe der Vorbereitung und äußerer Zwänge verloren geht, oder wenn sie unter dem Anspruch des Demokratischen nichts vorgeben, sondern die Bewohnerinnen nach dem Einzug gemeinsam entwickeln lassen wollen, dann, so die Erfahrung, bleibt es bei der Realisierung des Hauses, bleibt es beim Schönen Wohnen – das die Vertreterinnen des Mehr im übrigen nicht verdammen, jedoch eher als Basis verstehen: *»Ich glaube, dass das eine ganz wichtige Voraussetzung ist, um Dinge zu merken und über den eigenen Tellerrand hinaus aktiv werden zu können. Ich muss ja erst mal bei mir zu Haus sein und auch in meiner Wohnung. Sonst kann ich nichts machen« (IP 2).*

Nun sind ja die Bewohnerinnen in ihrer Mehrheit nicht zu träge, politisch uninteressiert, sozial unengagiert. Wie wir gezeigt haben, sind viele ehrenamtlich tätig, sind vielfältig in Netzwerke der Selbsthilfe eingebunden, wertvolle Ressourcen also. Doch die sehr allgemeinen Zielsetzungen, mit denen die Initiatorinnen zumeist antreten (Ausnahmen bestätigen die Regel), führen Frauen zusammen, die überwiegend keine gemeinsame Motivation, oft nicht einmal gemeinsame Anknüpfungspunkte zu einem Mehr haben. Wenn die Einzelengagements nicht einmal alle(n) bekannt sind, wird es noch schwieriger. Hätte der regelmäßige Austausch über das, was die Einzelnen machen, einen festen Platz in der Hausversammlung (und zwar nicht den letzten), dann würden alle ein Stück weit teilhaben an dem, was ihre Mitbewohnerinnen treibt, und es könnte sich vielleicht manches Gemeinsame daraus entwickeln. Wo das gemeinsame Selbstverständnis nicht von vornherein gesucht wurde, ist der Aufwand wesentlich größer, es wenigstens in bestimmten Bereichen nachträglich zu finden.

Feminismus

Das Verbindende, worauf (mit Ausnahmen) die Frauen, die das Ganze in die Welt gebracht haben, bauten, die Triebfeder für ihr, und wie sie vielleicht allzu selbstverständlich erwarteten, *allen* gemeinsames Streben, ist in den Frauenwohnprojekten der *»Feministische Geist«*: *»Auf jeden Fall gab es den, sonst wäre diese Gründung nie in die Wege geleitet worden. Das sind ausschließlich feministische Wurzeln« (IP 29).* Die Frauenwohnprojekte sind nicht denkbar ohne die zweite Frauenbewegung, sind ihr buchstäblich sichtbarstes und stabilstes Manifest.

Und doch ist dies als solches heute kaum mehr erkennbar. Haben die frühen Gründerinnen noch ihre Haut zu Markte getragen, ihren feministischen Geist, so sehen manche Neubewohnerinnen heute *»das Politische (...) [als] etwas, was sich da lebt, aber nicht mit 'nem Plakat vorangetragen wird« (IP 39)*. Auf jeden Fall wird es heute nicht mehr als feministisch bezeichnet. In einem der älteren Projekte muss dieser Prozess sehr bald eingesetzt haben, wenn eine heutige Bewohnerin nur mehr vom Hörensagen weiß, *»dass da eine schon ganz am Anfang ausgezogen ist, weil es nicht politisch genug war« (IP 39)*. Das einst feministische Streben nach Veränderung eines miesen Status quo beschränkt sich, in die Projekte verlagert, auf ein (therapeutisches) Streben nach Selbstveränderung.

Und je mehr die Frauenbewegung für viele bereits Geschichte ist, nur vermittelt, unvollständig, verfälscht, vorurteilsbeladen in den Köpfen derer, die nachkamen, ebenso wie derer, die sie immer zu ignorieren bemüht waren, tragen es auch die Gründerinnen selbst nicht mehr sehr deutlich vor sich her – wohl um Interessierte wie Förderer nicht zu schrecken –, womit sie allerdings auch die anziehen, die gar zu Feministisches verschrecken würde. So bleibt häufig nur ein Häuflein Aufrechter aktiv und *»die anderen sagen, ›ach wir wohnen hier angenehm‹ und sind auch zufrieden. Aber erfüllt von dem, was damals noch so an alternativ und feministisch und so war – das [sind sie] natürlich nicht« (IP 40)*. Natürlich ist das nicht, sondern ein fataler Kreislauf von Erfahrungen bei der Projektrealisierung: dass die Politik blockt, dass die Zeit drängt und sie das Haus voll kriegen müssen, dass die Aktiven, zermürbt von immer neuen Anläufen, irgendwann endlich einen Erfolg wollen. Das muss nicht so sein, wie einige unserer Projekte zeigen, geschieht aber nur zu leicht, wenn innere Widersprüche auf äußere Widerstände treffen.

Das (strategische) Verschweigen des Feministischen verhindert oder erschwert dann auch seine Thematisierung in den Projekten. Wo die Mehrzahl der Bewohnerinnen einzig unter der Mit-Frauen-angenehmer-wohnen-Prämisse ins Projekt kamen, haben die Feministinnen nachträglich einen schweren Stand mit dem feministischen Geist. Wo die Auffassung überwiegt, *»die Feministinnen [seien] sehr ›besessen‹, da sie immer alles auf diese Ebene bringen müssen« (IP 36)*, muss frau stark sein (und möglichst nicht allein mit ihrer Position), um überhaupt etwas auf diese Ebene zu bringen. Ein erstaunlich großer Teil der Bewohnerinnen fast aller Projekte sperrt sich tendenziell sogar in der ausschließlichen Frauenumgebung gegen eine frauenbezogene Sprache oder hat sich bestenfalls noch keine Gedanken darüber gemacht. Es ist eine wirkliche Ausnahme, wenn es in einem (politisch sehr aktiven) Projekt heißt: *»Die frauengerechte Sprache – die ist hier weitgehend durchgesetzt. Der überwiegende Teil hält sich dran und weiß, dass es keine Kosmetik ist« (IP 2)*. Der feministische Geist ist wertend und (für Frauen) parteilich und gerät damit in Clinch mit den Apologetinnen der Toleranz. Was aber, so stellt sich unwillkürlich die Frage, bewegt Frauen, mit Frauen wohnen zu wollen, die diesen Geist nicht haben, die diese Parteilichkeit nicht mittragen, die Frauen nicht »für voll nehmen«, weder eine liebevolle Zugewandtheit zu Frauen mitbringen, noch eine Sensibilität für Geschlechter(miss)verhältnisse oder auch nur eine minimale Offenheit für eine Auseinandersetzung mit den eigenen, vergeschlechtlichten Praktiken?

Letztlich geht es um die Entscheidung, welche Art von Gemeinschaft eine will. Will eine die anderen einfach als Unterstützung ihrer Wohninteressen, will sie (im Alter) nicht mehr kämpfen und sich nicht mehr grundlegend infrage stellen lassen, möchte sie ihren Frieden und sich auf das konzentrieren, was ihr Leben geworden ist und nicht mehr dauernd Kompromisse suchen, die sie ihr Leben lang machen musste? Will eine *»einfach schön mit Freundinnen wohnen und es nett haben und mir nicht vorschreiben lassen, wie dürfte ich zu leben haben« (IP 38)*, und kommt schon vor der Realisierung des Projekts vom zunächst gigantischen Politanspruch herunter, ohne aber den Anspruch an eine andere Lebensform in starker Verbundenheit aufzugeben? Sucht sie in oder mit der Gemeinschaft eine Aufgabe? Oder verfolgt sie ein übergeordnetes, ein im weitesten Sinne politisches Ziel, etwas »Größeres«? Das alles sind berechtigte Wünsche, deren Erfüllung jedoch an unterschiedliche Bedingungen geknüpft ist, zunächst aber vor allem an die eine, dass alle Beteiligten eines Projekts sich darin einig sind, was sie wollen, und das heißt natürlich auch, dass jede Einzelne das für sich klar hat.

Wie wir gezeigt haben, funktioniert Gemeinschaft auf sehr unterschiedlichen Distanzlevels und unsere Ergebnisse lassen uns sogar zu der Annahme neigen, dass für viele *Frauen* momentan eine größere Distanz stimmig ist *(»Die Individualisierung ist so groß, dass sie kein wirklich eigenes Ziel entwickeln, sondern das will so ausgelebt werden«, IP 22)*, trotz Klagen um zu wenig Gemeinschaftliches. Allerdings, selbst wenn sie nur schön zusammen wohnen wollen – und *mit anderen* wohnen *wollen* sie ja alle, was gewissermaßen auch schon ein Wunsch nach Mehr ist –, hängt das *Wie* auch an einem in Wesentlichem übereinstimmenden Wertegefüge. Ob sie wirklich *zusammen*kommen, anders miteinander leben können, selbst ob sie nur friedlich *nebeneinander* leben können, ist auch hier eine Frage der »Seelenverwandtschaft« und, was eigentlich naheliegt und doch offenbar unterschätzt wird: In einem *Frauen*wohnprojekt ist die Frage einer feministischen Denkweise grundlegend und ein entscheidendes Verbindungs- oder Spaltungskriterium.

Wenn manche meint, die Bewohnerinnen bräuchten den Feminismus nicht mehr – die Projekte brauchen ihn unzweifelhaft, sonst kämen sie kaum zustande. Denn schließlich sind die Initiatorinnen autonomer Frauenwohnprojekte nicht einfach Projektentwicklerinnen, die sich ohne weiteres von den Beweggründen der jeweiligen Projektgruppe distanzieren könnten. Was sollte sie motivieren, jahrelang ihre Kraft in die Realisierung von Projekten zu investieren, die mit ihren eigenen Überzeugungen nicht übereinstimmen?

Résumé – *»Wir finden uns einfach genial mit dem, was wir hier geschaffen haben«*

Frauenwohnprojekte: Sind sie Räume *der* Emanzipation, Räume *zur* Emanzipation oder emanzipiertes Wohnen? Vorgestriges Emanzenrelikt oder subversiv, Etappen auf dem Weg zur nichtsexistischen Stadt, strategisch zeitweilig nötig oder zeitlos gut? Auslauf- oder Erfolgs-Modell oder politisches Integrationsinstrument?
Jedenfalls sind sie keine Utopie.

Räume der Emanzipation

In ihrem ursprünglichen, dem feministischen Kontext sind Frauenwohnprojekte weitaus mehr als ein Zimmer oder eine bezahlbare Wohnung für sich allein, mit ein bisschen Unterhaltung und einem Hilfsangebot. Frauen auf einem emanzipativen Weg haben sich immer Räume geschaffen, reale Orte als Räume des Zu-sich-Findens oder des Bei-sich-Seins und Räume der Interaktion mit anderen Frauen.

Mit einer Art kollektivem historischen Schmerz-Gedächtnis für die über die Jahrhunderte immer stärkeren Beschränkungen ihres physischen Bewegungsraumes und ihres (geistigen) Horizonts, Beschränkungen sogar des Raumes zum Atmen oder der Fähigkeit zu laufen durch Kleidungsvorschriften und Anstandsregeln, Verletzungen ihrer Körpergrenzen und ihres psychischen Eigenraumes durch (Ehe)Männer und Konventionen, Verbannung aus öffentlichen Räumen durch Gesetze und Arbeitsverbote, hol(t)en sie sich mit jedem eigenen Raum eine Grundlage zum Handeln zurück.

40, 50 Jahre zurückgeschaut, wird klar: Frauen haben sich (zumindest in unseren Breiten) eine Menge Raum genommen inzwischen, haben sich (immer noch bescheiden) breiter gemacht. Längst haben sie die Möglichkeit des selbstbestimmten Wohnens als eine der Schlüsselfreiheiten der Emanzipation von Frauen, können allein oder in welcher Konstellation auch immer zusammen leben und sogar mit vollem Recht gewalttätige Partner hinauswerfen. Ihre Interessen fließen, wenn auch nur in Grenzen, in Wohnungs- und Stadtplanung ein und sie haben den Grund für die neue Bewegung gemeinschaftlichen Wohnens (mit)geebnet. Nicht zuletzt haben sie öffentliche Räume und den öffentlichen Raum auch für sich erobert.

Frauenräume scheinen somit überholt, nicht mehr attraktiv, nicht mehr notwendig und nicht mehr gefragt (und aus queertheoretischer Perspektive wahrscheinlich sogar fragwürdig). Wenn Frauen heute, trotz aller tatsächlichen und vermeintlichen Freiheiten viel Energie darein verwenden, Räume der Verfügungsgewalt (nur) für Frauen zu schaffen und zu sichern, wenn Frauen sich insbesondere beim privaten, intimen Raum, dem Wohnen, für Frauenprojekte entscheiden, so muss es wohl immer noch gute Gründe für Frauenräume geben.

Wenn, um noch einmal einige der Motive zu nennen, Frauen sich bei Frauen sicherer fühlen, so lässt das zumindest auf eine Ahnung darüber schließen, dass patriarchale Gewalt nicht nur in die kapitalistischen Strukturen, sondern weiterhin auch in die lebendigen »Männschen« eingeschrieben ist. Wenn Frauen es trotz Auseinandersetzungen und Hierarchiestreitigkeiten bei Frauen erholsamer finden, so scheint der Alltag auch mit den »neuen Männern« noch nicht so gleichberechtigt, wie viele gerne glauben möchten. Wenn Frauen sich nach einem Mehr mit Frauen sehnen, dann ist das vielleicht auch eine vage Erinnerung an das, was die (zweite) Frauenbewegung trotz aller Richtungskämpfe, Spaltungen und Selbstlähmungen für eine Weile auch war: eine neugierige, reiche, liebevolle Annäherung von Frauen aneinander.

Frauenwohnprojekte, ein Wohn-Experiment oder emanzipiertes Wohnen?

Die autonomen Frauenwohnprojekte sind Resultat jener starken politischen Bewegungen, der feministischen, der linken und autonomen, die im letzten Drittel des vorigen Jahrhunderts die Dominanzgesellschaft aufgemischt, dann, von ihr einverleibt, den Gesellschaftskörper neu beseelt und transformiert und auch neue Formen des Miteinanders hervorgebracht haben, Alternativen von Verbindlichkeit über das Kleinfamiliäre hinaus, die inzwischen sogar zaghaft auch andere, nicht generativ orientierte Lebensweisen einbeziehen.

Wohnprojekte als eine Art Institutionalisierung und Erweiterung solch neuer Lebensformen haben von jenen Bewegungen übernommen, politisch etwas durch das Private, durch persönliches Verhalten bewirken zu wollen. Das ist ihre Stärke, aber auch ihr Problem. Mit ihrem sehr moralischen Ansatz, mit dem sie dem ausufernden globalen Kapitalismus etwas entgegenzusetzen und das von ihm mehr und mehr aufgegebene Soziale neu in die Gesellschaft zu implementieren versuchen, sprechen sie viele emotional an – auch solche, deren vordringliches Bestreben kein politisches ist –, treffen sie bei einem diffusen, eher selbstbezogenen Gerechtigkeitsgefühl, ohne aber die momentan realen Gefühle und die Befähigung der realen Menschen, solche Gefühle *auf andere auszuweiten*, einzubeziehen.

Wenn in den Projekten Werte wie Gerechtigkeit und Gleichheit, Altruismus, Empathie und Verantwortung für Menschen und Umwelt (die sogenannten weiblichen Werte) gegen die egomanische Selbstoptimierung des erzwungenen »Ich-Unternehmertums« (Gipfel des patriarchalen Konkurrenzsystems) verteidigt werden sollen, sind die Projekte durchaus ein Hoffnungsschimmer wider die Giergesellschaft, bei allen Irrwegen und Fragwürdigkeiten. Dieses Moralische, von Außenstehenden wie auch manchen Beteiligten gelegentlich als »schrecklich moralisch« gesehen, wird erst schrecklich, wo es borniert und prinzipiell ist und damit schon wieder ausschließend, wo es humorlos ist und unfähig, die eigenen Ideale immer neu zu überprüfen. Die Lehren aus den ungeduldigen, den autoritären Versuchen, den Menschen Utopien einer besseren Welt notfalls gewaltsam nahezubringen, schützen die heutigen IdealistInnen zwar vor den totalitären Auswüchsen früherer Gesellschaftsentwürfe,[117] aber nicht immer vor dem Festhalten an allzu liebgewonnenen Gewissheiten. Dennoch, so ist zu hoffen, kann hier ganz allmählich etwas entstehen, das die Weltordnung beeinflusst, und die Langsamkeit der Umsetzung hat, wenn auch manchmal eine Geduldprobe, den Vorteil, rechtzeitige Kurskorrekturen zuzulassen.

Auch selbstorganisierte Frauenwohnprojekte, in ihren Anfängen die konsequente Fortsetzung der Raumnahme von Frauen und ihres (höchst politischen) Anspruchs, diese Räume auf Basis einer fundamentalen Systemkritik mit anderen Werten zu füllen, tragen (zumindest in ihren Programmen) nach wie vor weit gefasste Ziele vor sich her, die zum Teil über die Ent-

[117] Frauenwohnprojekte waren nie Utopien im Sinn geschlossener Gesellschaftsentwürfe, deren Realiseure, das Ziel des besseren Menschen vor Augen, sich um Kollateralschäden nicht scherten, gleich ob sozialutopistisch oder jene kolossalen realsozialistischen Menschenexperimente, aus denen die Dystopien einer Margret Atwood u.a. erwachsen.

wicklung neuer Formen von Gemeinschaftlichkeit deutlich hinausgehen. Doch genau besehen sind sie heute für viele erstmal eine interessante Wohnalternative, eine Möglichkeit, nicht allein und doch (männer)unabhängig zu wohnen, oft auch der vielleicht einzige Zugang zu gutem, zahlbarem Wohnraum in einem sicheren, angenehmen Umfeld, ganz ohne große Weltrettungsambitionen, womit sie sogar Frauen anzusprechen vermögen, die die Frauenbewegung nie erreicht hat.

Gemeinschaft, ganz nüchtern als Zusammenschluss in einem bestimmten Interesse gesehen, das für die Einzelne allein nicht zu realisieren wäre, oder etwas philosophischer, die Sehnsucht nach Gemeinschaft als Einsicht und Anerkenntnis menschlicher Angewiesenheit, das erfüllen die Projekte fraglos. In diesem Sinne eine gute Form von Gemeinschaft ist das, was in den meisten Projekten bleibt, wenn die anfängliche Euphorie verflogen ist, der folgende Frust sich gelegt hat und sich die Einsicht einstellt, *»dieses schlicht hier sein und gucken und denken, haben wir's gut (...) ich glaub', das macht's auch aus. Es ist auch die Gelassenheit dabei« (IP 16)*. Was mehr oder weniger alle nach Abzug von Enttäuschungen netto herauskriegen, ist immer noch viel gegenüber einem normalen Mietshaus und für die überwiegende Mehrheit Grund genug zu resümieren, dass sie sich wieder so entscheiden würden. Das allein wäre schon ein gewaltiger Gewinn an Lebensqualität – wären sich denn alle darin einig, dass es damit gut ist.

Divergierende Interessen

Doch wenn sich die Mehrzahl der Bewohnerinnen in *einem* einig ist, so, dass es *nicht* genug ist. Wie wir gezeigt haben, knüpfen fast alle, selbst die Interessentinnen, die weder eine frauenbewegte Geschichte mitbringen noch weltbewegende Ziele entwickeln, unausgesprochene oder uneingestandene Hoffnungen an das Zusammenwohnen, wenn sie sich in die Fänge und Zwänge einer Gemeinschaft begeben. In der Quintessenz, so hören wir heraus, versprechen sie sich, in der kleinen Einheit der Gemeinschaft als Persönlichkeiten in ihrem Sosein und ihrem Wünschen mehr Berücksichtigung zu finden als im zwangsläufig groben Regel- und Gesetzesraster der anonymen Gesellschaft, also eine Verbesserung für ihr individuelles Leben. Die aber, die die Idee entwickeln, die sich über Jahre engagieren, um diese Gemeinschaften zu realisieren, kommen kaum umhin, noch ganz andere Erwartungen und Ansprüche an diese mühsam zu erringenden Orte eigener Verfügungsgewalt zu knüpfen, Erwartungen, die mit der Dauer der Vorbereitungszeit und unter vielfältigem Rechtfertigungsdruck in kaum erfüllbare Höhen wachsen. Woher sollte denn der Mut zum Anfangen kommen, wenn nicht von Visionen, woher die Kraft zum Durchhalten, wenn nicht von einem »höheren Ziel«, das über das Private hinauswirkt? Doch die wenigsten sind zur Visionärin geboren, die wenigsten zur Kämpferin sozialisiert. Und dennoch brauchen auch die, die sich erst einlassen können, wenn die Sache konkret wird, und die, die sich nur mitreißen lassen, wenn ihnen etwas Besonderes, etwas Ideelles vor Augen gehalten wird, und auch die Stillen etwas wie Geborgenheit in einem guten Umfeld. Offensichtliche Interessenkonflikte.[118]

Weniger deutlich, aber nicht weniger folgenreich sind andere Interessenkonflikte aufgrund sehr unterschiedlicher, vielleicht aber sogar *trotz ähnlicher* Grundwerte. Lassen sich Erstere auf ein handhabbares Maß reduzieren, so sind Letztere kaum zu umgehen und überhaupt nur handhabbar, wenn sie geklärt werden. Das aber geschieht (bislang) zu wenig, im Vorhinein nicht, denn es könnte buchstäblich auseinanderdividieren und die Realisierung des Projekts gefährden, beim Wohnen nicht, denn dann könnte es den eh prekären Frieden gefährden – der aber genau durch diese Unterlassung in Gefahr gerät.

Wenn in den Projekten gar zu viel Unvereinbares zusammenkommt, so nicht zuletzt, weil all die schönen Begriffe in den Programmen, jene viel versprechenden, buchstäblich selbst-verständlichen Schlagworte der alternativen Bewegungen, quasi zweifelsfrei für ein gutes Leben stehen oder wenigstens für ein richtigeres Zusammenleben (Werte wie Demokratie, Freiheit, Inklusion, Toleranz und Unwerte wie Eigeninteresse und Individualismus), womit alle sich irgendwie einverstanden finden können. Ihre Auslegung scheint keiner Verständigung zu bedürfen, scheint eindeutig und

[118] Das Problem, wie die mit den bescheideneren Ansprüchen oder der geringeren Organisationsfähigkeit an ein Projekt kommen sollten, ohne das Engagement der Macherinnen unstatthaft auszunutzen, ließe sich eventuell ein Stück weit umgehen, würden diese Projekte unter dem neutraleren Dach (ganz neutral kann es nicht sein) etwa einer Frauengenossenschaft realisiert oder zumindest durch andere (gut) bezahlte Profifrauen, die nicht in dem Maße emotional in das Projekt verwoben sind wie das Gros bisheriger, privat und unentgeltlich agierender Initiatorinnen, die meist auch eigene (Wohn)Interessen damit verbinden. Sie könnten auf einer Mindestübereinkunft die Projektgruppen sich selbst überlassen. Auf so einer Minimalbasis wäre natürlich auch denkbar, dass private Initiatorinnen von vorne herein einen Anteil (dessen Größe sie bewusst steuern) von weniger Engagierten einkalkulieren – im Wissen um eine gegenseitige Abhängigkeit oder aus politischer Absicht heraus.

absolut und keiner kontextabhängigen und differenzierten Bewertung zugänglich. Gemeinschaft verbleibt so im (eigentlich abgelehnten) System der Dualismen von gut/schlecht, dem Entweder/Oder zu verwerfender oder anzustrebender Werte und Verhaltensweisen und damit in der Logik des kritisierten Gesellschaftlichen, und die Gemeinschaft verfährt nach den gleichen Aktions-Reaktions-Mustern wie die Staatsmacht (Misstrauen und Kontrolle, Machtkämpfe, Eskapismen und Strafen, Rechtfertigungszwänge und generalisierende Regelungen), was unter den Vorzeichen einer angestrebten neuen Gemeinschaftsordnung unverzeihlich ist und auch nicht verziehen wird.

Um sich nicht in der Endlosschleife der so produzierten Symptome und Ärgernisse zu verausgaben, müsste frau sich von Leitprinzipien verabschieden, die alltagsuntauglich sind und in ihren undifferenzierten Ansprüchen schlicht an den Bewohnerinnen vorbeigehen, sonst wird Gemeinschaft ganz schnell zu einem Behinderungs-, statt zu einem Unterstützungsorgan. Um das an zwei evidenten Beispielen zu verdeutlichen:

Eine verabsolutierende Idee von Demokratie unterscheidet nicht mehr, was zu verhandeln sinnvoll ist. Sie stellt alles, was das Gemeinschaftliche in irgendeiner Weise betreffen *könnte*, zur *allgemeinen* Verhandlung, ungeachtet der Frage, in welchem Maße, mit welchen (potenziellen) Auswirkungen es das Gemeinwesen, ja vielleicht auch nur eine einzige Mitfrau oder gar niemanden tangieren würde – meist einzig einer Formalie genügend, statt sich hier und da großzügig über (zumindest im konkreten Fall) unvernünftig erscheinende Formalismen hinwegzusetzen[119] – und schickt die Einzelnen noch hinter die Freiheiten und Handlungsspielräume zurück, die (westliche) Zivilgesellschaft ihren BürgerInnen für ihr Alltagshandeln im öffentlichen Raum zugesteht. Abgesehen davon, dass das tendenziell überfordernd, entmutigend und demotivierend ist, unterbindet das dieser Haltung inhärente Bestreben nach generell gültigen, grundsätzlichen Regelungen eine kontextadäquate Entscheidungssuche, die der angestrebten Gerechtigkeit doch ein Stück weit näher käme. Wenn sich das Versprechen, am Gemeinwesen mitwirken und über seine Bedingungen (mit)verfügen zu

[119] Wie wir verschiedentlich (nicht nur in den untersuchten Projekten) beobachtet haben, tendieren die von dieser Demokratievorstellung Überzeugten bisweilen – in der Idee, »es« auf jeden Fall »richtig« machen zu müssen, um nicht angreifbar zu sein – zu extrem formalistischen Vorgehensweisen, die gesellschaftliche Praktiken nicht nur übernehmen, sondern geradezu karikaturhaft übersteigern, mit enorm energieaufwändigen Auswirkungen.

können, als Farce herausstellt, die zwingt, sich formalistisch an Banalitäten abzuarbeiten, wenn der Erfolg noch des kleinsten Anliegens vom Argumentationsgeschick oder dem richtigen Image abhängt *(»wenn sie Gelegenheit haben zu widersprechen, dann wird widersprochen«, IP 24)*, dann ist das kaum ermutigend für ein gemeinschaftsbezogenes Engagement oder gar über die persönlichen Interessen hinausgehendes politisches Denken.

Zum anderen: Diversität, also das fraglose Da-sein-Dürfen aller, ist in der *Gesellschaft* unabdingbar einzufordern. Eine (daran anknüpfende) »Dissenskultur«, eine Kultur, die sich darin übt, andere Meinungen und Ideen als gleichwertig anzuerkennen, ist in philosophischen Diskussionszirkeln oder politischen Gruppen ein hoffnungsvolles Experiment, um auszuloten, was nebeneinander bestehen kann (und was nicht!). Beim Wohnen, so meinen wir, ist sie aber nur begrenzt emotional leistbar.[120] Niemand kann oder will im ständigen Dissens *leben.* Nicht zuletzt deshalb entstehen ja Wohnprojekte. Ist auf gesellschaftlicher Ebene Toleranz das Mindeste, was allen, auch Fremden gegenüber abzuverlangen ist, in *Beziehungen* braucht es mehr als das Hinnehmen von etwas, was einer mehr oder (meist) weniger gefällt, womit eine eigentlich nichts zu tun haben möchte. Differenzen konstruktiv zu verarbeiten braucht es eine gute Basis miteinander, sonst gehen die Beteiligten in die innere Emigration, schweigen oder lügen, um nebeneinander existieren zu können. Insoweit sind das Private und das Politische zwei durchaus unterschiedliche »Räume«, an die unterschiedliche Maßstäbe anzulegen sind.[121]

Beim Wohnen braucht es einen Minimalkonsens, wenn Nähe zwischen den Beteiligten entstehen soll, ein Gefühl von Verlässlichkeit und ein gutes Lebensgefühl, wenn es gelingen soll, im Alltäglichen zu einer Balance der Bedürfnisse zu finden, möglichst ohne sture Regeln und Vorschriften auszukommen und mit angemessenem Aufwand gerechte Entscheidungen zu treffen. Das gilt letztlich sogar für die, die nur angenehm wohnen wollen,

---

[120] Wir können uns nicht aussuchen, mit wem wir die Erde teilen, da stimmen wir Hannah Arendt zu, möchten aber auch den anderen Teil ihrer Aussage nicht übersehen wissen, dass wir uns sehr wohl aussuchen können und dürfen, in wessen Nähe wir leben (Judith Butler 2013: 150).

[121] Wenn die zweite Frauenbewegung diese beiden Bereiche zusammenbrachte, so um zu entlarven und zu durchbrechen, wie das patriarchale System bis in die intimsten Bereiche eingreift, um das Herrschaftsverhältnis von Männern über Frauen zu formen und aufrechtzuerhalten.

sonst könnten sie es sich einfacher machen, umso mehr aber für die, die gesellschaftlich etwas verändern wollen.

Ob solch eine Gruppe Gleichgesinnter die stabilisierende Basis bilden kann, um sich nach außen zu öffnen, andere auch einzubeziehen, andere Standpunkte (bis zu einem gewissen Grad) stehen lassen zu können und nicht in selbstgefälliger Arroganz Nichtzugehörige auszugrenzen, ist dann, wie wir meinen, eine Frage des Wertegefüges, der Gesinnung und immer wieder zu überprüfen.

Somit scheint eine Begriffsklärung einer der vordringlichsten der (von allen in den Treffen vermissten) »Inhalte«, eine Klärung, die jene Schlagworte auf die unterschiedlichen Verständnisse und daran gebundenen Emotionen hin abklopft. Dann wird vielleicht deutlich, dass frau sich und ein einzelnes Wohnprojekt überlastet mit dem Versuch, alle und alles zusammenzubringen, dass manches nicht zusammengeht, anderes sich dafür bedingt: Frau kann nicht das paradiesische Miteinander erwarten und zugleich, möglichst ohne Streit, die totale Demokratie mit den unterschiedlichsten Menschen wollen. Frau kann nicht zutiefst moralisch agieren und zugleich nicht werten wollen. Sie kann weder solidarisch sein noch wirklich kompromissfähig, ohne die Standpunkte der anderen als gleichberechtigt anerkennen zu *können*, was auch bedeutet, die (eigenen) Grenzen des Anerkennbaren zwahrzunehmen. Sie kann nicht Gerechtigkeit fordern und das Interesse der Einzelnen vernachlässigen, gemeinschaftsbezogenes Handeln ohne Eigennutz erwarten. Der Versuch, alles offen zu halten, ist zumindest nicht mit heimlichen Erwartungen und Erziehungstendenzen kompatibel ...

Wenn hier der Nebel etwas gelichtet ist und die Konturen der einzelnen Bewohnerinnen klarer sind, wird deutlich, dass nicht alle Persönlichkeiten unter demselben Konzept glücklich werden können, dass es bei den *Projekten* die Vielfalt braucht, während bei den *Personen unter einem Dach* weniger Vielfalt *mehr* ist.

Die besonderen Potenziale von Frauenwohnprojekten

Frauenwohnprojekte sind, nicht nur aus ihrer Geschichte heraus, nicht einfach eine Themengruppe innerhalb der Wohnprojekte-Bewegung (wie »autofrei wohnen«, »wohnen mit Kindern« oder »ökologisch wohnen« ...) – wenngleich sie viele dieser Interessen ebenfalls vertreten. Manche Konflikte entstehen hier auch ähnlich wie in gemischten Projekten, manche aber nur scheinbar aus ähnlichen Gründen. Wie wir gezeigt haben, bekommen die Bewohnerinnen nicht nur Vieles, was sie in gemischten Projekten so nicht bekommen, sie verhalten sich auch anders zueinander als dort – einerseits wie von denen erwartet, die sich bewusst für ein Frauenprojekt entschieden haben, teils aber auch überraschend anders als erwartet, und teilweise überraschend negativ. Ein bemerkenswertes Phänomen. Angetreten mit oft hohen Idealen und großer Bereitschaft zu einem anderen Umgang miteinander, scheinen keineswegs alle *»von Herzen angesprochen«* zu sein, nicht leidenschaftlich mitgerissen, die Chancen der Frauengemeinschaft auszuschöpfen, die Möglichkeit, Einengungen und Zuschreibungen ihrer sozialen Rolle zu reflektieren, zu überschreiten oder gemeinsam zu transformieren und sich selber neu zu erschaffen. Im Gegenteil scheint es fast, das Projekt als *Frauen*projekt provoziere geradezu, Gewohntes – oder vermeintlich Erwartetes? – zu reproduzieren. Wie sonst erklärt sich etwa die Bereitschaft, sich schnell wieder gegenseitig in die Pflicht zu nehmen mit jenen unseligen Mütterlichkeiten, die Frauen so nachhaltig eingetrichtert wurden, die triste, pflichtbetonte, arbeitsame, selbstvergessen(d)e Seite des Daseins, die kaum erlaubt, sich entspannt in Erfolgen zu sonnen und sich *»einfach genial«* zu finden *»mit dem was wir hier geschaffen haben« (IP 2)*? Was hält so viele Frauen ab, *miteinander* ihre sinnliche, heitere und humorvolle Seite stärker zu kultivieren? Was hindert sie, nach dem zu suchen, was möglichst vielen Lust und Freude ist und das Beste in jeder Einzelnen anspricht – und zwar im alltäglichen Miteinander, nicht nur ansatzweise bei Festen, die immer seltener werden und an denen schließlich etliche nicht mehr teilnehmen? Es gibt sicher mehr als eine, die *»lieber was Schönes (...) machen« (IP 23)* möchte, als nur zu problematisieren und zu organisieren. Warum kommen sie sich nicht näher, ja scheinen in der großen Nähe des Wohnens eher auf Distanz zu gehen? Was lässt sie nicht zueinander kommen und macht all die Slogans von Akzeptanz und Gerechtigkeit zu Phrasen?

Der Minimalkonsens im Frauenwohnprojekt, so dachten wir, bestünde darin, dass alle es einfach gut finden, ausschließlich mit Frauen zu wohnen, dass sie Frauen schätzen und überzeugt sind, aus diesem Zusammenleben einen Gewinn ziehen zu können. Doch welch Irrtum, das für selbstverständlich zu halten! Hier verläuft im Gegenteil eine wesentliche Demarkationslinie zwischen den Bewohnerinnen. Überraschenderweise sind nicht einmal alle tatsächlich innerlich einverstanden mit dieser Situation, in die sie sich doch irgendwie freiwillig begeben haben.

(Frauen)Wohnprojekte, als Modelle (nichtverwandtschaftlicher) verantwortungsvoller Bezugnahme, so unsere Überzeugung, bedürfen einer emotionalen Verbindung, die eine (empfundene, keine abstrakt moralische) Bereitschaft weckt, für die anderen da zu sein, ihnen etwas Gutes zu tun, sich von ihnen (be)rühren zu lassen. Doch die Beziehungen zwischen Frauen sind massiv gestört, solange die geschlechtshierarchische Gesellschaft vom ersten Moment ihres Daseins an darauf hinwirkt, dass Frauen sich von Frauen (den als nach- und untergeordnet wahrgenommenen) abwenden. Wie kann eine vertrauens- und liebevolle Beziehung zwischen Frauen entstehen, solange die, mit der frau sich identifizieren soll, kein sonderlich schätzenswertes Vorbild gibt (Jessica Benjamin 1990)?[122] Das ändert sich zwar, aber sehr allmählich, und angesichts der Probleme in den Projekten könnte eine auf den Gedanken kommen, die Bewohnerinnen nutzten all ihre therapeutischen und kommunikationstechnischen Methoden, um sich die Andere vom Leib zu halten – und so diese erzwungene Trennung der Frau von der Frau unwillkürlich aufrechtzuerhalten, was auch die immer noch erstaunlich verbreitete Ablehnung von Lesben in den Frauenwohnprojekten ein Stück weit erklären würde (Barbara Gissrau 1993).

Wenn nun Frauen nicht an dem anknüpfen können oder wollen, was bereits erkannt, gefühlt, erarbeitet ist, beginnen sie mit den Versuchen, ihre Beziehung zu entgiften, immer wieder nahe Null. Wenn im gesellschaftlichen Gedächtnis von den Frauenbewegungen nur gewisse »Reizwörter« (Christina Thürmer-Rohr 2013) blieben und weder, wie sie erinnert, die umfassende Kritik patriarchaler Destruktivität noch, so möchten wir hinzufügen, die Erinnerung an die freilich viel zu kurze Periode großer Verbundenheit zwischen Frauen, ihrer wertschätzenden Zugewandtheit und Neugier auf die eigene Vergangenheit und die gemeinsame Geschichte, als Frauen sich zutrauten, gemeinsam die Weltordnung auf den Kopf zu stellen, so wundert es nicht, wenn aus der anfänglichen Intensität, die verschiedentlich aus den Projekten berichtet wurde, aus der Verliebtheit des Anfangs so oft keine reife Liebe wird, sondern eine unendliche Spirale des

[122] Wie Jessica Benjamin herausarbeitet, zwingt die patriarchale Geschlechterideologie nicht nur männliche Kinder, sich von der Mutter abzuwenden (wie landläufig angenommen wird), sondern auch Mädchen. Mit dem wesentlichen Unterschied allerdings, dass Jungen vermeintlich ihre »männliche Identität« durch Trennung vom »Weiblichen« finden sollen, während Mädchen in den Zwiespalt geraten, sich mit der Mutter identifizieren zu sollen, zugleich aber die »Frau«, die sie werden (sollen), als Inferiore verachten zu lernen – und sich dem Mann als Vertreter des Machtvolleren, Reizvolleren zuzuwenden.

Streits, der sich intern an kleinen Pfründen abarbeitet, als sei draußen schon alles paletti.

Solange Geringschätzung den Blick auf »Frauen« bestimmt und Verhaltenstabus ablehnende, kritische, negative Gefühle zwischen den Bewohnerinnen (selbst)schonend negieren, um dann Aggression mit schweigendem Vorwurf an falsche Adressen abzulenken (Ingeborg Netzer 2000), wird Beziehung tendenziell verhindert, gibt es nicht Nähe *und* Distanz, sondern nur Distanz. Dann droht andererseits die Eigenständigkeit einer Anderen als Zerstörung möglicher Beziehung.

Hier, in der Frauengemeinschaft, wo Frauen nicht in den ständigen Abgrenzungshickhack mit Männern verfangen, ganz anders mit sich und dem zugewiesenen Geschlechterpart konfrontiert sind, den sie angenommen haben oder zu Teilen zurückweisen, den sie noch immer oder inzwischen weniger in ihrem Tun und Reden herstellen, haben sie die Wahl, den Geschlechterkrampf untereinander weiterzuführen oder sich wirklich aufeinander zu beziehen und ihn Stück für Stück aufzukündigen – und damit auch etwas Drittes, etwas Politisches zu bewirken.

Grenzen der Veränderungspotenziale

Frauenwohnprojekte erweitern zweifellos das gesellschaftliche Verständnis von Zusammenleben, auch der Geschlechter. Das heteronorme Geschlechterverständnis aber erschüttern sie bislang, anders als es manche vielleicht erwarten (manche auch befürchten) und wir zunächst angenommen haben,[123] kaum über das hinaus, was das inzwischen selbstverständliche eigenständige Wohnen von Frauen und die früheren Wohngemeinschaften bereits eingeleitet haben. Ein Gutteil der heutigen Bewohnerinnen kommt nicht aus der »Szene«, sondern aus der (durch die genannten Bewegungen aufgeklärten) gesellschaftlichen Mitte und vielen ist das Leben im Frauenprojekt als solches genug des Sonderlichen, des gesellschaftlichen Außen,

[123] Die These »wenn Frauen sich entschließen, gemeinsam mit anderen Frauen zu wohnen, dann ist dies (...) eine Absage an die heterosexuelle Norm, nicht (notwendigerweise) im Sinne einer anderen sexuellen Orientierung, sondern im Sinne eines Ausbrechens aus der Heteronormativität« (Becker, 2009; 48) ist zwar objektiv immer noch richtig (schließlich wohnen hier, von einzelnen Ausnahmen abgesehen, Frauen jenseits der heterosexuellen Kleinfamilie zusammen. Für einen erheblichen Teil der Bewohnerinnen ist dies jedoch eher ein Aspekt, den sie weder so bezeichnen würden noch (wie im Abschnitt zu den Lesben im Projekt gezeigt), sichtbar machen wollen.

ist (zu) vielen nur ein Ausweichen vor den Schattenseiten der Geschlechterordnung, und sie bemühen sich hier um ein Image von »Normalität«, womit sie sich den vollen Genuss der Vorzüge vergeben, die Frauenprojekte bieten könnten und die sie ursprünglich dort gesucht haben mögen.

So emanzipationsfreundlich die Frauenwohnprojekte in ihrer Ausweitung der Verfügungsgewalt über Raum sein könnten, sind wir letztlich unsicher, ob die Regression in die dörfliche Idylle eines Wir, das oft nicht viel gemeinsam hat außer dem Territorium, ins heimelig Nichtanonyme, nicht sogar etwas Antiemanzipatives hat. Zumindest ist fraglich, ob die Konzentration auf die Arbeit an sich selbst und am Umgang miteinander *allein reicht*, wenn sich gesellschaftlich etwas ändern soll, ob sie, wie viele InitiatorInnen hoffen, als Grundlage für weitergehendes politisches Engagement zum Erlangen politischer Teilhabe taugt. Ob diese »Dörfer« wirklich dazu befähigen, eine bessere Gemeinschaftsordnung zu schaffen, oder ob sie nur die Sehnsucht nach Zugehörigkeit stillen, eher dazu angetan, das feindliche Draußen auszublenden und es sich miteinander (oder nebeneinander) gutgehen zu lassen.[124]

Zwar sind die Wohnprojekte schon durch ihre Existenz eine Form der Aneignung von Stadt. Doch die Wohnprojekt-Bewegung (insgesamt) hin zu einer Art neuer Gartenstädte im Herzen der Großstädte (eine Art »Rette sich wer kann« in der globalisierungsvereinsamten städtischen Gesellschaft) entlässt, so scheint es, jene emanzipativen Aspekte, die (nicht nur) die Frauen einst in die Städte zogen, als obsolet. Werden sich die Momente des Chaotischen, des Beunruhigenden, in denen Elisabeth Wilson ein vor allem für Frauen befreiendes Moment auszumachen glaubte (Wilson 1993),[125] mit der Integration der Alternativbewegungen ins Gesellschaftliche erübrigen? Wird damit nicht auch dem Kreativen und Widerständigen, dem »Anderen«, den Subkulturen der Boden entzogen? Der Versuch, die »Sphinx« zu besiegen, hat jedenfalls die Stadt noch nie menschlicher gemacht, hat nur die starke Gegnerin sexistischen Terrors (vorübergehend)

---

[124] Ohne das hin und wieder Hinaustreten, Abstandnehmen und sich der Fremde aussetzen aber, begünstigt das Zugehören leicht das Ausblenden des Anderen und verhindert eine kritische Wahrnehmung der Wirklichkeit der eigenen Gruppe.

[125] Wilson meint zudem, die Probleme der Stadt seien nur zu lösen, wenn man das Städtische des Stadtlebens, also auch seine Unordnung liebt, was am ehesten die Alternativen, die VertreterInnen der Subkulturen tun. Die autonome Wohnprojektbewegung scheint dagegen eher Ordnung hineinbringen zu wollen.

eingeschläfert und überlässt das große Ganze weiter den (auch architektonischen) Herrschaftsattitüden.

Die Rolle der Politik

Nun ist es natürlich nicht nur Sache der Initiatorinnen, was aus den Projekten werden kann. Die äußeren Bedingungen und Zwänge haben, wie dargestellt, einen nicht unbedeutenden Anteil an den Entwicklungen in der Vorbereitungsphase und den Zielrichtungen. Das heißt auch, politische AkteurInnen haben die Möglichkeit, diese Entwicklungen positiv zu unterstützen. Bislang sieht es jedoch eher danach aus, dass sie versuchen, die Projekte für sozialpolitische und stadtplanerische Zielsetzungen zu vereinnahmen – ohne zu bedenken (oder auch nur wahrzunehmen), was sie dabei den Projekten abverlangen und welche negativen Auswirkungen das nicht nur auf die Projekte, sondern letztlich auch auf ihre politischen Ziele hat.

Die Politik nutzt gern die Eigeninitiative selbstorganisierter Projekte und der von ihnen mobilisierten UnterstützerInnen, auch und gerade die Spendenfreudigkeit (alternativer) GeldgeberInnen. Mit der wachsenden Zahl an Projekten wächst jedoch die Zahl der Aufrufe um Spenden und Unterstützerinnen und der soziale Ausgleich, den eigentlich die öffentliche Hand leisten sollte, wird immer mehr in die Community verlagert. Die aber wird für solche Appelle langsam unempfänglicher, nicht zuletzt skeptisch durch Erfahrungen alternativer Projekte, die an nicht eingehaltenen Zuschussversprechen und mangelnder politischer Unterstützung scheiterten, kritischer aber auch gegenüber Projekten, deren politische Rechtfertigung ihnen nicht (mehr) recht deutlich wird. Auch wächst die Zahl der potenziellen (finanzkräftigen) Unterstützerinnen nicht mit der Zahl der Aufrufe, die ja nicht nur von Frauenwohnprojekt-Initiativen gestartet werden.

Genau besehen erbringen die Initiatorinnen und später die aktiven Bewohnerinnen gratis eine Art Projekt- und sogar Quartiersmanagementleistung (sie kümmern sich um die Belegung, sorgen für »sozial verträgliche« Mieterinnen, kümmern sich um den Zustand des Hauses, bemühen sich nach Möglichkeit um gute Nachbarschaftskontakte u.v.m.), für die Profis gut bezahlt werden, während die Projekte noch allerlei Bedingungen erfüllen müssen, um sich einer Berücksichtigung würdig zu erweisen. Mit der wachsenden Zahl von Initiativen und der eher weniger werdenden Verfügungsmasse an Flächen und Fördermitteln werden die Anforderungen immer weiter in die Höhe getrieben. Um ein Grundstück oder Haus oder eine

Förderung zu bekommen, müssen (so zeigen viele Beispiele in den Kommunen, in denen die Politik die Potenziale, die gemeinschaftliche Wohnprojekte bieten, erkannt haben, was wahrlich nicht überall der Fall ist) die Initiativen ein möglichst ausgereiftes, der momentanen Lokalpolitik entgegenkommendes Konzept vorlegen, müssen sich als langjährig gewachsene, stabile Gruppe präsentieren. Wie aber soll die wachsen, wenn über Jahre nichts erreicht wird? Zugleich sollen sie jederzeit flexibel zu Kooperationen bereit sein, andererseits fast genötigt, sich in den Konkurrenzen um knapper werdende Flächen gegeneinander ausspielen zu lassen.[126] Das heißt auch, sie dürfen sich nicht zu deutlich, jedenfalls nicht zu feministisch positionieren (*»Wenn wir in unserer Satzung alles geschrieben hätten, was wir wollen, hätten wir nie die Gemeinnützigkeit gekriegt«* so eine Bewohnerin). Da werden von politischen Instanzen und potenziellen Investoren Zusagen gemacht und wieder gebrochen, wird hingehalten und wenn schon viel Arbeit und womöglich sauer Erspartes (z.B. für einen Architektinnen-Entwurf) drin steckt, nicht selten endgültig abgesagt. Welch gigantische Verschwendung von Ressourcen und Gutwilligkeit das ist, zeigt sich nicht zuletzt darin, dass in viele Projekte von den ursprünglich Aktiven kaum mehr als die Initiatorinnen und ein, zwei Mitkämpferinnen einziehen.

Wenn es SozialplanerInnen und PolitikerInnen ernst ist mit der Unterstützung bürgerschaftlichen Engagements, wenn sie Wohnprojekte als die nützlichen und wirksamen Elemente positiver städtischer Einflussnahme und Entwicklung sehen, als die sie sich längst bewiesen haben, so ist es höchste Zeit, für eine Beschleunigung der Abläufe zu sorgen und den Projekten nicht noch zusätzliche Ansprüche aufzuerlegen,[127] damit die, die sich engagieren, nicht völlig erschöpft am Ziel ankommen und für das Eigentliche, die anderen Formen des Zusammenlebens, keine Energie mehr haben, damit nicht Menschen zusammengeführt werden (müssen), die sich kaum

---

[126] Inzwischen haben manche Kommunen (z.B. Hamburg) castingartige Präsentations- und Auswahlverfahren entwickelt, die die Initiativgruppen gegeneinander ausspielen und deren nur zu erahnende Kriterien, teils dem Bauchgefühl der EntscheiderInnen entsprungen, die Gruppen u.U. in selbstverleugnende Vorspiegelungen und Versprechen nötigen.

[127] In Freiburg wurde vor kurzem beschlossen, dass alle neu errichteten Wohngebäude – unabhängig davon, wer sie wofür errichtet – mindestens 50% Sozialmietwohnungen enthalten müssen. Das kann nicht nur die Gruppenbildung erschweren, sondern wird vermutlich auch den Wettbewerb um die (in Baden-Württemberg wahrlich nicht gerade üppigen) Sozialwohnungsbaumittel verschärfen (Badische Zeitung, 20.05.2015).

verstehen – und am Ende statt der Förderung der altruistischen, mitfühlenden, inklusiven eher wieder die selbstsüchtigen, distanzierten Seiten kultiviert werden.

Zu ihrer Unterstützung braucht es mehr solcher Beispiele wie das einer Kommune, die, zunächst bei einem Frauenwohnprojekt wegen des besonderen Projektkonzepts auf ihr Belegungsrecht für die geförderten Sozialwohnungen verzichtet und das kurz darauf auf alle Wohnprojekte mit vergleichbaren Konzepten übertragen hat.[128] Hier sind noch längst nicht alle Möglichkeiten einer flexibleren Handhabung der Förderungsbedingungen ausgeschöpft, die die besondere Situation in den Wohnprojekten berücksichtigen würden. Beispielsweise würde ein Verzicht auf die Zuordnung der unterschiedlichen Förderkategorien zu den einzelnen Wohnungen den Projekten ermöglichen, bei der Wohnungsbelegung gerechtere Lösungen zu finden.[129]

Dringend müssen aber auch neue politische Instrumente geschaffen werden, andere Grundlagen für Finanzierung und Grundstückserwerb, zumal heute gerade in den Metropolen mit einer besonders aktiven Wohnprojektszene die Nischen, Brachen und (schönen) alten Gewerbegebäude (die beispielsweise das geteilte Berlin reichlich bot), weniger werden und zudem Begehrlichkeiten für lukrativere Nutzungen wecken. Was bleibt, sind mehr und mehr sehr große ehemalige Industriegelände mit wenig reizvoller Substanz und die großen Verkehrsbrachen wie nicht mehr genutzte Bahngelände – für Einzelprojekte viel zu groß. Sollen hier gemeinschaftliche Wohnprojekte zum Zuge kommen, ist eine Bebauungsplanung notwendig, die die Realisierung von Projekten vernünftiger Größe ermöglicht und nicht die sehr großen Flächen an ein einziges Wohnprojekt vergibt und dieses damit heillos überfordert.

Eins muss klar sein, (Frauen)Wohnprojekte sind kein Ersatz für politisch Versäumtes (und etwa zum Abpuffern des »Altersproblems« denkbar

---

[128] Zweifellos sind kommunale Belegungsrechte angesichts der enormen Diskrepanz zwischen dem verfügbaren Bestand an Sozialwohnungen und dem (wachsenden) Bedarf weiterhin nötig, doch erfüllen die Projekte das, was mit den Belegungsrechten erreicht werden soll, ohne Zwang weit besser als das in der Praxis doch recht bürokratielastige Instrument.

[129] So könnten sowohl die unterschiedlichen Qualitäten der Wohnungen als auch die (sich im Laufe der Zeit oft verändernden) Einkommensverhältnisse der Bewohnerinnen berücksichtigt werden. Zur Wahrung der Ziele des Sozialen Wohnungsbaus müsste der Nachweis genügen, dass die Förderungsbedingungen für das Projekt insgesamt gewahrt sind, wie es, daran sei ausdrücklich erinnert, im Sozialen Wohnungsbau lange Zeit möglich war.

ungeeignet), unabhängig davon, wie politisch sie sich verstehen und wie stark ihre gesellschaftspolitische Wirkung ist. Den vielfältigen Äußerungsformen menschlichen Existierens mit all ihren Bedürfnislagen ein Zuhause zu geben ist eine Aufgabe, aus der sich die Politik nicht entlassen, die sie nicht an Wohnprojekte delegieren kann und aus der auch die Frauen sie nicht entlassen sollten.

Politik muss unseres Erachtens das Recht der Menschen unterstützen, zu wählen, mit wem sie wohnen wollen, und es nicht noch weiter einschränken. Niemand sollte verkrampft »auf Gemeinschaft machen« müssen, um den Anspruch auf guten zahlbaren Wohnraum zu rechtfertigen – während die, die es sich leisten können (also in der Mehrzahl noch immer *nicht* Frauen ohne Verbindung zu einem Mann) sich in eine Baugruppe einkaufen und alles, was über die gute Wohnsituation hinausgeht, auf sich zukommen lassen können.

Ein Wohnprojekt wird nicht zur »Gated Community« und schon gar nicht zum Ghetto, wenn die Frauen, die zusammenziehen, halbwegs zusammenpassen, solange hier (überwiegend) politisch wache und bewusste Frauen zusammenkommen. Zumindest die feministischen, linken oder sonst wie alternativ orientierten Bewohnerinnen mit ihrem moralischen Impetus brauchen keinen Druck von oben, um sich für Unbekannte(s) und Ungewohntes zu öffnen und mit Fremdem in und außerhalb des Wohnens auseinanderzusetzen.

Visionen?

Wir sehen alle Irrungen der Projekte als Erfahrungs*werte* und die Hindernisse als überwindbar und so möchten wir tatkräftige Träumerinnen durchaus ermutigen, weiterhin Utopien zu ersinnen. Wir selbst wollen ganz unbescheiden die gesamte Stadt »anders«. Doch unsere »Stadt der Frauen« ist nicht die der Hochgestellten, der Außergewöhnlichen, der Heldinnen und Ideale, an deren Beispiel Christine de Pizan (1405) den Wert der Frauen glaubte nachweisen zu müssen. Unsere Stadt ist belebt von den ganz gewöhnlichen starken (und auch den weniger starken) Frauen, die um ihren Wert wissen und auf eine sexismusfreie Stadt hinwirken, in der Frauenwohnprojekte vielleicht nicht mehr notwendig sein werden, für viele aber weiterhin wünschenswert.

Für die voraussichtlich lange Zeit des Übergangs imaginieren wir die Projekte der nahen Zukunft – angeregt durch Praxen bestehender Projekte, die gut funktionieren[130] –, vielfältige Projekte für die realen Bedürfnisse der realen Frauen: [131]

- Es wird jede Menge Projekte geben, in denen Alte, Junge, Schwarze, Weiße, Frauen ohne oder mit Behinderungen, Frauen ohne und mit Migrationshintergrund, Arme und Reiche *geeint in feministischem Geist* zusammenwohnen, wo der persönliche und politische Austausch absoluten Vorrang hat. Einige konzentrieren sich auf wirklich andere Umgangsweisen miteinander als *»gemeinsames Drittes«*. Andere tragen erneut feministische Sichtweisen in Debatten um gesellschaftliche Alternativen.
- Nach wie vor gibt es die umtriebigen Frauen, die im Projekt ihre (neue) Lebensaufgabe finden aber gut ertragen, dass Mitbewohnerinnen andere Schwerpunkte setzen und es ihnen nicht gleichtun. Es macht ihnen Freude, neue Ideen fürs Projekt zu entwickeln, vom internen Tauschring bis zur »Währung« für Serviceleistungen. Das geringe(re) Engagement mancher Mitbewohnerin akzeptieren sie mit Gelassenheit, wenn sie sich entscheiden, auch diese Frauen mit in ihr Boot zu nehmen.
- Die Älteren (und vielleicht auch einige Jüngere) entwickeln unkonventionelle, fantasievolle Lösungen für die Pflegefrage, die die Würde und die Lebensfreude von Pflegender und Gepflegter wahren, indem sie die Vorzüge nutzen, die Wohnprojekte dafür bieten können.
- Frauen, die sich schon ewig kennen und schätzen, lieben oder geliebt haben und immer noch mögen, rücken zusammen, wohl wissend, was sie von einander erwarten können (und was nicht) – Frauen, die mit der Perspektive *»in guten und in schlechten Tagen lieber mit Frauen«* zusammenziehen, schaffen nicht nur, aber auch reine Lesbenprojekte.

---

[130] Manche der hier vorgestellten Ideen hat das ein und andere Projekt vielleicht derweil umgesetzt, denn sie bleiben ja nicht stehen, während wir schreiben. Und auch früher schon haben Projekte Konsequenzen aus Fehlentwicklungen gezogen, wie wir berichtet haben.

[131] Alle noch so gut meinenden Planungsansätze, von den Modellgemeinschaften sozialistischer UtopistInnen bis zu Dolores Haydens Homes-Gruppen (je 40 Einheiten, die den »gesellschaftlichen Querschnitt« repräsentieren sollen, ausgestattet mit bedürfnisgerechten Gemeinschafts- und Serviceeinrichtungen – eigentlich ganz nach dem Geschmack der heutigen (deutschen?) Stadtplaner mit ihrem Streben nach sozialer Durchmischung) verirren sich in gar zu mechanistischem Herangehen und einem Modell, das sich die Menschen eindimensional denkt.

- Lesben bestehen auf Mitbewohnerinnen, die keine Angst davor haben, als Lesben gesehen zu werden, und die offensiv nach innen und außen solidarisch sind.
- Und die Frauen, die sich nicht sicher sind, ob sie wirklich die reine Frauengesellschaft vorziehen, schaffen sich Frauengruppen in gemischten Projekten, wo sie beides haben und nach Geschmack dosieren können.
- In Projekten älterer Frauen überwiegen Bewohnerinnen, die die Lebenserfahrung ihrer Altersgenossinnen genießen und es zu schätzen wissen, wenn das pralle Leben tobender Kinder etwas entfernt ist und ihre Nachbarin sich höchst selten mit zum Anschlag aufgedrehter Anlage entspannt. Zu Jüngeren suchen sie Kontakte aktiv (nicht per Zufall im Treppenhaus) dort, wo sie ihnen mehr geben als die Illusion, noch nicht alt zu sein. Sie wollen den Genuss ihres Lebensabends nicht im Projekt erarbeiten und zahlen lieber für eine Dienstleistung, mit einem Konzept der solidarischen Finanzierung, die keine überfordert.
- In generationsübergreifende Projekte ziehen nur die Älteren, die sich wirklich zu Kindern hingezogen fühlen, in der Lage zu respektvollem Austausch mit ihnen und ihren Müttern sind und bereit, sich mit Neuem konfrontieren zu lassen, ohne alles zu akzeptieren, insbesondere keine Geschlechterstereotypen in der Erziehung. Hilfsdienste erwartet und verspricht hier keine, aber sie kommen, und zwar von Herzen. Und natürlich finden sich hier nur die jungen Mütter ein, die auch offen sind, von Älteren etwas anzunehmen, während die anderen sich untereinander zusammentun.
- Es gibt endlich auch Projekte junger Frauen, die es toll finden, nach stressigem Arbeitstag in eine entspannte Umgebung zu kommen, die ihrer wenigen freien Zeit nicht noch aufwühlende Diskussionen um Banalitäten abverlangt. Bewohnerinnen, die sich im gemütlichen Salon bei einem Glas Wein (oder einer späten Mahlzeit aus der Serviceküche, bereitet von gut bezahlten Köchinnen) mit anderen über Erfolge und Ärgernisse im Job austauschen und einander aufbauen. Einige ermöglichen sich gemeinsam Kinder- und Karrierewünsche, einige nutzen Synergien in einem Wohn-Arbeitsprojekt.
- Und Frauen mit (ausreichend) Geld entscheiden sich immer häufiger für ein Projekt einer der zahlreichen Frauengenossenschaften, weil sie sehen, dass sie hier auf guten Grund bauen können, wo vorausschauende Frauen gut bezahlt professionelle Arbeit leisten, und weil sie wollen, dass das Erreichte für Frauen erhalten bleibt.

- Für die sehr unabhängigkeitsbetonten Frauen schließlich muss es gar nicht das Zusammen*wohnen* sein. Ihnen reicht vielleicht, sich im Viertel mehr zu vernetzen (eine Idee, mit der sich offenbar in letzter Zeit mehr Frauen tragen), mit Freundinnen und mit Leuten, die ähnlich orientiert sind, echte soziale Netze für den Austausch und für die Fälle der Not. Solche verstreuten Kontakte, vielleicht mehr Verwandtschaft der Wahl als in einem Wohnprojekt, fallen einer zwar nicht so zu, sind weniger bequem, ihre Pflege fordert noch stärker aktives Bemühen, doch die Entscheidung zur Kontaktaufnahme verleitet weniger als das selbstverständliche Da-Sein von anderen, diese andere(n) unbewusst zu benutzen oder in eine Rolle zu manövrieren. Und abgesehen davon ist es auch nicht allzu bequem, sich in den Projekten ständig auseinander- und einzusetzen.
- Auch hier finden die Umtriebigen ihren Einsatz, kümmern sich beispielsweise um ein Netz von Nachbarschaftshilfe im Stadtteil (wie in einigen Großstädten bereits vorhanden oder geplant), die Alleinlebenden im Bedarfsfall unter die Arme greifen, so dass diese sich nicht zu sehr binden oder ihre Wohnung wechseln müssen, ein Hilfe- und Telefonnetzwerk für vielfältige Anliegen, das gegen Entgelt, Vereinsbeitritt oder andere Gegenleistungen in Anspruch genommen werden kann.

Weiteres überlassen wir der Fantasie der Leserinnen ...

Die Projektbewohnerinnen der Zukunft

Da alle zuallererst friedlich wohnen wollen, reduzieren sie die Quellen von Enttäuschung und unüberbrückbarer Differenz, die Auslöser des Unfriedens. Sie klären von Anfang an, in der Vorbereitungs- und Suchphase, in einem permanenten Prozess die wichtigsten Standpunkte (insbesondere in punkto Feminismus und Lebensweisen) und die Erwartungen (vor allem in punkto Gemeinsamkeit und Aktivität). Initiatorinnen schaffen dafür ausreichend Räume und beziehen auch selbst wieder und wieder zu ihren Zielen Position. Sie wissen um die Instabilität von Enthusiasmus und guten Vorsätzen und dass sie über einen langen Zeitraum immer neuer, Begeisterung und Verbindlichkeit schaffender Rituale bedürfen.

Die Frauen wirken der verbreiteten Neigung entgegen, sich um der Zugehörigkeit willen aus- und unausgesprochenem Gruppendruck zu unterwerfen, und dulden keine lautstarken oder mehrheitlichen »Normalitäten«, sind offen für jedes »aber«. Und wenn nötig, teilen sie die Gruppe ohne Groll und verfolgen ihre Ziele in verschiedene Richtungen, möglichst bevor es um ein konkretes Objekt geht.

Ist das Projekt realisiert, passen die Bewohnerinnen die organisatorischen Zusammenkünfte den tatsächlichen Notwendigkeiten an, reduzieren sie (nach kurzer Anfangsphase) auf wenige Treffen im Jahr, wo sie, motiviert und gut vorbereitet, zu konstruktiven Lösungen kommen, in gelöster Stimmung durch ein gutes Essen, ein Spiel oder was auch immer den Beteiligten Spaß macht. Welche verhindert ist oder nicht teilnehmen will, informiert sich, kann dann auch meist Beschlüsse akzeptieren, die ohne sie getroffen wurden, weil sie sich ernst genommen und in ihren Belangen gut vertreten weiß, mit der Sicherheit, dass ihr Einspruch Gehör findet, so es ihr wirklich wichtig ist. Demokratie ist für alle eine Frage gerechten Entscheidens mit Sympathie und Aufmerksamkeit für die Einzelne, weder formaler Gleichheit noch Beharrens auf Recht und Gesetz. Hierarchien werden, wo sinnvoll, akzeptiert und wo nicht, lautstark debattiert. Die Treffen sind kein *Er*- sondern ein *Be*ziehungsprogramm, respektvoll und achtsam, der eigenen Wünsche gewahr und nicht der Gemeinschaft unterworfen. Die Bewohnerinnen kommunizieren, statt im stillen Ärger verharrend die Kommunikation auszusetzen und unklare Aggressionen zu Machtfragen zu stilisieren, was manche Supervision erübrigt. Sie nutzen ihr feines Gespür für Spannungen, um die Grenzen auszuloten zwischen schonungsloser und verletzender Ehrlichkeit, zwischen Demontage Einzelner und notwendiger Schelte. Weil sie ihre Beweg- und Hintergründe kennen(lernen), lösen sie banale Konflikte mit einer Prise Humor und nehmen individuelle Kuriositäten mit einem Lächeln, ohne je eine der Lächerlichkeit preiszugeben. Kritik misst sich daran, ob eine Handlung der Situation angemessen und nicht, ob sie geschlechtsadäquat ist. Die Frauen entlassen einander aus Stereotypen des »Weiblichen«, ohne all ihre Werte zu entlassen und wohl wissend, dass für das Aufzugebende noch nicht immer eine Alternative wartet. Doch sie haben Lust, sie zu entwickeln.

Weit entfernt von der *idealen* Gemeinschaft, konzentrieren sie sich auf die möglichen Gewinne, lassen sich ein, ohne sich zu überlassen, nehmen kritische Distanz nicht als komplizierende Querulanz, sondern als Spielraum zum Überdenken verselbständigter Gewissheiten. Sie fragen, was interessant ist an einer abweichenden Meinung, und suchen nicht zuerst nach Gegenargumenten, fragen nicht, was gegen individuelle Wünsche spricht, sondern wie sie zu erfüllen sind, ohne dass jemand oder die Gemeinschaft

Schaden nimmt, entscheiden nicht entweder-oder, für alle oder keine, sondern nach Bedarf. Sie fragen, was sie einander geben, was sie in die Gemeinschaft einbringen, als Individuen, sie nutzen den *»Überschuss«* (wie eine Bewohnerin es nennt), den eine jede mitbringt, und können sich ebenso an Erfolgen der Einzelnen freuen. Und auch in Projekten mit innigstem Wir-Gefühl werden die Außenkontakte der Einzelnen geschätzt und gefördert. Sie reiben sich, aber nicht aneinander auf, so bleibt Energie und Offenheit für den Austausch mit anderen (Projekten).

Der Garten Evas ist kein Garten Eden, dazu ist er zu irdisch und bleibt es hoffentlich auch. Das Paradies als Ziel der Wünsche wäre wohl auch buchstäblich todlangweilig. Lebendige Beziehungen sind eben auch manchmal stressig. Wenn der Biss in den Apfel (der Erkenntnisse) den Rausschmiss nach sich zieht, sollten wir lieber mit Vergnügen mehr Äpfel essen, statt uns am Wiedereintritt abzuarbeiten!

Anhang: Empirische Grundlagen und methodisches Vorgehen

Dieses Buch beruht auf einer Reihe unterschiedlicher empirischer Erhebungen und Recherchen:

- *Recherche* aller in Deutschland realisierter »autonomer« (»von Frauen für Frauen« initiierter und realisierter) Frauenwohnprojekte
- *Leitfadengestützte Interviews* mit 40 Bewohnerinnen gemeinschaftlicher Frauenwohnprojekte aus neun ausgewählten Projekten
- *drei Gruppengespräche* mit weiteren Bewohnerinnen dieser und anderer gemeinschaftlicher Frauenwohnprojekte sowie an Frauenwohnprojekten Interessierten
- *Ergänzende Gespräche mit BewohnerInnen* geschlechtsgemischter bzw. schwul-lesbischer Projekte
- *schriftliche, standardisierte Befragungen*, die von drei Frauenwohnprojekten bei ihren Bewohnerinnen durchgeführt wurden

1. Recherche aller in Deutschland realisierten »autonomen« Frauenwohnprojekte

In einem langfristig angelegten Forschungsprojekt haben wir seit 1998 Informationen zu allen Wohnprojekten gesammelt, die entweder autonom, d. h. »von Frauen für Frauen« entwickelt und realisiert wurden oder die im besonderen auf die (im Kontext der feministischen Architektur- und Planungsdiskussion herausgearbeiteten) Wohnbedürfnisse von Frauen bzw. spezifischer Gruppen von Frauen ausgerichtet sind (»frauenfreundlicher Wohnungsbau«). Die Ergebnisse dieser Recherchen sind in einer 2009 herausgegebenen Publikation dargelegt, die neben der Dokumentation von insgesamt 80 Projekten einen ausführlichen Leitfaden zur Entwicklung solcher Projekte sowie eine zusammenfassende Darstellung der historischen Entwicklung von Frauenwohnprojekten enthält (Ruth Becker 2009). Darüber hinaus haben wir eine Webseite mit den wesentlichen Inhalten der Publikation sowie einer Datenbank mit der Darstellung aller von uns recherchierten Projekte entwickelt, die laufend aktualisiert und um neue Projekte aus dem autonomen Spektrum erweitert wird (Eveline Linke 2009). Inzwischen enthält die Datenbank insgesamt 89 Projekte, davon 51 aus dem autonomen Spektrum (letztere unterteilt in »autonome Frauenwohnprojekte«, »Beginenprojekte« und »Wohnprojekte für Frauen (nicht nur) im Alter«).

Die im Rahmen dieser Recherchen erfassten Informationen zu den autonomen Projekten haben wir sowohl für die Auswahl der in die Bewohnerinnenbefragung einzubeziehenden Projekte als auch zur Entwicklung des Leitfadens für diese Befragung herangezogen.

2. Befragung von Bewohnerinnen autonomer Frauenwohnprojekte in Deutschland

In den Jahren 2012 und 2013 haben wir insgesamt 40 Bewohnerinnen aus neun Frauenwohnprojekten aus dem autonomen Spektrum interviewt.

Auswahl der Projekte. Da es uns vor allem um die konkreten Wohnerfahrungen der Bewohnerinnen ging und wir davon ausgingen, dass es in den Projekten erhebliche Entwicklungsdynamiken gibt (was durch unsere Befragung auch bestätigt wurde), haben wir nur Projekte mit einer Wohndauer von mindestens fünf Jahren einbezogen. Unter den 32 uns bekannten Projekten, die diese Bedingung erfüllen, haben wir versucht, ein möglichst breites Spektrum zu erfassen, d. h. Projekte mit unterschiedlichen Zielsetzungen, unterschiedlichen Zielgruppen, Wohnungstypen, Rechtsformen, Finanzierungsbedingungen, Bezugsdauer und regionaler Lage einzubeziehen.

Gewinnung der Interviewpartnerinnen. Bei allen Projekten versuchten wir zunächst eine Kontaktfrau zu finden, die unserem Vorhaben positiv gegenüberstand und bereit war, uns bei der Gewinnung von Interviewpartnerinnen zu unterstützen. Bei vier Projekten sprachen wir die uns persönlich bekannten Initiatorinnen an, bei drei Projekten waren es uns aus privaten Kontakten bekannte Bewohnerinnen, die nicht zu den Initiatorinnen zählen und bei zwei Projekten versuchten wir, über die Bewohnerinnenvereine bzw. den uns aus unserer früheren Recherche bekannten Kontaktadressen eine Ansprechpartnerin zu erreichen. Als in einem Fall unsere schriftliche Anfrage beim Bewohnerinnenverein über längere Zeit unbeantwortet blieb, haben wir die Namen der Bewohnerinnen über die Klingelschilder ermittelt und alle Bewohnerinnen angeschrieben.

Die Resonanz war, manchmal nach einigem Zögern, durchweg recht positiv. In allen Fällen ist es uns gelungen, über die Kontaktfrauen, teilweise aber auch nach einer Art »Schneeballsystem« eine ausreichende Zahl von Bewohnerinnen für ein Interview zu gewinnen. Abgesehen von Terminproblemen (Urlaub, Krankheit) haben nur drei Bewohnerinnen (aus unterschiedlichen Projekten), mit denen wir Kontakt hatten, das erbetene Interview abgelehnt. In einem Fall wurde ein bereits vereinbarter Termin ohne Begründung abgesagt, eine Frau wäre nur zu einem Gruppeninterview bereit gewesen und fand unser Konzept, mehrere Bewohnerinnen einzeln zu interviewen zu zeitaufwendig und eine Bewohnerin war der Meinung, es sollten nur vorher in der Gruppe abgesprochene Antworten nach außen gegeben werden.

So, wie wir bemüht waren, möglichst unterschiedliche Projekte einzubeziehen, haben wir auch versucht, in jedem Projekt möglichst unterschiedliche Frauen zu erreichen, um das Spektrum der in den Projekten vertretenen unterschiedlichen Gruppen (z.B. ältere Bewohnerinnen und Alleinerziehende, Heteras und Lesben, im Projekt Aktive und weniger Aktive, seit Bezugsfertigkeit dort Wohnende und später Hinzugekommene und nach Möglichkeit auch eine Initiatorin) zu befragen. Das ist uns auch weitgehend gelungen. Nur unsere Versuche, auch mit einer der (wenigen) Frauen zu sprechen, die sich (nach Aussagen von Mitbewohnerinnen) »ganz herausgezogen« haben bzw. gar nicht integriert sind, waren erfolglos.

In den vier größeren Projekten haben wir mit je fünf bis sieben Frauen gesprochen, in vier kleineren Projekten mit je drei bzw. vier, in einem der kleinen Projekte konnten wir leider nur zwei Frauen gewinnen. Die »soziale Mischung« unserer Gesprächspartnerinnen entspricht sicher nicht überall ganz der in den Projekten, da wir zum einen auf die Frauen angewiesen waren, die sich bereit erklärten, mit uns zu sprechen, zum anderen darauf, wer uns vermittelt wurde, wodurch bereits eine Vorauswahl getroffen war (mit Ausnahme des Projekts, bei dem wir alle Bewohnerinnen angeschrieben haben).

Gesprächsleitfaden. Für die Gespräche entwickelten wir einen Gesprächsleitfaden mit den Themenbereichen »*Wie und warum kam die Befragte zum Projekt*«, »*Bewohnerinnen-struktur*«, »*Einstellungen zur und Erfahrungen mit Gemeinschaftlichkeit im Projekt (Erwartungen, Aktivitäten im Projekt, Selbstverwaltung, Beteiligung der Befragten, positive und negative Aspekte)*«, »*Entscheidungsfindung, Regelungen (z.B. zur Anwesenheit von Männern), Konfliktquellen, Verantwortlichkeit*«, »*bauliche Aspekte (Wohnung, Gemeinschaftsflächen, Architektur, Standort)*«. Zum *Abschluss* baten wir um eine *Gesamtbewertung des Wohnens im Projekt* und fragten, ob die Befragte sich wieder für einen Einzug in das Projekt entscheiden würde.

Die Interviews. Die Interviews dauerten zwei bis drei Stunden, die wenigen kürzeren mindestens eineinhalb Stunden. Die meisten unserer 40 Gesprächspartnerinnen waren sehr gesprächsbereit und haben sehr offen ihre Meinungen und Gefühle dargelegt, weshalb wir die Interviews frei führten und unseren Gesprächsleitfaden höchstens als Gedächtnisstütze nutzten. Die Themen, die die Frauen von sich aus ansprachen, deckten meist einen Großteil unserer Fragen ab (wenn auch oft in anderer Reihenfolge), was uns bestätigte, die »richtigen Fragen« zu stellen. Vor allem erfuhren wir durch die freie Gesprächsführung weit besser als durch striktes »Abarbeiten« unseres Leitfadens, welche Themen und Aspekte aus Sicht der Befragten besonders wichtig sind, was ihre Erfahrungen und Empfindungen im Projekt in erster Linie prägen. Dadurch kristallisierten sich in der Zusammenschau der Interviews einige »Knackpunkte« der Projekte heraus, die wir im Vorfeld der Befragungen nicht in dieser Dimension erkannt hatten. In unsere Interviewführung flossen unsere eigenen Projekt- und WG-Erfahrungen ein, mit denen wir einerseits vermitteln konnten, dass wir »wissen, wovon wir reden«, was die Kommunikation ungezwungener machte. Andererseits halfen sie auch in vieler Hinsicht, zu verstehen, wovon die Rede war und gezielt nachfragen zu können.

Die allermeisten Interviews waren Einzelgespräche, drei haben wir mit jeweils zwei Frauen geführt. Mit jedem neuen Interview zeichneten sich deutlichere Konturen der einzelnen Projekte ab, aber auch Linien, die sich über alle ziehen lassen. Bemerkenswert war auch, wie unterschiedlich manches von den Bewohnerinnen desselben Projekts gesehen und bewertet wurde.

Nachgespräche. In einigen Fällen haben wir mit den Interviewten, teilweise in größerem zeitlichem Abstand, »Nachgespräche« (mündlich oder telefonisch) geführt, bei denen wir manches offen Gebliebene ergänzen bzw. klären konnten.

Anonymität. Da es uns nicht um Sensationen geht, nicht darum, einzelne Projekte zu analysieren oder gar »auseinander zu nehmen«, sondern darum, Strukturen zu erkennen, war und ist es uns wichtig, so diskret wie möglich vorzugehen. Wir haben deshalb allen Interviewten Anonymität zugesichert, weder Personen noch Projekte sollen identifizierbar sein. Damit

konnten wir bewirken, dass die Befragten unsere Fragen sehr offen beantworteten, sehr freizügig ihre Meinungen und Gefühle äußerten und uns manches gesagt haben, was sie in den Projekten nicht offen äußern.[132] Auch wenn das Bild des einzelnen Projekts sicher unvollständig bleiben muss (*»wenn Sie alle x Bewohnerinnen befragen, kriegen Sie x verschiedene Antworten«,* wie eine Interviewte meinte), so lassen sich doch Informationen herauslesen, die in einem gewissen Rahmen verallgemeinerbar sind.
Die Zitate aus unseren Bewohnerinneninterviews sind mit IP 1 bis IP 40 gekennzeichnet, wobei zur Nummerierung Zufallszahlen verwandt wurden, so dass aus der Nummerierung nicht erkennbar ist, welche Bewohnerinnen aus demselben Projekt kommen.

Die zugesicherte Anonymität hat uns zwar Informationen gebracht, die wir anders nie bekommen hätten, warf aber auch immer wieder die Frage auf, wie die Auswertungsergebnisse ohne allzu verräterische Beschreibungen dargestellt werden können. Manches ist einfach für ein bestimmtes Projekt so spezifisch, dass Insiderinnen vielleicht ein Projekt identifizieren können. Andererseits sind gerade solche Unterscheidungsmerkmale auch das Wesentliche, um Schlüsse zu ziehen warum etwas bspw. in einem Projekt besser läuft als in allen anderen – oder warum etwas gar nicht funktioniert. Auch das ein oder andere Zitat erkennen manche Mitbewohnerinnen möglicherweise wieder. Es schien uns aber wichtig, Bewohnerinnen auch buchstäblich zu Wort kommen zu lassen, um ein authentischeres Bild zu vermitteln. Wir hoffen sehr, dass wir den Balanceakt zwischen der Wahrung der Anonymität und der notwendigen Information über wichtige Spezifika der Projekte, die für die Interpretation der Aussagen wichtig sind, gemeistert haben.

3. Gruppengespräche

Nach Abschluss einer ersten Erhebungsphase (in sieben Projekten) und ersten Auswertungen haben wir einige u. E. zentrale Thesen formuliert und diese in zwei Städten den Bewohnerinnen der in die Erhebung einbezogenen Projekte sowie anderer autonomer Frauenwohnprojekte aus der Umgebung vorgestellt. Zur kleineren der zwei Runden kamen acht Frauen aus vier verschiedenen Projekten sowie eine Interessierte und eine Frau, die gerade im Begriff war, in ein Projekt einzuziehen. Die zweite Runde war mit ca. 30 Besucherinnen mehr als doppelt so groß. Eingeladen waren hier fünf Projekte, von denen ein größeres Projekt stark und zwei weitere mit je einer Bewohnerin vertreten waren. Ob auch aus den beiden weiteren eingeladenen Projekten Bewohnerinnen teilgenommen haben, hat sich uns nicht erschlossen, da keine sich zu erkennen gab.

---

[132] Eine vollständige Diskretion konnten wir innerhalb der Projekte nicht immer durchhalten. Da einige Interviewpartnerinnen innerhalb der Projekte vermittelt wurden, wissen diese »Vermittlerinnen« zumindest, wer um ein Interview gebeten wurde, wobei vermutlich keine der »Vermittlerinnen« von allen Bewohnerinnen weiß, mit denen wir schließlich gesprochen haben. Soweit der Kontakt zu einer Gesprächspartnerin im Projekt vermittelt wurde, war dies der Interviewten bekannt, auch haben sicher manche Befragten anderen Bewohnerinnen erzählt, dass sie interviewt wurden. Inhalte der Gespräche haben unsere Kontaktfrauen von uns in keinem Fall erfahren, auch nicht, ob ein Gespräch mit der vermittelten Bewohnerin tatsächlich zustande kam.

Die Resonanz bei beiden Diskussionsrunden war sehr positiv. Zum einen stießen wir auf reges Interesse an unserer Untersuchung, zum anderen wurden nicht nur unsere Thesen weitgehend bestätigt, sondern durch Hinweise der Teilnehmerinnen an der (insbesondere in der kleineren Runde sehr regen) Diskussion ergänzt und erweitert.
Eine dritte Gesprächsrunde fand im Rahmen einer Lesbentagung in der Evangelischen Akademie Bad Boll (Dezember 2013) statt. Unter den zehn Teilnehmerinnen unseres Workshops waren zwei Projektbewohnerinnen (ein Frauenwohnprojekt und ein schwul-lesbisches Projekt) sowie Projektinteressierte, die sich teilweise bereits intensiv mit (Frauen)Wohnprojekten beschäftigt und darüber informiert hatten. Auch aus dieser (regen) Diskussion konnten wir einige Informationen bzw. Anregungen für unsere Auswertung mitnehmen. Weitere Anregungen gewannen wir aus den Diskussionen bei drei weiteren Vorträgen, die wir während der Schreibphase hielten. Wörtliche Zitate von Teilnehmerinnen der Gruppengespräche und Diskussionsrunden haben wir mit GD 1 bis GD 3 gekennzeichnet.

4. Ergänzende Gespräche mit Bewohnerinnen »gemischter« Wohnprojekte

Da wir unsere Untersuchung (nicht zuletzt aus Kapazitätsgründen) ganz bewusst auf *autonome Frauen*wohnprojekte beschränkt haben, können wir die Frage, ob Frauenprojekte nun (ganz) anders sind als geschlechtsgemischte Projekte, nicht empirisch gesichert beantworten, auch wenn unsere Befragungen, wie gezeigt, den Schluss nahelegen, dass die in unserer Gesellschaft vorherrschenden Geschlechterverhältnisse und die damit verbundenen Zuschreibungen auch den Alltag in Frauenwohnprojekten mit bestimmen und möglicherweise sogar eine wichtigere Rolle spielen als in geschlechtsgemischten Projekten. Um wenigstens erste Hinweise zu erhalten, ob wir mit unseren Vermutungen richtig liegen, haben wir mehrere ergänzende Gespräche in gemischten (ebenfalls autonomen) Wohnprojekten geführt: Zum ersten haben wir eine uns bekannte Bewohnerin eines von Schwulen (und Lesben) initiierten, explizit gegen Diskriminierung ausgerichteten Projektes um ein Interview gebeten, das wir ebenfalls aufzeichnen konnten. Das Projekt ist stark familienorientiert (was von den – schwulen – Initiatoren auch beabsichtigt war), trotzdem schien es uns, es sei ein wenig atypisch für gemischte Projekte. Ein zweites, nicht aufgezeichnetes Gespräch konnten wir mit einer Bewohnerin eines Frauen/Lesbenprojektes führen, das in ein gemischtes Projekt integriert ist, und ein drittes, ebenfalls informelles Gespräch hatten wir mit einem Bewohner und Mitinitiator eines schwulen Projekts, das zwar für alle offen ist, jedoch außer schwulen Männern nur zwei Lesben und vier Heteras gefunden bzw. aufgenommen hat.

Auch wenn wir weit davon entfernt sind, aus diesen Gesprächen gesicherte Schlussfolgerungen über die Unterschiede zwischen Frauenwohnprojekten und gemischten Projekten ziehen zu wollen, so haben wir doch einige wertvolle Hinweise bekommen, die uns ein kleines Korrektiv gaben für unsere Thesen zu dem, was wir als das »Frauenspezifische« in den Frauenwohnprojekten gefunden zu haben meinten (und weitestgehend noch meinen).

5. Standardisierte projektinterne Erhebungen

Freundlicherweise haben uns drei uns bekannte Frauenwohnprojekte die Ergebnisse von Befragungen überlassen, die sie bei ihren Bewohnerinnen durchgeführt haben. An diesen standardisierten, unter Wahrung der Anonymität durchgeführten Befragungen haben zwischen 60% und 73% der Bewohnerinnen des jeweiligen Projekts teilgenommen, also weit mehr, als bei einer qualitativen Erhebung erreicht werden können. Allerdings bedeuten diese Rücklaufquoten auch, dass immerhin 27% bis 40% der Bewohnerinnen kein Interesse daran hatten, ihre Meinung gegenüber ihren Mitbewohnerinnen kund zu tun, wobei nicht auszuschließen ist, dass die Nichtteilnehmenden eine von den teilnehmenden Bewohnerinnen deutlich abweichende Positionen vertreten, da gerade in einem auf Gemeinschaftlichkeit orientierten Projekt die Nichtteilnahme (von Ausnahmen abgesehen) als Zeichen eines gewissen Desinteresses oder der Kritik an der Gemeinschaft gewertet werden kann. Trotzdem konnten wir den (thematisch und methodisch sehr unterschiedlichen) Befragungen einige wertvolle ergänzende Informationen entnehmen, die wir an einigen Punkten als Bestätigung oder als Korrektiv unserer Thesen zitieren, wobei wir selbstverständlich auch hier die Anonymität wahren und die Projekte nicht nennen (zitiert als IB1 bis IB3).

6. Erfassung der Gespräche und Auswertung

Die Interviews mit den Bewohnerinnen sowie drei der Gruppengespräche haben wir (mit Ausnahme eines Gesprächs mit zwei Bewohnerinnen, die dies nicht wünschten) auf Tonträger aufgenommen, jedoch aus Kapazitätsgründen teilweise inhaltlich zusammengefasst und nur besonders prägnante Passagen wörtlich transkribiert. Statt der vollständigen wörtlichen Transkription haben wir viele Interviews im Laufe des Auswertungsprozesses mehrfach abgehört, Wichtiges in den Transkriptionen markiert und Themengruppen zugeordnet, jedoch keines der dafür zur Verfügung stehenden QDA-Auswertungsprogramme (z.B. Maxqda oder Atlas.ti) verwendet, da uns dies bei einer nicht vollständigen Transkription nicht sinnvoll erscheint. Die »Nachgespräche« wurden nicht aufgezeichnet, hier haben wir nur Notizen gemacht, ebenso bei den Diskussionen nach unseren Vorträgen.

Alle Zitate im Text sind wörtlich erfasst jedoch um Füll- und Verlegenheitswörter (äh und dergleichen) gekürzt, außerdem haben wir zum Teil Umgangssprachliches geglättet (eine statt 'ne o. ä.), da wir keine Auswertungsmethoden anwenden, bei denen diese sprachliche Ebene von Bedeutung ist.

7. Repräsentativität?

Eine qualitative empirische Untersuchung kann kein repräsentatives Ergebnis im mathematisch-statistischen Sinn ergeben. Ziel einer qualitativen Erhebung ist es vielmehr, das Spektrum des untersuchten empirischen Feldes aufzuzeigen und dabei Zusammenhänge und Wirkungsmechanismen aufzudecken. Das gilt auch für unsere Untersuchung. Wir behaupten also nicht, unsere Ergebnisse seien für alle autonomen Frauenwohnprojekte »repräsentativ«, wohl aber sind wir nicht zuletzt auf Grund der Vielfalt der angewandten empirischen Ansätze überzeugt, dass unsere Ergebnisse auf weit mehr als auf die von uns einbezogenen Projekte zutreffen und unsere daraus entwickelten Erklärungsmodelle eine gewisse Gültigkeit zumindest für die derzeit realisierten Frauenwohnprojekte beanspruchen können.

Literatur

Arni, Caroline (2009): Seelengesetze mit Gesellschaftswert. Weibliche Subjektwerdung und die Utopie menschlicher Perfektion in der feministisch-sexualreformerischen Liebesethik um 1900. In: Feministische Studien, 27. Jahrgang Nr. 2, S. 196-209

Becker, Ruth (2009): Frauenwohnprojekte – keine Utopie! Ein Leitfaden zur Entwicklung autonomer Frauen(wohn)räume mit einer Dokumentation realisierter Projekte in Deutschland. Studien Netzwerk Frauenforschung NRW Nr. 3. Zu beziehen über das Dekanat Raumplanung der TU Dortmund (dekanat.rp@tu-dortmund.de)

Becker, Ruth (2008): Angsträume oder Frauenräume? Gedanken über den Zugang vorn Frauen zum öffentlichen Raum. In: Feministisches Kollektiv (Hg'innen): Street Harrassment. Machtprozesse und Raumproduktion. Buchreihe der ÖH Uni Wien, Band 3, Mandelbaum Verlag, Wien, S. 56-74

Becker, Ruth; Greiwe, Ulla (Hg'innen) (2007): Internationale Bauausstellung IBA Emscher Park – eine Chance für Frauen? Eine feministische Analyse. Studien Netzwerk Frauenforschung NRW Nr. 4. Zu beziehen über das Dekanat Raumplanung der TU Dortmund (dekanat.rp@tu-dortmund.de)

Bemm, Gabi; Seifen, Barbara (1983): Frauenwohnhäuser. In: Frei-Räume, Heft 1, Hg'in FOPA Berlin, S. 45-52

Benjamin, Jessica (1990): Die Fesseln der Liebe. Psychoanalyse, Feminismus und das Problem der Macht. Stroemfeld/Roter Stern, Frankfurt a. Main

Büsser, Bettina; Lüssi, Kathrin (2006): KraftWerk1 – ein selbstorganisiertes Wohnprojekt: Herausforderungen und Lösungsansätze. In: Carola Möller, Ulla Peters, Irina Vellay (Hg'innen): Dissidente Praktiken. Erfahrungen mit herrschafts- und warenkritischer Selbstorganisation. Ulrike Helmer Verlag, Königstein i. Taunus, S. 113-121

Butler, Judith (2013): Am Scheideweg. Judentum und die Kritik am Zionismus. Campus, Frankfurt a. Main/New York

Casagrande, Carla (1993): Die beaufsichtigte Frau. In: Georges Duby/Michelle Perrot (Hg.): Geschichte der Frauen. Band 2: Mittelalter, herausgegeben von Christiane Klapisch-Zuber. Campus, Frankfurt a. Main/New York, S. 85-117

Dachverband Beginen: www.dachverband-der-beginen.de/moderne_beginen.php (Zugriff Dezember 2012)

Dörhöfer, Kerstin (2007): Historischer Rückblick auf die Internationalen Bauausstellungen in Deutschland – Die Frauengeschichte der IBAs. In: Ruth Becker, Ulla Greiwe (Hg'innen): Internationale Bauausstellung IBA Emscher Park – eine Chance für Frauen? Eine feministische Analyse. Studien Netzwerk Frauenforschung NRW Nr. 4, TU Dortmund, S. 11-22

Dörhöfer, Kerstin (2004): Pionierinnen in der Architektur. Eine Baugeschichte der Moderne. Wasmuth, Tübingen

Dörhöfer, Kerstin; Terlinden, Ulla (1998): Ein Fauxpas mit Folgen. Rückschau und Ausblick auf feministische Positionen in Stadtforschung und Planung. In: FreiRäume Band 10: Neue Wege – Neue Ziele. Kleine Verlag, Bielefeld, S. 25-43

Dörhöfer, Kerstin (1998): »...dass jeder Millimeter einen Sinn hat, den man zeichnet...« Zum Werk von Margarete Schütte-Lihotzky, die 1997 ihren 100. Geburtstag beging. In: FreiRäume Band 10. Kleine Verlag, Bielefeld, S. 44-46

Feministische Studien (2015): Themenheft »Solidaritäten«, 33. Jahrgang Nr. 1

Fuchs, Dörte; Orth, Jutta (2003): Umzug in ein neues Leben. Wohnalternativen für die zweite Lebenshälfte. Kösel, München

Gissrau, Barbara (1993): Die Sehnsucht der Frau nach der Frau. Das Lesbische in der weiblichen Psyche. Kreuz, Zürich

Grabrucker, Marianne (1998): Typisch Mädchen. Prägung in den ersten 3 Lebensjahren, ein Tagebuch. Fischer, Frankfurt a. Main

Hayden, Dolores (1981): The Grand Domesic Revolution: A History of Feminist Designs for American Homes, Neighborhoods, and Cities. MIT-Press, Cambridge, Massachusetts, and London, England

Höfner, Claudia (2000): Wider den Mythos der friedfertigen Frau. In: Claudia Höfner, Eva Kaufmann, Katharina Moser, Barbara Toth, Gabi Weger (Hg'innen): IhrLand. Feministische Beiträge zur Sozialpsychologie, Promedia, Wien S. 17-33

Jacobeit, Sigrid und Wolfgang (1995): Illustrierte Alltags- und Sozialgeschichte 1900-1945. Westfälisches Dampfboot, Münster

Janus, Anja (2002): Unter einem Dach. Generationenübergreifende Wohnprojekte. In: Informationen für die Frau, Heft 6, S. 20-21

Janz, Ulrike (2014): Moderne Beginenhöfe – Lebensorte für Lesben! in: Lexplosiv Nr. 48, Mai/Juli 2014, S. 6-11, auch zu finden unter www.muenster.org/livas/Lex-48-MS.pdf (Zugriff 23.7.2015)

Kämper, Gabriele; Othmer, Regine; Sachse, Carola (2009): Gebrochene Utopien. Fragmentierungen utopischen Denkens in der Moderne? Feministische Studien, 27. Jahrgang, Nr.2, S. 185-195

Koppetsch, Cornelia (2013): Die Wiederkehr der Konformität. Streifzüge durch die gefährdete Mitte. Campus, Frankfurt a. Main/New York

Libreria delle Donne di Milano (1988): Wie weibliche Freiheit entsteht. Eine neue Politische Praxis. Orlando, Berlin

Linke, Eveline (2009): Webseite mit Datenbank zu Frauenwohnprojekten: www.frauen wohnprojekte.de (Zugriff 23.7.2015)

Löw, Martina (1993): Raum ergreifen. Alleinwohnende Frauen zwischen Arbeit, sozialen Beziehungen und der Kultur des Selbst. Kleine Verlag, Bielefeld

Münch, Ursula (1994): Stadtluft macht frei? In: Stadt der Frauen. Szenarien aus spätmittelalterlicher Geschichte und zeitgenössischer Kunst. Hg'innen: Frauenmuseum Bonn, Annette Kuhn, Marianne Pitzen. Edition Ebersbach, Dortmund, S. 102-106

Netzer, Ingeborg (2000): Mutter-Tochter-Beziehung. Ist Ablösung die wünschenswerte Entwicklung oder die Zerstörung von Frauenbeziehungen? In: Claudia Höfner, Eva Kaufmann, Katharina Moser, Barbara Toth, Gabi Weger (Hg'innen): IhrLand. Feministische Beiträge zur Sozialpsychologie. Promedia, Wien, S. 137-151

Oehmen-Vieregge, Rosel (2006): Die Genderperspektive in der kirchlichen Zeitgeschichte am Beispiel der Renaissance der Beginenkultur. In: Corinna Herr und Monika Woitas (Hg'innen.): Musik mit Methode. Neue kulturwissenschaftliche Perspektiven, Köln – Weimar – Wien, S. 91-105, auch zu finden unter www.dachverband-der-beginen.de/images/Aufsatz_Renaissance_Beginenkultur.pdf (Zugriff 32.7.2015)

Opitz, Claudia (1993): Frauenalltag im Spätmittelalter. In: Georges Duby/Michelle Perrot (Hg.): Geschichte der Frauen. Band 2: Mittelalter. Herausgegeben von Christiane Klapisch-Zuber, Campus, Frankfurt a. Main/New York, S. 283-339

Osterland, Astrid (2000): »Nicht allein und nicht ins Heim«, Hg: Freie Altenarbeit Göttingen e. V. und Eva-Meurer-Stiftung, Jungfermann, Paderborn

Paravicini, Ursula; May, Ruth (2004): In den Brüchen der Stadt die Zukunft gestalten. Feministische Forschung zur Stadterneuerung in Europa. In: Christine Bauhardt (Hg'in): Räume der Emanzipation. VS Verlag für Sozialwissenschaften, Wiesbaden, S. 179-200

Pizan, Christine de (1990): Das Buch von der Stadt der Frauen. dtv, München. Originalausgabe (1405): »Le Livre de la Cité des Dames«

Plötz, Kirsten (2006): Lesbische ALTERnativen. Alltagsleben, Erwartungen, Wünsche. Ulrike Helmer Verlag, Königstein i. Taunus

Plötz, Kirsten (2007): Weitgehend ignoriert: Lesbisches Leben in der frühen Bundesrepublik. In: Gabriele Dennert, Christiane Leidinger, Franziska Rauchut (Hg'innen): In Bewegung bleiben. 100 Jahre Politik, Kultur und Geschichte von Lesben. Querverlag, Berlin, S. 27-30

Rodenstein, Marianne (1998): Von der frauengerechten zur nichtsexistischen Stadt. In: FreiRäume Band 10. Kleine Verlag, Bielefeld, S. 142-150

Roseneil, Sasha; Budgeon Shelley (2005): Kulturen von Intimität und Fürsorge jenseits der Familie – Persönliches Leben und gesellschaftlicher Wandel zu Beginn des 21. Jahrhunderts. In: Feministische Studien, 23. Jahrgang, Nr. 2, S. 259-276

Sabelis, Ida (1993): Hofjes – eine Alternative. In: Barbara Brasse, Michael Klingeisen, Ulla Schirmer (Hg'Innen): Alt sein aber nicht allein. Neue Wohnkultur für Jung und Alt. Ein Lesebuch der ANstiftung, Votum, Münster, S. 135-145

Schmidt, Uta C. (1994): Zwischen Alltagsrealität und heilsgeschichtlicher Bestimmung – Beginen. In: Stadt der Frauen. Szenarien aus spätmittelalterlicher Geschichte und zeitgenössischer Kunst. Hg'nnen: Frauenmuseum Bonn, Annette Kuhn, Marianne Pitzen. Edition Ebersbach, Dortmund, S. 120-127

Schmidt-Linsenhoff, Viktoria; Hoffmann, Detleff; Junker, Almut; Kübler, Sabine; Mattausch, Roswitha (1981): Frauenalltag und Frauenbewegung 1890-1980, Katalog. zur Ausstellung im Historischen Museum Frankfurt a. Main. Stroemfeld/Roter Stern, Frankfurt a. Main/Basel.

Stadt der Frauen (1994): Szenarien aus spätmittelalterlicher Geschichte und zeitgenössischer Kunst. Hg'innen: Frauenmuseum Bonn, Annette Kuhn, Marianne Pitzen. Edition Ebersbach, Dortmund

Strobl, Ingrid (2003): Ein Raum für mich. Wo Frauen zu sich selbst finden. Kösel, München

Terlinden, Ulla; Oetzen, Susanna von (2006): Die Wohnungsfrage ist Frauensache. Frauenbewegung und Wohnreform 1870 bis 1933. Dietrich Reimer, Berlin

Thümer-Rohr, Christina (2013): Gesichter des Schweigens. Der Feminismus und das Kassandra-Syndrom. In: »When we were Gender...« Geschlechter erinnern und vergessen. Analysen von Geschlecht und Gedächtnis in den Gender Studies, Queer-Theorien und feministischen Politiken. Transcript, Bielefeld, S. 171-189

Toth, Barbara (2000): Zur Konstruktion von Weiblichkeit in Karrierepositionen. In: Claudia Höfner, Eva Kaufmann, Katharina Moser, Barbara Toth, Gabi Weger (Hg'innen): Ihr-Land. Feministische Beiträge zur Sozialpsychologie. Promedia, Wien, S. 180-192.

Warhaftig, Myra (1978): Die Behinderung der Emanzipation der Frau durch die Wohnung und die Möglichkeit zur Überwindung, Berlin, Techn. Univ., Diss.

Wilson, Elizabeth (1993): Begegnung mit der Sphinx. Stadtleben, Chaos und Frauen. Birkhäuser, Basel/Boston